Handbuch zum Alten Testament
Herausgegeben von
Matthias Köckert und Rudolf Smend

I/7

Volkmar Fritz

Das Buch Josua

J. C. B. Mohr (Paul Siebeck) Tübingen

Die Deutsche Bibliothek – CIP-Einheitsaufnahme

Handbuch zum Alten Testament / hrsg. von Matthias Köckert
und Rudolf Smend. – Tübingen : Mohr.
Früher hrsg. von Hartmut Gese und Rudolf Smend
Reihe 1
NE: Köckert, Matthias [Hrsg.], Gese, Hartmut [Hrsg.]

7. Fritz, Volkmar: Das Buch Josua. – 1994

Fritz, Volkmar:
Das Buch Josua / Volkmar Fritz. – Tübingen : Mohr, 1994
(Handbuch zum Alten Testament : Reihe 1 ; 7)
ISBN 3-16-146089-8 brosch.
ISBN 3-16-146131-2 Gewebe

Das Buch wurde von Gulde-Druck in Tübingen aus der Times-Antiqua gesetzt, auf alterungsbeständiges Papier der Papierfabrik Niefern gedruckt und von der Großbuchbinderei Heinr. Koch in Tübingen gebunden.

MARTIN NOTH

zum Gedenken

Vorwort

Im Rahmen des „Handbuchs“ ist der Kommentar von Martin Noth zum Buch Josua zuerst 1938 und dann in zweiter Auflage 1953 erschienen. Seitdem hat sich die Forschung sowohl im Blick auf die literarkritische und überlieferungsgeschichtliche Analyse des Textes als auch im Bereich der biblischen Altertumskunde intensiv weiter entwickelt. Trotz zahlreicher neuer Einsichten an vielen einzelnen Punkten bleibt die vorliegende Kommentierung dem Werk von Martin Noth verpflichtet. Zum einen bestätigt die erneute literarkritische Untersuchung das von Martin Noth für das deuteronomische Geschichtswerk vorgeschlagene Schichtenmodell, wobei auf Grund des Stils unter den redaktionellen Bearbeitungen des ursprünglichen Grundtextes zwei durchgängige Redaktionen unterschieden werden können: eine deuteronomistische RedD und eine nachpriesterliche RedP. Zum anderen wurde die von Albrecht Alt und Martin Noth begründete Untersuchung des im Josuabuch aufgenommenen Listenmaterials konsequent weitergeführt.

In Tradition und Komposition erweist sich das Buch Josua als ein Spätwerk, das von einer in der deuteronomistischen Theologie entwickelten Idee des unverlierbaren Landbesitzes geprägt ist und keine Traditionen aus vorstaatlicher Zeit enthält. Der Entwurf einer kriegerischen Eroberung des Landes ist an den geographischen Gegebenheiten orientiert, stellt aber eine literarische Fiktion dar, die nicht als historische Quelle für die Geschichte Israels vor der Königszeit in Anspruch genommen werden kann. Die Einsicht in die Entstehung des Buches stellt theologisch eine Herausforderung dar, auf die eine sachgemäße Antwort noch gesucht werden muß.

In Änderung der ursprünglichen Anlage des „Handbuches“ erfolgt die Kommentierung nach Sinnabschnitten. In der Textkritik tritt die Erörterung der Septuaginta zurück; eine erneute Untersuchung ihrer Bedeutung und Stellung wird in der Dissertation von C. den Hertog in absehbarer Zeit vorliegen. Die Schreibung der biblischen Orts- und Personennamen folgt den Loccumer Richtlinien. Die Umschrift der arabischen Ortsnamen richtet sich nach dem Verzeichnis der historisch-archäologischen Karte Palästinas von E. Höhne in Band IV des Biblisch-Historischen Handwörterbuches. Aus satztechnischen Gründen wird hebräischer Text unpunktiert dargeboten.

Für die vertrauensvolle Übertragung der Aufgabe danke ich Herrn Professor Dr. Rudolf Smend DD. Meinem Assistenten Herrn C. den Hertog habe ich für sachkundige Beratung in zahlreichen Einzelfragen und für die Eingabe des Textes in den PC zu danken. Herr Georg Siebeck hat bereitwillig in die Erweiterung des vorgesehenen Umfangs eingewilligt und die schwierige Drucklegung mit Gelassenheit begleitet. In Dankbarkeit gedenke ich meines Lehrers Martin Noth, ihm sei diese Neubearbeitung zur Erinnerung gewidmet.

Gießen, 6. Juni 1993 Volkmar Fritz

Inhalt

Verzeichnis der Karten im Text

Einleitung

1. Der Text

Ausgaben: Biblia Hebraica Stuttgartensia, ed. K. Elliger – W. Rudolph, 1967–1977; Septuaginta id est Vetus Testamentum Graece Iuxta LXX Interpretes, ed. A. Rahlfs, 1935; A.E. Brooke – N. McLean, The Old Testament in Greek, Vol. 1, Part IV, Joshua, Judges and Ruth, 1917; M.L. Margolis, The Book of Joshua in Greek, 1931–38; Biblia Sacra Iuxta Vulgatam Versionem, ed. R. Weber et al., [3]1983; J. MacDonald (ed.), The Samaritan Chronicle No. II (or Sepher Ha-Yamim) From Joshua to Nebuchadnezzar, BZAW 107, 1969.

Untersuchungen: M.L. Margolis, The K Text of Joshua, AJSL 28, 1911, 1–55; S. Holmes, Joshua, the Hebrew and Greek Texts, 1914; Ch. D. Benjamin, The Variations between the Hebrew and Greek Texts of Joshua: Chapters 1–12, 1921; O. Pretzl, Die griechischen Handschriftengruppen im Buche Josue untersucht nach ihrer Eigenart und ihrem Verhältnis zueinander, Biblica 9, 1928, 377–427; O. Pretzl, Der hexaplarische und tetraplarische Septuagintatext des Origenes in den Büchern Josua und Richter, ByZ 30, 1929/30, 262–268; M.L. Margolis, Corrections in the Apparatus of the Book of Joshua in the Larger Cambridge Septuagint, JBL 49, 1930, 234–264; H. Orlinsky, The Hebrew *Vorlage* of the Septuagint of the Book of Joshua, SVT 17, 1969, 187–195; E. Tov, Midrash-type Exegesis in the LXX of Joshua, RB 85, 1978, 50–61; A. G. Auld, Joshua: The Hebrew and Greek Texts, SVT 30, 1979, 1–14; D. Barthélemy, Critique textuelle de l'Ancien Testament I, OBO 50 , 1982, 1–72; E. Tov, The Growth of the Book of Joshua in the Light of the Evidence of the LXX Translation, Studies in the Bible ed. S. Japhet, Scripta Hierosolymitana 31, 1986, 321–339.

In den hebräischen Handschriften trägt das Buch die Überschrift יהושע; der Name erscheint in 𝔊 in der jüngeren Form Iησους = ישוע, die durch vokalische Dissimilation entstanden ist. „Der hebräische Text des Buches ist im wesentlichen gut erhalten" (Noth, 7), doch sind die Ortsnamen in 𝔐 häufig durch Verschreibungen entstellt. Außerdem sind zweimal durch Versehen Teile von Ortslisten in 𝔐 ausgefallen, die sich in 𝔊 erhalten haben: Nach 15,59 findet sich eine Gruppe von 11 Namen der Provinzeinteilung Judas und nach 21,35 werden die levitischen Städte des Stammes Ruben als 21,36.37 gezählt, doch finden sich diese auch in der Parallelüberlieferung in 1 Ch 6.

Der griechische Text weicht an zahlreichen Stellen vom masoretischen ab. Abgesehen von Fehllesungen und Mißverständnissen beruht ein großer Teil dieser Varianten auf stilistischer Glättung und interpretierenden Deutungen und Zusätzen, doch finden sich auch eigene Versionen der Erzählungen (z.B. 5,10–12), vgl. die Auflistung bei T.C. Butler, Joshua, 1983, XIXf. Dabei variieren die verschiedenen Rezensionen des Septuagintatextes untereinander noch einmal erheblich. Die große Zahl der Abweichungen und die enormen Unterschiede im Stil zeigen, daß die griechischen Übersetzungen eine eigene Textform repräsentieren, deren Verhältnis zum masoretischen Text allerdings noch zu bestimmen ist. Neuerdings hat A. G. Auld die These von S. Holmes aufgenommen und versucht, nachzuweisen, daß die Textfassung von 𝔊 eine ältere Stufe als 𝔐 darstellt. Diese Auffassung hat sich aber bisher nicht durchsetzen können, zumal auch das Sondergut der Septuaginta (6,26*; 16,10*; 19,47a.48a; 21,42a–42d; 24,31a. 33a.33b) eher auf literarische Arbeit der Übersetzer als auf eine protomasoretische Vorlage zurückgeht. Ungeachtet der Beobachtung, daß sich in 𝔊 zahlreiche Lesarten erhalten haben, die 𝔐 gegenüber den Vorzug verdienen, bietet die Septuaginta insgesamt doch keinen besseren oder älteren Text als die masoretische Fassung, sondern eine weiter entwickelte Textform.

Die Textgeschichte ist noch nicht endgültig geklärt und bedarf erneuter Untersuchung, zumal die Fragmente des Josuabuches aus Höhle 4 in Qumran (4 QJos*a*) ebenfalls eine 𝔐 gegenüber selbständige Form zu repräsentieren scheinen. (Die Veröffentlichung dieser Texte durch F. M. Cross steht noch aus.) Eine Antwort auf die Frage nach dem Verhältnis des masoretischen Textes zu den Versionen ist in der Dissertation von C. den Hertog zu erwarten, die sich in Arbeit befindet. Für die Kommentierung wird die masoretische Fassung zugrunde gelegt, die weitere Textüberlieferung wird nur insofern herangezogen, als es zum Verständnis und zur Korrektur von 𝔐 notwendig ist. Solange die Stellung der griechischen Version in der Textüberlieferung nicht eindeutig bestimmt ist, bleibt 𝔐 die älteste erreichbare Textform.

2. Die literarische Vorgeschichte des Josuabuches

Forschungsberichte: E. Jenni, Zwei Jahrzehnte Forschung an den Büchern Josua bis Könige, ThR 27, 1961, 1–32.97–146; A.N. Radjawane, Das deuteronomistische Geschichtswerk. Ein Forschungsbericht, ThR 38, 1974, 177–216; H. Weippert, Das deuteronomistische Geschichtswerk. Sein Ziel und Ende in der neueren Forschung, ThR 50, 1985, 213–249.

Literatur in Auswahl: A.G. Auld, Joshua, Moses and the Land. Tetrateuch – Pentateuch – Hexateuch in a Generation since 1938, 1980; M.A. O'Brien, The Deuteronomistic History Hypothesis: A Reassessment, OBO 92, 1989; M.D. Coogan, Archaeology and Biblical Studies: The Book of Joshua, in: The Hebrew Bible and its Interpreters, ed. W.H. Propp, B. Halpern, D.N. Freedman, 1990, 19–32; E. Cortese, Josua 13–21. Ein priesterschriftlicher Abschnitt im deuteronomistischen Geschichtswerk, OBO 14, 1990; F.M. Cross, The Themes of the Book of Kings and the Structure of the Deuteronomistic History, Canaanite Myth and Hebrew Epic, 1973, 274–289; F.H. Cryer, On the Relationship Between the Yahwistic and the Deuteronomistic Histories, BN 29, 1985, 58–74; W. Dietrich, Prophetie und Geschichte, FRLANT 108, 1972; R.E. Friedman, From Egypt to Egypt: Dtr^1 and Dtr^2, in: Traditions in Transformation. Turning Points in Biblical Faith, 1980, 167–192; R.E. Friedman, The Exile and Biblical Narrative. The Formation of the Deuteronomistic and Priestly Works, 1981; O. Kaiser, Einleitung in das Alte Testament. Eine Einführung in ihre Ergebnisse und Probleme, ^{5}1984; K. Köppel, Das deuteronomistische Geschichtswerk und seine Quellen. Die Absicht der deuteronomistischen Geschichtsschreibung aufgrund des Vergleichs zwischen Num 21,21–35 und Dtn 2,26–3,3, 1979; N. Lohfink, Kerygmata des Deuteronomistischen Geschichtswerks (1981), Studien zum Deuteronomium und zur deuteronomistischen Literatur II, 1991, 125–142; A.D.H. Mayes, The Story of Israel between Settlement and Exile. A Redactional Study of the Deuteronomistic History, 1983; D.J. McCarthy, The Wrath of Jahwe and the Structural Unity of the Deuteronomistic History, in: Essays in Old Testament Ethics, 1974, 97–110; S. Mowinckel, Tetrateuch – Pentateuch – Hexateuch. Die Berichte über die Landnahme in den drei altisraelitischen Geschichtswerken, BZAW 90, 1964; R.D. Nelson, The Double Redaction of the Deuteronomistic History, 1981; M. Noth, Überlieferungsgeschichtliche Studien. Die sammelnden und bearbeitenden Geschichtswerke im Alten Testament (1943) ^{2}1957;

E. Otto, Das Mazzotfest in Gilgal, BWANT 107, 1975; B. Peckham, The Composition of the Deuteronomistic History, 1985; R. Polzin, Moses and the Deuteronomist. A Literary Study of the Deuteronomistic History. I Deuteronomy, Joshua, Judges, 1980; G. von Rad, Die deuteronomistische Geschichtstheologie in den Königsbüchern, Gesammelte Studien zum AT (1947), ThB 8, 1958, 189–204; M. Rose, Der Ausschließlichkeitsanspruch Jahwes. Deuteronomistische Schultheologie und die Volksfrömmigkeit in der späten Königszeit, BWANT 106, 1975; M. Rose, Deuteronomist und Jahwist, AThANT 67, 1981; J. van Seters, In Search for History. Historiography in the Ancient World and the Origins of Biblical History, 1983; R. Smend, Das Gesetz und die Völker. Ein Beitrag zur deuteronomistischen Redaktionsgeschichte (1971), Die Mitte des Alten Testaments. Gesammelte Studien I, 1986, 124–137; A.C. Tunyogi, The Book of the Conquest, JBL 84, 1965, 374–380; T. Veijola, Die ewige Dynastie, AASF B 193, 1975; T. Veijola, Das Königtum in der Beurteilung der deuteronomistischen Historiographie, AASF B 198, 1977; M. Weinfeld, Deuteronomy and Deuteronomic School, 1972; H. Weippert, Die „deuteronomistischen" Beurteilungen der Könige von Israel und Juda und das Problem der Redaktion der Königsbücher, Biblica 53, 1972, 301–339; M. Weippert, Fragen des israelitischen Geschichtsbewußtseins, VT 23, 1973, 415–442; H.W. Wolff, Das Kerygma des deuteronomistischen Geschichtswerkes, Gesammelte Studien zum Alten Testament (1961), ThB 22, 1964, 308–324.

Die literarkritische Analyse des Buches Josua hat ergeben, daß eine Grundschicht durch Zusätze und Nachträge ergänzt worden ist. Diese redaktionelle Bearbeitung des ursprünglichen Textes ist keineswegs einheitlich, sondern läßt mehrere Stufen erkennen. Klar abzugrenzen sind dabei auf Grund des Stils und der Intention die Arbeit eines deuteronomistischen Redaktors (RedD) sowie eines nachpriesterschriftlichen Redaktors (RedP). Die übrigen redaktionellen Erweiterungen sind nicht mehr deutlich einer bestimmten „Hand" zuzuweisen, zumal sie sich häufig auf die redaktionellen Ergänzungen beziehen, so daß ein übergreifendes Interesse nicht erkennbar ist. Diese zahlreichen Zusätze verschiedener Redaktoren zeigen, daß das Josuabuch in den Jahrhunderten nach seiner Entstehung in seinem Textbestand nicht als abgeschlossen gegolten hat, sondern immer wieder mit erklärenden Bemerkungen und sachlich bedingten Erweiterungen versehen wurde. Dieser Prozeß der ergänzenden Kommentierung setzt sich bis in die Septuaginta fort. Jedenfalls lassen sich einige Abweichungen des griechischen Textes gegenüber der hebräischen Vorlage als eine Art fortführender Auslegung verstehen.

Dagegen zeigen die beiden durchgehenden Redaktionen eine klar erkennbare Absicht. Der deuteronomistische Redaktor (RedD) will die Grundschicht im Sinne des Deuteronomiums und seiner Theologie ergänzen und ist deshalb sprachlich stark von diesem abhängig. Dazu gehört der Verweis auf die Tora als die maßgebliche Weisung Jahwes (1,7–9) ebenso wie die Verstärkung der Rolle der Lade (3,10.11.14b.17; 4,9.10 und 6,7b.11) und Erläuterungen zur Beschneidung (5,4–7.9) oder die Wiederholung der Verpflichtung auf Jahwe (24,19–24.26.27). Zu den Ergänzungen gehören aber auch Erweiterungen, die auf eine teilweise Umgestaltung der Grundschicht hinauslaufen wie bei den Erzählungen von der Beschneidung der Israeliten (5,2–9*), vom Erscheinen des Heerführers Jahwes (5,13–15*), der Eroberung von Jericho (6,1–27*), der Eroberung von Ai (8,1–29*) und dem Vertrag mit den Gibeoniten (9,3–27*). Dieser deuteronomistische Redaktor hat selbständig Nachträge eingefügt (5,10a.11*.12a; 6,21–24a; 8,30.31.34; 11,21–23; 15,13.15–19; 20,1–5.7.8 und 23,1–16) und neue Übergänge oder Einführungen verfaßt (5,1; 9,1.2; 12,1–7*; 13,1–7*; 16,6a.7–10.12a.13). Mit dieser Bearbeitung hat er die Grundschicht zwar nicht grundsätzlich umgedeutet, aber doch durch Einfügungen wesentlich erweitert und durch Verweise ergänzt. Weiterhin hat RedD den Rückbezug auf das Deuteronomium verstärkt, als er – unter Verwendung der deuteronomisch-deuteronomistischen Terminologie – das Geschehen als Vollzug der durch Mose an das Volk ergangenen Gebote einsichtig gemacht hat. Dieser deuteronomistische Redaktor steht somit im Dienst der deuteronomisch-deuteronomistischen Theologie, deren konsequente Einhaltung in den relevanten Punkten für die Zeit Josuas verdeutlicht wird: die Einhaltung der von Mose verordneten Verpflichtungen in Blick auf die gesetzlichen Bestimmungen und den Umgang mit der kanaanitischen Bevölkerung wird so für die Zeit der Landnahme dokumentiert. Mit der Schicht des deuteronomistischen Redaktors erscheinen Eroberung und Vergabe des Landes als Erfüllung des deuteronomischen Programms, wie es in der Grundschrift Dt 12–26 festgelegt ist.

Grundsätzlich entspricht RedD dem von R. Smend DtrN benannten Redaktor. Seine Wirksamkeit ist frühestens in der exilischen Zeit anzusetzen, doch kommt auch noch die frühe Perserzeit in Frage.

Die nachpriesterschriftliche Redaktion umfaßt neben kurzen Ergänzungen zwei umfangreiche Nachträge: das System der Levitenstädte 21,1–3.9a.13–19.20aαbβ.21–41 und die Regelung für die Kultausübung im Ostjordanland 22,9.10.12–19. 21–27aα.30–34. In beiden Anhängen geht es um die Regelung kultischer Angelegenheiten. Die übrigen Ergänzungen dieses Redaktors dienen der Konkretisierung von Sachverhalten im Bereich kultischer Handlungen. Diese Erweiterungen finden sich im Zusammenhang mit dem Zug durch den Jordan 4,15–17 und dem Vertrag mit den Gibeoniten 9,15b.18–21.27. Weitere Zusätze erfolgten zur Landverteilung 14,1; 17,2aβγb.3–6; 18,1; 19,51, zu den Asylstädten 20,6.9 und zur Grabtradition 24,32.33. Der Redaktor will mit diesen Notizen wenigstens an einigen Punkten eine gewisse Harmonie mit den Anschauungen der Priesterschrift herstellen, sein Interesse gilt allein kultischen Einrichtungen. Da die Priesterschrift frühestens in der zweiten Hälfte des 6. Jh. abgefaßt wurde, kann RedP nicht früher als das 5. Jh. datiert werden. Da die weiteren redaktionellen Zusätze bis in das 4. Jh. hinabreichen können, hat das Buch Josua wohl erst gegen Ende der persischen Zeit seine Endgestalt in der hebräischen Fassung erreicht. Die griechische Textform wurde noch später im Verlauf der hellenistischen Zeit abgeschlossen.

Für die Grundschicht lassen sich literarische Vorstufen nicht ermitteln. Nur in 10,12–13 wird ein kurzes Lied oder eher das Bruchstück eines solchen unter Angabe der Quelle zitiert. Ob diese Verse schriftlich vorgelegen haben und ob es die genannte Quelle „Buch des Aufrechten" wirklich gegeben hat, entzieht sich unserer Kenntnis. Sicher ist nicht einmal, ob sich das Liedfragment auf ein Ereignis bei der Landnahme bezieht, da die auf Grund dieser Zeilen vorauszusetzende Schlacht auch nach der Seßhaftwerdung in Auseinandersetzung mit den Kanaanitern stattgefunden haben kann. Auch wenn das Lied aus mündlicher Überlieferung stammen sollte, so sind diese Zeilen in jedem Falle ein Zitat. Dieses belegt, daß dem Verfasser der Erzählung 10,1–15* Quellenmaterial zur Verfügung gestanden hat. Entweder war die Quellenlage allerdings im Blick auf den Umfang äußerst spärlich, oder der Verfasser hat aus uns nicht bekannten Gründen keinen weiteren Gebrauch davon gemacht. So wenig das 10,13 zitierte „Buch des Aufrechten" in seiner Existenz bestritten werden kann, so sehr sind dennoch Zweifel berechtigt, ob eine solche Sammlung jemals schriftlich fixiert worden ist, da die Nennung eines solchen „Buches" auch erfolgt sein kann, um dem Zitat Authentizität zu verleihen. Eine eindeutige Entscheidung ist in dieser Frage nicht zu treffen.

Jedenfalls ist die Verarbeitung eines älteren Liedes in 10,1–15* singulär innerhalb der Grundschicht.

Für einige Erzählungen ist die Übernahme aus der Überlieferung wahrscheinlich. Darauf verweist nicht nur die Entstehung an dem jeweiligen lokalen Haftpunkt, sondern auch die Notwendigkeit, diese älteren Stoffe mit dem weiteren Erzählverlauf auszugleichen. Solche älteren Bildungen liegen allerdings nur mit folgenden Erzählungen vor:

- Die Kundschafter in Jericho 2,1–3.4b.5–7.15–17a.18.19.21–23
- Die Eroberung von Ai 8,10–12.14.15.19.21.23.29
- Das Ende der Könige in der Höhle von Makkeda 10,16–23a.24–27

Da schriftliche Vorstufen nicht zu ermitteln sind, werden diese Erzählungen mündlicher Überlieferung entstammen. Entstanden sind sie an den jeweiligen lokalen Haftpunkten Jericho, Ai und Makkeda, um bestimmte vorfindliche Phänomene mit Vorgängen bei der Landnahme der israelitischen Stämme in vorstaatlicher Zeit zu erklären. Ihr ätiologischer Charakter ist offensichtlich, indem bestimmte Vorfindlichkeiten auf Ereignisse in der Vergangenheit zurückgeführt werden. Solche ätiologischen Erzählungen finden sich auch in anderen Überlieferungskomplexen und sind Ausdruck einer besonderen Form geschichtlichen Denkens. Im Blick auf ihre Entstehung muß dabei festgestellt werden, daß diese Erzählungen keinesfalls älter sein können als die Vorstellung einer gesamtisraelitischen Landnahme, da die Einnahme des Landes durch die Gesamtheit der Stämme für alle drei Stücke konstitutiv ist. Die mit den drei Überlieferungen geleisteten Erklärungen des Bestehens einer kanaanitischen Sippe in Jericho, der vorisraelitischen Siedlungsreste in Ai und bestimmter landschaftlicher Gegebenheiten in Makkeda führen somit nicht in vorstaatliche Zeit zurück, da die Vorstellung einer gesamtisraelitischen Einnahme des Landes nicht älter als die Vereinigung der Stämme zu einem Staat und damit nicht vor dem Königtum entstanden sein kann. Die Anschauung einer kriegerischen Landnahme ist kaum in der vorstaatlichen Zeit verwurzelt, da erst das Königtum mit seinen Kriegshandlungen die Rückführung der bestehenden Verhältnisse auf militärische Aktionen in der Vergangenheit ermöglicht hat. Keinesfalls kann mit einer älteren Vorstufe gerechnet werden, bei der das Geschehen durch die Aktion eines einzelnen Stammes erklärt worden ist, da für eine solche Überlieferung aus vorstaatlicher Zeit jeder Anhaltspunkt fehlt. Die Entstehung einzelner Landnahmeerzählungen kann somit nicht vor der Zeit der ersten Könige Saul, David und Salomo erfolgt sein. Obwohl weitere Anhaltspunkte fehlen, kann die Entstehung dieser ältesten Landnahmegeschichten bis in die frühe Königszeit zurückreichen; näher zu begründen ist eine solche Frühdatierung nicht, so daß ihre Bildung eher im Verlauf der weiteren Königszeit anzusetzen ist.

Die aus mündlicher Überlieferung übernommenen Erzählungen sind ihrer Gattung nach als Sagen zu bestimmen. Kennzeichen dieser literarischen Form sind die episodenhafte Darstellung, die Beschränkung der Anzahl handelnder Personen, die Gradlinigkeit in der Durchführung und die Verhaftung an einem namentlich genannten Ort. Als Ausgangspunkt der Sage ist nicht ein geschehenes Ereignis, sondern die Vorstellung von einem bestimmten Geschehen anzusehen. In der Sage werden dabei Ort und Anschauung von geschichtlicher Wirklichkeit miteinander in Verbindung gebracht. Historisch verifizierbar ist dabei allein der Ortsname, alles weitere beruht auf erzählerischer Fiktion. Mit der Sage werden so lokale Gegebenheiten mit Vorstellungen der Vergangenheit verbunden, so daß Orte zum Kristallisationspunkt eines Geschehens werden. Konkret nachweisbar bleibt immer nur der Ort, der Handlungsablauf spiegelt lediglich die Idee geschichtlicher Wirklichkeit. Die Sage bewahrt somit nicht die Erinnerung an ein geschichtliches Ereignis, sondern deutet bestimmte Gegebenheiten auf Grund einer Vorstellung von Geschichte.

Alle übrigen Erzählungen können auf den Verfasser der Grundschicht des Josuabuches zurückgeführt werden, da sie von dem Interesse getragen sind, die Eroberung des gesamten Westjordanlandes unter den Bedingungen der deuteronomisch-deuteronomistischen Theologie aufzuzeigen. Diese Tendenz prägt alle Landnahmeerzählungen, für die keine weitere mündliche Vorstufe anzunehmen ist:

- Der Übergang über den Jordan 3,1.14a.15a.16; 4,11a.18
- Die Eroberung Jerichos 6,1.2a.3*.4aβ.5.7a.14.15a.20b
- Vergehen und Bestrafung Achans 7,1–5.6aα.7.10–24.25aαb.26
- Der Vertrag mit den Gibeoniten 9,3–7.9a.11–15a
- Die Eroberung der Städte in der Schefela 10,28–32.34–39.40.42.43
- Die Schlacht am Wasser von Merom und die Eroberung Hazors 11,1.4–12.14.15

Dazu gehören noch einige kürzere Bemerkungen als literarische Überleitungen und eine Ergänzung zur Gestalt Josuas (1,1–6; 5,2.3.8; 5,13.14a) sowie die Liste der besiegten Könige (12,1aα.9–24). Bei diesen Stücken handelt es sich nicht um Sagen, sondern um Geschichtserzählungen, mit denen das Geschehen der Landnahme entsprechend einer vorgegebenen Konzeption verdeutlicht werden soll. Vorgegeben ist dabei nicht nur die Anschauung einer gesamtisraelitischen Landnahme, wie sie in der Königszeit entwickelt wurde, sondern auch die deuteronomisch-deuteronomistische Vorstellung von der Ausrottung der Vorbewohner im Zuge einer kriegerischen Eroberung unter der Führung Josuas. Die Geschichtserzählung bietet im Rahmen eines vorgegebenen Geschichtsbildes eine literarische Fiktion, um das Geschehen der Vergangenheit im Sinne einer bestimmten Geschichtsauffassung zu erstellen, ohne daß ein Rückbezug auf reale Vorgänge vorliegt. Die Landnahmeerzählung schafft somit auf der Ebene kunstvoller Darstellung ihr eigenes Bild vom Verlauf der Einnahme des Landes, das an den konkreten Vorgängen keinen Anhaltspunkt hat. Die Geschichtserzählungen wurzeln nicht in der Wirklichkeit des Geschehenen, sondern vermitteln einen erdachten Verlauf dieser Geschichte. Damit entsprechen sie den aufgenommenen Sagen, gehen aber nicht wie diese auf lokale Überlieferungen zurück.

Die Grundschicht Jos 1–12 ist einerseits eine in sich geschlossene literarische Einheit; darauf verweist die bewußte Komposition mit Einleitung (1,1–6) und Schluß (12,1aα.9–24). Andererseits kann diese Landnahmeerzählung nur Teil eines größeren Werkes gewesen sein, da die gesamte Darstellung auf einen größeren Zusammenhang verweist. Nun ist das Geschichtswerk des Jahwisten auf eine Landnahmeerzählung hin angelegt, wie sowohl aus der Gesamtkomposition als auch aus dem Verweis in Ex 3,8aαβ hervorgeht. Doch endet der jahwistische Erzählfaden im Buche Numeri mit der Kundschaftergeschichte Nu 13.14*. An dem weiteren Weg des Volkes in das Ostjordanland Nu 21–36 ist der Jahwist nicht mehr beteiligt. Wenngleich somit die literarische Überleitung fehlt, so muß doch die Frage gestellt werden, ob die Grundschicht in Jos 1–12 nicht ursprünglich zum Werk des Jahwisten gehört hat, wie neuerdings S. Mowinckel und E. Otto behauptet haben. Ohne daß auf die unterschiedlichen Voraussetzungen und

Ergebnisse der Literarkritik eingegangen werden kann, bleibt festzustellen, daß „greifbare literarische Beziehungen zu bestimmten Erzählungsstücken des Pentateuch sich nicht zeigen“ (Noth, 16). (Die Verweise auf das Meerwunder in 2,10 und 4,23 gehen erst auf den deuteronomistischen Redaktor zurück.) Dazu kommt, daß die Gestalt Josuas im jahwistischen Geschichtswerk gar nicht genannt ist, nachdem H.-Chr. Schmitt (Die Geschichte vom Sieg über die Amalekiter Ex 17,8–16, ZAW 102, 1990, 335–344) die Erzählung Ex 17,8–16, in der Josua in der Rolle des Heerführers erscheint, als eine theologische Lehrerzählung aus nachexilischer Zeit erkannt hat, die erst nachträglich in die jahwistische Wüstenüberlieferung eingeschoben worden ist.

Auf dem Hintergrund des Fehlens literarischer Bezüge zu der vorpriesterschriftlichen Schicht des Tetrateuch treten die Zusammenhänge zur deuteronomisch-deuteronomistischen Theologie umso stärker hervor. Die Grundschicht von Jos 6–9 liest sich geradezu wie die Ausführung zu dem in Dt 7,1 ff. und 20,16 ff. formulierten Weihe- und Vernichtungsgebot. Weiterhin setzt die starke Betonung der Gesamtheit des eingenommenen Landes eine ausgeprägte Theologie des Landes voraus, wie sie erst in deuteronomisch-deuteronomistischen Kreisen entwickelt worden ist, vgl. P. Diepold, Israels Land, BWANT 95, 1972. Als literarischer Komplex ist die Grundschicht in Jos 1–12 somit unter den Aspekten deuteronomischer Vorstellungen geschaffen worden. Das Konzept einer kriegerischen Eroberung des Westjordanlandes setzt den Fortgang der Geschichte Israels in eben diesem Land voraus. Der Landnahmekomplex weist auf einen größeren literarischen Rahmen, der weit über Jos 24 hinaus reicht, darum ist die Annahme eines eigenen Landeroberungstextes, der von Dt 1 bis Jos 11 oder Jos 22 gereicht hat, verfehlt, gegen A. C. Tunyogi und N. Lohfink. Einen umfassenden Sinn ergibt die Landnahmeerzählung allein im Rahmen des deuteronomistischen Geschichtswerkes (DtrG/DtrH). Als Teil dieser von Dt 1 bis 2 R 25 reichenden Darstellung der Geschichte Israels hat bereits M. Noth Jos 1–12 eingeordnet. Diese These hat sich in der Forschung allgemein durchgesetzt, sie braucht in diesem Zusammenhang nicht erneut begründet zu werden.

Der zweite Teil des Buches Jos 13–24 stellt sich im Blick auf die verarbeiteten Quellen völlig anders dar, bildet aber mit der Erzählung von der Eroberung des Landes Jos 1–12 eine unauflösbare Einheit. Deshalb kann dieser zweite Teil des Buches nicht insgesamt als Zuwachs zur eigentlichen Landnahmeerzählung abgetrennt werden, wie es Noth, 10 versucht hat, vgl. dagegen bereits A. G. Auld, Joshua, Moses and the Land, 1980, 52–71. Landnahme und Landgabe gehören untrennbar zusammen: Josua hat nicht allein als Führer des Volkes mit Jahwes Hilfe das gesamte Land erobert, sondern auch den Besitz der beteiligten Stämme unanfechtbar geregelt. Die Zuteilung wird in Form von Ortslisten festgeschrieben. Die gesamte Landverteilung endet Jos 24 in einer großen Rede Josuas, in der die Vergangenheit beschworen und die Verpflichtung auf Jahwe für die Zukunft festgelegt wird. Analog zu weiteren großen Reden innerhalb seines Werkes (vgl. 1 S 12; 1 R 8), hat der Verfasser des deuteronomistischen Geschichtswerkes diesen Abschluß des Josuabuches selbst geschaffen und damit die Verpflichtung im Blick auf die Zukunft unumstößlich zum Ausdruck gebracht.

Zur Festlegung der Stammesgebiete hat der deuteronomistische Historiker Grenzfixpunktreihen und Ortslisten benutzt, deren Herkunft im einzelnen nicht zu erhellen ist, deren Abfassung aber in der königlichen Verwaltung vermutet werden kann. Dieses Listenmaterial kann nur schriftlich vorgelegen haben, es handelt sich dabei um folgende Dokumente unterschiedlicher Zeitstellung:

- Die Distrikte Judas 15,20–63*; 18,21–28
- Die Grenzbeschreibung Judas 15,1–12 par 18,15–19
- Die Grenzbeschreibung Manasses 16,1–3 par 18,12.13 und 17,7–10
- Die Grenzbeschreibung Efraims 16,4–9
- Die Städtelisten der galiläischen Stämme 19,10–39*
- Die Ortsliste für Dan 19,40–48*

Die Festlegung der Stammesgebiete ist dann in Jos 20 durch Aufzählungen der Asylstädte aus Dt 19,1 ff. sowie durch eine literarische Kompilation der sog. Levitenstädte Jos 21 von den Redaktoren ergänzt worden. Die Arbeitsweise des Verfassers der Grundschicht ist bestimmt von dem Bemühen, durch Einarbeitung der Listen ein größtmögliches Maß der Authentizität zu erreichen. Obwohl die Datierung der einzelnen Dokumente schwierig ist, können sie keineswegs in die vorstaatliche Zeit zurückgehen. Vermutlich entstammen sie administrativen Maßnahmen der Königszeit, die in ihrer Bedeutung und Auswirkung nicht mehr sicher zu bestimmen sind.

Die beiden Teile des Josuabuches bieten somit eine völlig unterschiedliche Quellenlage. Im Blick auf die verarbeiteten Stoffe kann jedoch eindeutig festgestellt werden, daß das Josuabuch als mögliche Quelle für die Geschichte Israels in vorstaatlicher Zeit ausscheidet. Überlieferungen aus der Zeit der Seßhaftwerdung der israelitischen Stämme im Kulturland liegen weder in den Erzählungen noch in den Ortslisten vor. Das im Buche Josua entworfene Geschichtsbild einer kriegerischen Landnahme hat in der geschichtlichen Wirklichkeit keinen Anhaltspunkt. Vielmehr entstammt diese Sicht der Einnahme fester Wohnsitze als Eroberung und Verteilung des Landes unter Josua einer Konzeption israelitischer Geschichtsschreibung, die frühestens in der Königszeit entwikkelt worden ist. Schon für die wenigen im Josuabuch aufgenommenen Überlieferungen fallen erzählte Zeit und Zeit des Erzählers um Jahrhunderte auseinander. Historisch läßt sich das im Buche Josua entworfene Bild der kriegerischen Eroberung des Landes durch die israelitischen Stämme somit nicht verifizieren. Vielmehr handelt es sich um einen fiktiven Entwurf auf der Grundlage eines während der Königszeit ausgeprägten Geschichtsbildes. Im Blick auf die späte Abfassung, die kaum vor der Exilszeit erfolgt ist, kann das Josuabuch nur als eine literarische Fiktion in Ausführung einer geschichtstheologischen Konstruktion verstanden werden (vgl. M.D. Coogan, 29).

Da eine eigenständige ältere Fassung der Landnahmeerzählung des Josuabuches nicht nachgewiesen werden kann, muß die Grundschicht in Jos 1–24 von Anfang an zum deuteronomistischen Geschichtswerk gehört haben. Damit kommt als Autor für das Josuabuch nur der deuteronomistische Historiker (DtrH) in Frage, der das mit Dt 1 neu einsetzende Geschichtswerk verfaßt hat, vgl. R.G. Boling, Joshua, 1982, 111 ff.; J. van Seters, 324–331; B. Peckham, 21–68.

Zur Erklärung der Entstehung dieses Geschichtswerkes konkurrieren zwei Modelle miteinander, die sich im Blick auf die literarische Schichtung und die Entstehungszeit voneinander unterscheiden. Das auf die grundlegende Arbeit von M. Noth aufbauende Modell rechnet mit einem Grundbestand (DtrG/DtrH), der von dem deuteronomistischen Historiker unter Aufnahme älterer Tradition verfaßt und von zwei weiteren Deuteronomisten ergänzt worden ist (R. Smend, W. Dietrich, T. Veijola). Die Ergänzungen können auf Grund ihrer prophetischen Erzählstoffe (DtrP) und ihrer nomistischen Tendenz (DtrN) voneinander unterschieden werden. Anzusetzen ist die Abfassung des Werkes in der Exilszeit während des 6. Jh., die weiteren Bearbeitungen sind entsprechend später erfolgt. Demgegenüber rechnet das von F.M. Cross begründete Modell mit einem in der späten Königszeit am Ende des 7. Jh. verfaßten Werk Dtr^1, das in exilischer Zeit durch einen Redaktor Dtr^2 überarbeitet worden ist. Dieses Modell muß als Hypothese voraussetzen, daß das deuteronomistische Werk in seiner ersten Fassung vor dem Ende des Königtums geschlossen und entsprechend mit der josianischen Reform 2 R 23,25 oder noch früher aufgehört hat (vgl. R.D. Nelson, R.E. Friedmann, A.D.H. Mayes, B. Peckham). Die Datierung vor die Exilszeit setzt somit voraus, daß am Ende des Werkes eine Ergänzung stattgefunden hat, wie umfangreich diese auch immer gewesen sein mag.

Die durchgeführte Analyse des Josuabuches läßt eine Entscheidung dieser Frage nicht zu. Der Landbesitz ist die Voraussetzung für die weitere Geschichte und wird dementsprechend an ihrem Beginn verankert. Weder die Aufnahme von Überlieferungen noch die Einfügung von Listenmaterial aus der Königszeit können eine Abfassung der Grundschicht des Josuabuches vor dem Ende des Staates Juda sichern. Da aber die Möglichkeit des Landverlustes erst durch die deuteronomistische Redaktion in 23,13.15f. und 24,20 während der Exilszeit thematisiert wird, muß die Grundschicht von Jos 1–24 und damit der Entwurf des deuteronomistischen Geschichtswerkes entweder am Ende der Königszeit oder zu Beginn der Exilszeit abgefaßt worden sein.

3. Der geschichtliche Vorgang der Landnahme

Forschungsberichte: S. Herrmann, Israels Frühgeschichte im Spannungsfeld neuer Hypothesen, Studien zur Ethnogenese 2, Abhandlungen der Rheinisch-Westfälischen Akademie der Wissenschaften 78, 1988, 43–95; M. und H. Weippert, Die Vorgeschichte Israels in neuem Licht, ThR 56, 1991, 341–390.

Literatur in Auswahl: Y. Aharoni, New Aspects of the Israelite Occupation in the North, in: Near Eastern Archaeology in the Twentieth Century. Essays in Honour of Nelson Glueck, 1970, 254–265; Y. Aharoni, Nothing Early and Nothing Late. Re-writing Israel's Conquest, BA 39, 1976, 55–76; G.W. Ahlström, The Early Iron Age Settlers at *Ḫirbet el-Mšāš* (*Tēl Māśōś*), ZDPV 100, 1984, 35–52; G.W. Ahlström, The Origin of Israel in Palestine, SJOT 2, 1991, 19–34; W.F. Albright, The Israelite Conquest of Canaan in the Light of Archaeology, BASOR 74, 1939, 11–23; A. Alt, Die Landnahme der Israeliten in Palästina (1925), Kleine Schriften I, ²1959, 89–125; A. Alt, Erwägungen über die Landnahme der Israeliten in Palästina (1939), ebd., 126–175; J.A. Callaway, A New Perspective on the Hill Country Settlement of Canaan in Iron Age I, in: Palestinc in the Bronze and Iron Ages. Papers in Honour of Olga Tufnell, ed. J.N. Tubb, 1985, 31–49; M.L. Chaney, Ancient Palestinian Peasant Movements and the Formation of Premonarchic Israel, in: Palestine in Transition, ed. D.N. Freedman and D.F. Graf, 1983, 39–90; R.B. Coote, Early Israel, SJOT 2, 1991, 35–46; I. Finkelstein, The Archaeology of the Israelite Settlement, 1988; I. Finkelstein, The Emergence of Early Israel: Anthropology, Environment and Archaeology, JAOS 110, 1990, 677–686; V. Fritz, Die Landnahme der israelitischen Stämme in Kanaan, ZDPV 106, 1990, 63–77; C.H.J. de Geus, The Tribes of Israel, 1976; N.K. Gottwald, The Tribes of Jahwe, 1979; B. Halpern, The Emergency of Israel in Canaan, 1983; A.J. Hauser, Israel's Conquest of Palestine: A Peasants' Rebellion?, JSOT 7, 1978, 2–19; S. Herrmann, Basic Factors of Israelite Settlement in Canaan, in: Biblical Archaeology Today, ed. A. Biran, 1985, 47–53; B.S.J. Isserlin, The Israelite Conquest of Canaan. A Comparative View of the Arguments Applicable, PEQ 115, 1983, 85–94; P.W. Lapp, The Conquest of Palestine in the Light of Archaeology, Concordia Theological Monthly 38, 1967, 283–300; P.N. Lemche, Early Israel.

Anthropological and Historical Studies on the Israelite Society Before the Monarchy, SVT 37, 1985; A. MALAMAT, Israelite Conduct of War in the Conquest of Canaan, in: Symposia, ed. F.M. Cross, 1979, 35–56; B. MAZAR, The Early Israelite Settlement in the Hill Country (1981), The Early Biblical Period. Historical Studies, 1986, 35–48; A. MAZAR, The Israelite Settlement in Canaan in the Light of Archaeological Excavations, in: Biblical Archaeology Today, ed. A. Biran, 1985, 61–70; G.E. MENDENHALL, The Hebrew Conquest of Palestine, BA 25, 1962, 66–87; J.M. MILLER, Archaeology and the Israelite Conquest of Canaan. Some Methodological Observations, PEQ 109, 1977, 87–93; M. NOTH, Grundsätzliches zur Deutung archäologischer Befunde auf dem Boden Palästinas (1938), ABLAK I, 1971, 3–16; M. NOTH, Hat die Bibel doch Recht? (1957), ABLAK I, 1971, 17–33; M. NOTH, Der Beitrag der Archäologie zur Geschichte Israels (1964), ABLAK I, 1971, 34–51; M.B. ROWTON, The Topological Factor of the Hapiru Problem, Anatolian Studies 16, 1965, 375–387; M.B. ROWTON, Urban Autonomy in a Nomadic Environment, JNES 32, 1973, 201–215; M.B. ROWTON, Enclosed Nomadism, Journal of the Economic and Social History of the Orient 17, 1974, 1–30; M.B. ROWTON, Dimorphic Structure and Topology, Oriens Antiquus 15, 1976, 17–31; M.B. ROWTON, Dimorphic Structure and the Parasocial Element, JNES 36, 1977, 181–198; A. SCHOORS, The Israelite Conquest. Textual Evidence in the Archaeological Argument, in: The Land of Israel. Crossroads of Civilizations, ed. E. Lipiński, 1985, 77–92; Y. SHILOH, Elements in the Development of Town Planning in the Israelite City, IEJ 28, 1978, 36–51; Y. SHILOH, The Casemate Wall, the Four Room House, and Early Planning in the Israelite City, BASOR 268, 1987, 3–16; L.E. STAGER, Merenptah, Israel and Sea Peoples. New Light on an Old Relief, Eretz Israel 18, 1985, 50–64; L.E. STAGER, The Archaeology of the Family in Ancient Israel, BASOR 260, 1985, 1–35; W. THIEL, Vom revolutionären zum evolutionären Israel, ThLZ 113, 1988, 313–340; R. DE VAUX, The Settlement of the Israelites in Southern Palestine and the Origins of the Tribe of Judah, in: Translating and Understanding the Old Testament, Essays in Honor of H.G. MAY, 1970, 108–134; M. WEINFELD, The Pattern of the Israelite Settlement in Canaan, SVT 40, 1988, 270–283; M. WEINFELD, Historical Facts Behind the Israelite Settlement Pattern, VT 38, 1988, 324–356; H. WEIPPERT, Palästina in vorhellenistischer Zeit, 1989; M. WEIPPERT, The Israelite „Conquest" and the Evidence from Transjordan, in: Symposia, ed. F.M. Cross, 1979, 15–34; Y. YADIN, The Transition from a Semi-nomadic to a Sedentary Society in the Twelfth Century BCE., in: Symposia, ed. F.M. Cross, 1979, 57–68; S. YEIVIN, The Israelite Conquest of Canaan, 1971.

Im Licht der literarkritischen Analyse muß die Frage nach den historischen Vorgängen der Einnahme des Landes neu gestellt werden. Da die Grundschicht des Josuabuches nicht als Quelle für die Geschichtsschreibung herangezogen werden kann, ist jeder Versuch, die Landnahme als einen Eroberungskrieg zu rekonstruieren, von vornherein zum Scheitern verurteilt. Auch das sog. negative Besitzverzeichnis in Jdc 1 belegt keine kriegerischen Aktionen einzelner Stämme, sondern stellt eine redaktionelle Kompilation dar, um die zwischen dem Entwurf einer vollständigen Eroberung des Landes und der Darstellung der Richterzeit sich ergebende Diskrepanz auszugleichen, vgl. A. G. Auld, VT 25, 1975, 279–283; E. T. Mullen, HThR 77, 1984, 38–51. Ansonsten enthalten die biblischen Schriften keine weiteren Hinweise auf die Ereignisse, die zur Inbesitznahme des Landes durch die israelitischen Stämme geführt haben. Der einzige Text aus vorstaatlicher Zeit, das Deborahlied in seinem Grundbestand Jdc 5,12–17.19–30, setzt sowohl das Nebeneinander der beiden Bevölkerungselemente Kanaaniter und israelitische Stämme als auch die kriegerische Auseinandersetzung zwischen diesen voraus. Dabei scheint der Sieg über die militärisch überlegenen Kanaaniter eher die Ausnahme gewesen zu sein, da er eigens in einem Preislied besungen wird.

Vor 1200 war das Gebiet von Syrien und Palästina unter zahlreichen Stadtstaaten aufgeteilt, die seit den Feldzügen der Pharaonen der 18. Dynastie zumindest nominell der ägyptischen Oberherrschaft unterstanden, vgl. W. Helck, Die Beziehungen Ägyptens zu Vorderasien im 3. und 2. Jahrtausend v. Chr., ÄA 5, ^{2}1971. Diese Stadtstaaten sind am ehesten als kleine Fürstentümer anzusprechen, wobei die jeweilige Stadt das umliegende Land beherrschte. Die Städte von unterschiedlicher Größe waren mit starken Befestigungen umgeben und umfaßten neben den Wohnvierteln für die Bevölkerung den fürstlichen Palast und einen oder auch mehrere Tempel. Untereinander waren diese Städte in zahlreiche Auseinandersetzungen verwickelt, die sich in der diplomatischen Korrespondenz mit den Pharaonen Amenophis III. und Amenophis IV. aus dem Archiv von Tontafeln in mittelbabylonischer Schrift und Sprache auf dem *Tell el-ᶜAmārna* spiegeln, vgl. EA. Zu diesen Streitigkeiten untereinander kam eine immer wieder anklingende Bedrohung durch die Apiru, die offensichtlich ein nichtstädtisches Bevölkerungselement von niedrigem sozialem Rang repräsentieren. Die materielle Kultur dieser Stadtstaaten, die sich seit dem Beginn des 2. Jt. in der südlichen Levante ausgebreitet hat, zeigt in den letzten Jahrhunderten ihres Bestehens einen kontinuierlichen Niedergang, der nicht näher erklärt werden kann, vgl. R. Gonen, Urban Canaan in the Late Bronze Period, BASOR 253, 1984, 61–73. Aus Mangel an Selbstzeugnissen kann die ethnische Zugehörigkeit der Bevölkerung nicht näher bestimmt werden, doch ist auf Grund der biblischen und ägyptischen Texte die Bezeichnung mit dem Sammelnamen „Kanaaniter" angemessen.

Noch vor 1200 findet sich die erste und einzige Erwähnung Israels in ägyptischen Quellen. In einem Siegeslied des Pharao Merenptah (1213–1203) heißt es im Blick auf „die Wirkung dieses Sieges auf die Hethiter und die Bewohner Palästinas" (TGI, 39f.):

> „Kanaan ist mit (?) allem Schlechten erobert,
> Askalon ist fortgeführt, und Geser gepackt;
> Jenoam ist zunichte gemacht,
> Israel liegt brach und hat kein Saatkorn.
> Ḫr ist zur Witwe geworden für Ägypten."

Mit Ḫr wird Palästina bis etwa auf die Höhe von Damaskus bezeichnet (W. Helck, LÄ III, 97), die Bezeichnung ist somit synonym zu Kanaan. Mit Askalon (*ᶜAsqalān*), Geser (*Tell Abū Šūše*) und Jenoam (*el-ᶜAbedīye*) werden drei wichtige Städte des Landes wohl als *pars pro toto* genannt, die am Ende des 13. Jh. noch unter ägyptischer Oberhoheit standen, ohne daß eine Eroberung dieser Städte durch den Pharao vorauszusetzen ist (gegen I. Singer, Merneptah's Campaign to Canaan and the Egyptian Occupation of the Southern Coastal Plain of Palestine in the Ramesside Period, BASOR 269, 1988, 1–10). Mit Israel wird der Teil der Bevölkerung bezeichnet, der nicht mit der Nennung der Städte abgedeckt ist. Der Text belegt, daß zumindest Teile des späteren Israel sich bereits vor 1200 im Lande aufgehalten und Ackerbau betrieben haben, vgl. dazu H. Engel, Die Siegesstele des Merenptah, Biblica 60, 1979, 373–399, anders G.W. Ahlström, Who Were the Israelites?, 1986.

Nach 1200 verschwand mit dem Untergang der kanaanitischen Stadtstaaten allmählich die von den Kanaanitern getragene und geprägte Kultur. Im Verlauf der ersten Hälfte des 12. Jh. wurden zahlreiche Städte gewaltsam zerstört, ohne daß sich die Urheber der Eroberungen benennen ließen, vgl. die Zusammenfassung bei P.W. Lapp, Concordia Theological Monthly 38, 1967, 283–289 und V. Fritz, ZDPV 106, 1990, 64–68. Ein Teil der Städte wie Sichem und Lachisch wurde nicht wieder errichtet, während andere Orte zwischen 1200–1000 auch nach der Zerstörung weiter besiedelt blieben. Eine solche Kontinuität der Siedlungsgeschichte läßt sich für Megiddo, Geser, Bet-Schemesch und andere Orte nachweisen und belegt eine gewisse Kontinuität der Bevölkerung. Nur in der südlichen Küstenebene ist mit der Übernahme von Gaza, Aschkalon, Aschdod, Ekron und Gat durch die Philister ein Wechsel zumindest der herrschenden Oberschicht nachweisbar. Mit dem Ende der kanaanitischen Stadtkultur in der 2. Hälfte des 12. Jh. bricht auch die ägyptische Oberherrschaft über die drei asiatischen Provinzen Amurru, Upe und Kanaan in Syrien-Palästina zusammen, vgl. J.M. Weinstein, The Egyptian Empire in Palestine. A Reassessment, BASOR 241, 1981, 1–28. Die Siedlungen an der Stelle einiger städtischer Zentren belegen den Fortbestand der kanaanitischen Kultur und ihrer Träger auch nach der Deurbanisation. Noch während der Königszeit haben die Kanaaniter ein selbständiges Bevölkerungselement gebildet.

Nach 1200 ist nun archäologisch eine Welle neuer Siedlungen festzustellen, die zwar in Größe und Form stark voneinander abweichen, sich aber in Anlage und Architektur von den einstigen Kanaaniterstädten grundlegend unterscheiden, vgl. die Zusammenstellungen bei I. Finkelstein, 27–117 und V. Fritz, Die Stadt im alten Israel, 1990, 39–60. Diese neugegründeten Siedlungen finden sich vorwiegend in Gebieten außerhalb des Bereiches der ehemaligen kanaanitischen Stadtstaaten: in Galiläa, auf dem mittelpalästinischen Gebirge, im Negeb und im Ostjordanland. Doch ist es auch in den großen Ebenen zur Gründung neuer Siedlungen gekommen, und in einigen Fällen, wie in Hazor, Jericho und Ai, wurden solche Siedlungen auch auf verlassenen Ruinenhügeln errichtet. Die große Mehrheit der Ortschaften wurde aber außerhalb der einstigen städtischen Zentren gegründet, was eine Änderung der Siedlungsstruktur bedingte: an die Stelle selbständiger Stadtstaaten trat nun eine Vielzahl von Dörfern und Gehöften in bisher nur sporadisch besiedelten Teilen des Landes.

Alle diese Siedlungen tragen eindeutig agrarischen Charakter und zeigen keine städtischen Elemente. Die Bewohner trieben Ackerbau und Viehzucht auf dem umliegenden Land. Wirtschaftsform und Einwohnerzahl bestimmten die Siedlungsform, bei der nach Größe und Anlage drei Typen zu unterscheiden sind:

1. Ringförmige Ortschaften, bei denen die Anordnung der Häuser in einem geschlossenen Oval erfolgte, so daß im Zentrum ein offener Platz freiblieb.
2. Agglomerierte Ortschaften mit einer wahllosen Bebauung des Geländes ohne jede Planung nach Bedarf und Platz.
3. Gehöfte, die aus wenigen Gebäuden bestehen, die in einem weiten Umkreis von einer Mauer umgeben sind.

Im Blick auf die materielle Kultur bieten die zahlreichen neuen Siedlungen der Epoche von 1200 bis 1000 kein einheitliches Bild, doch heben sie sich insofern von den Kanaaniterstädten und deren Nachfolgesiedlungen ab, als in ihnen die Bauform des Dreiraum- und Vierraumhauses mit verschiedenen Varianten vorherrscht. Bei diesen Wohnhäusern handelt es sich um einen Bautyp, der in charakteristischer Weise von dem kanaanitischen Hofhaus unterschieden ist. Auch wenn dieser Typ des Wohnhauses in kanaanitischer Bautradition wurzelt, so ist seine überwiegende Verwendung in den neuen Siedlungen doch ein neues Phänomen. Die in den Häusern gefundene Keramik steht nach ihrer Formgebung völlig in kanaanitischer Tradition, wobei jedoch einzelne Formen weiterentwickelt werden. Die gleiche Fortführung kanaanitischer Kultur zeigt sich auch bei der Metallverarbeitung, neu ist nur das langsame Aufkommen der Verarbeitung von Eisen. Von den Kanaanitern übernommen wurde auch das Alphabet, wie das Ostrakon des 11. Jh. aus *ᶜIzbet Ṣarṭa* eindeutig belegt, vgl. A. Demsky, A Proto-Canaanite Abecedary Dating from the Period of the Judges and its Implications for the History of the Alphabet, Tel Aviv 4, 1977, 14–27.

Insgesamt zeigt die materielle Kultur der neuen Siedlungen ein differenziertes Erscheinungsbild. Auf der einen Seite ist die durch die Übernahme bedingte Abhängigkeit von der kanaanitischen Kultur unübersehbar. Andererseits zeigt sie während der vorstaatlichen Zeit eine eigenständige Entwicklung, die von ihrem Ausgangspunkt weg in eine selbständige Ausprägung führt. „Various factors, such as the distribution of sites, their location and planning, the composition of the pottery assemblages, and the economic and social structure, are definitely non-Canaanite“ (A. Mazar, 70).

Über die ethnische Identität der Bewohner dieser Siedlungen gibt die materielle Kultur keine Auskunft. Einerseits kann es sich um Gruppen von Kanaanitern handeln, die den Zusammenbruch der Stadtstaaten überlebt und neue Siedlungen gegründet haben (G. Mendenhall, N. Gottwald, N. P. Lemche). Andererseits kann aber auch ein nichtseßhaftes Bevölkerungselement die materielle Kultur der Kanaaniter in einer langen Periode des Kontaktes übernommen haben und nach dem Zusammenbruch der Stadtstaaten zur Seßhaftigkeit übergegangen sein (A. Alt, V. Fritz, I. Finkelstein). Da die kanaanitischen Bevölkerungselemente in den Nachfolgesiedlungen an der Stelle der ehemaligen Stadtstaaten erst in der frühen Königszeit in den neu errichteten Staat integriert wurden, kann davon ausgegangen werden, daß die Bewohner dieser neuen Siedlungen das vorstaatliche Israel gebildet haben. Die Bestimmung ihrer ethnischen Identität ist vorläufig nicht möglich, wenngleich ausgeschlossen werden kann, daß es sich um vormalige Bewohner der kanaanitischen Städte gehandelt hat:

1. Die ehemaligen Stadtbewohner haben nach der Zerstörung ihrer Städte diese wieder besiedelt, soweit dies möglich war. Die Dörfer in Megiddo Strata VIB, VIA und VB sind als Siedlungen der Kanaaniter anzusprechen (gegen A. Kempinski, Megiddo, 1989, 90f.). Dieses kanaanitische Bevölkerungselement ist dann in der Königszeit in Israel aufgegangen.
2. Die ägyptischen Quellen des Neuen Reiches nennen mit den *ᶜApiru* und den *Šasu* nomadische Gruppen im syrisch-palästinischen Raum, die in einem gewissen Kontakt zu den städtischen Zentren gestanden haben, vgl. R. Giveon, LÄ II, 952–955; M. Weippert, 66–102; G. E. Mendenhall, The Tenth Generation, 1973, 122–141; R. Giveon, Les Bedouins Shosu des documents égyptiens, 1971; M. Weippert, Semitische Nomaden des zweiten Jahrtausends, Biblica 55, 1974, 265–280. Diese Nomaden können beim Zusammenbruch des Systems der Stadtstaaten durchaus zur Seßhaftigkeit übergegangen sein, weil die eingegangene Symbiose nicht mehr weiterbestand und sie deshalb gezwungen waren, selber Ackerbau zu betreiben. Jedenfalls scheinen diese nomadischen Gruppen die neue Bevölkerung des Landes mit gebildet zu haben, da der Begriff der *ᶜApiru* in den ägyptischen Quellen während des 13. Jh. zugunsten nationaler Benennungen verschwindet, vgl. W. Helck, Die Bedrohung Palästinas durch einwandernde Gruppen am Ende der 18. und am Anfang der 19. Dynastie, VT 18, 1968, 472–480.
3. Das vorstaatliche Israel war eine Gemeinschaft von Stämmen, die erst durch das

Königtum zu einer nationalen Einheit zusammengeführt wurden. Das Deborahlied Jdc 5 nennt 10 Stämme, die in ihren politischen Entscheidungen weitgehend unabhängig waren. Noch in der Gaueinteilung Salomos 1 R 4,7–19 wird ein Teil der Verwaltungsbezirke nach dem Namen des dort ansässigen Stammes benannt. Die Stammesstruktur war somit ein konstitutives Element des alten Israel vor der Königszeit.

Unter Beachtung dieser Argumente wird es wahrscheinlich, daß die Bewohner der neuen Siedlungen des 12. und 11. Jh. Kulturlandnomaden waren, die mit dem Bau fester Niederlassungen zur Seßhaftigkeit übergegangen sind. Diese Form des Nomadentums ist von dem der Kamelnomaden in den Wüstengebieten grundlegend verschieden und setzt eine teilweise Seßhaftigkeit voraus, aus der sich eine wirtschaftliche Symbiose und die Übernahme von Teilen der materiellen Kultur ergaben. Kulturlandnomaden sind im mesopotamischen und syrischen Raum aus allen Epochen bekannt und insbesondere für das 2. Jt. in den Texten von Mari gut belegt, vgl. J. Henninger, Über Lebensraum und Lebensformen der Frühsemiten, 1968; V.H. Matthews, Pastoral Nomadism in the Mari Kingdom, 1978; H. Klengel, Zwischen Zelt und Palast, 1972. Im palästinischen Raum waren nach dem Zusammenbruch der kanaanitischen Stadtstaaten die wirtschaftlichen Voraussetzungen für die bisherige Form des Zusammenlebens nicht mehr gegeben. Als Folge dieser Entwicklung ist es seit 1200 zu einer allmählichen Einnahme fester Wohnsitze und der Aufgabe der bisherigen Lebensweise durch die Nicht-Seßhaften gekommen. Die endgültige Niederlassung der neuen Siedler erfolgte zunächst in den Randzonen kanaanitischer Besiedlung, da die Restbestände der Kanaaniter und die neue Bevölkerungsgruppe der Philister, die ab der Mitte des 12. Jh. in der südlichen Küstenebene in das bestehende Machtvakuum aus der Ägäis vorgestoßen sind, die ehemaligen Gebiete der Stadtstaaten in einem gewissen Umfang beanspruchten. So blieb den sich niederlassenden Gruppen, die dann die israelitischen Stämme bildeten, zunächst nur die Besetzung der Gebiete außerhalb der großen Ebenen. Nur in Einzelfällen, wo die kanaanitische Stadt endgültig aufgegeben war, wurden die neuen Siedlungen auf den alten Siedlungshügeln errichtet. Die Landnahme der israelitischen Stämme stellt sich im Lichte der Archäologie als der Übergang vom Nomadentum zur Seßhaftigkeit dar.

4. Komposition und Intention des Josuabuches

Literatur: A. Alt, Josua (1936), Kleine Schriften I, 1953, 176–192; R.G. Boling, Levitical History and the Role of Joshua, in: The Word of the Lord shall go forth. Essays in Honor of D.N. Freedman, 1983, 241–261; D.J. McCarthy, The Theology of Leadership in Joshua 1–9, Biblica 52, 1971, 165–175; G. Schmitt, Du sollst keinen Frieden schließen mit den Bewohnern des Landes, BWANT 91, 1970; J. Van Seters, Joshua's Campaign of Canaan and Near Eastern Historiography, SJOT 1, 1990, 1–12; G.J. Wenham, The Deuteronomic Theology of the Book of Joshua, JBL 90, 1971, 140–148.

Die Grundschicht des Josuabuches zeigt einen klaren Aufbau, der auch durch die weiteren Redaktionen und Nachträge nicht verändert worden ist: die Inbesitznahme des Landes unter der Führung Josuas vollzieht sich als kriegerische Landnahme Jos 1–12 und friedliche Landgabe Jos 13–24. Beide Teile gehören insofern von Anfang an zusammen, als sie sich gegenseitig bedingen. Innerhalb eines jeden Abschnittes ist insofern eine gewisse Ordnung erkennbar, als beide Vorgänge von Süden nach Norden orientiert sind. Der erste Teil schließt mit einer Zusammenfassung in Form einer Liste 12,1 aα.9–24. Auch der zweite Teil endet mit einer kurzen Schlußnotiz 19,49a, auf die dann die letzte Rede Josuas Jos 24,1–28* folgt. (Der ursprüngliche Zusammenhang ist durch die Nachträge Jos 20–23 zerrissen.) Diese Rede ist aber gleichzeitig der Höhepunkt des Buches, weil mit ihr die Schilderung der Vergangenheit verlassen und der Blick für die weitere Geschichte eröffnet wird. So findet die gesamte Landnahmeerzählung mit ihren beiden Aspekten Eroberung und Zuteilung in der Verpflichtungsszene ihren Abschluß. Zusammengehalten werden beide Teile durch die literarische Rahmung in Form von biographischen Notizen zur Gestalt Josuas; Anfang und Ende der Landnahme korrespondieren der Einsetzung 1,1–6 und dem Tod Josuas 24,29–31. Damit erweist sich das Josuabuch als ein durchdacht und kunstvoll gestaltetes literarisches Werk. Die beiden Teile werden jeweils bewußt abgeschlossen, wobei die Aufzählung der Ortsnamen in Jos 12 auf die in Jos 13–19 vorherrschende Form der Ortsliste überleitet und die Rede Jos 24,1–28* gleichzeitig den Abschluß des gesamten Buches bildet. Die Mitteilungen zur Person Josuas in 1,1–6 und 24,29–31 bilden eine zusätzliche literarische Klammer, um die beiden Hälften als ein Ganzes zusammenzuschließen.

Diese Verklammerung kann deshalb greifen, weil Josua im gesamten Buch der Träger der Handlung ist. Josua ist durchgängig die führende Gestalt, andere Personen treten nur am Rande insoweit in Erscheinung, wie es für den Gang der Handlung unerläßlich ist. Josua übernimmt die Führungsrolle des Mose; so wie Mose mit der Erteilung der Weisung die Lebensbedingungen Israels festgelegt hat, so schafft Josua die unumstößliche Grundlage für das Leben Israels im Land, indem er im Auftrag und mit Hilfe Gottes das Land mit Israel besetzt und unter den Stämmen verteilt. Wie die Landnahmeerzählung geht das Bild Josuas als des einzigen und einzigartigen Führers nach Mose auf DtrH zurück. In den deuteronomistischen Redaktionen wurde die Gestalt Josuas in Analogie zu Mose weiter ausgebaut, so daß er geradezu als ein zweiter Mose erscheint, vgl. zu 5,13–15. Historisch ist seine Person nicht faßbar, die traditionsgeschichtliche Verhaftung in 17,14–18 ist ebenso unwahrscheinlich wie in einem anderen Stück über die Landvergabe, die in Konzeption und Durchführung ebenfalls auf DtrH zurückgeht, vgl. zu 17,14–18. So bleibt für die geschichtliche Person nur die Grabtradition, die in 24,29–31 verarbeitet ist. Diese belegt, daß Josua eine Gestalt der Frühgeschichte Israels war, ohne daß seine historische Rolle näher bestimmbar ist, vgl. zu 24,30. Entsprechend seiner Bedeutung wurde Josua verschiedentlich in die Tetrateucherzählung nachgetragen, um seine Rolle angemessen vorzubereiten, vgl. Ex 17,8–16; 24,12–14; 32,17; 33,11; Nu 11,28; 13,16; 14,6.30.38; 26,65 u.ö.

Neben der konsequenten Schilderung Josuas als des Führers bei der Landnahme und der Verteilung des Landes zeigt das Buch noch weitere Elemente bewußter Gestaltung, die auf eine starke Theologisierung der Landnahme zielen. Die Eroberung des Landes steht völlig unter der deuteronomistischen Konzeption des Heiligen Krieges. Die Prinzipien der Kriegsführung unter göttlichem Beistand wurden in den Reden Dt 7,16–26; 9,1–6 und in den Kriegsgesetzen Dt 20,1–20; 23,10–15; 25,17–19 festgelegt. Eigentlich führt Jahwe den Krieg für Israel und gibt den Sieg über die Feinde, wie 6,2; 10,8; 11,6 ausdrücklich betont wird. Jahwe kämpft selbst für Israel (10,14), und die Einnahme Jerichos geschieht ohne menschliches Zutun, indem die Mauern auf wunderbare Weise zusammenstürzen (6,20b). Die Redaktionen haben die Rolle des göttlichen Beistandes noch verstärkt, vgl. 8,18; 10,11. Die Einnahme des Landes ist eigentlich Jahwes Werk, da er Israel über seine Feinde siegreich sein läßt. Nur im Falle der Regelverletzung kommt es zu Rückschlägen, sonst reiht sich Sieg an Sieg bis das gesamte Land unterworfen ist.

Durch Ausführung der Vernichtungsweihe (6,21; 8,24f.; 10,10.28.30.35.37.40; 11,11.14) wird das Land von seinen bisherigen Bewohnern frei für eine Neubesiedlung. Die Ausnahme des Überlebens einiger Kanaaniterstädte wird Jos 9 eigens erklärt. Erst die Redaktionen haben mit 13,13; 16,10; 17,13 nachgetragen, daß nicht alle Kanaaniter vernichtet wurden. Ursprünglich hat DtrH das Konzept einer völligen Ausrottung der kanaanitischen Bewohner vertreten, um den Anspruch Israels auf das Land zu manifestieren. „Just as in Deuteronomy, the Book of Joshua assumes that it is the duty of the Israelites to drive out or exterminate the native inhabitants of Canaan" (G.J. Wenham, 143). Der Heilige Krieg schafft die Voraussetzung für die Bewohnung des Landes. Vor Gott als dem eigentlichen Kriegsherrn haben die Feinde keinen Bestand, und nach ihrer Vernichtung kann Israel das Land einnehmen. Mit seiner Eroberung wird das Land zum unaufgebbaren Besitz, den Gott selbst dem Volk zugewiesen hat.

Der Landnahme korrespondiert die Landgabe, die Eroberung erfährt ihre Ergänzung durch die Landverteilung. Dieser zweite Akt ist getragen von dem gleichen theologischen Konzept. Auf Grund der Zuweisung Jahwes, die von Josua vorgenommen wird, sind die Stämme an ihren Landbesitz für immer gebunden. Der zugesprochene Losanteil ist unaufgebbar, aber auch unverlierbar. Die Landverleihung hat als Gabe Gottes einen Bestand, der sich menschlichen Eingriffen entzieht. Das Land ist Israel ohne zeitliche Begrenzung von Gott zugesichert und bleibt unantastbar in seinem Besitz. Mit der Landvergabe als einem Akt göttlicher Setzung ist der Besitz des Landes in der Geschichte verankert. Das Land ist Heilsgabe Gottes an sein Volk.

Mit dieser theologischen Konzeption der Landnahme hat DtrH die Theologie des Landes im Deuteronomium konkretisiert. Im deuteronomischen Gesetz gilt das Land als die Heilsgabe Jahwes an sein Volk, es ist Israel zum Erbbesitz (נחלה) gegeben, vgl. Dt 12,9f.; 19,10.14; 20,16; 21,23; 24,4; 25,19. Land und Volk gehören unlösbar zusammen, nur im Land kann Israel bleiben, was es ist. Erst der deuteronomistische Redaktor kann den Landverlust als Strafe für Fehlverhalten androhen, vgl. Dt 4,26–28.29–31; 28,21.63; 29,21–27 und Jos 23,15f. Die Existenz Israels außerhalb des bereits den Vätern verheißenen Landes ist für die Theologie des Deuteronomiums undenkbar. Entwickelt wurde diese Auffassung von der Unaufgebbarkeit des Landes vermutlich in der späten Königszeit angesichts der mit den assyrischen Eroberungen und Deportationen eingetretenen Bedrohung von Volk und Land. Die deuteronomische Konzeption wurde im deuteronomistischen Geschichtswerk insofern weitergeführt, als mit ihm immer neu gezeigt wird, daß der Vollzug der Geschichte und der Bestand des Volkes unaufhebbar an das Leben im Land gebunden ist.

Die Landnahmeerzählung des Josuabuches zeigt in der von DtrH geschaffenen Form ein klares theologisches Programm. Mit Gottes Hilfe ist Israel in den Besitz des Landes gekommen. Auf göttlichen Befehl wurden die Bewohner vernichtet. In festgelegter Ordnung, die im Gotteswillen gründet, hat Josua das Land schließlich unter den Stämmen verteilt, so daß jeder Stamm seinen Anteil als Gottesgabe erhalten hat. Mit Einnahme und Verteilung hat Jahwe das Land unumstößlich und unaufhebbar für Israel gesichert. Das Land ist nicht durch menschliche Entscheidung oder historische Zufälle an Israel gekommen, sondern Gott selbst hat es Israel zugeteilt. Israel und sein Land gehören unauflöslich zusammen, weil die Heilsgabe nicht veräußert oder aufgehoben werden kann. Das Josuabuch ist so ein theologischer Entwurf zur Begründung des Landbesitzes durch Israel. Auch angesichts der akuten Gefährdungen durch die assyrischen und babylonischen Eroberungen bleibt das Land Israels Eigentum und die Lebensgrundlage des Volkes.

Für seine Darstellung hat DtrH auf wenige Überlieferungen zurückgegriffen, mit denen die Vorstellung einer gesamtisraelitischen Landnahme bereits verbunden gewesen ist. (Ältere Traditionen in Form von Landnahmeerzählungen einzelner Stämme oder eine dem Josuabuch vorangegangene Sammlung sind nicht erkennbar.) Die schriftliche Fixierung und Gestaltung der Abfolge gehen ausschließlich auf DtrH zurück, der sich an der Geographie des Landes orientiert. Auffallend ist das breite Spektrum literarischer Formen. Neben Geschichtserzählungen von einer gewissen Ausführlichkeit stehen kurze Berichte, in denen das Ergebnis von Ereignissen kurz mitgeteilt wird. Dazu treten Listen, die zwar unanschaulich sind, aber eben doch das Ergebnis in der gewünschten Konkretisierung festhalten.

Wenngleich in der Formulierung gewisse Ähnlichkeiten mit den Inschriften der Könige des neuassyrischen Reiches feststellbar sind, so ist doch kaum mit dem Einfluß der assyrischen Historiographie auf die Geschichtsdarstellung des Josuabuches zu rechnen, gegen J. Van Seters, 11f. Die Geschichtsschreibung in Assyrien ist in Ansatz und Durchführung zu verschieden, als daß mit einer Abhängigkeit gerechnet werden könnte, auch wenn gewisse Elemente wie die Berufung auf die Götter und pathetische Übertreibung vergleichbar sind, vgl. TUAT I, 354 ff.

Obwohl der Einfluß assyrischer Geschichtsschreibung in der Landnahmeerzählung des Josuabuches nicht nachzuweisen ist, bleibt doch die Möglichkeit bestehen, daß DtrH die Einnahme des Landes durch die Israeliten unter dem Eindruck der assyrischen und babylonischen Eroberungen seit der zweiten Hälfte des 8. Jh. verfaßt hat, insofern diese als Vorbild für die Besiegung und Besetzung eines ganzen Landes durch das Heer eines fremden Volkes gedient haben könnten. Im Lichte dieser kriegerischen Ereignisse konnte DtrH die Geschichte Israels mit der erfolgreichen Besetzung des Landes beginnen lassen. Nachdem bereits im Deuteronomium die kriegerische Einnahme des Landes zum leitenden Prinzip erhoben worden war (vgl. Dt 7,16–26; 9,1–6; 20,1–20), hat der deuteronomistische Historiker diese theologische Konzeption seinem Bericht über den siegreichen Vernichtungskrieg unter der Führung Josuas zugrunde gelegt (vgl. J. Van Seters, In Search of History, 1983, 331). Dabei zeigt die Grundschicht des Josuabuches in der Form des Erzählens eine gewisse Nähe zu der jahwistischen Geschichtserzählung von Auszug und Wüstenwanderung in den Büchern Exodus und Numeri. Die Ähnlichkeit in der Form der Geschichtsschreibung stellt ohne Zweifel ein verbindendes Element zwischen der vorpriesterschriftlichen Tetrateucherzählung und der Landnahmeerzählung des Josuabuches dar, so daß letztere als Fortsetzung des jahwistischen Geschichtswerkes gelesen werden kann, auch wenn sie sich in Komposition und Konzeption als eine völlig eigenständige Leistung darstellt.

5. Literatur

Abgekürzt zitierte Literatur

ABLAK
M. Noth, Aufsätze zur biblischen Landes- und Altertumskunde, 2 Bde., 1971

Aharoni
Y. Aharoni, Das Land der Bibel. Eine historische Geographie, 1984

AHW
W. Von Soden, Akkadisches Handwörterbuch I-III, 1965–1981

ANEP
The Ancient Near East in Pictures Relating to the Old Testament, ed. J. B. Pritchard, ^{2}1969

ANET
Ancient Near Eastern Texts Relating to the Old Testament, ed. J. B. Pritchard, ^{3}1969

AuS
G. Dalman, Arbeit und Sitte in Palästina I-VII, 1928–1942 (Nachdruck 1964/71)

BRL
Biblisches Reallexikon, ed. K. Galling, ^{2}1977

DISO
Ch.-F. Jean – J. Hoftijzer, Dictionnaire des inscriptions sémitiques de l'ouest, 1965

EA
J. A. Knudtzon, Die el-Amarna-Tafeln, 2 Bde., 1915, Nachdruck 1964

ESI
Excavations and Surveys in Israel

Glueck
N. Glueck, Explorations in Eastern Palestine I-IV, AASOR 14, 15, 18/19, 25–28, 1934–1951

HAL
W. Baumgartner, Hebräisches und aramäisches Lexikon zum Alten Testament, ^{3}1967 ff.

JSG
Judaea, Samaria and the Golan. Archaeological Survey 1967–1968, ed. M. Kochavi, 1972

KAI
H. Donner – W. Röllig, Kanaanäische und aramäische Inschriften I-III, 1964

Kallai
Z. Kallai, Historical Geography of the Bible. The Tribal Territories of Israel, 1986

KTU
M. Dietrich – O. Loretz – J. Sanmartin, Die keilalphabetischen Texte aus Ugarit, AOAT 24, 1976

LÄ
Lexikon der Ägyptologie I-VI, 1975–1986

Noth
M. Noth, Das Buch Josua, HAT I, 7, ^{2}1953

RLA
Reallexikon der Assyriologie und der vorderasiatischen Archäologie I-VII, 1932 ff.

Simons
J. SIMONS, Handbook for the Study of Egyptian Topographical Lists Relating to Western Asia, 1937

TGI
Textbuch zur Geschichte Israels, ed. K. GALLING, [3]1979

ThWAT
Theologisches Wörterbuch zum Alten Testament I-VI, 1973 ff.

TUAT
Texte aus der Umwelt des Alten Testaments, ed. O. KAISER, I-III, 1982 ff.

Wüst
M. WÜST, Untersuchungen zu den siedlungsgeographischen Texten des Alten Testaments I. Ostjordanland, BTAVO B 9, 1975

Kommentare in Auswahl

HOLZINGER, H., Das Buch Josua, Kurzer Hand-Commentar VI, 1901
STEUERNAGEL, H., Das Buch Josua, Handkommentar zum Alten Testament, I 3,2 1899, [2]1923
GARSTANG, J., Joshua-Judges. The Foundations of Bible History, 1931
NOTH, M., Das Buch Josua, HAT I,7 (1938) [2]1953
NÖTSCHER, F., Josua, Echter Bibel, 1950
HERTZBERG, H. W., Die Bücher Josua, Richter, Ruth, Das Alte Testament Deutsch 9 (1953) [6]1986
ABEL, F.-M., Le Livre de Josué, La Sainte Bible (1950) [2]1958
BRIGHT, J., Joshua, Interpreters Bible, 1953
SOGGIN, J. A., Joshua, The Old Testament Library, 1972
MILLER, J. M.– TUCKER, G. M., The Book of Joshua, The Cambridge Bible Commentary on the New English Bible, 1974
BOLING, R. G., Joshua, The Anchor Bible, 1982
HAMLIN, E. J., Joshua. Inheriting the Land, International Theological Commentary, 1983
BUTLER, T. C., Joshua, Word Biblical Commentary 7, 1983
GRAY, J., Joshua, Judges, Ruth, New Century Bible Commentary, 1986
GÖRG, M., Josua, Die Neue Echter Bibel, 1991

Atlanten und Karten

AHARONI, Y. – AVI-YONAH, M., Der Bibel-Atlas, 1982
Biblisch-historisches Handwörterbuch IV. Register und Historisch-archäologische Karte Palästinas, ed. REICKE, B.– ROST, L., 1979
1:100 000 Palestine, Sheet 1–16

Oberflächenforschung

RONEN, A. – OLAMY, Y., Map of Haifa-East (23) 15–24, 1983
RONEN, A. – OLAMY, Y., ᶜAtlit Map (26) 14–23, 1978
RABAN, A., Nahalal Map (28) 16–23, 1982
OLAMY, Y., Daliya Map (31) 15–22, 1981

GAL, Z., Map of Gazit (46) 19.22, 1991
NE'EMAN, Y., Map of Ma^{c}anit (54) 15–20, 1990
HIRSCHFELD, Y., Map of Herodium (108/2) 17–11, 1985
COHEN, R., Map of Sede-Boqer-West (167) 12–03, 1985
COHEN, R., Map of Sede-Boqer-East (168) 13–03, 1981
LENDER, Y., Map of Har Nafḥa (196) 12–01, 1990
HAIMAN, M., Map of Har Ḥamran-Southwest (198) 10–00, 1986
HAIMAN, M., Map of Mizpé Ramon Southwest (200) 12–00, 1991
CAMPBELL, E.F., Shechem II, 1991
GAL, Z., Lower Galilee during the Iron Age, 1992
MILLER, J.M. (ed.), Archaeological Survey of the Kerak Plateau, 1991
MITTMANN, S., Beiträge zur Siedlungs- und Territorialgeschichte des nördlichen Ostjordanlandes, ADPV, 1970
ZWICKEL, W., Eisenzeitliche Ortslagen im Ostjordanland, BTAVO B 81, 1990

Weitere Literatur in Auswahl

F.-M. ABEL, Géographie de la Palestine, 2 Bde., 1933 und 1938; Y. AHARONI, Arad Inscriptions, 1981; A.G. AULD, Judges I and History: A Reconsideration, VT 25, 1975, 261–285; J. BECKER, Gottesfurcht im Alten Testament, AnBibl. 25, 1965; M.A. BEEK, Josua und Retterideal, Near Eastern Studies, 1971, 35–41; J. BLENKINSOPP, Gibeon and Israel. The Role of Gibeon and the Gibeonites in the Political and Religious History of Early Israel, 1972; W. BORÉE, Die alten Ortsnamen Palästinas, ^{2}1968; B.S. CHILDS, A Study of the Formula „Until this Day", JBL 82, 1963 279–292; B.S. CHILDS, The Etiological Tale Re-examined, VT 24, 1974, 387–397; G.W. COATS, An Exposition for the Conquest Theme, CBQ 47, 1985, 47–54; G.W. COATS, The Ark of the Covenant in Joshua, Hebrew Annual Review 9, 1985, 137–157; G.W. COATS, The Book of Joshua: Heroic Saga or Conquest Theme?, JSOT 38, 1987, 15–32; J. FICHTNER, Die etymologische Ätiologie in den Namengebungen der Geschichtsbücher des Alten Testaments, VT 6, 1956, 372–396; G. FOHRER, Altes Testament – „Amphiktyonie" und „Bund"? (1966) Studien zur alttestamentlichen Theologie und Geschichte (1949–1966), BZAW 115, 1969, 84–119; V. FRITZ, Israel in der Wüste. Traditionsgeschichtliche Untersuchung der Wüstenüberlieferung des Jahwisten, Marburger Theologische Studien 7, 1970; V. FRITZ, Tempel und Zelt. Studien zum Tempelbau in Israel und zum Zeltheiligtum der Priesterschrift, WMANT 47, 1977; V. FRITZ, Die Stadt im alten Israel, 1990; B. HALPERN, The First Historians. The Hebrew Bible and History, 1988; H.-J. HERMISSON, Sprache und Ritus im altisraelitischen Kult. Zur Spiritualisierung der Kultbegriffe im Alten Testament, WMANT 19, 1965; T.R. HOBBS, A Time for War. A Study of Warfare in the Old Testament, 1989; Israelite and Judaean History, ed. J.H. Hayes and J.M. Miller, 1977; G.H. JONES, „Holy War" or „Yahwe War"?, VT 25, 1975, 642–658; Z. KALLAI; Territorial Patterns, Biblical Historiography and Scribal Traditions – A Programmatic Survey, ZAW 93, 1981, 427–432; Z. KALLAI, The Settlement Traditions of Ephraim – A Historiographical Study, ZDPV 102, 1986, 68–74; Z. KALLAI, Conquest and Settlement of Transjordan, ZDPV 99, 1983, 110–118; A. KEMPINSKI, Megiddo. A City-State and Royal Center in North Israel, 1989; K.A. KITCHEN, The Third Intermediate Period in Egypt (1100–650 B.C.), 1973; E.A. KNAUF, Midian. Untersuchungen zur Geschichte Palästinas und Nordarabiens am Ende des 2. Jahrtausends v. Chr., 1988; N.P. LEMCHE, Ancient Israel. A New History of Israelite Society, 1988; N.P. LEMCHE, The Canaanites and their Land. The Biblical Tradition of the Canaanites, JSOTS 110, 1991; N. LOHFINK, Das Hauptgebot, AnBibl 20, 1963; B.O. LONG, The Problem of Etiological Narrative in the Old Testament, BZAW 108, 1968; A. MALAMAT, The Danite Migrations and the Pan-Israelite Exodus-Conquest – A Biblical Narrative Pattern, Biblica 51, 1970, 1–16; A. MALAMAT, Die Eroberung Kanaans: Die israelitische Kriegsführung nach der biblischen Tradition, in: Das Land Israel in biblischer Zeit ed. G. Strecker, 1983, 7–32; A.D. MAYES, Israel in the Pre-Monarchy Period, VT 23, 1973, 151–170; S. MITTMANN,

Deuteronomium 1_1-6_3 literarkritisch und traditionsgeschichtlich untersucht, BZAW 139, 1975; K. MÖHLENBRINK, Die Landnahmesagen des Buches Josua, ZAW NF 15, 1938, 238–268; S. MOWINCKEL, Zur Frage nach dokumentarischen Quellen in Josua 13–19, 1946; S. MOWINCKEL, Pentateuch, Tetrateuch und Hexateuch, BZAW 90, 1964; E.T. MULLEN, Judges 1:1–3:6: The deuteronomistic Reintroduction of the Book of Judges, HThR 77, 1984, 33–54; N. NA'AMAN, Borders and Districts in Biblical Historiography. Seven Studies in Biblical Geographical Lists, 1986; E. NIELSEN, Shechem. A Traditio Historical Investigation, [2]1959; F. NÖTSCHER, Biblische Altertumskunde, 1940; M. NOTH, Nu 21 als Glied der „Hexateuch"-Erzählung, ABLAK I, 1971, 75–101; M. OEMING, Das wahre Israel. Die „genealogische Vorhalle" 1 Chronik 1–9. BWANT 128, 1990; M. OTTOSON, Gilead. Tradition and History, 1969; L. PERLITT, Deuteronomium, BK V, 1990 ff.; J. PEDERSEN, Israel. Its Life and Culture, I-IV, 1926/40; J. PLÖGER, Literarkritische, formgeschichtliche und stilkritische Untersuchungen zum Deuteronomium, BBB 26, 1967; H.-D. PREUSS, Deuteronomium, Erträge der Forschung 164, 1982; G. VON RAD, Der heilige Krieg im Alten Testament, 1951; TH. RÖMER, Israels Väter. Untersuchungen zur Väterthematik im Deuteronomium und in der deuteronomistischen Tradition, OBO 99, 1990; H.H. ROWLEY, From Joseph to Joshua, 1951; W. RUDOLPH, Der „Elohist" von Exodus bis Josua, BZAW 68, 1938; J. ASCASO SANMARTIN, Geschichte und Erzählungen im Alten Orient (I): Die Landnahme Israels, UF 17, 1986, 253–282; D.G. SCHLEY, Shiloh. A Biblical City in Tradition and History, 1989; H. SCHMID, Erwägungen zur Gestalt Josuas in Überlieferung und Geschichte, Judaica 24, 1968, 44–57; R. SCHMID, Meerwunder und Landnahmetradition, ThZ 21, 1965, 260–268; W.H. SCHMIDT, Exodus. 1. Teilband Exodus 1–6, BK II , 1988; G. SCHMITT, Du sollst keinen Frieden schließen mit den Bewohnern des Landes. Die Weissagungen gegen die Kanaanäer in Israels Geschichte und Geschichtsschreibung, BWANT 91, 1970; W. SCHOTTROFF, Der altisraelitische Fluchspruch, WMANT 30, 1969; K.-D. SCHUNCK, Benjamin. Untersuchungen zur Entstehung und Geschichte eines israelitischen Stammes, BZAW 86, 1963; H. SEEBASS, Josua, BN 28, 1985, 53–65; J. SIMONS, The Geographical and Topographical Texts of the Old Testament, 1959; R. SMEND, Die Erzählung des Hexateuch auf ihre Quellen untersucht, 1912; R. SMEND, Elemente alttestamentlichen Geschichtsdenkens (1968), in: Die Mitte des Alten Testaments. Gesammelte Studien I, 1986, 160–185; J.A. SOGGIN, Kultätiologische Sagen und Katechese im Hexateuch, VT 10, 1960, 341–347; F. STOLZ, Jahwes und Israels Kriege. Kriegstheorien und Kriegserfahrungen im Glauben des alten Israel, 1972; M. TSEVAT, Israelite History and the Historical Books of the Old Testament, The Meaning of the Book of Job and other Biblical Studies, 1980, 177–187; S.J. DE VRIES, Temporal Terms as Structural Elements in the Holy War Tradition, VT 25, 1975, 80–105; H. WEIPPERT, Das geographische System der Stämme Israels, VT 23, 1973, 76–89; M. WEIPPERT, „Heiliger Krieg" in Israel und Assyrien. Kritische Anmerkungen zu Gerhard von Rads Konzept des „Heiligen Krieges" im Alten Israel, ZAW 84, 1972, 460–483; M. WEIPPERT, Fragen des israelitischen Geschichtsbewußtseins, VT 23, 1973, 415–442; S. WAGNER, Die Kundschaftergeschichten im Alten Testament, ZAW 86, 1964, 255–269; M. WEINFELD, The Period of the Conquest and of the Judges as seen in the Earlier and the Later Sources, VT 17, 1967, 93–113; M. WEINFELD, Deuteronomy and the Deuteronomic School, 1972; M. WEINFELD, The Extent of the Promised Land – the Status of Transjordan, in: Das Land Israel in biblischer Zeit, ed. G. Strecker, 1981, 59–75; J.N.M. WIJNGAARDS, The Dramatization of Salvific History in the Deuteronomic Schools, OTS 16, 1969, 1–132; J.A. WILCOXEN, Narrative Structure and Cult Legend. A Study of Joshua 1–6, in: Transitions in Biblical Scholarship. Essays in Divinity 6, ed. J.C Rylaarsdam, 1968, 43–70.

Die Abkürzung der Zeitschriften und Reihen richtet sich nach S. SCHWERTNER; Internationales Abkürzungsverzeichnis für Theologie und Grenzgebiete, 1974.

Weitere Literatur wird zu den einzelnen Abschnitten und innerhalb der Ausführungen zu einzelnen Begriffen oder Sachverhalten genannt. Die vor jedem Abschnitt aufgeführten Beiträge werden in dem zugehörigen Text lediglich mit dem Namen des Autors zitiert.

6. Erklärung der in der Übersetzung verwendeten Schrifttypen

Fette Schrift

Der literarische Grundbestand, der vom deuteronomistischen Historiker verfaßt worden ist (DtrG/DtrH)

Normale Schrift

Redaktionelle Ergänzungen im deuteronomistischen Stil – deuteronomistischer Redaktor (RedD)

Kursive Schrift

Redaktionelle Ergänzungen im Stil der Priesterschrift – nachpriesterschriftlicher Redaktor (RedP)

Kleine, gerade Schrift

Redaktionelle Zusätze verschiedener Art

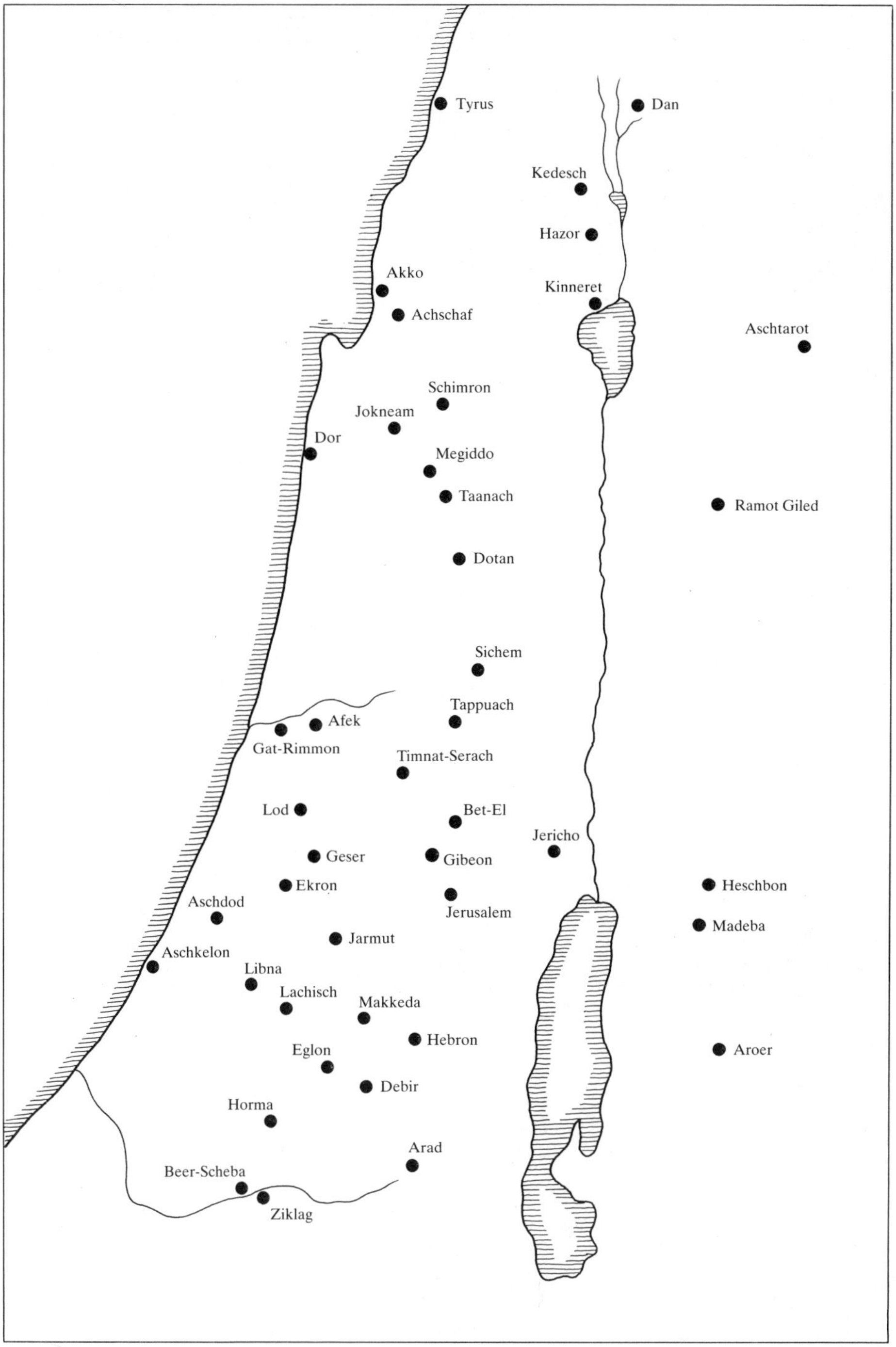

Abb. 1: Übersichtskarte

1–12 Die Landnahme der israelitischen Stämme im Westjordanland

1, 1–18 Die Einsetzung Josuas

[1]Nach dem Tode Moses, des Knechtes Jahwes, sprach Jahwe zu Josua, dem
Sohne Nuns, Moses Diener: [2]„Mein Knecht Mose ist gestorben. Nun auf, zieh
du über den Jordan mit dem gesamten Volk in das Land, das ich ihnen geben
werdeʿ ʾ[a]. **[3]Jeden Ort, den eure Fußsohle betreten wird, gebe ich euch, wie ich zu**
Mose geredet habe. [4]Von der Steppe an und der Libanon ʿ ʾ[a] **bis zu dem großen**
Strom, dem Eufrat, ʿ ʾ[b] **und bis an das große Meer gegen Sonnenuntergang sei**
euer Gebiet. [5]Niemand wird dir widerstehen, solange du lebst. Wie ich mit Mose
gewesen bin, werde ich mit dir sein. Ich will dich nicht preisgeben noch verlas-
sen. [6]Sei stark und mutig, denn du wirst diesem Volk das Land, das ihnen zu
geben ich ihren Vätern geschworen habe, zum Erbbesitz geben. [7]Sei nur stark
und mutig, ʿ ʾ[a] daß du darauf achtest, zu handeln entsprechend der gesamten
Weisung, die dir Mose, mein Knecht geboten hat; weiche nicht davon nach
rechts oder links, damit du Erfolg hast, wo immer du gehst. [8]Dieses Buch der
Weisung soll aus deinem Mund nicht weichen; du sollst es bedenken Tag und
Nacht, damit du darauf achtest zu handeln, wie in ihm geschrieben steht, denn
dann wirst du deine Wege gelingen lassen und Erfolg haben. [9]Habe ich dir nicht
geboten: ‚Sei stark und mutig!'? Erschrick nicht und sei unverzagt, denn Jahwe,
dein Gott, ist mit dir, wo immer du gehst".

[10]Da befahl Josua den Amtsträgern des Volkes: [11]„Durchschreitet das Lager und gebietet dem Volk folgendes: ‚Bereitet euch Verpflegung, denn in drei Tagen werdet ihr den
Jordan überschreiten, um einzuziehen (und) das Land in Besitz zu nehmen, das Jahwe,
euer Gott, euch geben will, um es zu besitzen'". [12]Zu den Rubenitern, Gaditern und dem
halben Stamm Manasse sprach Josua: [13]„Gedenket des Wortes, das Mose, der Knecht
Jahwes, euch geboten hat: ‚Jahwe, euer Gott, will euch Ruhe verschaffen, indem er euch
dieses Land gibt'. [14]Eure Frauen, eure Kinder und euer Vieh sollen in dem Lande
bleiben, das euch Mose jenseits des Jordans gegeben hat. Ihr aber sollt gerüstet vor euren
Brüdern herziehen, alle wehrfähigen Männer, und ihr sollt ihnen helfen, [15]bis Jahwe
euren Brüdern wie euch Ruhe verschafft und auch sie das Land in Besitz nehmen, das
Jahwe, euer Gott, ihnen geben will. Danach könnt ihr in das Land eures Besitzes

⌜⌝[a]zurückkehren, das Mose, der Knecht Jahwes, euch jenseits des Jordans im Osten gegeben hat". [16]Darauf antworteten sie Josua: „Alles, was du uns befiehlst, wollen wir tun, und wohin auch immer du uns schickst, wollen wir gehen. [17]Ganz wie wir Mose gehorcht haben, so wollen wir dir gehorchen. Nur sei Jahwe, dein Gott, mit dir, wie er mit Mose gewesen ist. [18]Jeder, der sich deinem Befehl widersetzt und deinen Worten nicht gehorcht ⌜⌝[a], soll sterben. Nur sei stark und mutig".

[2a] Die Apposition „den Israeliten" fehlt in 𝔊 und ist erklärende Glosse zu „ihnen". [4a] Mit 𝔊 ist ‚dieser' zu streichen und entfällt die Kopula. [b] Die Wendung „das ganze Land der Hethiter" fehlt in 𝔊 und ist eine erklärende Glosse, vgl. Dt 11, 24. Sie entspricht nach Noth, 20 „der in den assyrischen Königsinschriften üblichen Bezeichnung von Syrien als ‚Hethiterland'". [7a] Mit 𝔊 ist „sehr" zu streichen. [15a] Die Worte „und ihr könnt es in Besitz nehmen" trennen den Relativsatz von seinem Beziehungswort und fehlen in 𝔊; sie sind als Glosse auszuscheiden. [18a] Die Worte „in allem, was du uns befiehlst" scheinen ein erklärender Zusatz zu sein, jedenfalls stören sie den syntaktischen Zusammenhang.

Literatur: F. Horst, Zwei Begriffe für Eigentum (Besitz): נחלה und אחוזה, in: Verbannung und Heimkehr. W. Rudolph zum 70. Geburtstage, 1961, 135–150; N. Lohfink, Die deuteronomistische Darstellung des Übergangs der Führung Israels von Mose auf Josue (1962), Studien zum Deuteronomium und zur deuteronomistischen Literatur I, 1990, 83–97; R. Smend, Das Gesetz und die Völker. Ein Beitrag zur deuteronomistischen Redaktionsgeschichte (1971), Die Mitte des Alten Testaments. Gesammelte Studien I, 1986, 124–137; L. Perlitt, Motive und Schichten der Landtheologie im Deuteronomium, in: Das Land Israel in biblischer Zeit, ed. G. Strecker, 1983, 46–58.

Die Jahwerede zur Einsetzung Josuas ist nicht einheitlich. Das Thema der Beauftragung zur Landnahme 1–6 wird in 7–9 verlassen, auf den Zuspruch der Ermutigung folgt unvermittelt der Verweis auf das Halten der Gebote. Mit Recht hat R. Smend (I, 124–126) 7–9 als einen Zusatz herausgestellt, den er einem deuteronomistischen Redaktor (DtrN) zuweist, der im folgenden abweichend von Smend mit RedD bezeichnet wird. Zu der Vorbereitung des Jordanübergangs erscheinen 10.11 als Amtsträger die שטרים, die in dem sekundären Abschnitt 3,2–4 sowie in 23,1 noch einmal begegnen, aber in der weiteren Überlieferung fehlen. Der Befehl Josuas 10.11 ist eine nachträgliche Einfügung, um den Einzug in das Land literarisch vorzubereiten. Die besondere Verpflichtung der ostjordanischen Stämme 12–18 soll die Landnahme als ein gesamtisraelitisches Unternehmen sicherstellen. Ihre Beteiligung an der Eroberung des Westjordanlandes entspricht deuteronomistischer Auffassung (vgl. Dt 3,18–20), die ausdrückliche Betonung dieses Sachverhalts hat aber den Charakter der redaktionellen Anfügung. Damit ist die ursprüngliche Amtseinsetzung Josuas durch Jahwe 1–6 um drei verschiedene Elemente erweitert worden: der Verweis auf die Tora 7–9, die Vorbereitung des Jordanübergangs 10.11 und die Verpflichtung der ostjordanischen Stämme 12–18.

Die Beauftragung Josuas als des Nachfolgers Moses mit der Führung des Volkes erfolgt 1–6 durch eine Jahwerede und dient als Einleitung in das gesamte Buch. Vor der Eroberung und Vergabe des Landes wird der Übergang von der einen auf die andere Führergestalt ausdrücklich festgestellt: wie Auszug und Wüstenwanderung unter der Leitung des Mose standen, so Landnahme und Landverteilung unter dem Befehl Josuas. Der Übergang von der Mosegeschichte zur Josuageschichte wurde in Dt 31,1–8* vorbereitet und wird durch göttlichen Befehl vollzogen. Die Eröffnung des Josuabuches wird so eingeführt, „daß nicht nur der göttliche Befehl zu dem nunmehr bevorstehenden Jordanübergang 2 mitgeteilt, sondern auch auf die gesamte Inbesitznahme des Westjordanlandes 3ff. vorausgeblickt wird“ (Noth, 27). Die gesamte Landnahme wird somit programmatisch vorweggenommen. Als ein das gesamte Buch bestimmender Akt wird die Gabe des Landes ausdrücklich thematisiert.

Die Eröffnung des Buches ist eine Überleitung zwischen den beiden Überlieferungskomplexen Deuteronomium und Landnahmeerzählung. Diese Überleitung ist eigens von dem deuteronomistischen Geschichtsschreiber (DtrH) verfaßt worden, um den Anschluß an die im Deuteronomium erfolgte Vermittlung der Weisung herzustellen. Der Abschnitt markiert einen Neuansatz, erst mit der Landnahme unter der Führung Josuas beginnt die Geschichte des Volkes im verheißenen Land.

Die Beauftragung Josuas 1–6

1 Die Einleitung der Jahwerede begnügt sich mit der Zeitangabe „nach dem Tode Moses“, die auf Dt 34,5 zurückweist. Diese Wendung verweist auf den Abschluß einer Epoche. Auszug und Wüstenwanderung standen unter der Führung Mose. Bereits der Jahwist hatte die Person des Mose stark in den Mittelpunkt gerückt und ihm als Sprecher des Volkes und Vermittler des Gotteswillens in den Erzählungen von Auszug Ex 1–15* und Wüstenwanderung Num 10–21* großes Gewicht verliehen, vgl. V. Fritz, Israel in der Wüste, 1970, 123–129. Im deuteronomistischen Geschichtswerk wird seine Gestalt zum einzigen Offenbarungsmittler, er ist der Prophet schlechthin (vgl. Dt 18,15) und der Künder der Weisung, auf den die Vermittlung des gesamten verpflichtenden Gottesrechts Dt 12–26 zurückgeht, vgl. L. Perlitt, Mose als Prophet, EvTh 31, 1971, 588–608 und H. Cazelles, ThWAT V, 28–46. Die Priesterschrift hat Mose dann zum Urheber des gesamten Kultes gemacht. In der weiteren Überlieferung werden die verschiedenen Mosebilder untereinander kombiniert. Historisch ist seine Gestalt nicht mehr faßbar, anders S. Herrmann, Mose, Gesammelte Studien zur Geschichte und Theologie des Alten Testaments, ThB 75, 1986, 47–75.

Die Bezeichnung Moses als עבד יהוה erscheint stereotyp und häufig 1,2.7.13.15; 8,31.33; 9,24; 11,12.15; 12,6; 13,8; 14,7; 18,7; 22,2.4.5 „zur Kennzeichnung seiner Sonderstellung im Verhältnis zu Gott“ (H. Ringgren, ThWAT V, 1001). Als Mittler der Offenbarung ist Mose in einzigartiger Weise herausgehoben und als Künder der Verheißung allen Propheten überlegen (vgl. Ex 4,10–12; Nu 12,7.8; 1 R 8,53.56; 2 R 18,12; 21,8). Der Titel עבד ist vermutlich durch die deuteronomistische Theologie auf Mose zur Kennzeichnung des Mittleramtes übertragen worden, vgl. Ch. Barth, Mose, Knecht Gottes, in: Festschrift Karl Barth, 1966, 68–81. Dieses schließt die politische Führungsrolle mit ein, vgl. Ex 14,31. Neben der Vermittlung der Tora kennzeichnet der Titel עבד auch Moses geschichtliches Handeln als im Auftrag Gottes vollzogen, vgl. I. Riesener, Der Stamm עבד im Alten Testament, BZAW 149, 1979, 186–191.

Die bisherige Gefolgschaft Josuas hat die Übertragung des mosaischen Amtes vorbereitet, als משרת משה wurde Josua bereits in den deuteronomistischen Abschnitten Ex 33,7–11; Nu 11,24–30 gekennzeichnet. (In Ex 24,13 J ist יהושע משרת Glosse). Zum

Nachfolger Moses wurde Josua bereits in Nu 27,15–23; Dt 3,28 und Dt 31,1–8.14f..23 designiert. In der Nachfolge Moses gewährleistet Josua den ungebrochenen Fortbestand der Führung des Volkes.

2 Da der Jordanübergang unmittelbar bevorsteht, ist als Standort die östliche Seite des Jordantales auf der Höhe von Jericho vorauszusetzen. Dieses Gebiet wird sonst als ערבות מואב Nu 22,1; 26,3.63; 31,12; 33,48–50; 35,1; 36,13; Dt 34,1.8 bezeichnet, vgl. zu 13,22. Der ausdrückliche Befehl zum Jordanübergang weist auf die Erzählung 3,1.14a.15a.16; 4,11a.18 voraus. Zum Jordan vgl. zu 3,1.

Die Formel von der Landgabe הארץ אשר אנכי נתן ל durchzieht programmatisch das gesamte Deuteronomium (Dt 1,20.25.29; 3,20; 4,1.21.40; 5,16.28 u.ö.), findet sich aber bereits in späten Teilen des Tetrateuch, vgl. Gn 15,7; Lv 23,10; 25,2; Nu 13,2; 15,2 sowie in 1,11.15. Die Übereignung des Landes an Israel nimmt die Landverheißung an die Erzväter im jahwistischen Geschichtswerk wieder auf (Gn 12,7; 13,15; 15,18; 24,7; 26,3.4; 28,13). Noch in der Priesterschrift, die fast die gesamte Vätererzählung unterdrückt hat, wird die Zusage des Landbesitzes als unumstößliches Heil zum Ausdruck gebracht (Gn 17,8; 28,4; 48,4). In der deuteronomistischen Theologie ist die Gabe des Landes die schlechthinnige Heilsgabe Jahwes an sein Volk, der Anspruch Israels gründet so in einem unumstößlichen Rechtsakt. Landnahme und Landverheißung stehen unter Jahwes Schutz, da die Einnahme des Landes die Voraussetzung für Leben und Bestand Israels als Volk darstellt.

3.4 stellt eine fast wörtliche Wiedergabe von Dt 11,24 dar und scheint von dort übernommen zu sein. Mit dem Auftreten des Fußes wird die Übergabe des Landes als Rechtsakt vollzogen. Die geographische Umschreibung des verheißenen Landes ist eine festgeprägte Formel des Deuteronomiums (vgl. Dt 1,7; 11,24), die nicht „genau zur Situation paßt, da sie das ost- und westjordanische Kulturland zusammenfaßt und diesem Gebiet das ganze Syrien als Anhängsel anschließt" (Noth, 27). In diesem Zusammenhang kann מדבר „Steppe" nur die Steppen- und Wüstenzone südlich des Kulturlandes meinen (vgl. Dt 1,7). Die Nennung des Libanon unterbricht die Fixierung der beiden Grenzen, ursprünglich lautete die Formel wohl wie in Ex 23,31 ממדבר עד־הנהר „Von der Steppe bis zum Euphrat" (vgl. Gn 15,18). Die Vorstellung vom Eufrat als der Ostgrenze wurzelt in der Anschauung von der Ausdehnung des davidischen Reiches und findet sich bereits in der Nachricht, David habe mit der Unterwerfung der aramäischen Kleinstaaten seine Herrschaft über das gesamte syrische Gebiet bis an den Eufrat ausgedehnt (2 S 8,3). Die ausdrückliche Nennung des Mittelmeeres als Westgrenze ist eine Vervollständigung, die Dt 1,7 noch fehlt.

5.6 Die persönlichen Zusagen Jahwes an Josua sind in Anlehnung an Dt 31,6–8.31 formuliert. Ermutigungsformel (חזק ואמץ) und Beistandsformel (עמך יהוה) finden sich Dt 31,6 und Jos 10,25 auch außerhalb der Amtseinsetzung; beide können auf tatsächlich gebrauchte Redeformen zurückgehen (vgl. 2 S 10,12), sind aber hier als literarische Topoi gebraucht, vgl. Hag 2,4; 2 Ch 19,11b. יצב hitpa mit der Bedeutung „widerstehen" entspricht ebenfalls deuteronomistischem Sprachgebrauch, in Dt 7,24; 11,25 geht es aber um die Durchsetzung des Anspruches Israels gegenüber seinen Feinden. Die Führungsrolle soll Josua somit unangefochten zukommen. Die Aussage vom Mitsein Jahwes ist ein Theologumenon, das auch anderen Gestalten wie Isaak (Gn 26,3 J), Jakob (Gn 31,3 J), Mose (Ex 3,12 E) und Gideon (Jdc 6,16) zugesprochen wird; damit ist die besondere Verbundenheit der Erzväter und einiger weniger Führungsgestalten mit dem sie führenden Gott ausgedrückt. Die Verläßlichkeit und Unauflösbarkeit dieser Gottesnähe ist im Wesen Jahwes begründet (vgl. Dt 4,31; 31,6.8).

Dieser einzigartigen Zusammengehörigkeit von Gott und Mensch soll Josua durch Stetigkeit und Vertrauen auf Jahwe bei der Durchführung seiner Aufgabe entsprechen. Die Aufforderung zu Beständigkeit und Mut kann zwar auf die bevorstehenden Kriegshandlungen bezogen werden, die eigentliche Aufgabe wird aber durch נחל hi bestimmt. Das Verbum bezeichnet den Akt, „ein Recht auf ein Gesamteigentum umzuformen in ein ausschließliches Recht in einen Erbteil" (E. Lipiński, ThWAT V, 344). Josua wird also beauftragt, die Stämme Israels in den Besitz ihrer von Gott übereigneten נחלה kommen zu lassen, vgl. 11,23; 13,6f.; Dt 1,38; 3,28; 31,7. Die Zuteilung des Landes als Erbbesitz durch Jahwe an Israel war bereits unter Mose erfolgt (Dt 4,21.38; 12,9f.; 15,4; 19,3.10.14 u.ö.) und wird auch sonst als Erfüllung der den Erzvätern gegebenen Verheißung ausgewiesen, vgl. Ex 32,13; Ps 105,8.11; Ez 47,14; 1 Ch 16,15–18. Die Landverheißung an die Erzväter war bereits Gn 12,7 J verankert und durchzieht die gesamte Patriarchenerzählung, vgl. J.A. Emerton, The Origin of the Promises to the Patriarchs in the Old Sources of the Book of Genesis, VT 32, 1982, 14–32. Die Einnahme des Landes als Ziel der Landnahme ist eigentlich eine Landgabe Jahwes. Mit der Kennzeichnung als נחלה „soll Israel sein Land stets in der Bezogenheit auf den den Besitz begründenden und gewährleistenden Rechtswillen seines Gottes sehen" (F. Horst, 140).

Neben der Einnahme wird die Vergabe des verheißenen Landes als Aufgabe Josuas thematisiert. Die Unterscheidung zweier Aufgaben entspricht der Zweiteilung des Buches in Eroberung (2–12) und Verteilung (13–21) des Landes. Die Beauftragung Josuas durch Mose, die bereits Dt 31,1–8.14f.23 vorbereitet ist, wird durch Jahwebefehl vollzogen. Dabei wird nicht nur die Kontinuität in der Führung Israels, sondern auch der göttliche Beistand für den neuen Amtsträger verdeutlicht.

Der Nachtrag der deuteronomistischen Redaktion 7–9 (RedD)

7–9 Die Aufforderung חזק ואמץ von 6 wird zweimal wiederholt, wobei die pointierte Voranstellung in 7 als literarischer Anschluß dient. In 9b wird die Zusage des Mitseins aus 5b aufgenommen. Im Mittelpunkt dieser Mahnung an Josua steht aber die Befolgung der Tora, wie sie an Mose ergangen ist. Wie 8,32; 22,5; 23,6 bezeichnet תורה die im Deuteronomium (Dt 5–26) vorliegende Willenskundgebung Jahwes. Zur Bewahrung der an Mose ergangenen Gottesrede, die zunächst mündlich mitgeteilt wurde (vgl. Dt 1,1; 5,1; 29,1), hat nach der Konzeption des Deuteronomisten in Dt 31,9aα Mose die Tora selbst niedergeschrieben, so daß sie als Buch vorhanden und mit seiner Autorität verbunden ist. (Dementsprechend findet sich die Verbindung ספר התורה in Dt 28,61; 29,20; 30,10; 31,26 erst in den Rahmenstücken). Mit der Niederschrift ist die Tora als göttliche Weisung unumstößliche Verpflichtung für alle Generationen geworden. Die Forderungen des Gehorsams gegenüber dieser Verpflichtung und der Befolgung des Gebotenen finden sich im Deuteronomium wie auch im deuteronomistischen Geschichtswerk in stereotyper und unablässiger Wiederholung, vgl. N. Lohfink, Das Hauptgebot, AnBibl 21, 1963, 64 ff.; 73 ff.; 299 ff. Der Nachtrag will die Kontinuität der Weisung auch beim Wechsel in der Führung ausdrücklich feststellen, wobei Ermutigungsformel und Beistandsverheißung aus 1,5.6 noch einmal aufgenommen werden. Gleichzeitig wird die Gültigkeit der תורה mit dem 1,3.4 angekündigten Landbesitz verbunden: „Das Land ist der Geltungsraum des Gesetzes, das Gesetz ist die Lebensform im Lande" (L. Perlitt, 49)

Die weiteren Nachträge 10.11 und 12–18

10.11 entstammen der gleichen Redaktion wie 3,2–4 und dienen der Vorbereitung des Jordanübergangs: für den Zug ins Westjordanland soll die notwendige Verpflegung bereitgehalten werden. Die Anordnung ergeht an die שטרים, die noch 3,2–4; 8,33; 23,2 und 24,1 genannt werden und deren Stellung unklar ist. צידה ist die notwendige Nahrung bei einer Reise (9,11; Gn 42,25; 45,21), für eine Flucht (Ex 12,39; 1 S 22,10) oder einen Kriegszug (Jdc 7,8; 20,10). Die Vorsorge weist auf das bevorstehende Geschehen der Landnahme voraus und unterstreicht die mit der Überschreitung des Jordans gegebene Änderung der Situation.

12–18 Die Verpflichtung der ostjordanischen Stämme Ruben, Gad und Halbmanasse vollzieht sich in einer Antwort 16–18 auf die Rede Josuas 12–15, die der Rede Moses Dt 3,18–20 entspricht. Der Verweis auf die Anordnung Moses zielt auf Nu 32: angesichts der bevorstehenden Eroberung des Westjordanlandes werden die ostjordanischen Stämme, die ihren Landanteil bereits erhalten und ihre Wohnsitze bereits eingenommen haben, von Mose zur Teilnahme an der weiteren Landnahme mit dem Versprechen verpflichtet, daß sie nach Abschluß der Einnahme des Westjordanlandes in ihre Stammesgebiete zurückkehren dürfen. Die Erzählung Nu 32 ist literarisch nicht einheitlich, da die ältere Schicht 1*.17.20aα.24.34–38 mehrfach ergänzt worden ist, vgl. Wüst, 91–109 und (mit anderer Abgrenzung) S. Mittmann, Deuteronomium 1,1–6,3 literarkritisch und traditionsgeschichtlich untersucht, BZAW 139, 1975, 95–104.

Die Absicht der älteren Fassung von Nu 32* besteht darin, die Ansässigkeit der Stämme Ruben und Gad im Ostjordanland zu begründen und gleichzeitig ihre Beteiligung an der Eroberung des Westjordanlandes zu sichern. Die Erzählung bietet in ihrem Grundbestand die Erklärung für die Besiedlung des Ostjordanlandes, indem der Bau der genannten Städte ausdrücklich auf Mose zurückgeführt und damit gerechtfertigt wird, vgl. zu 13,17.19.25a.27. Das sich damit ergebende Problem der Einnahme des Westjordanlandes durch eine gemeinsame Aktion aller Stämme Israels wird im Sinne der deuteronomistischen Landnahmeerzählung gelöst, indem sich die ostjordanischen Stämme zur Teilnahme verpflichten. Nu 32* ist somit ein ausgesprochenes Verbindungsstück, das erst notwendig wurde, als die jahwistische Landnahmeüberlieferung als eine Eroberung von Süden aus durch die deuteronomistische Auffassung einer Landnahme von Osten über den Jordan ersetzt wurde, wobei die Landnahmeerzählung des Jahwisten weggebrochen wurde. Das Stück Nu 32* kann somit nicht zum Jahwisten gehört haben, wurde aber von P bereits vorgefunden. Zusammen mit dem Grundbestand von Nu 21,10–35 bildet Nu 32* wohl ein Zwischenstück, um den notwendigen Übergang zwischen der Landnahmeerzählung des Josuabuches und der Wüstenüberlieferung des Jahwisten Ex 15–17* und Nu 10–21* herzustellen.

Die Nennung von Halbmanasse zeigt, daß 1,12–18 traditionsgeschichtlich jünger als Nu 32* ist, wo nur Ruben und Gad genannt werden und Halbmanasse erst sekundär in

Nu 32,33 nachgetragen wurde. Der Abschnitt 12–18 will den geschichtlichen Gegebenheiten, wie sie in der Königszeit vorliegen, gerecht werden. Der Bezug auf Nu 32* zeigt sich insbesondere an der Aufnahme des Begriffes חמשים „kampfgeordnet" in 1,14, der sich auch Nu 32,17 findet, wo er statt חשים zu lesen ist (HAL, 318), während er sonst selten verwendet wird (vgl. 4,12; Ex 13,18; Jdc 7,11). Der Nachtrag will das Mitwirken der ostjordanischen Stämme an der kriegerischen Unterwerfung des Westjordanlandes festschreiben. Entsprechend dieser Auffassung wird bei der Verteilung des Landes Ruben, Gad und Halbmanasse vor allen anderen Stämmen ihr Erbbesitz von Josua zugesprochen. Sprache, Stil und Diktion des Abschnittes sind deuteronomistisch, für die Einzelexegese vgl. zu 13, 15–22.

2,1–24 Die Kundschafter in Jericho

1Josua, der Sohn Nuns, sandte von Schittim zwei Männer als Kundschafter aus
⸢⸣[a]mit dem Auftrag: „Geht und beseht das Land⸢⸣[b]". Da gingen sie und kamen
⸢nach Jericho⸣[c] in das Haus einer Hure mit Namen Rahab, und sie legten sich
dort schlafen. 2Dem König von Jericho wurde aber gemeldet: „Siehe, Männer
sind diese Nacht gekommen von den Israeliten, um das Land zu erkunden". 3Da
schickte der König von Jericho der Rahab folgende Botschaft: „Gib die Männer
heraus, die zu dir gekommen sind ⸢⸣[a], denn sie sind gekommen, das ganze Land
zu erkunden". 4 Da nahm die Frau die beiden Männer und versteckte ⸢sie⸣[a]. **Da**
sprach sie: „Gewiß sind die Männer zu mir gekommen, aber ich wußte nicht,
woher sie waren. 5Bevor das Stadttor in der Dunkelheit geschlossen wurde, sind
sie fortgegangen. Wohin die Männer gegangen sind, weiß ich nicht. Verfolgt sie
schnell, daß ihr sie einholt". 6Sie aber hatte sie auf das Dach gebracht und sie in
den Flachsstengeln[a], die sie aufgeschichtet auf dem Dach (liegen) hatte, ver-
steckt. 7Die Männer verfolgten sie auf dem Weg zum Jordan ⸢bis zu⸣[a] den Furten,
das Stadttor aber hatte man verschlossen, nachdem ihre Verfolger herausgegan-
gen waren.
8Bevor sie sich schlafen legten, stieg sie zu ihnen aufs Dach. 9Sie sprach zu den
Männern: „Ich weiß, daß Jahwe euch das Land gegeben hat, und daß der
Schrecken vor euch auf uns gefallen ist und daß alle Bewohner des Landes vor euch
verzagen. 10Denn wir haben gehört, daß Jahwe das Wasser des Schilfmeeres vor
euch ausgetrocknet hat bei eurem Auszug aus Ägypten und was ihr den beiden
Königen der Amoriter jenseits des Jordans getan habt, Sihon und Og, die ihr gebannt
habt. 11Als wir das hörten, da verzagte unser Herz, und in keinem erstand wieder
Mut gegen euch, denn Jahwe, euer Gott, ist Gott im Himmel oben und auf der Erde
unten. 12Nun schwört mir doch bei Jahwe, daß, da ich euch Treue bewiesen habe,
ihr auch meiner Familie Treue erweist ⸢⸣[a], 13und meinen Vater, meine Mutter,
meine Brüder und meine Schwestern und alle, die zu ihnen gehören, leben laßt

und uns vom Tode errettet“. [14]Da sprachen die Männer zu ihr: „Unser Leben ist an eurer Stelle dem Tode verfallen, wenn ‘du’[a] diese unsere Sache nicht verrätst. Wenn dann Jahwe uns das Land gibt, wollen wir an dir nach Treu und Glauben handeln“. **[15]Daraufhin ließ sie sie an einem Seil durch das Fenster herab, denn ihr Haus befand sich in der Wand der Stadtmauer, und in der Stadtmauer wohnte sie. [16]Dabei sagte sie zu ihnen: „Geht in das Gebirge, damit die Verfolger nicht auf euch stoßen. Ihr sollt euch dort drei Tage lang verbergen, bis die Verfolger zurückgekehrt sind. Danach könnt ihr eures Weges gehen“. [17]Darauf antworteten ihr die Männer:** „Wir sind dieses Eides dir gegenüber ledig, den du uns hast schwören lassen. **[18]Wenn wir in das Land[a] kommen, sollst du diese rote Schnur ‘ ’[b]an das Fenster binden, aus dem du uns heruntergelassen hast. Deinen Vater, deine Mutter, deine Brüder sowie deine ganze (übrige) Familie sollst du zu dir in das Haus versammeln. [19]Jeder, der aus der Tür deines Hauses herausgeht ins Freie, sein Blut komme über sein Haupt, wir aber sind unschuldig. Jeder, der mit dir im Hause ist, sein Blut komme über unser Haupt, wenn Hand an ihn gelegt wird.** [20]Wenn du diese unsere Sache verrätst, dann sind wir unschuldig im Blick auf den Eid, den du uns hast schwören lassen“. **[21]Da sprach sie: „Wie ihr geredet habt, so sei es“, schickte sie weg, und sie gingen fort. Dann befestigte sie die rote Schnur an dem Fenster. [22]Nachdem sie gegangen waren, kamen sie in das Gebirge und blieben dort drei Tage, bis die Verfolger zurückgekehrt waren. Die Verfolger hatten den ganzen Weg abgesucht und (sie) nicht gefunden. [23]Danach kehrten die beiden Männer zurück, stiegen vom Gebirge herab, zogen hinüber und kamen zu Josua, dem Sohn Nuns, und erzählten ihm alles, was ihnen widerfahren war.** [24]Sie sprachen zu Josua: „Jahwe hat das ganze Land in unsere Hand gegeben, und alle Bewohner des Landes verzagen vor uns“.

1a Das Hapaxlegomenon חרש wird als Adverb in der Bedeutung „heimlich“ aufgefaßt; es fehlt in 𝔊, ist sachlich überflüssig und vermutlich eine Glosse. **b** Die Worte „und Jericho“ sind in diesem Zusammenhang unsinnig und als Glosse zu streichen. **c** Da eine Ortsangabe fehlt, könnte entsprechend 𝔊 „Jericho“ an dieser Stelle des Textes gestanden haben. **3a** Der Relativsatz „die in dein Haus gekommen sind“ ist ein erklärender Zusatz, „der einem in diesem Zusammenhang möglichen Mißverständnis ... vorbeugen soll“ (Noth, 24). **4a** Das Suffix ist mit den Versionen in die 3. Pers. Pl. zu ändern. **6a** Zur Übersetzung vgl. H.-P. Müller, UF 2, 1970, 231. **7a** Statt „auf“ ist עד oder אל „zu“ einzusetzen. **12a** Der Satz „und ihr sollt mir ein zuverlässiges Zeichen geben“ fehlt in 𝔊 und ist ein Nachtrag. Ob אמת wie in 14 zum ursprünglichen Text gehört hat, wie Noth, 27 annimmt, ist nicht mehr zu entscheiden. **14a** Da Rahab angeredet ist, muß mit einigen Handschriften die 2. Pers. Sing. gelesen werden. **18a** Die Lesart von 𝔊 εἰς μέρος τῆς πόλεως ist eine Angleichung an den Text und keineswegs Rest einer älteren Fassung, die auf die Eroberung Jerichos hinauslief, gegen J. A. Soggin, The Conquest of Jericho Through Battle, Eretz Israel 16, 1982, 215*-217*. **b** חוט fehlt bei der Ausführung in 21 b und ist vermutlich eine Glosse.

Literatur: F. M. Abel, Les stratègemes dans le livre de Josué, RB 56, 1949, 321–339; O. Bächli, Zur Aufnahme von Fremden in die altisraelitische Kultgemeinde, in: Wort – Gebot – Glaube, AThANT 59, 1970, 21–26; J. P. Floss, Kunden oder Kundschafter? Literaturwissenschaftliche Untersuchung zu Jos 2. I, 1982; II, 1986; G. Hölscher, Zum Ursprung der Rahabsage, ZAW 38,

1919/20, 54–57; H. Horn, Josua 2,1–24 im Milieu einer 'dimorphic society', BZ NF 31, 1987, 264–270; F. Langlamet, Josué, II, et les traditions de l'Hexateuque, RB 78, 1971, 5–17. 161–183. 321–354; W. L. Moran, The Repose of Rahab's Israelite Guests, in: Studi sull'Oriente e la Bibbia offerti al P. Giovanni Rinaldi, 1967, 273–284; M. L. Newman, Rahab and the Conquest, JSOTS 37, 1985, 167–181; G. M. Tucker, The Rahab Saga (Joshua 2): Some Form-Critical and Traditio-Historical Observations, in: The Use of the Old Testament in the New and Other Essays, ed. J. M. Eard, 1972, 66–86; S. Wagner, Die Kundschaftergeschichten im Alten Testament, ZAW 76, 1964, 255–259; D. H. Windisch, Zur Rahabgeschichte, ZAW 37, 1917/18, 188–198.

Trotz einiger Unstimmigkeiten ist die Erzählung von den Kundschaftern in Jericho eine literarische Einheit mit einem folgerichtigen Handlungsablauf, wobei Einleitung und Schluß sich entsprechen. Nach dem erfolgreichen Abschluß der Mission, an der die Hure Rahab entscheidenden Anteil hat, kehren die Kundschafter zu Josua zurück, um Bericht zu erstatten. Literarisch gesehen weist der Text nur wenige Zusätze auf, mit denen vor allem in den wörtlichen Reden die Aussagen verstärkt werden sollen. Die Wendung 9b findet sich fast wörtlich Ex 15,15b.16a und stellt wohl wie 24b eine sekundäre Erweiterung dar. In 10b ist der Verweis auf den Sieg über die beiden ostjordanischen Könige eine Ergänzung. Die bekenntnishafte Formulierung 11b entspricht Dt 4,39 und ist ebenfalls nachträglich eingefügt. Auch die erneute Versicherung 14aβb hat den Charakter eines Nachtrags, wobei die 20a ausgesprochene Bedingung vorweggenommen ist. Mit Noth, 31 ist 17b als eine Einfügung zu beurteilen, die erst durch den Gedanken des Eides in 12 bedingt ist. Auch die weitere Bedingung 20 klappt nach, der Vers geht somit ebenfalls auf eine Überarbeitung zurück. Die Ergänzungen stellen keine systematische Bearbeitung dar, sondern sind Eintragungen zur weiteren Verdeutlichung des Textes, zur Betonung der geschichtsmächtigen Taten Jahwes und zur Gültigkeit der Abmachung zwischen Rahab und den Kundschaftern.

Aber auch der verbleibende Text ist nicht gänzlich frei von Widersprüchen: Die wörtliche Rede wird durch 4a unsachgemäß unterbrochen. Weiterhin wird noch in der Exposition 1 erzählt, daß sich die Kundschafter im Hause Rahabs zur Ruhe gelegt haben, während in 8 das Gespräch mit der Frau auf dem Dach stattfand, „bevor sie sich zur Ruhe legten". Diese Spannungen lösen sich, wenn man mit weiteren redaktionellen Eingriffen rechnet. 4a ist ein Nachtrag, der ausdrücklich feststellt, daß Rahab die Männer versteckt hat. Die Bemerkung wurde ungeschickt in das Gespräch eingefügt und ist für den Verlauf der Erzählung überflüssig, da die Tat Rahabs eigentlich darin besteht, daß sie die Männer nicht ausliefert, indem sie ihre Anwesenheit bestreitet. Das Gespräch auf dem Dach 8.9a.10a.11a.12.13.14a ist leicht aus dem Zusammenhang der Erzählung herauszulösen; ohne diese Gesprächsszene gewinnt der Verlauf der Handlung an Geschlossenheit, und die Abmachung in der Gesprächsszene am Fenster 15.16.17a. 18–21 erscheint dann nicht mehr als eine umständliche Wiederholung bereits getroffener Vereinbarungen.

Bei der Szene auf dem Dach 8.9a.10a.11a.12.13.14a handelt es sich nach Umfang und Inhalt nicht um eine zufällige redaktionelle Ergänzung, sondern um eine planvolle Erweiterung, mit der sich die Tendenz der Erzählung entscheidend verändert. Ohne diesen Passus geht es allein um die Bewahrung der Kundschafter durch Rahab, der dadurch Verschonung für sich und ihre Familie bei der Eroberung zugesagt wird. Das Gespräch der Kundschafter mit der Frau auf dem Dach fügt der Erzählung eine neue Dimension hinzu: die Eroberung des Landes ist insofern gut vorbereitet, als die Kanaaniter um den bevorstehenden Verlust des Landes wissen und einen ihrer Verzagtheit entsprechenden geringen Widerstand leisten werden. Der Einschub bedingt eine Theologisierung der Erzählung im Sinne deuteronomistischer Landnahmetheorie. In die gleiche Stufe der Redaktion gehört 24a.

Mit dieser redaktionellen Einfügung wurde die Erzählung insofern verändert, als nun nicht mehr allein die Errettung der Kundschafter durch Rahab, die damit ihr eigenes Überleben gewinnt, deren Inhalt ist. Vielmehr wird die Landnahme vorbereitet, indem die Landgabe Jahwes an die Israeliten ihre ausdrückliche Bestätigung dadurch erfährt, daß auch die Kanaaniter die Überlegenheit des Gottes Israels anerkennen. Nach der Aussage Rahabs hat Jahwe mit dem Wunder am Meer Israel nicht nur beim Auszug aus Ägypten gerettet, sondern auch die Landnahme ermöglicht, da dieses Ereignis die Kanaaniter in Angst und Schrecken versetzt, ihre Tatkraft gelähmt und ihren Widerstandswillen gebrochen hat.

Ursprünglich umfaßte die Kundschaftergeschichte somit 1–3.4b.5–7.15–17a.18.19. 21–23, die einen folgerichtigen Handlungsablauf ergeben. Im Mittelpunkt steht Rahab, die ihre aufgenommenen Gäste beschützt und dafür Verschonung bei der Eroberung versprochen erhält. Grundlegend für die Gestaltung sind die Elemente der Bewahrung des Gastes und der Dankbarkeit für eine Wohltat. Möglicherweise geht sie auf eine lokale Überlieferung zurück, in der das Überleben einer kanaanitischen Familie oder Sippe mit der besonderen Tat eines ihrer Mitglieder bei der Eroberung des Landes begründet wurde. Dann ist mit der Aufnahme einer ursprünglich mündlich überlieferten Erzählung zu rechnen. Diese Erzählung wird kaum bei der Neubesiedlung Jerichos in vorstaatlicher Zeit sondern erst während der Königszeit entstanden sein, als sich die Frage nach der Inbesitznahme des Landes und nach dem Überleben einer Gruppe von Kanaanitern stellte.

Das Ziel der Erzählung in der vorliegenden Fassung ist die Verschonung Rahabs, die entsprechend der Ereignisfolge erst 6,22.23 erzählt wird. Nun hat D. H. Windisch auf zwei Geschichten aus der klassischen Literatur aufmerksam gemacht, in denen die Einnahme einer Stadt auf das Verdienst einer Hure zurückgeführt wird. Von diesen scheidet der Bericht bei Livius (Römische Geschichte, Buch XXVI, 33, 8) über zwei Frauen, die sich lediglich um das Wohl römischer Kriegsgefangener bei der Belagerung von Capua verdient gemacht haben, als Parallele aus. Die andere Überlieferung des Schriftstellers Neanthes von Kyzikos (Fragmenta Historicorum Graecorum III, 11, Nr. 35) erzählt, wie eine Hetäre der Wache den Schlüssel des Tores abnimmt und ihren Landsleuten außerhalb der Stadt überbringt und so die Rückeroberung der besetzten Stadt einleitet. Der Text lautet:

> „Bei den Bewohnern von Abydos gibt es, wie Pamphylos berichtet, ein Heiligtum für Aphrodite Pornè. Ihre Stadt war zur Botmäßigkeit erniedrigt worden. Einmal – so erzählt Neanthes in den Mythika – hatten die Wächter, die in ihr waren, geopfert, sie waren betrunken geworden und hatten sich reichlich Dirnen genommen. Eine von ihnen nahm, als sie sah, daß jene eingeschlafen waren, die Schlüssel an sich und stieg über die Mauer, um den Abydenern Bescheid zu sagen. Diese stellten sich sofort mitsamt ihren Waffen ein, überwältigten die Wachen und eroberten die Mauern. Als sie (dort) die Macht übernommen hatten, gewährten sie der Dirne eine Dankesgabe für die Befreiung, indem sie einen Tempel für Aphrodite Pornè errichteten."
>
> (Übersetzung C. den Hertog)

Bereits H. Windisch hatte auf die grundlegenden Unterschiede dieser Geschichten zu der biblischen Überlieferung hingewiesen. Dennoch kann in Jos 2* das Motiv von dem Verrat der Stadt durch eine Hure, die damit die Eroberung ermöglicht, einmal das bestimmende Element der Erzählung in einem älteren Stadium gewesen sein. Dann muß die Geschichte „einmal so erzählt worden sein, daß Jericho von der Dirne Rahab durch Verrat den Israeliten in die Hände gespielt wurde, sei es, daß den Israeliten heimlich der Zugang zur Stadt geöffnet oder etwa durch irgendein Zeichen die Einnahme der Stadt ermöglicht oder wenigstens erleichtert wurde" (Noth, 22). Insbesondere das erzählerische Detail von dem an das Fenster gebundenen Faden weist auf eine solche ältere Fassung hin, denn dieser rote Faden befand sich nach dem Gang der Handlung an der Außenmauer und konnte vom Innern der Stadt gar nicht wahrgenommen werden. Diese ältere Fassung wurde wohl durch DtrH zu einer Kundschaftergeschichte umgestaltet, nachdem mit der Überlieferung von Jos 6* eine völlig andere Version von der Vernichtung der Stadt geschaffen worden war.

Die ursprüngliche Erzählung 1–3.4b.5–7.15–17a.18.19.21–23

1 Die Exposition führt in dichtgedrängter Ereignisfolge von der Aussendung der Kundschafter bis zu deren Unterkunft im Hause Rahabs. Ausgangspunkt des Unternehmens ist Schittim. Dieser Ort ist Nu 25,1 als letzter Ort der Wüstenwanderung genannt. Da die Erzählung von dem Abfall der Israeliten zu den Göttern Moabs Nu 25,1 ff. nicht zum Jahwisten, sondern zu den späten Erweiterungen im Buche Numeri gehört, liegt mit dieser Ortsangabe wie in Nu 21,10–13 die nachträgliche Weiterführung des jahwistischen Itinerars der Wüstenwanderung zu dem letzten Lagerplatz im Ostjordanland vor. Die Nennung Schittims als Endpunkt vor dem Überschreiten des Jordans kann durch die Stellung des Ortes in der Form Abel-Schittim in dem Stationenverzeichnis Nu 33,49 bedingt sein. Mit der Erwähnung von Schittim soll wahrscheinlich eine Verbindung zu den deuteronomistisch geprägten Erzählungen vom Aufenthalt im Ostjordanland Nu 25–32 hergestellt werden. Der Ortsname dient als eine literarische Brücke, er wird 3,1 wieder aufgenommen.

Schittim wurde von Glueck (IV, 378–382) mit dem *Tell el-Ḥammām* am *Wādi el-Meqta*^{c}*a* am Ostrand des Jordantals gleichgesetzt; damit ist die Ansetzung auf dem *Tell el-Kefren*, etwa 2,5 km weiter nordwestlich, überholt. Letztlich ist die Identifizierung weder durch die Größe des Ruinenhügels noch durch die Lage auf gleicher Höhe mit Jericho zu sichern, wenngleich der Ort in diesem Gebiet gesucht werden muß. Die weiteren Erwähnungen Mi 6,5 und Jo 4,18 tragen zur Lokalisierung nichts bei. Nach Ausweis des Oberflächenbefundes hat an der Stelle des *Tell el-Ḥammām* in der Eisenzeit II eine mächtige Stadt gestanden; in Texten der Königszeit wird Abel-Schittim nicht erwähnt.

Im Unterschied zu ihrer Gastgeberin werden die Kundschafter nicht mit Namen genannt. Der Name Rahab stammt von der Wurzel רחב „weit machen", „öffnen" und kann als Satzname „Er (Gott) hat (den Mutterleib) geöffnet" aufgefaßt werden; er ist sonst nicht mehr belegt. Mt 1,5 erscheint Rahab im Stammbaum Jesu neben den drei Frauen Tamar, Rut und Batscheba, die ebenfalls durch besondere Entscheidungen zu außergewöhnlichen Gestalten geworden sind; ihre Tat wird auch Hbr 11,31 und Jc 2,25 gerühmt. Rahab wird als אשה זונה bezeichnet und somit als eine Frau charakterisiert, die gegen Bezahlung gelegentlich oder regelmäßig geschlechtlichen Umgang mit Männern hat und also nicht in dem Vertragsverhältnis ehelicher Gemeinschaft steht. Im alten Israel war die Hure eine bekannte Erscheinung, ihre Erwähnung in Gn 38,15; Jdc 16,1; 1 R 3,16ff. erfolgt ohne eine Beurteilung ihrer gesellschaftlichen Stellung. (Die Warnungen in der Weisheit Prv 6,24–26; 7,10–23 beziehen sich auf den unerlaubten Verkehr mit einer verheirateten Frau; die Hure ist allenfalls eine Gefahr für das Vermögen, Prv 29,3.) In nachexilischer Zeit stand sie nach priesterlicher Norm auf einer Stufe mit der entjungferten und der verstoßenen, d.h. geschiedenen Frau und durfte von einem Priester nicht geheiratet werden, weil sie nicht der Forderung kultischer Reinheit entsprach, vgl. Lv 21,7.14.

Die Kennzeichnung Rahabs als Hure erfolgt ohne jede Wertung. Mit dieser Angabe zu den Lebensumständen wird sie als eine selbständig handelnde Person vorgestellt, die sich dann im Verlauf der Erzählung als charakterfest und listenreich erweist. Daß diese Bemerkung später als anstößig empfunden wurde, zeigt die Wiedergabe der Geschichte bei Josephus, Ant. V,1,2, der Rahab zur Wirtin einer Herberge gemacht hat. Ein Zusammenhang mit der kultischen Prostitution ist dem Text nicht zu entnehmen.

2 Auf die Einleitung folgt als erster Teil der Erzählung die Abwehr des königlichen Befehls zur Auslieferung der beiden Männer; dieser ist mit der Aufnahme der Verfolgung 5 abgeschlossen. Die Durchführung bleibt sehr allgemein, Einzelheiten wie das Verschließen der Tore werden nur insoweit mitgeteilt, als sie für den Fortgang der Handlung wichtig sind. Die Aktionen des Gegners stehen in einer scharfen Spannung zu den schlafenden Kundschaftern, die am Geschehen nicht beteiligt sind. Wie die übrigen handelnden Personen, bleibt auch der König von Jericho namenlos. Dabei ist Jericho wie auch alle anderen in Jos 1–12 genannten kanaanitischen Städte als Stadtstaat mit einem Herrscher an der Spitze vorgestellt, der über uneingeschränkte Machtmittel verfügt.

Jericho ist mit dem *Tell es-Sulṭān* gleichzusetzen, an dessen Fuß die *ᶜĒn es-Sulṭān* entspringt, die das gesamte Gebiet reichlich mit Wasser versorgt, so daß eine fruchtbare Oase entsteht. Der Ruinenhügel wurde durch E. Sellin und K. Watzinger (1907–1909), J. Garstang (1930–1936), sowie K. Kenyon (1952–1958) ausgegraben. Die Ergebnisse bis zum Ende der Bronzezeit sind zusammengefaßt bei K. Kenyon, Digging up Jericho, 1957; H.J. Franken, *Tell es-Sulṭān* and Old Testament Jericho, OTS 14, 1965, 189–200. Für die Eisenzeit wurde das Material der deutschen Grabung neu aufgearbeitet durch H. und M. Weippert, Jericho in der Eisenzeit, ZDPV 92, 1976, 105–148. Nach dem archäologischen Befund beginnt die Besiedlung dieses bevorzugten Platzes noch vor dem Neolithikum in der zweiten Hälfte des 9. Jahrtausends und reicht mit allenfalls kurzen Unterbrechungen bis zum Ende der mittleren Bronzezeit um 1550 v.Chr. Während der späten Bronzezeit (1550–1200) war der Ort mit Ausnahme einer kurzen Periode im 14. Jh. v.Chr. verlassen. Während der Eisenzeit war Jericho nach dem keramischen Befund vom 11. Jh. v.Chr. an bis zum Ende des Staates Juda 587 v.Chr. sowie in der persischen Epoche besiedelt, doch können die Abfolge der Siedlungen und die möglichen Lücken nicht mehr festgestellt werden. Der Wiederaufbau der Stadt zur Zeit Ahabs durch Hiel von Bet-El ist 1 R 16,34 berichtet, das Bestehen der Stadt im 9. Jh. in der Überlieferung von Elia 2 R 2,1–18 vorausgesetzt. Die Siedlungsgeschichte zeigt, daß der König von Jericho in der Zeit der Landnahme eine Fiktion ist.

3 Der König tritt nur insofern in Erscheinung, als er den Bericht empfängt und die Nachfrage veranlaßt. Seine Kenntnis von den Plänen der Kundschafter und damit von dem bevorstehenden Einzug der Israeliten in das Land zeigt, daß die Erzählung im Zusammenhang deuteronomistischer Landnahmevorstellungen formuliert worden ist, wobei mit dem Verb חפר für die Tätigkeit der Kundschafter deuteronomistischer Sprachgebrauch vorliegt (vgl. Dt 1,2).

4b.5 Die Antwort Rahabs bringt neben der Lüge, daß sich die Kundschafter nicht mehr in ihrem Hause befänden, eine Entschuldigung für ihr Handeln und die Irreführung der königlichen Abgesandten. Die für die Kundschafter bestehende Gefahr wird nicht eigens ausgesprochen, ist aber mit der Einführung des Königs als der obersten politischen Instanz angedeutet. Mit ihren falschen Aussagen, die nicht näher begründet werden, schützt Rahab die Kundschafter vor der Befragung und möglichen Bestrafung durch den König und schafft so die Voraussetzung für die folgende Abmachung. Eine Begründung dafür wird nicht gegeben; im Hintergrund steht der Schutz des Gastes. Die Unverletztbarkeit des im Hause aufgenommenen Fremden gilt auch in Israel als höchstes Rechtsgut, wie die Erzählungen Gen 19 und Jdc 19 zeigen. Das Gespräch Rahabs mit den Boten des Königs setzt voraus, daß die Kundschafter sich in einem anderen Teil des Hauses befinden.

6 Der Sachverhalt, daß Rahab die Männer versteckt hat, wird nachgetragen. Eigentlich ist das Flachdach eines Hauses als Versteck ungeeignet, da es von allen Seiten leicht eingesehen werden kann. In realistischer Einschätzung dieser Gegebenheit werden die Bündel von Flachs als Schutz vor ungewollten Blicken ausdrücklich erwähnt. Der Flachs wurde zur Anfertigung von Leinen angebaut, seine Ernte ist im sog. Bauernkalender von Geser unter den landwirtschaftlichen Tätigkeiten für einen bestimmten Monat erwähnt (KAI, Nr. 182,3, vgl. dazu S. Talmon, The Gezer Calendar and the Seasonal Cycle of Ancient Canaan, JAOS 83, 1963, 177–187). Vor der Weiterverarbeitung mußten die Stengel gelagert werden, wozu das sonst unbenutzte Dach hinreichend Raum bot. Zu Anbau und Verarbeitung vgl. G. Dalman, AuS V, 23–26.

7 Bei der Aufnahme der Verfolgung wird das erneute Verschließen des Stadttors ausdrücklich vermerkt, um den außergewöhnlichen Fluchtweg durch das Fenster vorzubereiten. Das Versperren des Tores während der Nachtstunden entsprach allgemeiner Praxis; zum Torbau und den verschiedenen Typen des Kammertores vgl. Z. Herzog, Das Stadttor in Israel und in den Nachbarländern, 1986.

15 Das Herablassen der Kundschafter aus dem Fenster erfolgt völlig unvermittelt. Möglicherweise hat in der ursprünglichen Fassung zwischen 7 und 15 noch ein überleitender Satz gestanden, der durch den Einschub der Gesprächsszene auf dem Dach verloren gegangen ist, um den Ortswechsel zu begründen. Die Flucht durch die Stadtmauer ist die Konsequenz aus dem bisherigen Verhalten der Rahab, da die Kundschafter nun gleichsam in der Falle stecken. Die Möglichkeit für dieses Vorgehen wird eigens mit der Lage des Hauses an der Stadtmauer begründet. Dabei hat der Erzähler Verhältnisse der israelitischen Königszeit vorausgesetzt, denn bei Massivmauern der kanaanitischen Epoche sind Fenster wegen ihrer Stärke undenkbar. Bei Kasemattenmauern wird der Raum zwischen den beiden Mauerzügen in der Regel von dem angrenzenden Haus benutzt, wie die Beispiele auf dem *Tell Bēt Mirsim* und dem *Tell es-Seba*ᶜ aus dem 8. Jh. zeigen, vgl. dazu V. Fritz; Die Stadt im alten Israel, 1990, 113f. Dieser Typ der Stadtmauer tritt erst seit der Reurbanisation im 10. Jh. auf.

16.17a.18 Die Gesprächsszene spielt unmittelbar vor der Flucht und endet mit dem Weggang der Kundschafter. Da die bevorstehende Abseilung schon mitgeteilt ist, wird die Spannung des Hörers oder Lesers erhöht; der Erzählstil ist somit durchaus kunstvoll. In dem Gespräch 16 gibt Rahab den Rat zu einer Irreführung der Verfolger, womit der Ernst der Lage weiter unterstrichen wird. Das Gebirge östlich von Jericho bietet nicht nur hinreichende Möglichkeiten für ein Versteck, es liegt auch in der Richtung entgegengesetzt zu den Verkehrswegen im Jordantal, auf denen etwaige Verfolger am ehesten die flüchtigen Kundschafter suchen werden. Die Kundschafter verpflichten Rahab auf ein Erkennungszeichen am Fenster 17a.18abα, damit das Haus bei der bevorstehenden Eroberung erkannt werden kann. Die Verschonung wird dann in 18bβ ausdrücklich auf die gesamte Familie des Vaterhauses ausgedehnt.

19 Die übernommene Verpflichtung wird zwar nicht wie 12 beschworen, aber in der Abmachung werden die Bedingungen für ihre Einhaltung festgelegt. Der verpflichtende Charakter wird durch die Blutschuldformel דמו בראשו und den Begriff נקי ausgedrückt. Mit der Blutschuldformel wird eine eindeutige Schuldzuweisung festgestellt und gleichzeitig das Todesurteil ausgesprochen, vgl. 2 S 1,16; 1 R 2,37; Ez 18,13; 33,4. Dahinter steht die Vorstellung, daß das Vergießen unschuldigen Blutes nur durch das eigene Blut gesühnt werden kann. Da das Blut als Träger des Lebens gilt, ist mit dem Vergießen fremden Blutes das eigene Leben verwirkt, das vergossene Blut kommt als Verdikt über das Haupt des Täters. Dabei ist vorausgesetzt, daß die Blutschuld ihre Sühne auch ohne menschliches Eingreifen erfährt, vgl. K. Koch, Der Spruch „Sein Blut bleibe auf seinem Haupt" und die israelitische Auffassung vom vergossenen Blut (1962), Spuren des hebräischen Denkens. Gesammelte Aufsätze I, 1991, 128–145. Das Wort נקי ist ein Rechtsterminus, mit dem die Unschuld erklärt (Gn 44,10; Ex 21,28; 2 S 3,28), aber ebenso die Befreiung vom Eid (Gn 24,41) oder einer bestimmten Verpflichtung (Dt 24,5; 1 R 15,22) bezeichnet wird. „Unschuldig" bedeutet hier: frei von Blutschuld und deren Folge, dem Tod.

21 Mit der ausdrücklichen Bestätigung durch Rahab, der Entlassung der Kundschafter und der Befestigung des Fadens als Erkennungszeichen am Fenster enden die Ereignisse in Jericho. Da dieser Faden am Fenster nur von außen sichtbar war, muß er in der ursprünglichen Erzählung von der Eroberung einmal eine entscheidende Rolle gespielt haben. Diese ältere Fassung ist durch Jos 6 ersetzt worden, wo dieses Motiv des Erkennungszeichens nicht wieder aufgenommen wird.

22 Die Kundschafter befolgen Rahabs Rat, sich ein Versteck im Gebirge zu suchen, bis die Verfolgung beendet ist, deren Ergebnislosigkeit ausdrücklich vermerkt wird.

23 Mit der Rückkehr zu Josua ist der Abschluß der Erzählung erreicht. Für die Erkundung des Landes hat die Aussendung der beiden Männer nichts erbracht, ihre Erzählung kann sich somit nur auf die Erlebnisse mit Rahab und die getroffene Abmachung beziehen. Das weitere Schicksal der Rahab wurde von RedD 6,21–24a nachgetragen.

Die deuteronomistischen Ergänzungen 8.9a.10a.11a.12.13.14a und 24a (RedD)

8 Die Überleitung soll die Voraussetzung für das folgende Gespräch schaffen und schließt an 6 an. Dabei hat es nicht gestört, daß nach dem bisherigen Verlauf der

Ereignisse das Dach eigentlich kein geeigneter Ort für das Gespräch ist. Die Rede Rahabs gipfelt in dem Verlangen nach dem Schwur, daß die Kundschafter Gleiches mit Gleichem vergelten 12.13, nachdem sie bekenntnisartige Aussagen über Israel und Kanaan gemacht hat 9a.10a.11a. Mit diesen Bekenntnissen werden einer Kanaaniterin formelhafte Wendungen in den Mund gelegt. Dabei handelt es sich um literarische Topoi und nicht um Formeln „zur Aufnahme von Fremden in die altisraelitische Kultgemeinde" (gegen O. Bächli, 21–26).

9a Die grundsätzliche Feststellung „Jahwe hat das Land in eure Hand gegeben" überrascht im Munde einer Kanaaniterin, dient aber letztlich der weiteren Begründung der Verschonung Rahabs: nicht nur hat sie den Kundschaftern das Leben gerettet, sondern auch die Überlegenheit Jahwes und den Landanspruch Israels anerkannt. Die Wendung נתן ביד beinhaltet die Zusage der Besiegung des Feindes, wird aber im deuteronomistischen Geschichtswerk auch zur Bekräftigung der Einnahme des Landes oder einzelner Städte gebraucht, vgl. Dt 2,24.30; 3,2.3; 7,24; 20,13; 21,10; Jos 2,24; 6,1; 8,1.7.18; 10,8.19.30.32; 11,8 u.ö. und zu 6,2.

10a Der weitere כי-Satz soll diese Aussage begründen, hat aber sachlich nichts mit der Landnahme, sondern allenfalls mit der Macht des ausführenden Gottes zu tun. Der Verweis auf das Wunder am Meer Ex 14 stellt einen literarischen Bezug zum Tetrateuch her. Das Verb יבש hi wird 4,23 und 5,1 auch vom nachpriesterschriftlichen Redaktor bei der Überschreitung des Jordans gebraucht. Die Verbindung des Wunders am Meer mit dem Auszug entspricht der jahwistischen Auffassung, wonach die Vernichtung der Ägypter „am Rand der Wüste" (Ex 13,20) die Auseinandersetzung um den Auszug aus dem Land zum Abschluß bringt. Die Lokalisierung der Erzählung Ex 14 am ים סוף ist bereits Ex 15,22 durch den Jahwisten vorgenommen worden, vgl. V. Fritz, Israel in der Wüste, 1970, 38f. Mit „Schilfmeer" ist vermutlich einer der Binnenseen in der Landenge von Suez gemeint, auch wenn der Name 1 R 9,26 den Golf von Akaba bezeichnet, vgl. dazu und zu der Lokalisierung durch die Priesterschrift M. Noth, Der Schauplatz des Meereswunders (1947), ABLAK I, 102–110.

11a Die Charakterisierung des Zustandes der Kanaaniter als Mutlosigkeit ist von 10a abhängig. Die Wendung מסס לב ni kommt auch 5,1 (RedP); 7,5; Jes 13,7; 19,1; Ez 21,12; Na 2,11; Ps 22,15 vor. Da das Verbum מסס in der Grundbedeutung „zerfließen", „schmelzen" bedeutet, kennzeichnet es in Verbindung mit dem Herzen die Verzagtheit als Ausdruck allgemeiner Mutlosigkeit. Der Begriff רוח bezeichnet eine Macht, die sowohl im Menschen wirkt als auch von außen auf den Menschen einwirken kann und hat so ein weites Bedeutungsfeld zur Beschreibung emotionaler Kräfte, Stimmungen und Äußerungen des Menschen. Im Zusammenhang mit לב bezeichnet das Wort hier am ehesten die Kräfte des Wollens und Planens im Blick auf die Abwehr oder das Bestehen einer Gefahr.

12.13 Der von Rahab den Kundschaftern abverlangte Eid schließt die Familie ihres Vaterhauses mit ein, da sie selbst unverheiratet ist. Mit שבע ni ist hier weniger der Schwur als ein Versprechen gemeint. Dem anderen wird das Leben garantiert, indem es ihm versprochen wird, vgl. Jdc 15,12; 1 S 19,6; 24,22f.; 28,10; 30,15; 2 S 19,24; 1 R 1,51; 2,8; Jes 38,16. Der geleistete Eid ist eine Verpflichtung mit unwiderrufbarer Gültigkeit. Wer ihn bricht, zieht den Fluch auf sich, der eigenmächtig oder durch Jahwe als den Wahrer des Eids wirksam werden kann, vgl. F. Horst, Der Eid im Alten Testament (1957), Gottes Recht, ThB 12, 1961, 292–314. Die Aufforderung zu dem Versprechen wird ausdrücklich mit dem Gedanken חסד gegen חסד begründet, der hier ein menschliches Verhalten bezeichnet, das über die Pflicht der Gastfreundschaft hinausgeht. In ihrer Rede weist Rahab 13b selber darauf hin, daß sie die Männer vom Tode errettet hat. Somit beinhaltet חסד mehr als nur ein „hilfreiches Entgegenkommen in der Hoffnung darauf, daß es erwidert wird" (H. J. Stoebe, ThWAT I, 608), vielmehr kennzeichnet der Begriff die Wahrung des Lebens anderer bei Gefährdung des eigenen Lebens. Wie sonst Blut mit Blut vergolten wird (vgl. zu 19), so in diesem Zusammenhang Leben mit Leben.

14a Die Szene endet mit der Zusage der Kundschafter in Form einer Selbstverfluchung, deren Formulierung singulär ist. Die Einhaltung der Abmachung gilt nur für den Fall, daß Rahab sie nicht vorzeitig verrät. Diese Einschränkung ist hier als ein Fall angekündigt, der die Folgen der Selbstverwünschung aufhebt; es handelt sich wohl um formelhaften Sprachgebrauch. Das דברנו ist auf das Wissen der Rahab über die bevorstehende Landnahme der israelitischen Stämme zu beziehen, mit dem Verrat ihrer Kenntnisse würde sie den Israeliten schaden und so die Kundschafter von ihrer Verpflichtung entbinden.

24a Vermutlich wegen des als dürftig empfundenen Schlusses wurde die Formel von der Landgabe, die 9a durch Rahab ausgesprochen wird, noch einmal wiederholt, um die entscheidende Voraussetzung für die Landnahme erneut zu betonen.

Die redaktionellen Zusätze 9b.10b.11b.14b.17b.20

9b Die Beschreibung des Zustandes der Kanaaniter findet sich ähnlich im Schilfmeerlied Ex 15,15b.16a. אימה ist der Schrecken, den Jahwe sowohl bei den Feinden Ex 23,27 als auch bei Angehörigen des eigenen Volkes hervorrufen kann (Gn 15,16; Ps 55,5; 88,16). Das Wort entstammt kaum dem heiligen Krieg, sondern eher dem kultischen Bereich zur Beschreibung der Wirkung Jahwes. Mit מוג wird eigentlich das Wogen des Meeres umschrieben (vgl. Ps 107,26), doch wird das Wort auch zur Kennzeichnung kosmischer Erschütterungen gebraucht (vgl. 1 S 14,15 ff.; Ps 46,3–7). Hier sind die Erschütterungen gemeint, die Jahwe in den Menschen hervorruft und die bereits mit „Schrecken" benannt waren, aber auch Angst und Panik umfassen, vgl. Ex 15,14–16.

10b Mit den Namen Og und Sichon wird auf die kriegerischen Ereignisse im Ostjordanland Nu 21,21–31.33–35 zurückgegriffen. Die beiden Abschnitte sind kein Bestandteil der vorpriesterschriftlichen Tetrateucherzählung, vgl. M. Noth, Nu 21 als Glied der „Hexateuch"-Erzählung, ABLAK I, 75–101, der allerdings für die Zugehörigkeit von Nu 21,21–31 zu E eingetreten ist, während er für Nu 21, 33–35 die Übernahme aus Dt 3,1–7 nachgewiesen hat. In jedem Falle scheiden die Stücke als historische Quelle aus, gegen J. R. Bartlett, Sihon and Og, Kings of the Amorites, VT 20, 1970, 257–277. Für den Deuteronomisten ist die Einnahme der Gebiete dieser beiden Könige der Vollzug der Landnahme im Ostjordanland Dt 2,14–3,17, der Verweis darauf wird immer wieder redaktionell eingefügt, vgl. Jos 9,10; 12,4.5; 13,10–12.21. 27*.31. Zur Vollstreckung der Vernichtungsweihe vgl. zu 6,21.

11b Die bekenntnishafte Formulierung hat in Dt 4,39 ihre Entsprechung; sie zielt darauf, daß Jahwe der einzige Gott im gesamten Bereich des Kosmos ist, vgl. 1 R 8,23.

14b Die Verschonung wird ausdrücklich zugesagt, obwohl sie in der Selbstverwünschung 14a enthalten ist. Zusätzlich zu der Formulierung aus 12b wird das Wort אמת

eingeführt, womit die Verläßlichkeit des menschlichen Handelns charakterisiert werden soll. Das Begriffspaar חסד ואמת ist ein feststehender Ausdruck (vgl. Gn 24,49; 47,29; Prv 3,3) und weist den Nachsatz als Zusatz aus.

17b Die Aussage kommt verfrüht und kombiniert die Unschuldserklärung aus 18.19 mit dem Schwur aus 12.

20 „ist im Rahmen des vorliegenden Erzählungsbestandes eigentlich gegenstandslos" (Noth, 31). Der Vers ist aus Elementen der bisherigen Erzählung zusammengesetzt (vgl. 14a.17b) und erweist sich so als redaktionelle Einfügung. Er ist sachlich überflüssig, weil mit der Blutschuldformel die beiden möglichen Fälle abgedeckt sind.

3,1–4,24 Der Übergang über den Jordan

3 [1]**Am Morgen machte sich Josua auf, und sie zogen fort von Schittim, gelangten an den Jordan ⸢ ⸣[a]und übernachteten dort, bevor sie ihn überschritten.** [2]Nach Ablauf von drei Tagen durchschritten die Führer das Lager [3]und geboten dem Volk: „Sowie ihr die Bundeslade Jahwes, eures Gottes, seht, wenn die Priester ⸢ ⸣[a]sie tragen, dann sollt ihr von eurem Platz aufbrechen und hinter ihr her gehen, – [4]nur soll ein Abstand zwischen euch und ihr sein von etwa 2000 Ellen; ihr sollt euch ihr nicht nähern – damit ihr den Weg wißt, auf dem ihr gehen sollt, denn ihr seid bisher nicht auf diesem Weg gezogen". [5]Dann sprach Josua zum Volk: „Heiligt euch, denn morgen wird Jahwe unter euch Wunder tun": [6]Zu den Priestern sprach Josua: „Hebt die Bundeslade auf und zieht dem Volk voran". Da hoben sie die Bundeslade auf und gingen vor dem Volk her. [7]Jahwe sprach zu Josua: „Heute will ich beginnen, dich in den Augen ganz Israels groß zu machen, damit sie erkennen, daß ich, wie ich mit Mose gewesen bin, auch mit dir sein werde. [8]Du aber gebiete den Priestern, den Trägern der Bundeslade: ‚Wenn ihr an den Rand der Jordanwasser kommt, so stellt euch am Jordan auf'". [9]Da sprach Josua zu den Israeliten: „Kommt hierher und höret die Worte Jahwes, eures Gottes!" [10]Danach sprach Josua: „Daran sollt ihr erkennen, daß ein lebendiger Gott unter euch ist, daß er vor euch die Kanaaniter, die Hetiter, die Hiwiter, die Perisiter, die Girgasiter, die Amoriter und die Jebusiter vernichten wird. [11]Seht, die Bundeslade ⸢ ⸣[a] wird vor euch den Jordan überschreiten. [12]Nun nehmt euch zwölf Männer aus den Stämmen Israels, je einen Mann aus jedem Stamm! [13]Wenn dann die Fußsohlen der Priester, der Träger der Lade Jahwes, des Herrn der ganzen Erde, im Wasser des Jordans feststehen, wird das Wasser des Jordans unterbrochen ⸢ ⸣[a] und feststehen wie ein Damm". [14]**Als dann das Volk aus seinen Zelten aufbrach, um den Jordan zu überschreiten**, (gingen) die Priester, die Träger der Bundeslade[a], vor dem Volk (her), [15]**und als die Träger der Lade an den Jordan kamen und die Füße** der Priester, **der Träger der Lade, am Rand in das Wasser eingetaucht waren** – der Jordan war aber über seine Ufer getreten während der gesamten Erntezeit –, [16]**da blieb das von oben herabfließende Wasser stehen und stellte sich wie ein**

Damm auf – sehr weit weg bei Adam, der Stadt, die neben Zartan (liegt) –, und das zum Steppenmeer ʿ ʾ[a] herabfließende (Wasser) verschwand völlig. Das Volk ging hindurch gegenüber von Jericho. [17]Die Priester, die Träger der Bundeslade[a] Jahwes, standen auf dem Trockenen mitten im Jordan daselbst, und ganz Israel zog hindurch auf dem Trockenen, bis das ganze Volk den Durchzug durch den Jordan vollendet hatte.

4 [1]Als nun das ganze Volk den Durchzug durch den Jordan vollendet hatte, sprach Jahwe zu Josua: [2]„Nehmt euch zwölf Männer aus dem Volk, je einen Mann aus jedem Stamm, [3]und gebt ihnen folgende Anweisung: ’Hebt euch von hier, mitten aus dem Jordan ʿ ʾ[a]ʿdaselbstʾ[b] zwölf Steine auf und nehmt sie mit euch hinüber und richtet sie in dem Nachtlager auf, in dem ihr die Nacht verbringen werdet‘“. [4]Da rief Josua die zwölf Männer, die er aus den Israeliten bestimmt hatte, je einen Mann aus jedem Stamm. [5]Josua sprach zu ihnen: „Geht vor der Lade Jahwes ʿ ʾ[a] mitten in den Jordan hinein und hebt euch jeder einen Stein auf seine Schultern entsprechend der Zahl der Stämme der Israeliten. [6]Deswegen soll dies ein Zeichen unter euch sein. Wenn euch eure Söhne künftig fragen werden: ‚Was bedeuten euch diese Steine?‘, [7]dann sollt ihr ihnen antworten, daß das Wasser des Jordans vor der Bundeslade Jahwes unterbrochen wurde, als sie durch den Jordan zog ʿ ʾ[a]. Diese Steine sollen den Israeliten zum Gedenken sein für immer“. [8]Also taten die Israeliten, wie Josua angeordnet hatte, und sie hoben zwölf Steine aus dem Jordan auf, gleichwie Jahwe zu Josua geredet hatte, entsprechend der Zahl der Stämme der Israeliten, und sie trugen sie mit sich bis zu dem Nachtquartier und stellten sie dort auf. [9]Josua richtete zwölf Steine mitten im Jordan auf an der Stelle, wo die Füße der Priester, der Träger der Bundeslade, standen; dort befinden sie sich bis auf den heutigen Tag. [10]Doch die Priester, die Träger der Lade, blieben mitten im Jordan stehen, bis alles vollendet war, was Jahwe Josua geboten hatte, dem Volk zu sagen ʿ ʾ[a]. Das Volk aber zog eilends hinüber. [11]**Als das ganze Volk den Übergang vollendet hatte, zog die Lade Jahwes hinüber** ʿ ʾ[a]. [12]Auch die Rubeniter, Gaditer und der halbe Stamm Manasse zogen gerüstet vor den Israeliten hinüber, wie Mose ihnen gesagt hatte. [13]Etwa 40.000 Gerüstete des Heeres waren vor Jahwe zum Kampf in die Steppengebiete von Jericho hinübergezogen. [14]An diesem Tag machte Jahwe Josua groß in den Augen ganz Israels, und sie fürchteten ihn, wie sie Mose gefürchtet hatten alle Tage seines Lebens. [15]*Jahwe sprach zu Josua:* [16]*„Gebiete den Priestern, die die Lade des Zeugnisses tragen, aus dem Jordan heraufzusteigen“.* [17]*Da befahl Josua den Priestern: „Steigt aus dem Jordan herauf!“* [18]**Als aber** die Priester, **die Träger der Bundeslade Jahwes, aus dem Jordan heraufstiegen** – die Fußsohlen der Priester hoben sich auf das Trockene –, **da kehrte das Wasser des Jordans an seinen Ort zurück und floß wie eh und je über seine Ufer hinaus.** [19]**Nachdem das Volk aus dem Jordan heraufgestiegen war, am 10. Tag des 1. Monats, lagerte es sich in Gilgal an der Grenze östlich von Jericho.** [20]Jene zwölf Steine aber, die sie aus dem Jordan mitgenommen hatten, richtete Josua in Gilgal auf

[21]und sprach zu den Israeliten: „Wenn eure Söhne künftig ‹ ›[a] fragen werden: ‚Was bedeuten diese Steine?', [22]dann sollt ihr eure Söhne wissen lassen: ‚Im Trockenen hat Israel den Jordan überschritten'. [23]Hat doch Jahwe, euer Gott, das Wasser des Jordans vor euch austrocknen lassen, bis ihr hinübergezogen wart, wie Jahwe, euer Gott, am Schilfmeer getan hat, das er vor uns hat austrocknen lassen, bis wir hindurchgezogen waren, [24]damit alle Völker die Hand Jahwes als stark erkennen, damit ihr Jahwe, euren Gott, fürchtet allezeit".

[3,1a] Die Worte „er und alle Israeliten" fehlen in 𝔊 und sind eine nachträgliche Näherbestimmung des Subjekts. [3a] Das Fehlen der Kopula weist „die Leviten" als Glosse aus. [11a] Für die Wendung „Herr der ganzen Erde" fehlt das Beziehungswort, deshalb ist sie eine Ergänzung. [13a] Die Worte „die von oben herabfließenden Wasser" sind ein erklärender Zusatz. [14a] Der Artikel vor ארון ist zu streichen. [16a] „Salzmeer" ist erklärende Glosse. [17a] Vgl. **14a**. [4,3a] Die Worte „von dem Standort der Füße der Priester" sind ein Nachtrag. [b] Wie in 3,17 ist הכן „also", „daselbst" zu lesen. [5a] Die Apposition „eures Gottes" fehlt in 𝔊 und ist als Glosse zu streichen. [7a] Die Worte „das Wasser des Jordans war unterbrochen" fehlen in 𝔊 und 𝔙 und sind als überflüssige Wiederholungen zu streichen. [10a] Die Worte „gleichwie Mose Josua geboten hatte" fehlen in 𝔊, stören den Text und sind ein Zusatz. [11a] Die Bemerkung „die Priester vor dem Volk" stört den Text; 𝔊 hat bereits ausgeglichen: καὶ οἱ λίθοι ἔμπροσθεν αὐτῶν. Die Bemerkung entspricht 3,14b in verkürzter Fassung und ist sachlich entbehrlich. Es handelt sich um eine korrigierende Bemerkung zum Text. [21a] Die Worte „ihre Väter" sind ein erklärender Zusatz zu der stereotypen Wendung, vgl. 4,6.

Literatur: H. J. Fabry, Spuren des Pentateuchredaktors in Jos 4,21 ff., in: Das Deuteronomium, hrsg. von N. Lohfink, 1985, 351–356; J. Dus, Die Analyse zweier Ladeerzählungen des Josuabuches (Jos 3.4 und 6), ZAW 72, 1960, 107–134; C. A. Keller, Über einige alttestamentliche Heiligtumslegenden II, ZAW 68, 1956, 85–97; H.-J. Kraus, Gilgal. Ein Beitrag zur Kultusgeschichte Israels, VT 1, 1951, 191–199; F. Langlamet, Gilgal et les récits de la traversée du Jordan, CahRB 11, 1969; E. Otto, Das Mazzotfest in Gilgal, BWANT 107, 1975; B. Peckham, The Composition of Joshua 3–4, CBQ 46, 1984, 413–431; J. R. Porter, The Background of Joshua 3–5, SEÅ 36, 1971, 5–23; P. P. Saydon, The Crossing of the Jordan Josh. Chaps. 3 and 4, CBQ 12, 1950, 194–207; J. A. Soggin, Gilgal, Passah und Landnahme, SVT 15, 1965, 263–277; E. Vogt, Die Erzählung vom Jordanübergang Josua 3–4, Biblica 46, 1965, 125–148.

In der vorliegenden Fassung ergibt „Der Übergang über den Jordan" keine sinnvolle Erzählung. Nicht nur besteht ein Widerspruch über den Standort der Priester (vgl. 3,15 mit 4,10), die immer neuen Einsätze wörtlicher Rede ohne verbindenden Text zeigen ein Wachstum zu einem ungefügen Bericht. Dazu kommt die offensichtliche Verbindung zweier verschiedener Erzählungen: der wunderhafte Durchzug (3,1–17; 4,10–19) und die Errichtung eines Steinmals (4,1–9.20–24). Die zahlreichen Wiederholungen lassen sich aber nicht auf mehrere Erzählfäden verteilen, wie es nach dem Vorbild der „neuesten Urkundenhypothese" (vgl. R. Smend, Die Erzählung des Hexateuch, 1912, 284–289) neuerdings wieder E. Otto (26–57) versucht hat, denn das eigentliche Wunder ist 3,16 nur einmal erzählt und auch die damit korrespondierende Bemerkung der Wiederherstellung des alten Zustandes wird einzig 4,18b berichtet.

Die Beobachtung, daß das entscheidende Wunder verhältnismäßig knapp und sachlich mitgeteilt wird, haben E. Vogt, J. Maier (Das altisraelitische Ladeheiligtum, 1965, 21–37) und F. Langlamet (39–55) zu der Rekonstruktion einer kurzen Urfassung veranlaßt, die nur von dem Übergang durch den wasserlosen Jordan berichtet hat, ohne daß die Lade an dem Vorgang beteiligt gewesen ist. Bei E. Vogt umfaßt die „Erste Erzählung“ lediglich die Verse 3,1.14a.16; 4,10b.13.19b; sie wurde dann um eine weitere Erzählung vom Jordanübergang und um zwei Berichte von der Errichtung der Gedenksteine sowie um weitere Zusätze ergänzt. Bei F. Langlamet wurde die älteste Version einer Ätiologie der Steine von Gilgal 4,1*.2.3*.8* durch eine erste Redaktion um die „Schittim-Fassung“ 3,1.5.14a.16; 4,19b und durch eine zweite Redaktion um die „Lade-Fassung“ 3,9–11.13*.14a; 4,7*.10b erweitert. Darauf folgten dann noch sechs weitere redaktionelle Bearbeitungen. Mit einer ähnlich komplizierten Redaktionsgeschichte rechneten bereits C. A. Keller und J. Dus, die zwei getrennte Traditionen bzw. Ätiologien als die ältesten Schichten angenommen haben, in denen die Lade keine Rolle gespielt hat.

Nun lassen sich in der Tat die Aussagen über den Jordanübergang 3,14a.16; 4,19 leicht aus dem Zusammenhang herauslösen und mit 3,1 zu einem einfachen Bericht zusammenstellen, in dem die Lade gar nicht vorkommt. Diese Zusammenstellung ergibt aber insofern keinen Sinn, als diese Verse weder eine auch nur einigermaßen gehaltvolle Erzählung noch eine einfache literarische Überleitung darstellen. Für eine Erzählung fehlt die Mitteilung der Begleitumstände; das Wunder des stillstehenden Jordanwassers ist aber zu gewaltig, als daß es in Form einer Notiz mitgeteilt werden könnte. Für eine literarische Brücke wäre dagegen die Nennung des Wunders entbehrlich gewesen. Als eine von Gott bewirkte Durchbrechung der Naturgesetze stellt der Durchzug durch den Jordan ein besonderes Ereignis dar, das einer angemessenen literarischen Form bedurfte. Deshalb ist mit Noth, 31f. daran festzuhalten, daß die Lade von Anfang an in der Erzählung verwurzelt gewesen ist. Sowohl der Widerspruch über den Standort der Lade als auch das Ineinander zweier unterschiedlicher Motive kann durch die Annahme literarischer Erweiterung einer ursprünglichen Erzählung vom wunderbaren Übergang über den Jordan erklärt werden.

Für den Gang der Handlung sind 3,14–16 ein unerläßlicher Bestandteil. Allerdings klappt das Vorausziehen der Priester 3,14b nach, die Aussage ist deshalb ein sekundärer Zusatz. Außerdem stellt 3,15b mit der Beschreibung des Wasserstandes im Jordan einen Nachtrag zur Steigerung des Wunders dar. Der Kern 3,14a.15a.16 hat in 3,1 die notwendige Einleitung, wo nur die Worte הוא וכל בני ישראל eine Glosse darstellen. Die Fortsetzung mit wechselnden Reden Josuas 3,2–13 gehört nicht zum Grundbestand. Die Anweisungen zur Vorbereitung 3,2–4 entsprechen 1,10–12 und sind kaum ein ursprünglicher Bestandteil der Erzählung gewesen. Aber auch die Anweisung Josuas 3,5 erweckt den Eindruck einer nachträglichen Interpretation und ist nicht im Ablauf des Geschehens verankert. Die weiteren Reden Josuas zu den Priestern 3,6a, Jahwes zu Josua 3,7.8 und Josuas zu den Israeliten 3,9 sind ebenfalls Ergänzungen, da sie zu der Handlung in 3,14a.15a in Widerspruch stehen. In 3,10.11.13 wird die Vorstellung von der im Fluß stehenden Lade 3,17 vorbereitet, während 3,12 auf 4,1–8 zielt. Der Standort der Träger der Lade am Rande des Jordans 3,15a ist unvereinbar mit 3,17, da hier die Priester samt der Lade während des Übergangs mitten im Fluß stehen. Dieser Vorstellung vom Standort der Lade widerspricht auch 4,11, wonach die Lade erst den Jordan durchquert, nachdem der Durchzug des Volkes abgeschlossen ist. Die unterschiedliche Auffassung vom Ablauf des Wunders in 3,17 muß auf eine nachträgliche Ausgestaltung zurückgehen.

Die Fortsetzung der Erzählung 3,1.14a.15a.16 wird unterbrochen durch die Anweisung zur Aufnahme der Steine aus dem Jordan und deren Errichtung im Nachtlager 4,1–8. Im Widerspruch dazu steht die Errichtung der Steine im Jordan durch Josua 4,9, die mit 3,17 zusammengehört. Die Errichtung der Steine wird 4,20–23 mit einer neuen Deutung noch einmal wiederholt, was als Fortführung von 4,1–8 anzusehen ist. Diese Ergänzung ist um 4,24 wiederum erweitert worden. In der Fortsetzung der Erzählung vom Durchzug 4,10–19 ist 4,10 eine etwas ausführlichere Dublette zu 3,17, gehört also nicht zum Grundbestand, sondern stellt eine Wiederaufnahme des Erzählfadens nach der Unterbrechung durch 4,1–9 dar. Dagegen schließt 4,11a gut an 3,16 an und wird ein ursprünglicher Bestandteil gewesen sein, der durch 4,11b ergänzt wurde. Es folgen in 4,12–14 Zusätze mit verschiedenen Intentionen, die nichts mit dem Verlauf der Handlung zu tun haben. Die Gottesrede und der Befehl Josuas 4,15–17 tragen zum Fortgang der Handlung nichts bei und entsprechen nicht dem Stil der übrigen Erzählung; es handelt sich somit um einen Zuwachs. Erst in 4,18 wird der unterbrochene Faden der Erzählung 3,1.14a.15a.16; 4,11 fortgeführt, wo die Wiederherstellung der natürlichen Bedingungen ausdrücklich festgestellt wird. In der Schlußnotiz 4,19 werden Ort und Zeit genau bestimmt, damit ist der erste Standort des Volkes im Westjordanland und das Ende der Erzählung erreicht.

Im Mittelpunkt der ältesten Fassung 3,1.14a.15a.16; 4,11a.18.19 steht der Durchzug des Volkes. Das Wunder wird zwar durch die Lade bewirkt, ihre Bedeutung ist aber nicht besonders hervorgehoben. Diese Form der Erzählung wurde durch eine redaktionelle Überarbeitung ergänzt, in der die Rolle der Lade stärker betont wird, 3,10.11.13.14b.17; 4,9.10. Im Unterschied zur ältesten Fassung vertritt der Ergänzer die Auffassung, daß die Lade während des Durchzugs mitten im Jordan gestanden hat. Diese Hervorhebung der Lade beim „Wunder am Jordan“ wird auf den deuteronomistischen Redaktor (RedD) zurückgehen. Darauf verweist vor allem die Kennzeichnung der Lade als ארון ברית יהוה und die Verwendung von חרבה für das trockene Flußbett, womit nicht-priesterschriftlicher Sprachgebrauch vorliegt. Der Betonung der Rolle der Lade beim Durchzug durch den Jordan durch den deuteronomistischen Redaktor entspricht der Nachtrag der Lade in der Erzählung von der Eroberung Jerichos in 6,7b.11.

In die Erzählung von der Überquerung des Jordans wurde eine Erzählung von der Mitnahme der zwölf Steine aus dem Flußbett und deren Aufstellung am Ort des Lagers eingearbeitet 4,1–8, die durch 4,20–23 neu interpretiert worden ist. Diese ist keine selbständige Überlieferung, sondern nur ein aus dem Jordanübergang erwachsenes Motiv. Der Abschnitt 4,1–8 hat ätiologischen Charakter, die Verarbeitung einer Lokalüberlieferung ist aber nicht erkennbar. Aufbau und Sprachgebrauch lassen eher auf eine Abfassung schließen, die jünger als DtrH ist. Mit dieser Erzählung sollte die Erfüllung der Anordnung Dt 27,3 nachgetragen werden. Als literarische Bildung, in der die Erzählung vom Durchzug durch den Jordan (DtrH) samt den Erweiterungen der deuteronomistischen Redaktion (RedD) vorausgesetzt wird, geht 4,1–8 auf einen jüngeren Redaktor zurück. Wenngleich die Übernahme einer älteren Tradition nicht erkennbar ist, so kann das Stück doch die Legitimation einer besonderen Stätte mit auffallenden Steinen im Auge haben, ohne daß an ein Stelenheiligtum oder dergleichen und an entsprechende Kultausübung zu denken ist.

Von den mannigfachen Ergänzungen kann nur 3,2–4 mit 1,10.11 zusammengestellt werden. Der Einschub 4,15–17 kann auf Grund seiner Sprache einem nachpriesterschriftlichen Redaktor zugewiesen werden. In 4,1 ist 3,17bß wiederaufgenommen, die Einfügung von 4,1–8 setzt also die Ergänzungen 3,14b.17; 4,9.10 voraus und modifiziert den Standort der Steine, mit denen das Wunder markiert wird. Alle übrigen Zusätze zeigen so disparate Absichten, daß weitere Stufen der Redaktion nicht unterschieden werden können, sondern mit einem planlosen Wachstum durch immer neue Einschübe zu rechnen ist.

Die Endgestalt der Erzählung vom Jordanübergang ist somit das Ergebnis eines langen Wachstumsprozesses, bei dem mehrere Stufen der Redaktion unterschieden werden können. Auch die ursprüngliche Fassung von der Überquerung des Jordans im Zusammenhang mit der Auffassung einer Landnahme vom Ostjordanland aus kann nicht älter als die Königszeit sein. Damit scheidet Jos 3.4 als Quelle für die Frühgeschichte Israels aus. Im Verlauf der Bearbeitungen ist außerdem das Wunderbare des Vorgangs immer weiter gesteigert worden, indem die Rolle der Lade durch die Redaktionen weiter hervorgehoben wurde. In keiner der redaktionsgeschichtlich greifbaren Fassungen wird eine kultische Begehung begründet oder ein Kultort legitimiert. Somit sind auch die von H.-J. Kraus vermuteten kultischen Begehungen keineswegs faßbar. Gilgal ist weder als Standort der Lade historisch nachweisbar, noch ist der Ort kultisches Zentrum der Stämme gewesen. Jos 3.4 kann somit nicht als Kultlegende, die einen bestimmten Kultbrauch spiegelt, verstanden werden, wie es in der Nachfolge von H.-J. Kraus unter anderem von J.A. Soggin, J.R. Porter und E. Otto (167 ff.) behauptet worden ist.

Die ursprüngliche Fassung 3,1.14a.15a.16; 4, 11a.18.19

3,1 Der Satz וישכם יהושע בבקר ist eine stereotype Formulierung, die auch 6,12; 7,16; 8,10 verwendet wird. Josua wird damit in die Erzählung eingefügt, spielt aber in ihrem weiteren Verlauf keine Rolle. In der Fortsetzung fehlt das Subjekt, es kann entsprechend dem sonstigen Sprachgebrauch עם gelautet haben. Schittim war Ausgangspunkt der Kundschafter (vgl. zu 2,1) und wird hier zur letzten „Station" vor der Ankunft am Jordan. Der Name ירדן ist bereits in einer Liste Ramses II als [î-r-d-n] belegt (Simons, XXIII, Nr. 15), seine Ableitung konnte bisher noch nicht geklärt werden, mit W. von Soden, Bibel und Alter Orient, BZAW 162, 1985, 11 gegen L. Köhler, ZDPV 62, 1939, 115–120. Der stark mäandrierende Fluß hat sich bis zu 40 m in den Jordangraben eingeschnitten, seine steilen Ufer sind von üppiger Vegetation gesäumt. Der Jordangraben ist Teil des großen afrikanischen Grabenbruchs und bildet so die natürliche Grenze zwischen dem Westjordanland und dem Ostjordanland. Der Fluß wurde jedoch nicht als trennend betrachtet, da er an zahlreichen Furten überschritten werden konnte, vgl. M. Noth, Der Jordan in der alten Geschichte Palästinas, ZDPV 72, 1956, 123–148. Mit dem Nachtlager wird der Übergang als ein besonderes Ereignis an einem besonderen Tag hervorgehoben. Der Vers ist eine literarische Überleitung für die in 14a einsetzende Erzählung.

3,14a.15a.16 Träger der Handlung ist das Volk. Der Aufbruch erfolgt unvermittelt, möglicherweise ist zwischen 1 und 14a eine Überleitung entfallen. Das Wunder tritt ein, als die Träger der Lade den Jordan erreichen. Die Träger der Lade sind hier noch nicht als Priester bezeichnet, und die Lade wird ohne jedes weitere Epitheton genannt. (Erst durch redaktionelle Bearbeitung wurde in 3,15 und 4,18 הכהנים vorgeschaltet, womit „die Träger der Lade" zur Apposition werden.) Diese sprachlichen Eigenheiten stehen in Gegensatz zum Sprachgebrauch der Erweiterungen und der redaktionellen Zusätze und zeigen, daß der Erzähler noch frei ist von den späteren theologischen Interpretationen der Lade, vgl. zu 3,14b.

In der Vorstellung des Erzählers wird das Wunder durch die numinose Kraft der Lade bewirkt, die auch in ihren Trägern wirksam ist und über diese den Jordan zum Stillstand bringt.

Die Lade war vermutlich ein hölzerner Kasten, mit dem die Vorstellung von der Gegenwart Jahwes verbunden war. In vorstaatlicher Zeit hat sie wohl im Tempel von Schilo gestanden, ging aber dann an die Philister verloren (1 S 4–6). David hat die Lade nach Jerusalem überführt und in einem Zelt, das als Heiligtum gedient hat, aufgestellt (2 S 6). Unter Salomo wurde sie in das Allerheiligste des neu erbauten Tempels gebracht (1 R 8,1–11), wo sie keine wirkliche Bedeutung mehr besessen hat, da die Vorstellung von der Bindung göttlicher Gegenwart an die Lade durch die Theologie vom Wohnen Gottes im Tempel bzw. auf dem Zion verdrängt worden ist, vgl. J. Jeremias, Lade und Zion, in: Probleme biblischer Theologie, 1971, 183–198. Erst die Priesterschrift hat die Lade mit den Keruben verbunden und zum Mittelpunkt des Zeltheiligtums gemacht, Ex 25–27, vgl. dazu V. Fritz, Tempel und Zelt, WMANT 47, 1977, 112–157. Abgesehen von der Ladeerzählung 1 S 4–6; 2 S 6 wird die Lade in der vordeuteronomistischen Überlieferung nur selten erwähnt. In der Wüstenerzählung ist sie nur Nu 10,33–36 und 14,39–45 in Stücken genannt, die nicht zum ursprünglichen Bestand des Jahwisten gehören, sondern nachträgliche Erweiterungen darstellen. Zur Geschichte der Lade vgl. J. Maier, Das altisraelitische Ladeheiligtum, BZAW 93, 1965. Eine umfassende Geschichte der Forschung bietet R. Schmitt, Zelt und Lade als Thema alttestamentlicher Wissenschaft, 1972, 49–174.

Die überragende Rolle der Lade bei der Überschreitung des Jordans entspricht am ehesten dem deuteronomistischen Geschichtsbild, denn für die Priesterschrift ist eine Lade außerhalb des kultischen Raums nicht denkbar. Dagegen setzt die neue Bestimmung der Lade durch den Deuteronomisten ihre Mitnahme vom Horeb voraus, so wird sie denn auch Dt 31,9.25.26 erneut namhaft gemacht. In 8,33 sowie Jdc 20,27f. ist die Lade wenigstens sporadisch im weiteren Verlauf des DtrG erwähnt. Die Erzählung vom Wunder am Jordan, das Jahwe mittels der Lade bewirkt hat, kann somit auf deuteronomistische Kreise zurückgehen, wobei gleichzeitig die Gestalt Josuas gegenüber Mose abgegrenzt wird, indem ihm nicht die Wiederholung des Meerwunders zugeschrieben wird.

Das Stehenbleiben des Wassers wird noch verstärkt durch das Bild vom Damm. Der Begriff נד wird im Zusammenhang mit dem Meerwunder noch im Schilfmeerlied Ex 15,8 und in der Rekapitulation der Heilstaten Ps 78,13 gebraucht, dagegen fehlt er in Ex 14. Sowohl Ex 15,1–17 als auch Ps 78 sind kaum vor dem Ende der Königszeit entstanden und zeigen einen gewissen Zusammenhang mit der deuteronomisch-deuteronomistischen Theologie, vgl. J. Schildenberger, Psalm 78 (77) und die Pentateuchquellen, in: Lex tua veritas. Festschrift für H. Junker, 1961, 231–256. Die Beschreibung des Meerwunders mit dem Bild vom Damm ist somit kaum älter als das 7. Jh., es könnte eine Neuinterpretation dieser Überlieferung in der späteren Königszeit sein.

Die genaue Ortsangabe „bei Adam, der Stadt, die neben Zartan liegt", schränkt das Wunderhafte insofern ein, als die Unterbrechung des fließenden Wassers an einen Ort fern des eigentlichen Geschehens gelegt wird. Adam kann eindeutig mit dem *Tell ed-Dāmye* identifiziert werden, der nur 2 km vom Jordan entfernt in der Nähe der Einmündung des Jabbok liegt. Die Gleichsetzung wird durch den Oberflächenbefund bestätigt (Glueck IV, 329–331). Der Zusatz „neben Zartan" soll den weniger bekannten Ort näher bestimmen. Zartan ist noch 1 R 4,12 und 7,46 im Zusammenhang geographischer Angaben genannt, hat also wohl als eine Stadt besonderer Lage und Größe zu gelten. Es ist freilich nicht sicher zu lokalisieren, aber doch wohl im näheren Umkreis vom *Tell ed-Dāmye* zu suchen. Deshalb scheidet der Vorschlag von Glueck (IV, 334–335), Zaretan auf dem *Tell es-Saᶜīdīye* anzusetzen, aus, da dieser etwa 18 km weiter nördlich und damit zu weit entfernt liegt. Nun befindet sich etwa 5 km nördlich des *Tell ed-Dāmye* der *Tell Umm Ḥammād*, den Glueck (IV, 318–329) als einen der größten Ruinenhügel im Jordantal beschrieben hat; seine Besiedlung während der Eisenzeit ist durch den Oberflächenbefund gesichert. Mit Aharoni, 323 kann Zartan auf dem *Tell Umm Ḥammād* angesetzt werden.

Der eigentliche Akt des Durchzugs wird 16b ohne weitere Mitteilung über die Umstände erzählt; nur die ungefähre Lage des Übergangs wird mit „Jericho gegenüber" angegeben, vgl. zu 3,17. Das in diesem Zusammenhang gebrauchte Verbum תמם wird auch sonst von DtrH und den Redaktionen aufgenommen, vgl. 3,17; 4,1.10.11a; 5,6.8; 8,24; 10,20.

4,11a Das Überwechseln der Lade an das westliche Ufer beendet den Durchzug. Dabei ist vorausgesetzt, daß die Lade während des Geschehens am östlichen Ufer verblieben ist. Die Bezeichnung der Lade als ארון יהוה unterscheidet sich zwar von 3,15, ist aber auch sonst 6,6.7.11.12.13 (2x); 7,6 belegt.

4,18a ist das Gegenstück zu 3,15a. Da die Lade das Wunder bewirkt, kehrt in dem Moment der natürliche Zustand des fließenden Jordan zurück, als die Lade das Flußbett verläßt. So wird die Bewirkung des Wunders durch die Lade noch einmal hervorgehoben und die Erzählung abgeschlossen.

4,19 Die genaue Angabe von Ort und Zeit entspricht priesterschriftlichem Stil, doch kann das Datum sekundär im Blick auf 5,10 eingefügt worden sein. Die Jahresangabe fehlt, so daß das Datum merkwürdig in der Luft hängt.

Mit der Ortsangabe wird die Erzählung vom Jordanübergang zum Abschluß gebracht. Die Lage von Gilgal wird mit „an der Grenze östlich von Jericho" näher bestimmt, was auf die Flurgrenze zu beziehen ist, dementsprechend ist Gilgal im Umkreis von Jericho (*Tell es-Sulṭān*) zu suchen. Den Ortsnamen hat RedD in 5,9 erneut erklärt und in 5,10 wiederholt. Im weiteren Verlauf der Landnahmeerzählung ist Gilgal 9,6; 10,6.9.15.43; 14,6 (RedD) als Standort erneut genannt, erst für die Landverleihung hat RedP in 18,1; 19,51; 21,2; 22,9.10 Silo eingeführt.

Trotz intensiver Suche konnte Gilgal bisher nicht lokalisiert werden. Die Ansetzung auf der 2 km nordöstlich von *Tell es-Sulṭān* gelegenen *Ḫirbet el-Mefǧir* (A. M. Schneider, Das byzantinische Gilgal, ZDPV 54, 1931, 50–59) scheidet aus, da die Ausgrabungen einen Omajjadenpalast freigelegt haben. Die von J. Muilenburg (The Site of Ancient Gilgal, BASOR 140, 1955, 11–27) im Bereich des Palastes untersuchten drei kleinen Ruinenhügel weisen zwar eisenzeitliche Keramik auf, sind aber zu bescheiden, um für eine Gleichsetzung mit Gilgal in Frage zu kommen. Die von O. Bächli (Zur Lage des alten Gilgal, ZDPV 83, 1967, 64–71) vorgeschlagenen Ortslagen *Tell Dēr Ǧannam*, *Tell el-Ǧurn* und *Tell el-Maṭlab*, die östlich von *Tell es-Sulṭān* liegen, waren in der Eisenzeit nicht besiedelt und kommen deshalb nicht in Frage.

Die neuere Oberflächenforschung hat drei eisenzeitliche Ortslagen entlang des *Wādi Nu^c^ēme* nachweisen können, vgl. JSG, 113f., Nr. 57.59.60. Von diesen trägt nur einer (Nr. 59) den Namen *Arḍ el-Mefǧir*, während die beiden anderen ohne Benennung sind. Da sich sonst zwischen Jericho und dem Jordan keine weiteren Überreste aus vorrömischer Zeit gefunden haben (vgl. JSG, 114–117, Nr. 63–74.76), kann Gilgal an einer dieser Ruinenstätten vermutet werden. Da sie weder hinreichend beschrieben noch näher untersucht worden sind, ist eine begründete Gleichsetzung vorläufig nicht möglich. Das Galgala in byzantinischer Zeit stellt offensichtlich keine Fortsetzung des alten Ortes Gilgal, sondern eine neue Traditionsbildung dar und muß deshalb an anderer Stelle gesucht werden. Der Ortsname haftet heute am *Tell Ǧalǧul* etwa 5 km südöstlich vom *Tell es-Sulṭān*.

In der Überlieferung über Saul spielt Gilgal eine große Rolle, zumindest spiegeln die Erwähnungen 1 S 11,34f.; 13,4f.; 15,10ff. die Bedeutung des Ortes in der frühen Königszeit. In der Thronnachfolgeerzählung erscheint Gilgal als Ort des Jordanübergangs, vgl. 2 S 19,16.41. In 2 R 2,1 und 4,38 ist es als Haftpunkt der Elisaerzählungen genannt. Die Polemik in den Prophetenbüchern Ho 4,15; 9,15; 12,12; Am 4,4; 5,5 setzt für Gilgal eine Kultstätte voraus. Diese hat neben zahlreichen anderen Ortsheiligtümern im Lande bestanden und begründet noch keine besondere Stellung des Ortes während der Königszeit. Über die vorstaatliche Geschichte Gilgals ist der Erwähnung in 4,19 nichts zu entnehmen; die Lokalisierung entspricht der Vorstellung von Lage und Rolle Gilgals in der Königszeit. Zur Geschichte von Gilgal vgl. auch K. Galling, Bethel und Gilgal, ZDPV 66, 1943, 140–155 und 67, 1944, 21–43.

Der Nachtrag der Lade in 3,10.11.13.14b.17; 4,9.10 (RedD)

3,10 Die Gottesbezeichnung אל חי „lebendiger Gott" findet sich noch Hos 2,1; Ps 42,3; 84,2; die analogen Bildungen אלהים חיים/חי sind Dt 5,26; 1 S 17,26.36; Jer 10,10; 23,26 und 2 R 19,4.16 = Jes 37,4.17 belegt. Nur in der Eidesformel hat die Wendung „beim Leben Jahwes" ihren festen Platz, wenngleich ihr Vorkommen nicht zwingend ist, vgl. W. W. Baudissin, Adonis und Esmun, 1911, 450–510; H.-J. Kraus, Der lebendige Gott, Biblisch-theologische Aufsätze, 1972, 1–36.

Das Epitheton אל חי hat den Charakter eines Bekenntnisses, mit dem Jahwe in seinem Dasein angerufen wird, um sich seiner Gegenwart zu versichern. Damit ist die „Personhaftigkeit" als ein besonderer Wesenszug Jahwes zum Ausdruck gebracht: Als lebendiger Gott ist Jahwe ein handelnder Gott, der in der Geschichte wirkt. So erweist sich Jahwe als lebendiger Gott durch die Vernichtung der Bewohner des Landes.

Während ירש qal „in Besitz nehmen" im DtrG der Schlüsselbegriff für die Landnahme ist (vgl. zu 1,11), findet sich ירש hi „vernichten" mit Jahwe als Subjekt nur Dt 9,4.5; 11,23; 18,12; Jos 13,6; 23,5. Die Landnahme ist zur Vernichtung der Bewohner durch Jahwe und damit zu seinem alleinigen Werk geworden, so findet sich dieser Sprachgebrauch in 13,6 und 23,5 ebenfalls in verhältnismäßig späten Stücken, vgl. N. Lohfink, Die Bedeutung von hebr. *jrš, qal* und *hif*, BZ NF 27, 1983, 14–33.

Die Aufzählung der Bewohner nach Bevölkerungsgruppen findet sich in stereotyper Form ebenfalls Ex 3,8.17; 13,5; 23,23; 34,11; Dt 7,1; 20,17; Jos 9,1; 11,3 = Ex 33,2; 12,8; 24,11; Jdc 3,5; 1 R 9,20 in deuteronomistischer Zusammenstellung. Die Liste soll eine umfassende Bestandsaufnahme der nichtisraelitischen Einwohner des Landes darstellen, bietet aber keinerlei sachliche Auskunft über die Völker des Landes. Die Herkunft der Zusammenstellung ist ungeklärt. Auf keinen Fall hat sich in den Listen eine historische Überlieferung erhalten, gegen T. Ishida, The Structure and Historical Implications of the Lists of Pre-Israelite Nations, Biblica 60, 1979, 461–490. Vielmehr handelt es sich um die verschiedentlich variierte Zusammenstellung von Namen, mit denen keine genaue Vorstellung ethnischer Zugehörigkeit mehr verbunden war. Dabei wurden sowohl Namen auch sonst bekannter Völker wie außerhalb der Listen nicht mehr belegter Gruppen aufgenommen.

Kanaaniter ist ein Sammelbegriff der Bevölkerung des Westjordanlandes, der allgemein ohne nähere Differenzierung ethnischer oder kultureller Besonderheiten gebraucht wird, vgl. 7,9; 9,1; 11,3; 12,8; 13,3; 16,10; 17,12.13.16.18; 24,11; Gn 12,6; 13,7; 24,3.37; Nu 14,43.45 (alle Stellen J); Jdc 1,1.3.5.9.10.17.27.28.30.33; 3,3.5; 5,19 u. ö. Das Wort „Kanaaniter" ist nomen gentilicium von „Kanaan", das als geographischer Begriff für Syrien-Palästina in akkadischen, ugaritischen und ägyptischen Quellen belegt ist (M. Weippert, RLA V, 352–355), in der biblischen Literatur aber vor allem durch die Priesterschrift gebraucht wird (Gn 11,31; 12,5; 16,3; 17,8 u. ö.), vgl. N. P. Lemche, The Canaanites and their Land, JSOTS 110, 1991.

Hethiter sind ein zu Beginn des 2. Jt. in Kleinasien eingewandertes Volk mit einer in Keilschrift geschriebenen indogermanischen Sprache. Das um 1600 gebildete Großreich ist im Zusammenhang mit der Seevölkerbewegung untergegangen, vgl. G. A. Lehmann, Der Untergang des hethitischen Großreiches und die neuen Texte aus Ugarit, UF 2, 1970, 39–73. In 1 R 10,29; 2 R 7,6 werden für Syrien neben den aramäischen Staaten auch hethitische Königreiche genannt. Nun ist in den sog. Nachfolgestaaten neben dem Aramäischen auch das Luwische nachgewiesen. Die Bezeichnung hethitisch kann sich somit auf dieses luwische Element erstrecken, vgl. H. G. Güterbock, RLA IV, 372–375. Diese „Hethiter" werden 1 R 11,1 eindeutig von den Phöniziern unterschieden, gelegentlich werden auch Einzelpersonen als Hethiter bezeichnet, vgl. 1 S 26,6; 2 S 11,3 ff. In jedem Falle bezeichnet „Hethiter" ein Bevölkerungselement neben den Aramäern und Phöniziern in Syrien, ohne daß damit Nachkommen der Bevölkerung des hethitischen Kernlandes in Kleinasien gemeint sein müssen.

Hiwiter sind wahrscheinlich ein Element der Bewohner des Landes, da der Begriff außerbiblisch nicht zu belegen ist, vgl. zu 9,7.

Die Perisiter erscheinen, abgesehen von der Aufzählung der Völkerschaften, nur in der Verbindung „Kanaaniter und Perisiter" Gn 13,7; 34,30; Jdc 1,4.5; in 17,15 werden sie neben den Refaitern für das ostjordanische Waldgebiet erwähnt. Das Wort ist nicht zu trennen von dem Begriff פרזי, der „eine aus den Städten verdrängte, im offenen Land lebende Bevölkerungsschicht" (HAL, 909) bezeichnet und somit ursprünglich das Wort für den Angehörigen einer bestimmten sozialen Klasse gewesen ist, das in seiner ursprünglichen Bedeutung außer Gebrauch gekommen ist.

Die Girgasiter sind nur innerhalb der Listen Gn 15,21; Dt 7,1; Neh 7,8; Jdt 5,16 genannt und werden Gn 10,16 von den Kanaanitern abgeleitet. Eine Verbindung mit dem in Ugarit belegten Personennamen *grgs* (Belege bei C. Gordon, Ugaritic Textbook, 1965, 381) ist weder nachweisbar noch zu widerlegen. Vielleicht handelt es sich wie bei den Hiwitern um eine auf ein bestimmtes Gebiet begrenzte Bevölkerung.

Die Bezeichnung Amoriter ist nicht von dem Akkadischen Amurru zu trennen, mit dem die im 2. Jt. ins mesopotamische Kulturland eingedrungene Bevölkerung westlich des Eufrat bezeichnet wird. Das in Nordsyrien zu suchende Reich von Amurru ist aber um 1200 im Zusammenhang mit der Seevölkerbewegung untergegangen, vgl. I. J. Gelb, The Early History of the West Semitic Peoples, JCS 15, 1961, 24–27. Die Bezeichnung des nordsyrischen Raumes als Amurru wird aber in den assyrischen Quellen beibehalten. In den biblischen Schriften ist Amoriter weitgehend synonym mit Kanaaniter gebraucht, doch werden die Bewohner des Ostjordanlandes überwiegend als Amoriter bezeichnet, vgl. 2,10; 9,10; 24,8; Nu 21,13; Jdc 10,8; 11,20. Eine nähere Festlegung oder Eingrenzung des Begriffes auf einen bestimmten Teil der vorisraelitischen Bevölkerung ist nicht feststellbar. Vermutlich wurde er aus dem assyrischen oder babylonischen Sprachgebrauch zur allgemeinen Kennzeichnung der einstigen Bewohner übernommen. Der Gebrauch des Wortes „is largely ideological and rhetorical and represents the primeval wicked nations whom God displayed in order to give Israel its land", vgl. J. Van Seters, The Terms „Amorites" and „Hittite" in the Old Testament, VT 22, 1972, 64–81 (Zitat 78).

Die Jebusiter sind eine Bildung von dem Orts- oder Landschaftsnamen Jebus, vgl. 15,8; 18,16. Durch die Gleichsetzung von Jebus mit Jerusalem (15,63; 18,28; Jdc 1,21; 1 Ch 11,4) ist Jerusalem zur „Stadt der Jebusiter" (Jdc 19,11) geworden. Vermutlich ist Jebus im Umkreis Jerusalems zu suchen (vgl. M. Miller, Jebus and Jerusalem: A Case of Mistaken Identity, ZDPV 90, 1974, 115–127), so daß „Jebusiter" die Bevölkerung der Stadt bezeichnet hat.

Die Liste der zu besiegenden Bewohner des Landes hat somit eine Reihe alter Namen aus der Umwelt aufgenommen (Kanaaniter, Hethiter, Amoriter) und um nicht weiter zu belegende Benennungen ergänzt, die vielleicht einmal Bezeichnungen autochthoner Bevölkerungselemente gewesen sind.

3,11 wird das Vorausziehen der Lade noch einmal angekündigt, um 3,13 vorzubereiten.

3,13 Die Voraussage des Wunders nimmt der Erzählung die Spannung, alles läuft nach einem geordneten Plan. Die Aussagen sind sachlich 3,16 entnommen, singulär ist nur das Epitheton „Herr der ganzen Erde". Dieser Titel kommt erst spät auf (vgl. Mi 4,13; Sach 4,14; 6,5; Ps 97,5) und kennzeichnet Jahwe als den Weltherrscher mit universalem Anspruch, der Natur und Geschichte gleichermaßen bestimmt. Somit entspricht er der Wendung „Gott der ganzen Erde", die Jes 54,5 und in einer Inschrift aus Juda belegt ist, vgl. J. Naveh, Old Hebrew Inscriptions in a Burial Cave, IEJ, 13, 1963, 74–92. Dieser absolute Machtanspruch für Jahwe geht wahrscheinlich auf die Auseinandersetzung mit altorientalischen Religionen zurück, in denen die Weltherrschaft ebenfalls für den jeweils obersten Gott behauptet wurde. In Ugarit wurde Baal als *zbl b*^{c}*l arṣ* „Fürst, Herr der Erde" bezeichnet (KTU 1.3:I:3/4; 1.5:VI:10; 1.6:III:9.21; IV:16). Aber auch Marduk trägt unter seinen zahlreichen Titeln den eines *bēl mātāti* „Herr der Länder" (*Enūma eliš* VII:13b; A. Falkenstein – W. von Soden, Sumerische und akkadische Hymnen und Gebete, 1953, 302.311). Die Übertragung der Bezeichnung auf Jahwe soll dem Gott Israels den uneingeschränkten Machtanspruch über die gesamte Erde sichern, sie ist wahrscheinlich erst in exilisch-nachexilischer Zeit erfolgt.

3,14b erwähnt ausdrücklich, daß die Lade dem Volk voranzieht. Während in der ursprünglichen Fassung noch „unbefangen" von der Lade oder der Lade Jahwes die Rede ist, heißt diese nun ארון הברית. Diese Wendung findet sich noch in den meisten Zusätzen 3,6.8.11; 4,9 sowie 6,6, sonst heißt sie im DtrG ארון ברית יהוה, vgl. Dt 10,8; 31,9.25.26; 1 S 4,3.4.5; 1 R 3,15; 6,19; 7,1.6 und auch 3,3; 4,7.18; 6,8; 8,33 oder auch ארון ברית אלהים Jdc 20,27; 1 S 4,4; 2 S 15,24. Diese Terminologie wurde von der deuteronomistischen Theologie geschaffen, um die enge Verbindung der Lade mit dem Bundesschluß am Sinai zum Ausdruck zu bringen. Nach Dt 10,1–5 dient die Lade dazu, die beiden steinernen Tafeln aufzubewahren, auf denen das Zehnwort geschrieben steht, das Mose von Jahwe am Gottesberg, der vom Deuteronomisten Horeb genannt wird, als Bundesverpflichtung mitgeteilt worden ist. Die deuteronomistische Theologie hat also die Lade mit dem Bundesgedanken verknüpft und ihr mit einem neuen Inhalt eine neue Bedeutung verliehen, indem sie zum Symbol des Sinaibundes geworden ist.

Als ein Gegenstand von besonderer Bedeutung wird die Lade von den Priestern getragen. Dem entspricht die Bestallung Levis zum Träger der Lade Dt 10,8 und die Nennung der Priester in Dt 31,9, denn nach deuteronomistischer Auffassung sind alle Priester Nachkommen Levis, vgl. Dt 33,8–11.

3,17 Während in der Grundschicht stillschweigend vorausgesetzt ist, daß die Lade am Ufer verbleibt, wird ihr hier ein Standort inmitten des Flusses zugewiesen. Damit wird die Lade zum Garanten des Wunders, wobei ausdrücklich erwähnt ist, daß sie auf dem Trockenen steht. Der Begriff חרבה findet sich bereits in der jahwistischen Fassung des Meerwunders Ex 14,21. Der Anklang ist zweifellos beabsichtigt, wenngleich dort die Austrocknung nur der Irreführung der Ägypter dient, da der Jahwist einen Zug der Israeliten durch das Meer nicht kennt. Mit der Aufnahme von חרבה aus Ex 14,21 J wird die Wunderhaftigkeit beim Durchzug durch den Jordan in Analogie zum Wunder am Meer Ex 14 erneut hervorgehoben.

Das Verbum עבר bezeichnet auch sonst das Überschreiten eines Flusses (vgl. Gn 31,13.21; Dt 2,13.14.24 u.ö.), ist aber in der deuteronomisch-deuteronomistischen Literatur zum Theologumenon für das Überschreiten des Jordans geworden, womit die Landnahme beginnt, vgl. Dt 2,29; 3,18.27.28; 4,21.22.26 u.ö. (Im Unterschied dazu hat die Priesterschrift den Durchzug durch das Meer in Ex 14* mit בוא und הלך beschrieben.) Auffallend ist der Wechsel des Sprachgebrauchs von עם zu גוי, der sich nur noch 5,6 findet, da גוים sonst die Fremdvölker bezeichnet, vgl. 12,23; 23,3.4.7.12.

4,9 begründet die Lage von zwölf Steinen im Jordan mit einer Handlung Josuas. Die Steine markieren den Standort der Priester mit der Lade im Flußbett. Die Notiz ist literarisch von 3,17 abhängig und zeigt ein besonderes Interesse an der Stelle, an der das Wunder des Durchzugs ausgelöst wurde.

4,10 ist weitgehend eine Wiederholung von 3,17, allerdings mit dem Unterschied, daß ausdrücklich auf eine Anordnung Jahwes an Josua verwiesen wird. Da eine solche auch unter den redaktionellen Zusätzen fehlt, kann es sich hier nur um die Auffassung des Redaktors handeln, daß alle Anweisungen Josuas dem göttlichen Willen entsprechen. Die erneute Bemerkung über den Standort der Priester beim Durchzug ist durch den Einschub von 4,1–8 bedingt. Ausdrücklich wird die Eile beim Durchzug betont, um seine Vollendung an einem Tag trotz der großen Zahl des Volkes zu garantieren.

Die Aufrichtung der Steine aus dem Jordan 4,1–8.20–23

4,1a ist eine Wiederaufnahme von 3,17bβ und dient als Einleitung. Diese Nahtstelle zeigt den sekundären „Einbau" des Stücks.

4,1b.2–3 Die Mitnahme der Steine wird mit einer ausdrücklichen Anordnung Jahwes begründet, wobei großer Nachdruck auf der Zwölfzahl liegt: Alle Stämme Israels sind gleichermaßen an dem durch die Steine zu schaffenden Denkmal beteiligt.

4,4.5 Die Anweisung Josuas, die Steine aus dem Jordanbett heraufzuholen, steht in einem gewissen Gegensatz zu der inzwischen eingetretenen Situation; die zwölf Männer müssen noch einmal in das Flußbett zurück.

4,6.7 Die Anordnung wird nachträglich begründet, die Steine sollen künftigen Geschlechtern als „Denkmal" dienen. Die Begründung wird mit der für den Deuteronomisten typischen Kinderfrage eingeführt, die innerhalb des deuteronomistischen Abschnitts Ex 13,14 und in Dt 6,20 das Bekenntnis der Herausführung aus Ägypten einleitet. Mit dieser Einleitung erhält der Jordandurchzug geradezu heilsgeschichtliche Qualität. Die zwölf Steine sollen als אות und זכרון dienen. Im deuteronomistischen Sprachgebrauch ist אות das Erinnerungszeichen an die verschiedenen Gaben Jahwes, in denen sich die Zuwendung zu seinem Volk zeigt, vgl. Ex 13,9.16; Dt 6,8; 11,18; 28,46. Israel soll mit dem Zeichen in einer dauernden Erinnerung an die Heilstaten Jahwes leben. Dagegen kommt זכרון sonst nicht im DtrG vor, sondern ist nur in dem deuteronomistischen Zusatz Ex 13,9 mit Bezug auf den Auszug belegt. (Erst in der Priesterschrift wird der Begriff häufiger gebraucht, vgl. Ex 12,14; 28,12.29 u.ö.) Die Steine aus dem Jordan sind mit diesen Begriffen als Erinnerungszeichen bestimmt, sie sollen ein „Denkmal" im ursprünglichen Sinn des Wortes sein. Der einzelne wie das Volk kann das in ihnen manifestierte Geschehen des wunderbaren Durchzugs durch den Jordan in der Erinnerung nachvollziehen. Diese Vergegenwärtigung ist ein wichtiger Bestandteil deuteronomistischer Theologie. Mit dem formelhaften עד עולם wird die unbefristete Gültigkeit dieser Bestimmung ausdrücklich betont, da damit die unbegrenzte Zukunft ausgesagt ist, vgl. E. Jenni, ThWAT II, 228–243.

4,8 Mit der Errichtung der Steine am Lagerplatz ist der Abschluß der Erzählung erreicht, die eine geschlossene Einheit bildet. Ihre Abhängigkeit von der Erzählung des Durchzugs in der Fassung des deuteronomistischen Redaktors schließt die Annahme aus, daß es sich um eine Überlieferung mit einer literarischen Vorgeschichte handelt. Vielmehr ist damit zu rechnen, daß sie von einem Redaktor eigens für diese Stelle geschaffen wurde. Über die Form und Anordnung der Steine geht aus der Erzählung nichts hervor. Die Annahme eines Steinkreises aufgrund des Ortsnamens Gilgal, der erst 4,19 genannt wird, ist nicht zwingend, so daß keineswegs mit einem Monument aus Steinen in Gilgal zu rechnen ist. Überhaupt macht die späte Abfassung eine ätiologische Absicht unwahrscheinlich.

Vielmehr kann die Errichtung der Steine auch als Erfüllung der Anordnung Moses in Dt 27,2 verstanden werden, wenngleich ein Rückbezug fehlt. Allerdings werden die Steine nur als Gedenksteine errichtet, während in Dt 27,3 die Steine mit dem Wortlaut der Tora beschrieben werden sollen, eine Anordnung, die erst nach dem Altarbau in 8,32 ausgeführt wird. Der Unterschied zwischen Dt 27,2.3 und 4,1–8 kann dadurch bedingt sein, daß die Errichtung der Steine aus dem Jordan von dem Altarbau auf dem Ebal unterschieden wurde. Weil die kultischen Handlungen und die Niederschrift der Tora mit dem Altar verbunden wurden, blieb für die Steine aus dem Jordan nur noch die Deutung als Denkmal. Die Errichtung einer Stele als Gedenkstein ist 2 S 18,18 ausdrücklich belegt, und die deuteronomistische Deutung als Gedenksteine schließt eine Kultausübung aus, wie sie für Gilgal ohnehin nicht vorauszusetzen ist.

4,20–23 Nach dem Abschluß der Erzählung vom Jordanübergang in 4,19 wird das Thema der Steine aus dem Jordan noch einmal aufgenommen, um diesen eine weitere Deutung zu geben. Die Errichtung der Steine erfolgt anders als in 4,8 durch Josua. Die Erklärung wird wie in 4,6 als Belehrung der Kinder eingeleitet. In dem Deutewort 4,22b.23 wird die Lade nicht erwähnt, vielmehr liegt die Betonung auf dem Umstand, daß Israel durch das Trockene gezogen ist, wobei die Parallele zum Schilfmeerwunder ausdrücklich gezogen wird. Der Begriff יבשה entspricht dem Sprachgebrauch der Priesterschrift, vgl. Ex 14,16.22.29. Dazu wird wie in 2,10 יבש im hi verwendet. Das Wunder am Jordan entspricht dem Wunder am Schilfmeer, vgl. zu 2,10.

Der nachpriesterschriftliche Einschub 4,15–17 (RedP)

4,15–17 führt die Veränderung des Standorts der Lade auf einen ausdrücklichen Befehl Jahwes zurück, der von Josua an die Priester weitergegeben wird. Die Wendung ארון העדות entspricht priesterschriftlichem Sprachgebrauch, vgl. Ex 25,22; 26,33.34; 30,26 u. ö., so daß der Einschub auf eine nachpriesterschriftliche Redaktion zurückgeht.

Die weiteren redaktionellen Zusätze 3,2–4.5.6.7.8.9.12.15b; 4,11b.12.13.14.24

3,2–4 soll die Ordnung des Zugs festlegen: erst die Lade, dann das Volk. Das Volk darf der Lade allerdings nicht zu nahe kommen, da die mit ihr verbundene Wirkung sonst schadet. Handelnde Personen sind die שטרים, die auch 1,10.11 auftraten und in 8,33; 23,2; 24,1 erwähnt sind. Das Stück gehört vermutlich zusammen mit 1,10.11 in eine Stufe der Redaktion. Der Zuwachs zeigt die weitere Reflexion bezüglich der Mitführung der Lade. Traditionsgeschichtlich wurzelt diese Anschauung in der Mitnahme der Lade in das Kriegslager, vgl. 1 S 4,1–11; 2 S 11,11.

3,5 dient der Vorbereitung des Jordanübergangs. Die Anordnung der Heiligung zielt auf die Herstellung der kultischen Reinheit und zeigt, daß der Jordanübergang im Blick auf die Beteiligung der Lade als ein kultischer Akt aufgefaßt worden ist. Die Forderung angemessener Vorbereitung wird auch beim Sinaigeschehen Ex 19,10 J und 19,22 (sek. zu J), in der Wachtelerzählung Nu 11,18 J und in Zusammenhang mit dem Vollzug der Vernichtungsweihe 7,13 erhoben. Das zu erwartende Geschehen wird als נפלאות gedeutet, womit vor allem in den Psalmen die Wundertaten Jahwes beschrieben werden, vgl. Ps 40,6; 72,18; 78,4; 86,10 u. ö. Sie bestehen in besonderen Eingriffen Jahwes in der Geschichte zur Rettung seines Volkes, vgl. Ex 3,20 (sek. zu J), Jer 21,2; Ps 106,22. In den Erzählungen von den Rettungstaten Jahwes bei Auszug und Wüstenwanderung wird der Begriff nicht verwendet, vielmehr markiert er eine Stufe der Reflexion, die auf eine Entstehung des Wortes frühestens am Ende der Königszeit verweist.

3,6 trägt die Anweisung Josuas an die Priester unter erneuter Betonung der Marschordnung nach.

3,7.8 bringt eine Jahwerede an Josua. Dabei ist 3,8 eine zusätzliche Anweisung, um 3,15a zu begründen. Einerseits wiederholt 3,7 die Zusage des Beistandes an Josua 1,5 und betont so seine Stellung als Nachfolger Moses (vgl. zu 1,5.6), andererseits wird Josua eine gewisse „Größe" zugesagt. Mit גדל pi wird die Erhebung eines Menschen in Rang und Ansehen ausgedrückt, vgl. 1 R 1,47; Est 3,1; 5,11; 10,2. Mit dem Jordanübergang wächst Josua in die ihm zugewiesene Führerrolle hinein, was 4,14 ausdrücklich bestätigt wird: Nach dem vollendeten Durchzug ist Josua an Ansehen Mose gleich.

3,9 Die Aufforderung heranzutreten überrascht insofern, als Josua bereits 3,5 zum Volk geredet hat. Möglicherweise soll damit die folgende Aussage betont werden. Außer in der prophetischen Verkündigung findet sich die Forderung der Gotteserkenntnis auch Dt 7,9; 21,5. Im Deuteronomium zielt das Erkennen Gottes auf die Anerkennung Jahwes als des einzigen Gottes und schließt sowohl die Ablehnung fremder Götter als auch das angemessene Verhalten mit ein, vgl. Dt 11,28; 13,3.7.14; 28,64; 29,25; 32,17.

3,12 ist der Versuch gemacht, die Erzählung von den Steinen aus dem Jordan, die mit 4,1–8 eine geschlossene Einheit darstellt, durch eine Bemerkung über die Auswahl der Träger vorzubereiten. Der Zusatz durchbricht den Zusammenhang zwischen 3,11 und 13.

3,15b Die Einfügung über den Wasserstand des Jordans soll die Größe des Wunders betonen. Da der Jordan überwiegend aus dem See Gennesaret gespeist wird, führt er auch zur regenarmen Erntezeit Wasser bis an den von Büschen bestandenen Uferrand, kann aber im Frühjahr zur Zeit der Ernte Hochwasser führen und die Flußniederung überschwemmen.

4,11b Entsprechend 3,14b wird das Vorangehen der Priester nachträglich vermerkt, obwohl es an dieser Stelle sachlich falsch ist, da nach dem bisherigen Verlauf der Erzählung das Volk den Jordan ja bereits überschritten hat.

4,12 trägt die Beteiligung der ostjordanischen Stämme Ruben, Gad und Halbmanasse nach, um ihr Mitziehen in das Westjordanland zu sichern.

4,13 nennt die Zahl derer, die zum bewaffneten Kampf bereitstehen. Das Wort חלוץ erscheint noch in 6,7.9.13 in redaktionellen Bearbeitungen. Sonst kommt es nur noch Dt 3,18 vor, ist aber der Schlüsselbegriff in der Ergänzungsschicht Nu 32,2.5.6.20–23.33* (vgl. Wüst, 99–109), mit der die Beteiligung der ostjordanischen Stämme bei der Eroberung des Westjordanlands vorbereitet wird. Der Nachtrag scheint somit durch Num 32* veranlaßt zu sein, vgl. zu 1,12–18. Wie 5,4.6; 6,3; 8,1.3 u.ö. ist die Einnahme des Landes als Krieg aufgefaßt, der die Eroberung von Städten und die Vernichtung der Bewohner einschließt, vgl. Dt 20,10–18. Die Auffassung der Redaktion entspricht dabei der deuteronomistischen Ideologie: nur durch Kampf kann das Land in Besitz genommen werden, vgl. dazu N. Lohfink, Die Schichten des Pentateuchs und der Krieg (1983), Studien zum Pentateuch, 1988, 255–315. Der Deuteronomist hat Eroberung und Kampf konsequent zu einer „rabiaten Kriegstheologie" radikalisiert. „Dabei ist eine sehr enge Verbindung zwischen Kategorien des Rechts und Kategorien der Gewalt hergestellt worden. Das Recht wird durch die Gewalt durchgesetzt, und hinter allem steht die Gottheit" (N. Lohfink, 278).

4,14 vgl. zu 3,7.

4,24 An die neue Deutung der Steine aus dem Jordan in 4,20–23 wurden zwei weitere Bemerkungen mit למען angeschlossen; diese haben eine Analogie in Ex 14,31, wo die Wirkung des Meerwunders auf Israel zusammengefaßt ist. Die Erkenntnis der Macht Jahwes wird hier auf alle Völker ausgedehnt, wobei die Erkenntnis die Anerkennung einschließt. Die Formulierung entspricht der Aussage im deuteronomistischen Geschichtswerk, nach der alle Völker erkennen sollen, daß „Jahwe allein Gott ist", vgl. 1 R 8,60; 18,37; 2 R 19,19. Wie die Herausführung aus Ägypten soll der Jordanübergang als ein Machterweis Jahwes an Israel zur Gottesfurcht führen, mit der in deuteronomistischer Theologie die alleinige Verehrung Jahwes und das damit verbundene Verhältnis besonderer Treue betont wird, vgl. Dt 4,10; 5,29; 6,2.13.24 u. ö.

5,1–9 Die Beschneidung der Israeliten

5 [1]Als nun alle Könige der Amoriter jenseits des Jordans ⸢ ⸣[a] und alle Könige der
Kanaaniter am Meere hörten, daß Jahwe das Wasser des Jordans hatte austrocknen lassen vor den Israeliten, bis ⸢sie⸣[b] hinübergezogen waren, da verzagte ihr
Herz, und es blieb ihnen kein Mut vor den Israeliten.
[2]**Zu jener Zeit sprach Jahwe zu Josua: „Mache dir steinerne Messer und be-
schneide wiederum die Israeliten zum zweiten Mal". [3]Da machte sich Josua
steinerne Messer und beschnitt die Israeliten am Vorhäutehügel.** [4]Dies war die
Ursache für die Beschneidung durch Josua: Das ganze Volk, das aus Ägypten
ausgezogen war, die Männer, alle Kriegsleute, waren unterwegs in der Wüste
gestorben nach ihrem Auszug aus Ägypten. [5]Zwar war das ganze Volk beim
Auszug beschnitten gewesen, aber alle, die in der Wüste geboren wurden,
unterwegs nach ihrem Auszug aus Ägypten, waren nicht beschnitten. [6]Denn 40
Jahre lang waren die Israeliten in der Wüste gewandert, bis das ganze Volk
umgekommen war, alle Kriegsleute, die aus Ägypten ausgezogen waren, die
nicht auf die Stimme Jahwes gehört hatten, denen Jahwe geschworen hatte, sie
das Land nicht sehen zu lassen, das uns zu geben Jahwe ihren Vätern geschworen
hatte, ein Land, das von Milch und Honig fließt. [7]Ihre Söhne aber hatte Jahwe an
ihre Stelle gesetzt, diese beschnitt Josua, denn sie hatten noch die Vorhaut, weil
man sie unterwegs nicht beschnitten hatte. [8]**Als nun die Beschneidung des
ganzen Volkes beendet war, blieben sie an ihrer Stelle im Lager, bis sie wieder
gesund waren.** [9]Darauf sprach Jahwe zu Josua: „Heute habe ich die Schande
Ägyptens von euch abgewälzt". So nannte er den Namen jenes Ortes Gilgal bis
auf den heutigen Tag.

[1a] ימה fehlt in 𝔊 und dürfte Glosse sein. [b] Mit dem Qere ist עברם zu lesen.

Literatur: D. Arenhoevel, Ursprung und Bedeutung der Beschneidung, Wort und Antwort 14, 1973, 167–172; M. V. Fox, The Sign of the Covenant, RB 81, 1974, 557–596; R. Gradwohl, Der „Hügel der Vorhäute“ (Josua V 3), VT 26, 1976, 235–240; H. Gunkel, Über die Beschneidung im Alten Testament, APF 2, 1903, 13–21; E. Isaac, Circumcision as a Covenant Rite, Anthropos 59, 1964, 444–456; R. Lehmann, Bemerkungen zu einer neuen Begründung der Beschneidung, Sociologus NS 7, 1957, 57–74; J. Morgenstern, Rites of Birth, Marriage, Death and Kindred Occasions among the Semites, 1966; J.M. Sasson, Circumcision in the Ancient Near East, JBL 85, 1966, 473–476; J.G. Schur, Wesen und Motive der Beschneidung im Lichte der alttestamentlichen Quellen und der Völkerkunde, 1937; F. Sierksma, Quelques remarques sur la circoncision en Israel, OTS 9, 1951, 136–169; C. Weiss, A Worldwide Survey of the Current Practice of Milah (Ritual Circumcision), Jewish Social Studies 24, 1962, 30–48.

Umstritten ist die Stellung von 1. Bereits die Masoreten haben die Schwierigkeit bemerkt und eine Zuordnung dadurch vermieden, daß sie den Vers durch die Setzung von ס als einen geschlossenen Abschnitt gekennzeichnet haben. Das ויהי markiert aber einen Neueinsatz, der durch den Inhalt bestätigt wird: Die Aussage beschreibt die Auswirkungen des Jordanwunders auf die Könige der Länder zu beiden Seiten des Jordans. In der Wortwahl steht 1 den Erweiterungen 2,10a.11a; 4,23 nahe und ist darum der deuteronomistischen Redaktion zuzurechnen.

Der Abschnitt 2–9 beginnt denn auch mit einer Zeitangabe als Einleitung. Die eigentliche Handlung umfaßt nur 2.3; die geschichtstheologische Reflexion 4–7, mit der die Notwendigkeit der Beschneidung begründet wird, stellt somit eine Erweiterung der eigentlichen Erzählung dar, die in 8 ihre Fortsetzung findet. Die Erweiterung 4–7 kann nach Sprache und Vorstellung auf den deuteronomistischen Redaktor zurückgehen. In 9 erfolgt nicht nur eine verspätete Erklärung des Ortsnamens Gilgal, sondern auch eine theologische Bestimmung des Aufenthaltes in Ägypten. Da die ätiologische Notiz mit dem eigentlichen Geschehen der Beschneidung nichts zu tun hat, wird sie der gleichen redaktionellen Bearbeitung wie 4–7 angehören.

Mit 2.3.8 liegt keine alte Tradition vor; es handelt sich vielmehr um eine literarische Bildung, die vor der Eroberung Jerichos eingeschoben wurde. Mit der kurzen Erzählung hat der deuteronomistische Verfasser die Beschneidung in der Geschichte des Volkes verankert und insofern eng mit der Gabe des Landes verbunden, als sie der Einnahme des Westjordanlands vorausgeht. Deshalb ist der Abschnitt am ehesten DtrH und nicht einem Redaktor zuzuschreiben.

Die Beschneidung 2.3.8

2 בעת ההיא findet sich 6,26; 11,10.21 nachgestellt, ist aber eine gängige Formel zur unbestimmten Zeitangabe; ursprünglich war diese auf 4,19 bezogen. Die Beschneidung wird von Jahwe angeordnet; die Anweisung entspricht dem direkten Verkehr Josuas mit Gott, wie er vor allem in den literarischen Ergänzungen zum Ausdruck gebracht ist, vgl. 3,7.8a; 4,2.3.16.

Die Beschneidung wird im alten Israel als immer schon vorgegeben vorausgesetzt, ihr Ursprung ist somit nicht mehr aufzuhellen. Der Brauch findet sich bei zahlreichen semitischen Völkern wie den Edomitern, Ammonitern und Moabitern (Jer 9,25), aber auch den vorislamischen Arabern und ist in Ägypten bereits für das Alte Reich belegt (vgl. ANEP, 206; ANET, 326 und 673). Bei der Beschneidung wird die Vorhaut entfernt, so daß die Eichel des männlichen Glieds freiliegt. Das Beschnittensein unterscheidet Israel von den Philistern, die verächtlich als „Unbeschnittene" bezeichnet werden (Jdc 14,3; 1 S 14,6; 2 S 1,20).

In den biblischen Texten finden sich zwei Verankerungen für die Beschneidung. Beim Jahwisten ist sie mit Mose (Ex 4,24–26) und in der Priesterschrift mit Abraham verbunden worden (Gn 17). In der schwer verständlichen Erzählung Ex 4,24–26 beschneidet Zippora, die Frau Moses, ihren Sohn; die Anrede „Blutsbräutigam" an ihren Mann stellt aber wahrscheinlich eine alte Formel dar, die einen ursprünglichen Zusammenhang zwischen Beschneidung und der durch Heirat begründeten Blutsverwandtschaft noch erkennen läßt, vgl. W.H. Schmidt, Exodus. 1. Teilband, BK II/1, 1988, 216–234. Auf einen solchen Zusammenhang mit einem Ritus im Verband der Sippe oder des Stammes verweist auch Gen 34. In der Priesterschrift wird Gen 17 die Beschneidung auf Abraham zurückgeführt und als „Zeichen des Bundes" theologisch interpretiert, vgl. M.V. Fox, The Sign of the Covenant, RB 81, 1974, 557–596; E. Kutsch, „Ich will euer Gott sein", *berît* in der Priesterschrift, ZThK 71, 1976, 367–388; C. Westermann, Genesis 17 und die Bedeutung von berit, ThLZ 101, 1976, 161–170. Die Beschneidung ist damit nicht allein Merkmal der Volkszugehörigkeit, sondern gleichzeitig Zeichen der Erkennung und des Erinnerns für die besondere Verbundenheit und Verpflichtung Jahwes gegenüber seinem Volk.

Mit der Benutzung von Steinmessern wird die Altertümlichkeit des Brauchs betont, aber keine weitere Erklärung hinsichtlich des Ursprungs gegeben. Mit dem Vollzug der Beschneidung vor der Einnahme des Westjordanlands gewinnt diese allerdings insofern eine besondere Bedeutung, als die konsequente Durchführung des Brauchs nun am ersten Aufenthaltsort des Volkes im Westjordanland beginnt. Die Beschneidung wird so nicht allein ein Zeichen der Zugehörigkeit zum Volk der zwölf Stämme Israels, sondern zu einem notwendigen Ritus in der Erfüllung göttlicher Verpflichtung. Die Beschneidung dokumentiert die Besonderheit der neuen Situation; der Gabe des Landes geht die Konstituierung Israels als kultfähigem Volk voraus.

3 Bei der Ausführung des göttlichen Befehls wird als Ort des Geschehens der „Hügel der Vorhäute" genannt. Entsprechend der 4,19 gemachten Ortsangabe muß dieser im Umkreis von Gilgal gesucht werden. Der Text bietet allerdings keine Ätiologie für diesen Ort, begründet wird in 9 nur der Ortsname Gilgal. Nun hat R. Gradwohl darauf hingewiesen, daß es bei der Beschneidung zum Brauch gehört, die abgeschnittene Vorhaut mit Erde zu bedecken. „Hügel der Vorhäute" kann also nur den Ort bezeichnen, an dem die abgeschnittenen Vorhäute mit Erde bedeckt oder im Boden vergraben wurden. Der Name erklärt sich aus dem allgemeinen Brauch, wobei damit gerechnet werden kann, daß jeder Ort eine besondere Stätte für diese Praxis hatte, die als eine Art kultischer Handlung die Einhaltung gewisser Vorschriften verlangte, auch wenn diese nicht schriftlich fixiert waren. Der „Hügel der Vorhäute" ist also aus dem Brauchtum zu erklären, so daß keineswegs zwingend damit gerechnet werden muß, daß auch bei Gilgal eine so benannte Örtlichkeit bestanden hat. Somit liegt nicht die Ätiologie eines Ortes, sondern allenfalls die Begründung eines bestimmten Brauchs vor.

8 Die Folgen der Beschneidung sind die eines operativen Eingriffs und verlangen eine Genesungszeit, vgl. Gn 34,25f. Damit ist der Abschluß der Erzählung erreicht.

Die deuteronomistische Erweiterung 1.4–7.9 (RedD)

1 Mit dem Gebrauch von יבש Hi für den Jordanübergang wird dieser, wie bereits in 4,23, in Analogie zum Wunder am Schilfmeer interpretiert. Dementsprechend ist auch die von ihm ausgehende Wirkung auf die Könige des Landes, wobei die Wortwahl 2,11a entspricht. Dabei wird entsprechend 2,10; 9,10; 24,8 zwischen der Bevölkerung westlich und östlich des Jordans unterschieden, vgl. zu 3,10.

4–7 Die geschichtstheologische Reflexion bringt zahlreiche typisch deuteronomistische Wendungen und Vorstellungen. Entscheidende Voraussetzung ist die Ausdehnung des Wüstenaufenthalts auf 40 Jahre. Diese Konzeption ist erst vom Deuteronomisten geschaffen worden, vgl. Dt 2,7; 8,2; 19,4 und die Zusätze Nu 4,33; 32,13. Die Nennung des Schwurs in 6, die Generation des Auszugs in der Wüste sterben zu lassen, weist auf Dt 1,34 ff. zurück. Zur Landverheißung an die Väter vgl. zu 1,6. Die Unterlassung der Beschneidung während der Wanderung wird mit formelhaften Wendungen abgehandelt, ohne daß eine Begründung gegeben wird.

9 Der Ortsname Gilgal wird volksetymologisch mit dem Verbum גלל „wälzen“ erklärt. Das Wort wird nur noch 10,18 gebraucht. Subjekt ist Jahwe, der die „Schmach Ägyptens“ von Israel gewälzt hat. חרפה von der Wurzel חרף „schmähen“, „lästern“, „höhnen“ meint eigentlich die „Schmähung“, die in einer Rede oder einem Verhalten bestehen kann, dann aber auch die „Schmach“ oder „Schande“, die auf dem einzelnen (Gn 30,23; 1 S 25,39; Jer 15,15; Ps 69,8) oder dem gesamten Volk (1 S 17,26; Jes 25,8; Jer 31,19) liegt (vgl. E. Kutsch, ThWAT III, 227). Der Verweis auf die Demütigung durch Ägypten kann sich nur auf den Frondienst beziehen, den Israel dort leisten mußte. Die Bedeutung des Worts חרפה ist singulär, der Begriff entspricht der Kennzeichnung Ägyptens als „Sklavenhaus“ בית עבדים, dem Israel entkommen ist, durch die deuteronomisch-deuteronomistische Theologie, vgl. Dt 5,6; 6,12; 7,8; 8,14; 13,6.11 und Ex 13,3.14; 20,2; Jos 24,17. Der Aufenthalt in Gilgal wird so zu einem Neubeginn, der nicht allein die Durchführung der Beschneidung, sondern auch die Befreiung des Volkes aus einem unangemessenen Stand umfaßt.

5,10–12 Das Ende des Manna

[10]Die Israeliten lagerten in Gilgal und feierten das Passa am 14. Tag des Monats am Abend in den Steppengebieten Jerichos. [11]Sie aßen vom Ertrag des Landes am Tage nach dem Passa ungesäuertes Brot und Röstkorn, an eben diesem Tag. [12]Das Manna aber hörte auf am folgenden Tag, als sie vom Ertrag des Landes aßen. Manna wurde den Israeliten nicht mehr zuteil, sie aßen nun von der Ernte des Landes Kanaan in jenem Jahre.

Literatur: C. Brekelmans, Josua V 10–12: Another Approach, OTS 25, 1989, 89–95; J. Halbe, Erwägungen zum Ursprung und Wesen des Massotfestes, ZAW 87, 1975, 324–345; O. Keel, Erwägungen zum Sitz im Leben des vormosaischen Pascha und zur Etymologie von פסח, ZAW 84, 1972, 414–434; H.-J. Kraus, Zur Geschichte des Passah-Massot-Festes im Alten Testament, EvTh 18, 1958, 47–67; E. Kutsch, Erwägungen zur Geschichte der Passafeier und des Massotfestes

(1958), Kleine Schriften zum Alten Testament, BZAW 168, 1986, 29–63; P. LAAF, Die Pascha-Feier Israels, BBB 36, 1970; P. MAIBERGER, Das Manna. Eine literarische, etymologische und naturkundliche Untersuchung, ÄAT 6, 1983; L. ROST, Weidewechsel und israelitischer Festkalender (1943), Das kleine Credo und andere Studien zum Alten Testament, 1965, 101–111; E. RUPRECHT, Stellung und Bedeutung der Erzählung vom Mannawunder (Ex 16) im Aufbau der Priesterschrift, ZAW 86, 1974, 269–306; J. B. SEGAL, The Hebrew Passover from Earliest Times to 70 A.D., 1963.

Das kurze Stück verlegt das erste Passa im Land vor den Beginn der eigentlichen Landnahme und betont das Ende der Gabe des Mannas aufgrund der Versorgung mit den Erträgen des Landes. Der Ablauf ist nicht frei von Spannungen und Unstimmigkeiten, die auf redaktionelle Eingriffe hinweisen. 10a fehlt in 𝔊 und wiederholt 4,19b; die Ortsangabe בגלגל steht in Widerspruch zu dem allgemeineren בערבות יריחו am Ende des Verses, das auch in dem Zusatz 4,13 erscheint. Anscheinend ist 10a eine redaktionelle Wiederaufnahme zur Plazierung des Abschnitts an dieser Stelle. In 10b ist das Datum בארבעה עשר יום לחדש insofern verdächtig, als es erst in den exilisch-nachexilischen Texten als Termin für das kombinierte Passa-Mazzot-Fest auftaucht, vgl. Ex 12,6 (P); Lv 23,6; Nu 9,3.5; 28,16; Ez 45,21–24, während in Dt 16,1 sich noch die Angabe בחדש האביב ohne Nennung des Tages findet. Die Datierung wird somit auf einen weiteren Redaktor zurückgehen.

Die Feier des Passa steht in einer gewissen Spannung zu der Bemerkung über das Essen der Erträge des Landes, die dann als מצות וקלוי gekennzeichnet werden. Diese singuläre Zusammenstellung ist aber keinesfalls eine zutreffende Umschreibung der Erträge des Landes, sondern eine allenfalls spärliche Aufzählung; die beiden Worte sind darum als Glosse anzusehen. Darauf weist auch eine stilistische Beobachtung: אכל מן ist als feststehender Ausdruck häufig belegt, bei zusätzlichem Objekt steht es aber sinnvollerweise diesem voran, vgl. Lev 7,25. Die Bestimmung ממחרת הפסח ist sekundär in 11a eingefügt, um die zeitliche Folge zu verdeutlichen. Die Notiz über die Erträge des Landes zielt auf das Ende des Manna, in 12a wird denn auch das Stichwort מעבור הארץ wieder aufgenommen, wobei die Wiederholung in 12b eine redaktionelle Anfügung sein kann. Da diese Bemerkung als die Ablösung der Versorgung verständlich ist, kann die Nennung des Passa als eine Festbegehung 10b nur nachträglich dem Text zugewachsen sein. Die Ablösung des Manna durch den Ertrag des Landes hat also erst die Nennung von מצות וקלוי und die Erwähnung des פסח als kultische Regelungen angezogen. Der ursprüngliche Text hat also einmal gelautet:

10a ויחנו בני ישראל בגלגל
11* ויאכלו מעבור הארץ בעצם היום הזה
12a וישבת המן באכלם מעבור הארץ
ולא היה עוד לבני ישראל מן

Der Text ist dann sukzessive um מצות וקלוי in 11a und 10b erweitert worden, was weniger deuteronomistischer als vielmehr priesterschriftlicher Intention entspricht. Schließlich hat ein Redaktor in 12b die neue Situation kurz zusammengefaßt.

Die Notiz 10a.11*12a (RedD)

10a In der Einleitung wird 4,19 unter Hinzufügung des Subjektes wiederaufgenommen.

11* עבור ist hapax legomenon, aber auf dem Ostrakon 31 aus Arad aus der zweiten Hälfte des 7. Jh. v. Chr. in einer Summenangabe parallel zu חטם „Weizen" belegt (Y. Aharoni, Arad Inscriptions, 1981, 56–59) und kommt in den aramäischen Papyri als „Weizen" oder „Getreide" vor (DISO, 202). Die Bedeutung „Ertrag", „Getreide" ist also gesichert, doch liegt ein später Sprachgebrauch vor; möglicherweise handelt es sich um ein Lehnwort aus dem Akkadischen *eburu* „Ernte" (AHW I, 183f.). Die Wendung בעצם היום הזה findet sich erst in priesterschriftlichen Texten (Gn 7,13; 17,23.26; Ex 12,17.41.51; Lv 23,21.28–30; vgl. Dt 32,48; Ez 40,1).

12a Mit der Versorgung vom Ertrag des Landes wird das Manna überflüssig und hört dementsprechend auf. Das Manna war die wunderbare Speisung während der Wüstenwanderung, deren Eintreffen Ex 16 erzählt wird. Wie E. Ruprecht nachgewiesen hat, ist die Erzählung Nu 16,1–3.6.7.9–27.30.35a erst von der Priesterschrift geschaffen worden. Dem Deuteronomisten war das Manna bereits bekannt (Dt 8,3.16) und auch in den Aufzählungen der Heilstaten Jahwes wird Ps 78,24f. und 105,40 „das Brot des Himmels" aufgeführt. (Die Abfassungszeit dieser beiden Psalmen ist zwar umstritten, ihre Entstehung während der Königszeit ist aber nicht ausgeschlossen). Auch wenn die Priesterschrift, abgesehen von der zugrunde liegenden Naturerscheinung auf dem Sinai (vgl. dazu P. Maiberger, 325–409), eine ältere Tradition verarbeitet haben sollte, die Erwähnung des Manna weist doch auf die priesterschriftliche Fassung der Wüstenüberlieferung Ex 16* zurück, gegen M. Rose, Deuteronomist und Jahwist, AThANT 67, 1981, 25–45. In 11*.12a kann also nur ein Stück vorliegen, das entweder ursprünglich einmal zum priesterschriftlichen Werk gehört hat oder von einem Redaktor eingefügt wurde, um eine Verbindung zur Tetrateucherzählung herzustellen. Die Angabe Ex 16,35b, Israel habe während der gesamten Wüstenwanderung das Manna gegessen, trägt zur Entscheidung dieser Frage nichts bei, weil sie eine redaktionelle Ergänzung darstellt. Da ein solches Einsprengsel, wie es mit 10a.11*.12a vorliegt, im Blick auf die Konzeption des priesterschriftlichen Geschichtsentwurfes wenig sinnvoll ist, kann die Bemerkung von der Beendigung des Manna nur von einem Redaktor stammen. Da der deuteronomistische Redaktor auch sonst die Vereinigung von Jahwist und Priesterschrift in der Tetrateucherzählung voraussetzt, wird das Stück auf ihn zurückgehen, um die vorausgehende Geschichtserzählung mit dem deuteronomistischen Geschichtswerk zu verschränken. Der Notiz liegt die Auffassung zugrunde, daß mit der Gabe des Landes die göttliche Speise aussetzen kann. Mit dem Einzug in das Land kommt die Zeit der Wüstenwanderung auch durch die nun gesicherte Versorgung des Volkes auf natürlicher Grundlage zum Ende.

Die redaktionellen Ergänzungen 10b.11*.12b

10b Erst mit diesem Zusatz wird mit dem Passa die kultische Begehung eingefügt. Die Wendung ויעשו את הפסח hat nur noch in Nu 9,2.5; 2 Ch 35,17; Esr 6,19 eine Parallele und entspricht somit exilisch-nachexilischem Sprachgebrauch. Das Passa steht im Festkalender Dt 16 voran, ist dort aber bereits mit dem Mazzot-Fest verbunden. Diese Zusammenlegung ist dann von der Priesterschrift konsequent weitergeführt worden, vgl. Ex 12,1–20.

Ursprünglich war das Passa ein selbständiges Fest. Der Begriff פסח ist ungeklärt und trägt somit für die Frage nach der Entstehung des Festes nichts bei. Der Jahwist hat das Passa Ex 12,21–23 mit dem Auszug verbunden, wobei mit dem Blutritus die Verschonung der Israeliten bei der letzten Plage begründet wurde. Dieser Blutritus ist ein konstitutiver Bestandteil und hat apotropäischen Charakter. Der Ursprung des Passa kann somit in einer Begehung gesucht werden, bei der dieser Ritus geübt wurde. Darum hat die Rückführung des Passa auf einen Brauch bei der Transhumanz in der Zeit vor der Seßhaftwerdung durch L. Rost eine große Wahrscheinlichkeit: Vor dem Aufbruch wurden die Eingänge der Zelte mit dem Blut eines zu diesem Zweck geschlachteten Tieres bestrichen, um Gefahr abzuwenden und den Weidewechsel zu sichern. Erst im Verlauf der Königszeit ist es dann mit dem Mazzot-Fest zusammengelegt worden, zur weiteren Geschichte vgl. P. Laaf, 103–164. Vom Deuteronomisten wurde das Passa dann als Opfer verstanden und seine Feier konsequenterweise an den Tempel verlegt.

Die Zeitangabe בערב begegnet nur noch Dt 16,4.6. Die Ortsangabe בערבות יריחו entspricht 4,13 und bezeichnet den unteren Teil des Jordantals, steht also nicht in Widerspruch zu der Nennung Gilgals in 10a.

Die Einfügung des Datums „am 14. Tag des (ersten) Monats“ ist an der Festlegung des Termins für das Passa-Mazzot-Fest in exilisch-nachexilischer Zeit orientiert, vgl. Lv 23,6; Nu 28,16; Ez 45,21. Mit der Voranstellung von 10b ist die Landnahme in der Weise mit dem Kult verbunden worden, daß kultische Begehung und Inbesitznahme des Landes sich gegenseitig bedingen.

11* מצות וקלוי ist eine singuläre Verbindung; die Zusammenstellung soll den „Ertrag des Landes“ verdeutlichen. Die Zusammenstellung mit dem Röstkorn verbietet es, Mazzot auf das Mazzotfest zu beziehen, vielmehr ist hier einfaches Brot gemeint, das auch außerhalb des Mazzotfestes zubereitet wird. „Vom Mazzot[fest] ist überhaupt nicht ... die Rede. Mazzot werden gegessen – aber zusammen mit dem Röstkorn“ (J. Halbe, 331). Dieses wird über dem offenen Feuer aus Weizenkörnern hergestellt, vgl. 1 S 25,18; 2 S 17,28 und dazu G. Dalman, AuS III, 263–266. Im Blick auf die Verdeutlichung der Erträge des Landes ist die Aufzählung spärlich. Vielleicht sollte mit der Nennung daran erinnert werden, daß die Israeliten auch nach dem Betreten des Landes sich immer noch in der Situation des Aufbruchs und nicht im Stadium der Seßhaftigkeit befanden, denn zumindest das ungesäuerte Brot ist typisch für die nomadische Lebensweise.

Die Datierung ממחרת הפסח ist eine Glosse, die an falscher Stelle in den Text gelangt ist. Durch die Einfügung von 10b ergab sich für Mazzot zwangsläufig die Auffassung als Fest, das auch sonst mit dem Passa verbunden erscheint, anfänglich aber einmal selbständig gewesen ist, wie noch die Nennung in den Festkalendern Ex 23,14–17 und 34,18–24 zeigt. Auch der Erwähnung des Backens ungesäuerter Brote in Zusammenhang mit dem Auszug durch den Jahwisten in Ex 12,29–39* liegt noch nicht die Verbindung beider Feste in der Praxis zugrunde (so mit Recht E. Kutsch, 45). Der Ursprung des Brauches eines siebentägigen Verzehrs ungesäuerten Brots ist strittig, seine Entstehung im Kulturland ist keineswegs sicher, vielmehr ist diese Art der Ernährung typisch für solche Zeiten, die das Backen des normalen Brots nicht erlaubten. Deshalb kann das Mazzotfest auf einen nomadischen Brauch zurückgehen.

Mit der Glosse wird das Essen der Mazzot und damit der Beginn des Festes auf den Tag nach dem Passa festgelegt, während nach Dt 16,1–8 das Essen der Mazzot am Abend des Passa beginnt.

12b Zum Schluß wird die bereits gemachte Aussage noch einmal wiederholt und damit verstärkt. In בשנה ההיא liegt deuteronomistischer (vgl. Dt 14,28; 16,15; 22,9; 26,12; 33,14) und in ארץ כנען priesterschriftlicher Sprachgebrauch vor (vgl. Gn 11,31; 12,5; 16,3; 17,8 u. ö.). Diese Bezeichnung des Landes findet sich sonst weitgehend nur in späteren Zusätzen, vgl. 14,1; 21,2; 22,9.11.32; 24,3.

5,13–15 Das Erscheinen des Heerführers Jahwes

13 Als Josua in Jericho war, hob er seine Augen auf und schaute. Siehe, da stand ein Mann ihm gegenüber, mit seinem gezückten Schwert in seiner Hand. Josua ging auf ihn zu und sprach zu ihm: „Bist du einer von uns oder einer von unseren Feinden?“ 14 Er aber sprach: „Nein! Ich bin der Befehlshaber des Heeres Jahwes. Jetzt bin ich gekommen ...“ Da fiel Josua auf sein Angesicht zur Erde, huldigte und sprach zu ihm: „Was hat mein Herr seinem Knecht zu sagen?“ 15 Der Befehlshaber des Heeres Jahwes entgegnete Josua: „Ziehe deine Schuhe aus von deinen Füßen, denn der Ort, an dem du stehst, ist heilig“. Josua tat es.

Die Erzählung weist zwischen 14a und 14b einen Bruch auf, da die Rede des Heerführers Jahwes nach der Selbstvorstellung überraschend hinter ועתה באתי abbricht; die eigentliche Aussage also fehlt, vgl. 2 S 14,15. Außerdem setzt die Einleitung in 13 mit der Nennung von Jericho die Einnahme der Stadt, die Jos 6 erzählt wird, bereits voraus, da sonst die Ortsangabe unsinnig ist. In 13.14a könnte somit ein älteres Bruchstück über die Begegnung Josuas mit dem Heerführer Jahwes vorliegen, das um die jetzige Fortsetzung 14b.15 ergänzt und damit umgeformt worden ist. Für diese Annahme spricht auch, daß der in 13.14a anklingende kriegerische Aspekt in 14b.15 ganz zurücktritt. Mit der Anfügung von 14b.15 ist das Stück in Analogie zu der Erzählung von der Berufung des Mose in Ex 3* J neu gestaltet, deren Inhalt der Auftrag Jahwes an Mose ist, Israel aus Ägypten zu führen. Damit entspricht die Begegnung Josuas mit dem Heerführer Jahwes der Erscheinung Jahwes vor Mose am Dornbusch, mit der er den Auszug als Werk seines Willens ankündigt und den erfolgreichen Verlauf bestimmt. Wie Mose ist Josua der gehorsame Knecht, der bereit ist, die Kundgebung göttlichen Willens zu hören und danach zu handeln. In der jetzigen Fassung besteht die Absicht des Stücks in einer weiteren Legitimation Josuas. Ursprünglich diente 13.14a aber als Einleitung für die weitere Eroberung des Landes Jos 6–11.

Die Fortsetzung der mit 13.14a vorliegenden älteren Fassung ist nicht mehr auszumachen; möglicherweise bestand sie in einer Zusage göttlichen Beistands im Blick auf die Eroberung des Landes. Das Stück setzt den Fall Jerichos in Zusammenhang mit der Kundschaftergeschichte voraus. Die jetzige Gestaltung des Stückes mit 14b.15 geht am ehesten auf den deuteronomistischen Redaktor zurück, der auch mit 2,8.9a.10a.11a.12.13.14a.24a Verweise auf die Tetrateucherzählung eingefügt hat.

Wahrscheinlich hat die 13.14a fragmentarisch erhaltene ältere Erzählung bereits in DtrH an dieser Stelle gestanden.

13.14a In der Einleitung bleiben die näheren Umstände unbestimmt, die Wendung ויהי בהיות findet sich auch 2 S 3,6; 1 R 11,15. Die Nennung von Jericho als dem Ort der Handlung weist das Stück als eine selbständige Einheit aus, da nach 4,19 der Schauplatz immer noch Gilgal ist. Die klare Ortsangabe setzt den Besitz der Stadt und damit ihre Eroberung voraus. Obwohl diese erst Jos 6 erfolgt, konnte die Ortsangabe als Hinweis auf das bevorstehende Geschehen stehen bleiben.

Die Frage Josuas zeigt, daß er sein Gegenüber, der wie ein Krieger gerüstet ist, nicht erkannt hat. Die Wendung חרבו שלופה בידו findet sich nur noch in der Bileamerzählung Nu 22,23.31 und im Zusammenhang mit dem Einschreiten Gottes gegen Davids Volkszählung 1 Ch 21,16. Der Ausdruck verdeutlicht, daß es sich wirklich um ein Schwert und nicht etwa um einen Dolch handelt, der ebenfalls mit חרב bezeichnet wird. Das Schwert ist eine zweischneidige Stichwaffe aus Bronze oder Eisen und war im alten Israel außerordentlich selten, während der Dolch wohl zur Bewaffnung eines jeden Mannes gehörte. Das gezückte Schwert ist Kennzeichnung göttlicher Boten, die Kampfbereitschaft unterstreicht die Unausweichlichkeit der Herausforderung.

Das Herantreten Josuas setzt voraus, daß die Gestalt zunächst weiter entfernt war. Die Anrede weist auf die Situation des Kriegs, in der die Frage der Zugehörigkeit über Leben und Tod entschied. צר „Feind" wird in der Regel als kollektiver Begriff im militärischen Bereich verwendet, kann aber vor allem in den Psalmen auch den individuellen Gegner meinen, vgl. Ps 3,2; 13,5 u. ö.

Mit der Selbstvorstellung 14a gibt sich die Gestalt zu erkennen. Der Titel שר צבא יהוה ist singulär, er stellt eine Übertragung aus dem profanen Bereich dar. Nur Dan 8,11 ist Gott selber שר הצבא. Das Amt des militärischen Befehlshabers wurde von den Königen geschaffen und mit Männern aus ihrer Familie oder ihres Vertrauens besetzt (1 S 14,50; 2 S 19,14; 1 R 2,32); es entspricht der Stellung על הצבא (2 S 8,16; 1 R 2,35; 4,4). Der Heerführer war der mächtigste Mann im Staat nach dem König; ihm unterstanden das Heerbannaufgebot sowie das Berufsheer. In Analogie zu dieser Stellung könnte der Heerführer Jahwes als Befehlshaber des göttlichen Heers verstanden werden. Nun fehlt aber die Vorstellung, Jahwe habe ein Heer besessen, da Jahwe sonst aus eigener Mächtigkeit handelt, allerdings werden die Sterne (Dt 4,19; 17,3; 2 R 17,16; 21,3 u. ö.) oder der göttliche Hofstaat (1 R 22,19) als צבא השמים „Heer des Himmels" angesprochen, über das Jahwe seine Herrschaft ausübt. Die Anschauung eines himmlischen Heeres als einer kosmischen Macht ist zumindest im Ansatz vorhanden. Darauf könnte auch das Gottesepitheton יהוה צבאות weisen, vgl. F. M. Cross, Canaanite Myth and Hebrew Epic, 1970, 70f. Die Deutung des Prädikats צבאות ist umstritten, so daß die Bezeichnung „Gott der Heerscharen" nicht zu sichern ist, vgl. V. Maag, Jahwäs Heerscharen, in: Kultur, Kulturkontakt und Religion. Gesammelte Studien zur allgemeinen und alttestamentlichen Religionsgeschichte, 1980, 1–28. In jedem Fall konnte יהוה צבאות als Kriegsherr die Schlachtreihen Israels anführen, vgl. 1 S 17,45. Aber auch die Auffassung als Abstraktplural „Jahwe der Mächtigkeit" (vgl. O. Eissfeldt, Jahwe Zebaoth, Kleine Schriften III, 1966, 103–123) könnte mit einer konkretisierenden Vorstellung verbunden gewesen sein. Zwar ist Jahwes Macht nicht auf außergöttliche Kräfte gegründet, ihre Ausübung kann sich aber solcher bedienen.

Das Auftreten des Befehlshabers geht davon aus, daß ein Heer Jahwes zur Verfügung steht, über das dieser gebietet. Die weitere Rede setzt mit עתה neu ein und sollte sein' Kommen näher begründen, doch ist die Fortsetzung des Satzes abgebrochen. Über den Inhalt läßt sich nur vermuten, daß er von der Zusage der Hilfe Jahwes durch seinen Heerführer bei der weiteren Eroberung des Landes gehandelt haben wird.

14b.15 Anstelle der weiteren Rede hat DtrH eine Schilderung der Reaktion Josuas gesetzt. Diese ist in eindeutiger Parallelität zu Ex 3* J gestaltet und zielt auf ein Bild Josuas als gehorsamer Knecht. Das mit נפל und חוה hištaf umschriebene Niederfallen Josuas bezeugt nicht nur Ehrerbietung und Anerkennung vor einem Mächtigeren (vgl. Gn 44,14), sondern auch die Verehrung, die einem Repräsentanten Gottes zukommt (vgl. Gn 24,26; Ex 20,5; Dt 4,19). Sich selbst bezeichnet Josua als עבד, was ebenfalls Ausdruck der Unterwürfigkeit ist. Zu der Bezeichnung Josuas als עבד יהוה vgl. zu 24,29.

Die Anordnung in 15a entspricht fast wörtlich Ex 3,5 J, so daß mit literarischer Abhängigkeit zu rechnen ist. Die Redeweise in der Form des Befehls soll ein Handeln des Angeredeten bewirken. Bei dem Ausziehen der Sandalen handelt es sich um einen Ritus, dessen ursprüngliche Bedeutung dunkel ist. Dahinter steht die Vorstellung, daß ein heiliger Ort nicht mit Schuhen an den Füßen betreten werden dürfte. Warum Barfüßigkeit die einzig angemessene Weise ist, auf dem Boden eines Heiligtums oder einer heiligen Stätte zu stehen, entzieht sich unserer Kenntnis. Der Brauch, die Schuhe auszuziehen, findet sich auch unter Trauerbräuchen (vgl. 2 S 15,30; Jos 20,2; Ez 24,17.23; Mi 1,8) und steht vielleicht in Zusammenhang mit den Selbsterniedrigungsriten, kann aber auch auf der Anschauung einer notwendigen Rücksicht gegenüber den Totengeistern beruhen. (Auch die Unterwelt darf man nur ohne Schuhe betreten, vgl. Gilgamesch XII:22.) In jedem Falle liegt eine alte Anschauung vor, die einer magischen Denkweise entstammt, vgl. A. Jirku, Zur magischen Bedeutung der Kleidung in Israel, ZAW 37, 1917/18, 109–125.

Mit dem eindeutigen Anklang von 5,13–15 an Ex 3,1abα*.2–4a.5.7.8*.16.17* J soll eine Entsprechung der Gestalt Josuas mit Mose hergestellt werden. Allerdings fehlen Auftrag und weitere Zusage. Josua kommt zwar eine Erscheinung zu, er bleibt aber doch hinter Mose zurück, dessen einzigartige Stellung er nicht erreichen kann. Gehorsam vollzieht er die angemessenen Gesten und erkennt damit an, daß er nicht aus eigenem Antrieb oder zum eigenen Ruhm, sondern in göttlichem Auftrag Israel in das verheißene Land führt. Mit dem neuen Schluß 14b.15 hat RedD den vorgefundenen Text zu einer Erzählung umgeformt, in der von Josua das Bild eines Jahwe ergebenen Heerführers entworfen wird, das am Bild des Mose orientiert ist. Zu Ex 3 vgl. W.H. Schmidt, Exodus. 1. Teilband, BK II/1, 1988, 100–183.

6,1–27 Die Eroberung Jerichos

1 **Jericho aber schloß zu und blieb vor den Israeliten verschlossen, niemand ging**
heraus und niemand kam hinein. 2 **Da sprach Jahwe zu Josua: „Siehe, in deine**
Hand will ich Jericho und seinen König geben ‘ ’[a]. 3 **Ihr sollt um die Stadt herum**
ziehen, alle Kriegsleute, um die Stadt einmal zu umkreisen. **Das sollt ‘ihr’[a] sechs Tage**
lang tun. 4 Und sieben Priester sollen sieben Widderhörner ‘ ’[a] vor der Lade hertragen.

Am siebten Tag sollt ihr siebenmal um die Stadt herumziehen, und die Priester
sollen in die Widderhörner stoßen. 5 **Wenn ⌜ ⌝[a]ihr den Ton des Widderhorns hört,
soll das ganze Volk ein großes Kriegsgeschrei erheben. Dann wird die Mauer der
Stadt in sich zusammenfallen, und das Volk soll hinaufsteigen, ein jeder (an der
Stelle) ihm gegenüber“.** 6Da rief Josua, der Sohn Nuns, den Priestern zu und sprach zu
ihnen: „Nehmt die Bundeslade auf. Sieben Priester sollen sieben Widderhörner ⌜ ⌝ [a]vor
der Lade Jahwes hertragen.“ 7**Zu dem Volk sprach ⌜er⌝[a]: „Geht hinüber und zieht
um die Stadt herum,** und die Kriegsmannschaft soll vor der Lade Jahwes hin-
übergehen.“ 8Es geschah, wie Josua dem Volk gesagt hatte. Die sieben Priester, die die
sieben Widderhörner ⌜ ⌝[a]vor ‘der Lade’[b] Jahwes her trugen, zogen hinüber, stießen in die
Widderhörner, und die Bundeslade Jahwes folgte hinter ihnen. 9Die Kriegsmannschaft
ging vor den Priestern, die die Widderhörner bliesen[a], und die Nachhut ging hinter der
Lade, indem sie dauernd in die Widderhörner stieß. 10Dem Volk aber befahl Josua: „Ihr
sollt nicht das Kriegsgeschrei erheben und eure Stimme nicht hören lassen und kein Wort
soll aus eurem Munde ausgehen, bis zu dem Tag, an dem ich zu euch sage: ‚Erhebt das
Kriegsgeschrei‘, dann erhebt das Kriegsgeschrei.“ 11So ließ er die Lade Jahwes um
die Stadt herum ziehen, sie einmal umkreisend, und sie kamen wieder in das
Lager und übernachteten im Lager.
12Am nächsten Morgen machte sich Josua früh auf, und die Priester nahmen die Lade
Jahwes auf, 13die sieben Priester trugen die sieben Widderhörner ⌜ ⌝[a] vor der Lade
Jahwes, indem ⌜sie⌝[b] dauernd in die Widderhörner stießen, und die Kriegsmannschaft
ging vor ihnen her, und die Nachhut ging hinter der Lade Jahwes, indem sie ⌜dauernd⌝[c] in
die Widderhörner stieß. 14Am zweiten Tag **zogen sie einmal um die Stadt herum und
kehrten ins Lager zurück. Das taten sie an sechs Tagen.** 15**Am siebten Tag aber
brachen sie früh auf – beim Aufsteigen der Morgenröte – und zogen siebenmal
⌜ ⌝[a] um die Stadt herum ⌜ ⌝[b].** 16Beim siebten Mal stießen die Priester in die Widderhörner und Josua sprach zu dem Volk: „Erhebt das Kriegsgeschrei, denn Jahwe hat euch die
Stadt (in die Hand) gegeben. 17Aber die Stadt, sie und alles, was in ihr ist, soll zur
Vernichtung Geweihtes für Jahwe sein. Nur die Hure Rahab soll am Leben bleiben, sie
und alle, die mit ihr im Hause sind, denn sie hat die Boten versteckt, die wir ausgeschickt
hatten. 18Ihr aber sollt ‘euch’[a] vor dem zur Vernichtung Geweihten hüten, daß ihr (es)
nicht ⌜begehrt⌝[b] und von dem zur Vernichtung Geweihten nehmt und dadurch Vernichtung auf das Lager Israels legt und es ins Unglück bringt. 19Alles Silber und Gold sowie
Geräte aus Bronze und Eisen sollen Jahwe geweiht werden, in den Schatz Jahwes soll es
kommen“. 20⌜ ⌝[a]Da stießen sie in die Widderhörner, und als das Volk den Ton des
Widderhorns hörte, **da erhob das Volk ein großes Kriegsgeschrei, und die Mauer
fiel in sich zusammen, und das Volk stieg hinauf in die Stadt, ein jeder (an der
Stelle) ihm gegenüber, und sie nahmen die Stadt ein.** 21Sie vernichteten aber
alles, was sich in der Stadt befand, Mann und Frau, jung und alt, Rinder, Schafe
und Esel mit dem Schwert. 22Zu den beiden Männern, die das Land erkundet
hatten, sprach Josua: „Geht in das Haus der Hure hinein und führt von dort die

Frau und alle, die zu ihr gehören, heraus, wie ihr ihr geschworen habt!“ [23]Da gingen die jungen Männer, die Kundschafter gewesen waren, hinein und brachten Rahab, ihren Vater, ihre Mutter, ihre Brüder und alle, die zu ihr gehörten, ˹ ˺[a] heraus und wiesen ihnen einen Platz außerhalb des Lagers Israels an. [24]Die Stadt aber und alles, was in ihr war, verbrannten sie mit Feuer, nur das Silber und das Gold sowie die Geräte aus Bronze und Eisen gaben sie in den Schatz ˹ ˺[a]Jahwes. [25]Rahab aber, die Hure, und ihre Familie ˹ ˺[a] ließ Josua am Leben, und sie hat in Israel gewohnt bis auf den heutigen Tag, denn sie hatte die Boten versteckt, die Josua ausgesandt hatte, um Jericho zu erkunden. [26]In jener Zeit ließ Josua folgenden Eid schwören: Verflucht ˹ ˺[a] ist der Mann, der es unternimmt, diese Stadt ˹ ˺[b] wiederaufzubauen. Um den Preis seines Erstgeborenen soll er ihre Fundamente legen, und um den Preis seines Jüngsten soll er ihre Tore einsetzen. [27]So war Jahwe mit Josua, und sein Ruhm verbreitete sich im ganzen Land.

[2a] Der Ausdruck „die waffenfähigen Männer“ ist eine Glosse zu „alle Kriegsleute“, die an den falschen Platz gerückt ist. [3a] Mit den Versionen ist aufgrund des Zusammenhangs 2. Pers. Pl. zu lesen. [4a] שופרות und יובלים bezeichnen beide das Widderhorn; die Doppelung des Begriffs hat die unsinnige Übersetzung „Posaunen“ bedingt, geht aber hier wie in V. 6.8.13 auf Glossierung zurück. [5a] Die Doppelung der Aussage „wenn in das Widderhorn geblasen wird“ ist aufgrund der Wortwahl, die vom Text abweicht, als Glosse zu streichen. Dagegen hat 𝔊 die darauffolgende Aussage gestrichen. [6a] S. 4 a. [7a] Mit dem Qere ist 3. Pers. Sing. zu lesen. [8a] vgl. 4 a. [b] ארון ist ausgefallen, aber in einigen Handschriften und den Versionen belegt. [9a] Mit dem Qere ist 3. Pers. Pl zu lesen. [13a] vgl. 4a [b] Statt „und sie stießen“ ist hier ebenfalls ותקעו zu lesen. [c] Auch hier ist mit dem Qere הלוך zu lesen. [15a] Die Worte „in dieser Weise“ fehlen in 𝔊 und sind eine Glosse. [b] Die Fortsetzung „nur an jenem Tag umzogen sie die Stadt siebenmal“ fehlt in 𝔊 und ist eine Ergänzung. [18a] Statt des qal ist השמרו zu lesen. [b] Statt „ihr weiht der Vernichtung“ ist תחמדו „ihr begehrt“ zu lesen. [20a] Der verfrühte Satz „und das Volk erhob das Kriegsgeschrei“ geht vermutlich auf Dittographie zurück, er fehlt in 𝔊. [23a] Der Satz „und alle ihre Sippen führten sie hinaus“ ist ein Nachtrag. [24a] Die Angabe „des Hauses“ ist anachronistisch und vermutlich eine Glosse, sie fehlt in 𝔊 und 𝔙. [25a] Die Wiederholung der Wendung „und alle, die zu ihr gehören“ aus V. 22 ist hier überflüssig und stellt eine Glosse dar. [26a] Die Näherbestimmung „vor Jahwe“ ist wahrscheinlich eine Glosse, sie fehlt in einem Teil der Textüberlieferung. [b] „Jericho“ ist erklärende Glosse.

Literatur: S. Gevirtz, Jericho and Shechem. A Religio-Literary Aspect of City Destruction, VT 13, 1963, 52–62; C. den Hertog, Ein Wortspiel in der Jerichoerzählung (Jos 6)?, ZAW 104, 1992, 99–100; L. Schwienhorst, Die Eroberung Jerichos. Exegetische Untersuchung zu Jos 6, SBS 122, 1986.

Trotz des folgerichtigen Handlungsablaufs ist die Erzählung in ihrem Aufbau nicht einheitlich und in sich geschlossen, vielmehr zeigt sie verschiedene Unstimmigkeiten. So steht die angeordnete Stille 10 in Widerspruch zu dem Blasen der Widderhörner beim Umzug 8.9.13. Nach 10 behält sich Josua vor, das Zeichen für das Kriegsgeschrei zu geben, was dann auch in 16b erfolgt, in 20 ertönt aber das Widderhorn vor dem Einsetzen des Kriegsgeschreis. Es besteht somit eine Spannung zwischen der Rolle Josuas und der Funktion des Widderhorns. Dazu kommt die Erwähnung von sieben Widderhörnern, die von Priestern geblasen werden und in Zusammenhang mit der Lade stehen. Da die Rolle der Lade sowie der Widderhörner gegenüber dem Kriegsgeschrei als einer Handlung des Volkes sekundär ist, können ihre Erwähnungen nur auf eine nachträgliche Überarbeitung zurückgehen. In der ursprünglichen Erzählung ist die Stadt durch das Kriegsgeschrei des Volkes gefallen. Die Aussagen über die Lade und die Widderhörner 4aαb.6.8.9.12.13.16a.20aβ lassen sich außerdem leicht aus dem Kontext herauslösen, so daß sich ein geschlossener Ablauf der Handlung ergibt. Zugewachsen sind auch die weiteren Bemerkungen 24b.25–27 im Anschluß an das Ende der Handlung in 24a. Nach Abzug der Erweiterungen hat die ursprüngliche Fassung mindestens folgende Teile umfaßt:

Der Beginn 1 bildet die notwendige Einleitung. Auf die Zusage Jahwes 2a erfolgt die Anordnung für den Umzug, der sechs Tage lang wiederholt werden soll 3. Innerhalb dieses Verses sind die Worte כל אנשי המלחמה הקיף את העיר ein Zusatz, der die alleinige Beteiligung der waffenfähigen Männer betont. Die Fortsetzung findet sich in 4aβ mit der Anweisung für den siebten Tag; diese wird mit 5 abgeschlossen. Josua gibt 7a die Anweisung an das Volk weiter. Die detaillierte Anweisung mit eigener Einleitung der Rede in 10 klappt nach und ist demnach eine Erweiterung. Die Ausführung des Umzuges für die ersten sechs Tage wird 14 erzählt, wobei nur die Angabe ביום השני eine Glosse ist, um die Aussage mit der von 11 auszugleichen. Die Anweisung Josuas 16b steht mit 20b in einer gewissen Spannung, wie 10 kann aber 16b ein Nachtrag zur Hervorhebung der Rolle Josuas sein, während 20b gut an 15a anschließt. Von der Vernichtungsweihe im Anschluß an die Einnahme der Stadt wird Rahab ausdrücklich ausgenommen 21–23. Dieser Rückverweis auf Jos 2* kann erst von DtrH geschaffen worden sein; dabei wurde das Motiv der Vollstreckung der Vernichtungsweihe mit dem von der Verschonung der Rahab verbunden. Mit der Verbrennung der Stadt 24a ist die ursprüngliche Erzählung abgeschlossen.

Die Grundschicht 1.2a.3*.4aβ.5.7a.14.15a.20b. 21–24a bildet einen geschlossenen Erzählzusammenhang. Anders rechnet L. Schwienhorst (39–57) mit einer noch weiter reduzierten Fassung, in der ursprünglich nur von der Umzingelung der Stadt die Rede gewesen sei. Eine solche Kurzgeschichte läßt sich in der Tat aus dem Text der Grundschicht herstellen. Gegen diese Fassung spricht aber, daß die Gegenüberstellung von sechs Tagen gegenüber einem siebten Tag ein altes literarisches Motiv ist, das bereits zur ursprünglichen Erzählung gehört hat.

Diese Erzählung vom Fall Jerichos ist keine Sage mit langer Überlieferung und ätiologischer Absicht. Vielmehr ist sie ein sorgfältig gebautes Stück, das aus einer Anordnung Jahwes und deren fast wortgetreuer Ausführung besteht. Beide Teile sind durch den Befehl Josuas miteinander verbunden und entsprechen sich weitgehend im Wortlaut. Nähere Umstände und Einzelheiten werden nicht mitgeteilt, von Anfang an läuft die Handlung auf das Wunder zu. Das Volk hat nur eine Statistenrolle, denn das entscheidende Geschehen wird allein durch Jahwe bewirkt. Alles tritt ein, wie von Jahwe angekündigt. Aufbau und Durchführung lassen die Annahme der Verarbeitung einer alten Ortsüberlieferung nicht zu. Die Erzählung ist im Blick auf das Wunder konzipiert; ihre Entstehung ist im Umkreis einer Theologie zu suchen, in der geschichtliches Handeln allein auf Gott zurückgeführt wurde. Das Motiv vom Fall der Stadt durch Geschrei kann auf das Wortspiel ירעו/ירחו zurückgehen, vgl. zu 6,3*.4aβ.5. Mit dieser Erzählung vom wunderbaren Fall der Stadt hat DtrH eine ältere Fassung von der Einnahme der Stadt durch Verrat ersetzt, die noch in der Kundschaftergeschichte Jos 2* durchschimmert. Diese Einordnung als eine literarische Bildung verbietet jede historische Fragestellung an den Text und damit auch den Vergleich mit den Ergebnissen archäologischer Forschung, vgl. bereits M. Noth, Hat die Bibel doch recht?, ABLAK I, 17–33. Die Erzählung scheidet aufgrund ihrer Gattung als Quelle für die Geschichte der Stadt aus. Während der Spätbronzezeit hat eine befestigte Stadt in Jericho nicht bestanden, vgl. zu 2,2.

Die ursprüngliche Erzählung wurde um verschiedene Elemente erweitert:

1. Entsprechend ihrer Funktion beim Jordanübergang wurde die Beteiligung der Lade beim Umzug nachgetragen. Diese Einfügung ist aber nicht konsequent durchgeführt, sondern erfolgte ohne Nennung der Priester nur 7b.11 mit der Absicht, das Wunder von Jericho mit der Lade in Verbindung zu bringen. Die Nennung der Lade kann von RedD vorgenommen worden sein.

2. Entgegen der Auffassung der Vorlage, in der Josua selbst die Anweisung zum Erheben des Kriegsgeschreis gibt, erfolgt das Zeichen in einer weiteren Bearbeitung sachgemäß durch Widderhörner. Da sie von den Priestern geblasen werden, wurden sie auch von diesen getragen. Dadurch, daß die Widderhörner der Lade vorangetragen werden, ergibt sich zusammen mit der Kriegsmannschaft und der Nachhut ein kultischer Umzug. Zu dieser Redaktion gehören 4aαb.6.8.9.12.13.16a.20aβ.

3. Der Vollzug der Vernichtungsweihe wurde um die Anweisung 17–19 erweitert. Zu dieser Redaktion kann auch die mit angeschlossene Ausnahmeregelung 24b und die Bemerkung über das Wohnen Rahabs in Israel 25 gehören, so daß die Erzählung einen gegenüber DtrH neuen Abschluß erhalten hätte, da sie nun nicht mehr mit dem Untergang Jerichos, sondern mit dem Schicksal Rahabs endet.

4. Ein Nachtrag ist der Fluch über Jericho 26.

5. In einer weiteren Redaktion wurde die Rolle Josuas mit 10.16b und 27 besonders betont.

Die ursprüngliche Erzählung 1.2a.3*.4aβ.5.7a.14.15a.20b.21–24a

1 Die Einleitung hat allein die vorfindliche Situation im Blick und macht keine weiteren Angaben über Ort und Zeit. Der Gebrauch von סגר weist zurück auf die verschlossenen Tore in 2,5.7. Die weitere Aussage setzt aber eine Art Belagerungszustand voraus. Die Wendung אין יוצא ואין בא nimmt das Wortpaar יצא-בא auf, mit dem sonst der bäuerliche Tagesablauf beschrieben wird, vgl. 2 R 4,39; Jer 14,18; Sach 8,10; 2 Ch 15,5. Hier legt der Kontext den Bezug auf das Ausrücken und die Heimkehr des Heeres nahe, vgl. Nu 27,21; Am 5,3. „In erweiterter Bedeutung bezeichnet das Wortpaar sodann das Tun und Lassen des Menschen überhaupt, die Gesamtheit der ihm obliegenden alltäglichen Verrichtungen" (W. Schottroff, Der altisraelitische Fluchspruch, WMANT 30, 1969, 60f. mit den Belegen 2 R 11,8 = 2 Ch 23,7; Ps 121,8 und weiteren altorientalischen Parallelen). Die Stadt ist von der Außenwelt abgeschnitten, die übliche Geschäftigkeit des Kommens und Gehens ist unterbunden. Damit hat die neue Exposition die Voraussetzungen für den Umzug festgelegt, über die in der Wundererzählung nicht reflektiert worden ist.

2a Die Zusage נתתי בידך entspricht der üblichen Übergabeformel, die sich auch sonst häufig im Zusammenhang mit dem Kriegsgeschehen findet, vgl. 2,24; 8,1*.18; 10,8.19

u.ö. Diese Formel der Zusicherung des Sieges über die Feinde findet sich auch in babylonischen und assyrischen Texten (vgl. M. Weippert, ZAW 84, 1972, 472–474) und stellt einen allgemeinen Topos des Heiligen Krieges dar. Die Vorstellung eines in Jericho regierenden Königs war bereits in 2,3 vorausgesetzt und entspricht der Anschauung von der Regierung kanaanitischer Stadtstaaten in der Landnahmeüberlieferung.

3*.4aβ.5 Ohne die redaktionellen Zusätze ist die Anweisung für das Umziehen der Stadt vollständig: Die Ausführung 14.15a entspricht der Anweisung, was die Richtigkeit der literarkritischen Rekonstruktion bestätigt. Der Stil ist außerordentlich knapp. סבב hat die Grundbedeutung „um etwas herumgehen"; im Zusammenhang mit der Belagerung einer Stadt heißt es auch „umzingeln", vgl. 2 R 3,25; 6,15. An eine kriegerische Handlung ist hier aber mit סבב nicht gedacht, denn der Umzug ist Sache des ganzen Volkes. Ebensowenig ist er als eine kultische Prozession vorzustellen, das wird er erst mit der Einfügung der Lade. Vielmehr handelt es sich um einen Vorgang, der in sich wirkungsvoll ist. Zwar fallen die Mauern erst bei dem Kriegsgeschrei zusammen, aber der Umzug bereitet dieses Ereignis vor und ist als solcher auch ohne direkte kultische Handlung mächtig und wirksam.

Der Umzug wird in eine Periode von sieben Tagen eingepaßt: An sechs Tagen erfolgt jeweils ein Umzug, am siebten Tag wird er siebenmal durchgeführt. Literarisch folgt die Einteilung einem Schema, das aus der akkadischen und ugaritischen Literatur gut bekannt ist: Auf die Wiederholung des gleichen Geschehens an sechs Tagen folgt am siebten Tag das entscheidende Ereignis, vgl. S.E. Loewenstamm, The Seven Day-Unit in Ugaritic Epic Literature, IEJ 13, 1963, 121–133. Als Beispiel kann Gilgamesch XI:140–146 dienen:

> Zum Berg Nißir trieb heran das Schiff.
> Der Berg Nißir erfaßte das Schiff und ließ es nicht wanken;
> Einen Tag, einen zweiten Tag erfaßte der Berg Nißir das Schiff und ließ es nicht wanken;
> Einen dritten Tag, einen vierten Tag erfaßte der Berg Nißir das Schiff und ließ es nicht wanken;
> Einen fünften und sechsten Tag erfaßte der Berg Nißir das Schiff und ließ es nicht wanken.
> Wie nun der siebte Tag herbei kam,
> Ließ ich eine Taube hinaus.
> (Übersetzung W. von Soden)

Die Gegenüberstellung eines siebten Tages gegenüber sechs vorangegangenen Tagen kommt nur noch Ex 24,16 P vor, wobei dieser nichts mit der durch den Sabbat abgeschlossenen Woche zu tun hat. Die zeitliche Gliederung des Umzugs entspricht somit einem literarischen Topos, der stark vereinfacht wurde. Von einer Schlacht am siebten Tag berichtet 1 R 20,29.

Der Text setzt voraus, daß das Widderhorn nach dem siebten Umzug ertönt. Hornblasen war bei Kampfhandlungen die übliche Art, Signale zu geben, um einen Angriff zu beginnen oder abzublasen, vgl. Jdc 7,15–21; 2 S 2,28; 18,16; 20,22. Das Widderhorn wurde auch bei anderen Gelegenheiten für Signale benutzt (1 S 13,3; Am 3,6; Hos 5,8; Jes 18,3) und insbesondere bei der Königserhebung geblasen (1 S 15,10; 1 R 1,34.39.41; 2 R 9,13). Es ertönte ebenfalls im Kult (vgl. Ps 47,6; 98,6; 150,3; Neh 4,12.14), wurde aber nicht als Musikinstrument verwendet, da auf dem Schofar nur ein einziger Ton variiert werden kann. Seine ursprüngliche Verwendung hatte es aber beim Kampfgeschehen zur Übermittlung von Befehlen, wobei für die verschiedenen taktischen Anweisungen verschiedene Arten des Blasens vorauszusetzen sind (vgl. die Aufstellung bei L. Schwienhorst, 47f.).

Beim Hören des Widderhorns soll das Volk das Kriegsgeschrei erheben. In Verbindung mit תרועה kommt רוע nur noch 1 S 4,5; Esr 3,11.13 vor und meint an diesen Stellen das Jubelgeschrei. Neben dieser Bedeutung, die auch 1 S 10,24; Jes 44,23; Zef 3,14; Sach 9,9; Ps 47,2 u.ö belegt ist, findet sich das Wort „schreien", „lärmen" eindeutig in Zusammenhang mit der Kriegshandlung, vgl. Nu 10,9; Jdc 7,21; 1 S 17,20.52; Jo 2,1 u.ö. Eine ähnliche Bedeutungsvielfalt zeigt auch das von רוע abgeleitete Nomen. תרועה bedeutet das laute Geschrei beim Auszug zur Schlacht oder zur Eröffnung des Kampfes, das den Gegner in Angst und Schrecken versetzen soll, gleichzeitig jedoch der eigenen Ermutigung dient, vgl. Jdc 14,15; 1 S 17,20.52; Am 1,14; Jer 4,19; 49,2. Doch kann תרועה auch allgemein „Jubel" bedeuten (1 S 4,5f.; 2 S 6,15; Hi 8,21; 1 Ch 15,28 u.ö.), dieser steht dann häufig in Zusammenhang mit einer kultischen Begehung, vgl. Lv 23,24; 25,9; Nu 29,1; Ps 27,6; 33,3; 47,6; 150,5 u.ö. Der Ursprung des Wortes ist nicht geklärt, in jedem Falle wurde ein analoges Phänomen ungeachtet der unterschiedlichen Gelegenheit mit dem gleichen Wort bezeichnet. Ursprünglich scheint dabei die Bedeutung als Ausdruck der Kampfbereitschaft und des Mutes vor der Schlacht zu sein, während bei der Verwendung im kultischen Bereich das Element der Freude vorherrscht. Verschiedentlich wird תרועה zusammen mit dem Ertönen des Schofar (קול שופר) genannt, vgl. Lv 25,9; 2 S 6,15; 1 Ch 15,28; Jer 4,19; Am 2,2; Zeph 1,16; Ps 47,6. In Zusammenhang mit der Eroberung Jerichos kann sich תרועה nur auf das Kriegsgeschrei beziehen. Darauf erfolgt der Einsturz der Mauern und die Einnahme der Stadt, vgl. zu 20b.

Die pointierte Verwendung von יריעו, die noch einmal in 20 erfolgt, stellt ein Wortspiel mit dem Namen יריחו dar (C. den Hertog, 100). Die trotz der unterschiedlichen Laryngale anzunehmende Ähnlichkeit in der Aussprache war ohne Zweifel beabsichtigt und hat die Gestaltung der Erzählung entscheidend beeinflußt.

7a Die Weitergabe der Anweisung an das Volk ist äußerst knapp. Die Einzelheiten werden nicht wiederholt, da sie bereits bekannt sind.

14.15a Die Ausführung entspricht der Anweisung, doch wird sie mit ausdrücklicher Feststellung der Rückkehr ins Lager etwas ausführlicher erzählt. Das Lager wird sonst in der deuteronomistischen Landnahmeerzählung nicht erwähnt, sondern findet sich nur an Stellen, die jünger als DtrH sind, vgl. 1,11; 3,2; 5,8. Im Unterschied zu diesem Befund spielt das Lager in der Wüstenüberlieferung des Jahwisten eine große Rolle, vgl. Nu 11,1.31.32; 12,14,15; 13,19. Die Vorstellung des Lagers wird aber auch Dt 2,14.15 in Zusammenhang mit dem langen Aufenthalt in Kadesch Barnea wiederaufgenommen und in der Priesterschrift ist das Lager zu einer kultisch geprägten Einrichtung geworden, in deren Mitte das Zeltheiligtum steht, vgl. Nu 2 und dazu A. Kuschke, Die Lagervorstellung in der priesterschriftlichen Erzählung, ZAW 63, 1951, 74–105.

Der am siebten Tag notwendige frühe Aufbruch wird besonders betont; die Morgenröte ist der Beginn des Tages vor dem Aufgang der Sonne, vgl. Gn 19,15 J; 32,25.27 J; Jdc 19,25. Der frühe Morgen (בקר) ist auch sonst die Zeit des besonderen Heilshandelns Gottes, vgl. Ex 14,27 J; 16,7 P.

20b Mit dem Fall der Stadt kommt die Erzählung zu ihrem Höhepunkt und Schluß. Die Ausführung entspricht 5, auf das Ertönen des Widderhorns erfolgt das Kriegsgeschrei. Dieses bewirkt das Zusammenfallen der Stadtmauer und markiert den Beginn der Eroberung, die lediglich konstatiert wird. Das Wort לכד ist *terminus technicus* für die gewaltsame Einnahme des Landes oder einer Stadt, vgl. Dt 2,34f.; 3,4; Jos 8,19; 10,1.28.32.35.37.39.42 u.ö. (Der Gebrauch in Nu 21,32 ist nicht unbedingt älter, da der Vers ein Zusatz ist, vgl. M. Noth, ABLAK I, 77.) Von weiteren Kampfhandlungen wird nicht berichtet, erst 21–24a setzt die Vernichtung der Bewohner voraus. Der Fall der Mauer besiegelt den Untergang der Stadt, vgl. 1 R 20,30; Jer 51,44. Die Befestigung bot der Stadt Schutz und Sicherheit (vgl. Dt 3,5; 28,52; 2 S 20,15), mit ihrer Zerstörung sind die Bewohner den Angreifern ausgeliefert. Der Fall der Mauern von Jericho ist ein von Gott bewirktes Wunder, das sich ohne Zutun des Menschen und gegen seine Erfahrung ereignet. Gott allein hat die Mauern von Jericho zum Einsturz gebracht und so dem Volk die Einnahme der Stadt ermöglicht. Das Volk hat keinen direkten Anteil an dem Ereignis, das nicht durch den Umzug, sondern auf übernatürliche Weise ausgelöst wurde. Das Wunder von Jericho entspricht dem Wunder am Jordan: Wie Israel diesen trockenen Fußes durchquerte, so erreicht es den Fall der Stadt allein durch Gottes Macht und Eingriff.

21 Bei der Einnahme der Stadt (לכד) wurden in 20 keine Kampfhandlungen berichtet. Mit dem Vollzug der Vernichtungsweihe wird nun eine aktive Beteiligung des Volkes bei der Kriegshandlung eingeführt. Die Übersetzung von חרם hi mit „Bann" ist nicht ganz sachgemäß, da sie auf den mittelalterlichen Sprachgebrauch zurückgeht, als das Wort den Ausschluß aus der Synagoge bezeichnete. Das Wort beinhaltet die Übereignung der Beute an Gott und damit ihre Weihung zur Vernichtung sowie die Durchführung dieser Vernichtung durch Töten von Menschen und Tieren mit dem Schwert und Verbrennen der Habe oder deren Verbringung in ein Heiligtum. Historisch zuverlässig ist der Vollzug der Vernichtungsweihe in Israel nicht belegt (1 S 15 ist eine deuteronomistische Erzählung zur Begründung der Verwerfung Sauls), doch findet sich der Brauch außerhalb Israels etwa in der Mescha-Inschrift, Zeilen 14–18 (KAI II, 169):

> „Und Kamos sprach zu mir: ‚Geh, nimm Nebo (im Kampf) gegen Israel!' Da zog ich bei Nacht los und kämpfte gegen es von Tagesanbruch bis Mittag. Ich nahm es ein und tötete alles: 7.000 Männer, Schutzbürger, Frauen, Schutzbürgerinnen und Sklavinnen, denn ich hatte sie dem Astar-Kamos zur Vernichtung geweiht. Und ich nahm von dort die [Geräte?] Jahwes und schleppte sie vor Kamos."
>
> (Übersetzung W. Röllig)

Die totale Ausrottung der besiegten Feinde wird zwar außerhalb Israels vollzogen, scheint aber nicht die allgemeine Regel gewesen zu sein, vgl. F. Schwally, Semitische Kriegsaltertümer, 1901, 29–44; W. von Soden, Die Assyrer und der Krieg, Iraq 25, 1963, 131–144.

Im Kriegsgesetz Dt 20,10–18 ist zwar die Beute freigegeben, für die Eroberung des Landes wird aber der Vollzug des חרם ausdrücklich geboten, wenngleich er an bestimmte Bedingungen geknüpft ist. Dementsprechend ist im DtrG die Landnahme weitgehend als Vernichtungskrieg gegen die Bewohner dargestellt, vgl. Dt 2,34f.; 3,6f.; 7,2.26; Jer 8,26; 10,11. Mit Ausnahme von Jos 9 hat DtrH die Erzählungen unter dem Aspekt der Vernichtung durch Weihung an Jahwe gestaltet, vgl. N. Lohfink, ThWAT III, 209–211.

Die Näherbestimmung in 21 betont, daß es keine Verschonung gibt. Die angehängte Erwähnung der Vernichtungsweihe dient als notwendige Einführung für die Bemerkung von der Rettung Rahabs.

22.23 nehmen die Erzählungen 2,1–3.4b.5–7.15.16.17a.18.19.21–23 unter Beibehaltung der Wortwahl wieder auf. Die Zusage an Rahab in 2,17a.18.19 wird dabei als Eid bezeichnet, כאשר נשבעתם לה, eine Interpretation, die sich 2,12 erst in der nachpriesterschriftlichen Erweiterung findet.

Der Aufenthalt Rahabs außerhalb des Lagers ist von der Notwendigkeit der Reinheit des Heerlagers bestimmt, wie sie Dt 23,10–15 geregelt wird. Der Ausschluß aus dem Lager zur Beachtung der kultischen Reinheit findet sich bereits in der jahwistischen Erzählung von Mirjams Aussatz Nu 12,1.9a.10aβ.13–16. In der Priesterschrift und ihr redaktionell zugewachsenen Abschnitten ist die Einhaltung der Kultfähigkeit nach der Errichtung des Zeltes als dem kultischen Mittelpunkt des Lagers selbstverständliches Gebot, vgl. Ex 29,14; Lv 4,12; 6,4 u.ö. In 23b hat der Deuteronomist somit darauf hingewiesen, daß mit der Sorge für Rahab die Vorschrift für das Lager nicht verletzt ist.

24a Mit der Verbrennung der Stadt wird die Vernichtungsweihe vollzogen, vgl. Dt 13,13–19. Die Wendung שרף באש gehört zur üblichen Terminologie der Landnahmeerzählungen 7,15.25; 8,28; 11,11.13. Mit der Durchführung der Vernichtung hat DtrH die Erzählung abgeschlossen.

Die Ergänzungen zur Vernichtungsweihe 17–19.24b.25

17.18 Wie in 3,10.11.13 und 3,12 wird ein späteres Geschehen mit einer Rede Josuas begründet. Die Ergänzung setzt voraus, daß die Rede Josuas 16b bereits eingefügt war. Mit dem typischen רק wird Rahab 17b von der Übereignung zur Vernichtung ausgenommen. Die Bezeichnung der Kundschafter als Boten (מלאכים) wird in 25 wieder aufgenommen, findet sich aber nicht in Jos 2. Die Einhaltung der Vollstreckung wird 18 ausdrücklich eingeschärft mit der Begründung, daß sonst das Lager der Vernichtung verfällt. Zu der Auswirkung bei Übertretung des Gebotes der Vernichtungsweihe bietet dann Jos 7 die Beispielerzählung. Das mit der unerlaubten Aneignung verbundene Stichwort עכר „Schädigen" fällt dann wieder 7,25. Das zu Vernichtende wirkt schädlich, weil es als Jahwe gehörig mit seiner numinosen Kraft verbunden ist, die der Mensch nicht ertragen kann.

19.24b Mit der Übereignung aller Gegenstände aus Metall an den Schatz Jahwes findet in 19 eine Neuinterpretation von חרם statt, die 24b wieder aufgenommen ist: Aus der Kriegshandlung ist eine Weihung für den אוצר יהוה geworden. Da hier nicht die himmlischen Schatzkammern Jahwes gemeint sein können (vgl. Dt 28,12; 32,24), kann der „Schatz Jahwes" nur in Analogie zu den „Schätzen des Hauses Jahwe" (1 R 7,51; 14,26; 15,18; 2 R 12,19; 24,13), die zum Tempel gehören, gesehen werden. Besonders hervorgehoben werden die Schätze des Tempels im chronistischen Geschichtswerk, wo ihre Herkunft aus der Kriegsbeute gelegentlich erwähnt ist, vgl. 1 Ch 9,26; 26,20.22.24.26; 28,12; 2 Ch 5,1; 12,9; 16,2. In 1 Ch 21,8 findet sich außerdem die einzige Erwähnung von אוצר im Sing.

Ihre ausdrückliche Kennzeichnung als קדש „heilig" weist ebenfalls auf den kultischen Bereich hin. „Heiligkeit" ist eine Gott zukommende besondere „Eigenschaft", die insbesondere die göttliche Macht, aber gleichzeitig auch seine Unnahbarkeit kennzeichnet und Ausdruck seiner Transzendenz ist. Diese Wesenhaftigkeit Jahwes kann auch auf

Gegenstände übergehen, die sich in seinem Machtbereich befinden und damit für den Menschen ebenso unberührbar werden wie Gott selbst, vgl. 2 S 6,6f.; Jes 6,1–5; Hos 11,9; Hab 1,12; 3,3. Diese Vorstellung ist weitgehend im Kult ausgeprägt worden, vgl. H. Schmid, Jahwe und die Kulttraditionen von Jerusalem, ZAW 67, 1955, 168–197.

25 Das Verbleiben Rahabs in Israel wird bis in die Gegenwart des Lesers oder Hörers verfolgt, wenngleich über das weitere Schicksal nichts mitgeteilt wird. Die Formel עד היום הזה ist stereotyp aufgenommen. Damit erhält die Kundschaftererzählung letztlich einen neuen Sinn, insofern sie nun das Wohnen der Familie Rahabs im Lande begründet. Das ätiologische Moment ist literarisch ein Nachtrag und nicht etwa Ausgangspunkt der Erzählung von der Erkundung des Landes in Jos 2. Mit dieser Redaktion hat die Erzählung erneut einen anderen Schluß erhalten, der nun auf die Bewahrung Rahabs und ihrer Sippe zielt.

Der Fluch über Jericho 26

26 Der angehängte Fluch soll sicherstellen, daß die Stadt nicht wieder aufgebaut wird, indem die Wiederbesiedlung mit einer Sanktion verbunden wird, die jeden Versuch ausschließt. Die Verfluchung der zerstörten Stadt findet sich auch sonst in altorientalischen Texten, vgl. die beiden hethitischen Texte bei W. Schottroff, Der altisraelitische Fluchspruch, WMANT 30, 1969, 102f. Eine Entsprechung findet sich in der Verfluchung Babylons im Erra-Epos IV:36ff. und im Tukulti-Ninurta-Epos I obv B 39' (Übersetzung bei P. Machinist, CBQ 38, 1976, 463), allerdings besteht insofern ein Unterschied zu 6,26, als mit den Flüchen der Götter die Zerstörung der Stadt begründet wird. Seine Erfüllung findet der Fluch in der Notiz 1 R 16,34, die „in fast jeder Beziehung dunkel und rätselhaft" ist (M. Noth, Könige, BK IX/1, 1968, 355). Ob der Wiederaufbau der Stadt zur Zeit Ahabs durch eine Privatperson historische Wirklichkeit ist, erscheint zumindest zweifelhaft; in keinem Falle jedoch ist die Stelle als Beleg für das Bauopfer anzusehen, vgl. O. Kaiser, Den Erstgeborenen deiner Söhne sollst du mir geben, in: Von der Gegenwartsbedeutung des Alten Testaments, 1984, 142–166. Nun war Jericho nach Ausweis der Keramik während der gesamten Königszeit besiedelt, was allerdings Zerstörungen und vorübergehende Unterbrechungen nicht ausschließt, vgl. zu 2,2. Sollte hinter 1 R 16,34 die Tatsache einer Neubesiedlung stehen, so ist eine Zerstörung der Stadt im 9. Jh. vorauszusetzen.

Die Angabe 1 R 16,34 ist gegenüber dem Fluch Josuas als traditionsgeschichtlich primär anzusehen; 6,26 ist also von dieser Stelle literarisch abhängig. Nun hat W. Dietrich (Prophetie und Geschichte, FRLANT 108, 1972, 111f.) die Notiz über Hiel zu der zweiten deuteronomistischen Redaktion gerechnet, die er in die 1. Hälfte des 6. Jh. datiert hat. Die Anfügung von 26 kann also keineswegs früher erfolgt sein, möglicherweise gehört der Vers zur gleichen Redaktionsschicht. Der Fluch hat die Funktion einer literarischen Klammer, um die Bedeutung vergangenen Geschehens für die weitere Geschichte aufzuzeigen. Dabei hat der Redaktor möglicherweise die zerstörte Stadt im 6. Jh. vor Augen gehabt.

Die Einfügung der Lade 7b.11 (RedD)

7b.11 Der Text läßt noch erkennen, daß die Einfügung der Beteiligung von Lade und sieben Widderhörnern beim Umzug um die Stadt in zwei Redaktionen erfolgt ist, wobei die Einfügung der Lade die erste Stufe darstellt, da sie zumindest in 7b.11 allein erwähnt ist. Die Einfügung der Lade erfolgte entsprechend ihrer Rolle beim Jordanübergang Jos 3.4*, vgl. zu 3,14a.15a.16. Da sie dort das Wunder bewirkte, darf sie beim Wunder von Jericho als der Gegenstand, mit dem die Anwesenheit Jahwes verbürgt ist, nicht fehlen. Bezeichnet wird sie als ארון יהוה. Damit verbunden ist die Vorstellung, daß nur die bewaffnete Kriegsmannschaft die Umkreisung der Stadt vollzieht 7b, diese wird in der weiteren Ausgestaltung der Erzählung ausgebaut, vgl. zu 6,9.13. Mit der Nennung der Lade erfolgt auch der erste Umzug, so daß die Einfügung von ביום השני in 14 auf den gleichen Redaktor zurückgehen wird, der diese Worte einsetzte, nachdem in 11 die Handlung des ersten Tages vorweggenommen war.

Die Einfügung der Priester und Widderhörner 4aαb.6.8.9.12.13.16a.20aβ

4aαb.6.8.9.12.13.16a.20aβ Die Einführung der sieben Widderhörner ist erfolgt, weil das Widderhorn eine Rolle in der ursprünglichen Erzählung spielt, dort allerdings lediglich das Signal für den Einsatz des Kriegsgeschreis gibt 5.20b. Nun sind es sieben Widderhörner, die während des Umzugs von den Priestern geblasen werden. Damit wird der Umzug zu einer kultischen Prozession, deren Reihenfolge in 9 genau beschrieben wird und bei der das Widderhorn unaufhörlich geblasen wird, was im Widerspruch zur ursprünglichen Erzählung steht. „The addition of all the trumpet-playing priests has ruined the effect of the one blast on the horn and the great war cry" (J. Van Seters, In Search of History, 1983, 327). Gleichzeitig wird die alte Erzählung überlagert: Der Fall von Jerichos Mauern wird zu einer mächtigen Demonstration der einzigartigen Wirksamkeit Jahwes. Gottes Handeln geschieht nicht mehr im Verborgenen als ein geheimnisvolles Wirken, das der Verfügung durch Menschen entzogen bleibt, sondern Lade und Schofarblasen führen das Wunder nach einem festgelegten Plan herbei. Die Kriegsmannschaft ist zwar noch an dem Umzug beteiligt, aber aller Nachdruck liegt auf dem Handeln der Priester. Während nun das Tragen der Lade durch die Priester der Auffassung der Redaktion in Jos 3.4 entspricht, findet sich im DtrG keinerlei Aussage darüber, daß sie das Widderhorn geblasen hätten. Erst im chronistischen Geschichtswerk wird ihnen das Blasen der Trompeten zugeschrieben, vgl. 1 Ch 15,24; 16,6; 2 Ch 7,6; 5,12; 29,26. Dies scheint nachexilischem Brauch am Tempel entsprochen zu haben (vgl. Esr 3,10; Neh 12,33–35.41), als die Trompete anstelle des Widderhorns im Kult benutzt wurde, vgl. Nu 10,1.10. Die Rolle der Priester in dieser Stufe der Redaktion entspricht somit eher der Vorstellung des chronistischen Geschichtswerkes. Diese Zuordnung wird bestätigt durch die Erzählung von Ahija und Jerobeam in dem chronistischen Sondergut 2 Ch 13,3.21, wo die Priester mit den Trompeten aktiv am Kampf teilnehmen und wesentlich zum Sieg beitragen. Die Einfügung der Widderhörner bei dem Umzug kann somit auf einen späteren Redaktor zurückgehen, dem das chronistische Geschichtswerk bekannt war; dementsprechend kann von einer nachchronistischen Redaktion gesprochen werden, vgl. L. Schwienhorst, 125–129.

Die Josua-Erweiterungen 10.16b.27

10 Der umständliche Stil und die mit צוה gebildete Einleitung zeigen, daß diese Anordnung nicht zur ursprünglichen Erzählung gehört hat. Der Zusatz betont die Autorität Josuas und setzt voraus, daß die Umzüge um die Stadt völlig lautlos vollzogen wurden. Möglicherweise sollte so die Wirkung des Geschehens verstärkt werden.

16b korrespondiert 10 und nimmt die Übereignungsformel aus 2 auf.

27 Die Betonung des besonderen Verhältnisses Jahwes zu Josua entspricht der Zusage 1,9b, die von RedD nachgetragen wurde. Auch sonst wird die Stellung Josuas eigens in Zusätzen hervorgehoben, vgl. 1,17; 3,7; 4,14.

7,1–26 Vergehen und Bestrafung Achans

[1]Die Israeliten begingen aber eine Veruntreuung an dem zur Vernichtung Ge-
weihten. Achan, der Sohn Karmis, des Sohnes Sabdis, des Sohnes Serachs vom
Stamme Juda, hatte etwas von dem zur Vernichtung Geweihten genommen. Da
entbrannte der Zorn Jahwes über die Israeliten. [2]Josua entsandte Männer von
Jericho nach Ai, das ⸢ ⸣[a] östlich von Bet-El liegt, und sprach zu ihnen: „Steigt
herauf und erkundet das Land!“ Da stiegen die Männer herauf und erkundeten
Ai. [3]Nachdem sie zu Josua zurückgekehrt waren, sprachen sie zu ihm: „Es soll
nicht das ganze Volk heraufsteigen, sondern etwa 2.000 oder 3.000 Mann sollen
aufsteigen und Ai schlagen. Du brauchst nicht das ganze Volk dorthin zu
bemühen, denn jene sind wenig.“ [4]So zogen an die 3.000 Mann von dem Volk
dorthin, aber sie flohen vor den Männern von Ai; [5]und die Männer von Ai
schlugen 36 Mann von ihnen, als sie sie ⸢vom⸣[a] Tor bis zu den Brüchen verfolg-
ten, und schlugen sie am Abstieg. Da verzagte das Herz des Volkes und wurde zu
Wasser. [6]Josua zerriß seine Kleider, fiel auf sein Angesicht zur Erde vor der Lade
Jahwes **bis zum Abend,** er und die Ältesten Israels, und sie streuten Staub auf ihr
Haupt. **[7]Josua aber rief: „Ach, mein Herr Jahwe, warum hast du dieses Volk den**
Jordan überschreiten lassen, nur um uns in die Hand der Amoriter zu geben, um
uns umkommen zu lassen? Hätten wir uns doch entschlossen und wären jenseits
des Jordans wohnen geblieben. [8]Mein Herr, was soll ich sagen, nachdem Israel seinen
Feinden den Rücken zugewendet hat? [9]So werden es nun die Kanaaniter und alle
Bewohner des Landes hören und sich gegen uns wenden, und sie werden unseren Namen
tilgen aus dem Land. Was willst du dann für deinen großen Namen tun?“ **[10]Da antwor-**
tete Jahwe dem Josua: „Steh auf! Warum fällst du auf dein Angesicht? [11]Israel
hat gefehlt. Auch haben sie meinen Bund übertreten, den ich ihnen geboten

habe, genommen haben sie von dem zur Vernichtung Geweihten, es gestohlen und verheimlicht und zu ihren Geräten gelegt. [12]Nun können die Israeliten nicht vor ihren Feinden bestehen, den Rücken müssen sie ihren Feinden zuwenden, denn sie selbst sind zu zur Vernichtung Geweihtem geworden. Ich will nicht weiter mit euch sein, wenn ihr nicht das zur Vernichtung Geweihte aus eurer Mitte beseitigt. [13]Auf, heilige das Volk und sprich: ‚Heiligt euch für morgen! Denn so hat Jahwe, der Gott Israels gesprochen: Zur Vernichtung Geweihtes ist in deiner Mitte, Israel, du kannst vor deinen Feinden nicht bestehen, bis daß ihr das zur Vernichtung Geweihte aus eurer Mitte entfernt habt. [14]Am Morgen sollt ihr herantreten nach euren Stämmen. Der Stamm aber, den Jahwe trifft, soll nach Sippen herantreten und die Sippe, die Jahwe trifft, nach Familien und die Familie, die Jahwe trifft, nach Männern. [15]Der mit dem zur Vernichtung Geweihten Getroffene soll mit dem Feuer verbrannt werden, dazu alle, die zu ihm gehören, weil er den Bund Jahwes übertreten und eine Entweihung in Israel begangen hat'".

[16]Am Morgen stand Josua früh auf und ließ Israel nach den Stämmen herantreten, und es traf den Stamm Juda. [17]Dann ließ er ‘die Sippen’[a] Judas herantreten, und es traf die Sippe der Serachiter, und er ließ die Sippe der Serachiter nach ‘Familien’[b] herantreten, und es traf Sabdi. [18]Dann ließ er dessen Familie nach Männern herantreten, und es traf Achan, den Sohn Karmis, des Sohnes Sabdis, des Sohnes Serachs vom Stamme Juda. [19]Da sprach Josua zu Achan: „Mein Sohn, erweise doch Jahwe, dem Gott Israels, Ehre, lege vor ihm ein Geständnis ab und gestehe mir, was du getan hast! Du sollst mir nichts verbergen“. [20]Achan aber antwortete Josua und sprach: „Wahrlich, ich habe an Jahwe, dem Gott Israels, gefehlt, so und so habe ich getan. [21]Unter der Beute sah ich ein schönes Gewand aus Babylon sowie zweihundert Schekel Silber ‘ ’[a], und ich begehrte (diese Dinge) und nahm sie; jetzt sind sie im Boden versteckt in meinem Zelt[b] ‘ ’[c]. [22]Josua sandte Boten, die eilten zu dem Zelt. Siehe, ‘der Mantel’[a] war in seinem Zelt versteckt, und das Silber lag darunter. [23]Sie nahmen die Sachen aus dem Zelt, brachten sie zu Josua und allen Israeliten und warfen sie vor Jahwe hin. [24]Josua aber nahm Achan, von der Sippe Serachs ‘ ’[a], und seine Söhne und seine Töchter, seine Rinder, seine Esel und sein Kleinvieh, sein Zelt und alles, was ihm gehörte, und ganz Israel war mit ihm, und sie brachten sie hinauf in die Ebene Achor. [25]Josua sprach: „Womit du uns ins Unglück gebracht hast, damit bringt Jahwe dich ins Unglück an diesem Tage“. Ganz Israel steinigte ihn mit Steinen, **und sie verbrannten sie mit Feuer ‘ ’[a]. [26]Sie errichteten über ihm einen großen Steinhaufen ‘ ’[a], und Jahwe wandte sich von seinem glühenden Zorn. Deswegen nennt man den Namen dieses Ortes Ebene Achor bis auf diesen Tag.**

[2a] Die Bestimmung „bei Bet-Awen“ ist vermutlich eine Glosse, wobei der Ortsname eine Entstellung von Bet-El ist. [5a] Mit Noth, 38 ist מלפני zu lesen. Das *Mem* kann durch Haplographie

ausgefallen sein. [17a] Der Zusammenhang fordert den Plural, wie er auch von 𝕮 und einigen weiteren Handschriften geboten wird. [b] Entsprechend der sozialen Ordnung ist statt לגברים mit einigen Handschriften לבתים zu lesen. [21a] Der weitere Gegenstand „und einen Barren Gold, fünfzig Schekel an Gewicht" wird im weiteren Verlauf der Erzählung nicht mehr genannt und ist wohl ein Nachtrag. [b] Im massoretischen Text ist der Artikel zu streichen. [c] Die Worte תחתיה והכסף sind durch Dittographie am Ende des folgenden Verses hier eingedrungen; sie sind an dieser Stelle ohne Bezug. [22a] Das Subjekt des Satzes ist ausgefallen, es kann nur האדרת gelautet haben. [24a] Die Worte „und das Silber und den Mantel und den Goldbarren" fehlen in 𝕲 und sind ein unsachgemäßer Zusatz, der die Vernichtung des angeeigneten zur Vernichtung geweihten Gutes sicherstellen will. [25a] Die Wiederholung „und steinigten sie mit Steinen" ist ein Zusatz. [26a] Die Formel „bis auf diesen Tag" fehlt in 𝕲 und steht verfrüht, sie ist zu streichen.

Literatur: B.J. ALFRINK, Die Achan-Erzählung (Jos.7), Studia Anselmiana 27/28, 1951, 114–129; H. RÖSEL, Studien zur Topographie der Kriege in den Büchern Josua und Richter I-III, ZDVP 91, 1975, 159–190; R.R. WILSON, Enforcing the Covenant: The Mechanisms of Judicial Authority in Early Israel, in: The Quest for the Kingdom of God: Studies in Honor of George E. Mendenhall, 1983, 59–75.

Die Erzählung ist mit Ausnahme weniger Erweiterungen einheitlich und zeigt einen klaren Aufbau:

1	Überschrift
2.3	Entsendung und Berichterstattung der Kundschafter
4.5	Die Niederlage der 3000 Mann vor Ai
6.7(8.9)	Klage Josuas und Anfrage an Jahwe
10–15	Antwort und Anweisung Jahwes
16–23	Feststellung des Schuldigen
24.25	Bestrafung Achans
26	Schlußbemerkung

Im Mittelpunkt steht die Rede Jahwes mit genauen Vorschriften für die Bereinigung der eingetretenen Situation. Die Exposition ist äußerst kurz erzählt, der weitere Verlauf der Handlung besteht in der Erfüllung der göttlichen Anweisungen. Der Höhepunkt wird am Ende mit der Vernichtung Achans erreicht, doch ist dieser bereits in der Jahwerede vorweggenommen. Auch die Bestimmung Achans als des Übeltäters wird bereits in der Einleitung vorgegeben, so daß sich für den Ablauf der Erzählung eigentlich kein Spannungsbogen ergibt. Die ätiologische Notiz zielt allein auf den Namen der Ebene und ist mit der Notiz vom Ablassen des göttlichen Zorns verbunden. Die Erzählung ist ganz vom Vollzug des Strafgerichtes an Achan entsprechend göttlicher Weisung bestimmt und erweist sich so als eine kunstvolle Komposition, in der zahlreiche literarische Topoi verarbeitet wurden: die Aussendung der Kundschafter, der Bußritus, die Bestimmung des Schuldigen durch Los, das Geständnis und das Verbrennen als angemessene Strafe. Eine ältere Vorlage ist nicht erkennbar und eine mündliche Überlieferung ist auszuschließen, da die Erzählung nur im Blick auf die folgende Geschichte von der Eroberung der Stadt Ai gestaltet worden sein kann, wobei die Einzelheiten eine gute Kenntnis topographischer Gegebenheiten erkennen lassen. Mit der Erzählung „Achans Vergehen und Bestrafung" liegt somit keine ätiologische Sage vor, die in der Ebene von Achor gehaftet hat; vielmehr handelt es sich um eine Art Lehrerzählung, die den Vollzug der Todesstrafe als Folge einer Verfehlung an dem zur Vernichtung Geweihten konsequent vorführt, indem diese Strafe ausdrücklich in einem Gebot Jahwes begründet wird. Da ältere Elemente nicht auszumachen sind, wird die Erzählung wohl erst vom deuteronomistischen Historiker (DtrH) verfaßt worden sein; darauf weisen Aufbau, Stil und ihr lehrhafter Charakter.

Die wenigen Erweiterungen haben den Charakter der Erzählung nicht verändert, da nur punktuell Einzelheiten nachgetragen wurden. So wurden in 6 die Worte לפני ארון יהוה eingefügt, die Erwähnung der Lade ist auf dieses singuläre Vorkommen beschränkt. Ebenso ist die überraschende Einführung der Ältesten 6aβ.b als redaktionelle Ergänzung anzusehen. Die Rede Josuas ist mit 8.9 erweitert worden. Ein Zusatz ist vermutlich auch die Steinigung Achans in 25bα. Weitere Arbeit am Text wurde bereits in der Textkritik vermerkt.

Die Erzählung 1–5.6aα.7.10–24.25abβ.26

1 Die Exposition nennt die Voraussetzung für das Folgende: Achans Vergehen und Gottes Zorn. Die unberechtigte Aneignung von der Vernichtung Geweihtem wird mit מעל „treulos sein" gekennzeichnet; dieses Verbum findet sich erst in der exilisch-nachexilischen Literatur zur Kennzeichnung eines Handelns, das sich über das Gemeinschaftsverhältnis mit Gott und die damit bestehenden Verpflichtungen hinwegsetzt, vgl. Lv 26,40; Ez 18,24; 1 Ch 5,25; 10,13. Der Begriff kennzeichnet so einen unerlaubten Übergriff des Menschen in die sakralrechtliche Sphäre.

Die genauen Angaben zu Achan gehen über den sonst allein üblichen Vatersnamen hinaus und sind wohl im Blick auf das Verfahren der Aussonderung in 16–18 erfolgt. Die Genealogie wird 1 Ch 2,7 aufgenommen. Der Name Achan ist singulär, der Vatersname Karmi ist noch für einen Sohn Rubens belegt (Gn 46,9; Ex 6,14; Nu 26,8). Nach der israelitischen Sozialstruktur ist Sabdi der Name der Familie und Serach der Name der Sippe. Sabdi ist auch sonst gebräuchlich, allerdings nur in nachexilischen Texten belegt (Neh 11,17; 1 Ch 8,19; 27,27). Serach ist ein Sohn Judas, dessen Geburt Gn 38,30 erzählt wird; der Name ist wohl der Überlieferung entnommen, vgl. Gn 46,12; Nu 26,20.

Der Zorn Gottes ist ein gängiges Thema sowohl in den Erzählungen der Wüstenwanderung (Nu 11,1.33; 12,9; 22,22; 25,3) als auch in denen des deuteronomistischen Geschichtswerkes (Dt 6,15; 7,4; 11,17; 29,26; 31,17; Jos 23,16; Jdc 2,14.20; 3,8; 10,7; 2 S 6,7; 24,1; 2 R 13,3; 23,26). Das Entbrennen des göttlichen Zornes kündet Unheil an, die Abwendung Jahwes bedingt eine Strafe für das Volk. Mit חרה אף liegt ein typischer Topos deuteronomistischer Theologie vor.

2.3 Für die Aussendung der Kundschafter ist Jericho als Ort des Standlagers vorausgesetzt, obwohl dessen Verlegung von Gilgal 4,19 nicht berichtet wird. Diese Ortsangabe ist nur aus der Stellung der Erzählung im Anschluß an die Eroberung Jerichos 6,1.2a.3*.4aβ.5.7a.14.15a.20b.21–24a ersichtlich. Die Bezeichnung der Kundschafter als אנשים und die Beschreibung ihrer Aufgabe mit רגל pi entspricht der Erzählung 2,1–3.4b.5–7.15–17a.18.19.21–23. Aus der Antwort der Männer geht der kriegerische Auftrag bei der Erkundung des Landes eindeutig hervor. Anders als in der Erzählung Nu 13.14* J ist hier die Ausspähung nur die Voraussetzung für den weiteren Verlauf der Handlung. Die Zahl von 2.000 oder 3.000 Mann als Stärke eines Heeres wird auch sonst im Zusammenhang mit Kriegszügen genannt (Jdc 15,11; 1 S 13,2; 24,3; 26,2); die Angabe entspricht somit einer allgemeinen Vorstellung von der Größe einer Streitmacht und sagt über die wirklichen Verhältnisse nichts aus.

Eigentlich ist העי kein Ortsname, sondern ein Appellativum mit der Bedeutung „die Trümmerstätte", wie in 28 ausdrücklich erklärt wird. Aufgrund des Namens ist für Ai damit zu rechnen, daß es sich zwar um eine Ortslage mit baulichen Überresten aus der Zeit vor der Landnahme, nicht aber um eine Siedlung in der Königszeit handelt. Der Name ist außer in Jos 7–12 nur noch Gn 12,8; 13,3; Esr 2,28 und Neh 7,32 erwähnt. Die Lage wird mit מקדם לבית אל ausdrücklich nach derjenigen von Bet-El bestimmt, das mit dem heutigen *Bētīn* gleichzusetzen ist. Entsprechend dieser Angabe kann Ai auf *et-Tell* angesetzt werden, einer weit ausgedehnten Ruinenstätte etwa 2 km südöstlich von *Bētīn*. An dieser Lokalisierung ist auch gegen J.M. Grintz, „ᶜAi which is beside Beth-Awen", Biblica 42, 1961, 201–216 festzuhalten, weil alle übrigen für Ai vorgeschlagenen Orte – *Ḫirbet Ḥēyān, Ḫirbet Hudrīya* und *Ḫirbet el-Ḥay* – keine Überreste aufweisen, die älter als die byzantinische Epoche sind. Vielmehr haben die Ausgrabungen in *et-Tell* ergeben, daß die Gleichsetzung mit Ai den im Text vorausgesetzten Bedingungen am besten entspricht. Eine Zusammenfassung der archäologischen Forschung bietet J.A. Callaway, Die Grabungen in Ai (et-Tell) 1964–1972, Antike Welt 11/3, 1980, 38–46.

Die Ausgrabungen in Ai haben eine große Stadt der Frühbronzezeit II-III (2950–2350) freigelegt, deren mächtige Stadtmauer mehrfach erneuert worden ist und auf deren Akropolis ein großer Tempel gestanden hat. Dieser Stadt ist eine unbefestigte Siedlung der Frühbronzezeit I (3150–2950) vorausgegangen. Nachdem die frühbronzezeitliche Stadt aufgegeben wurde, ist es erst wieder während der früheren Eisenzeit zur Gründung eines kleinen Dorfes gekommen. Dieses hat die Größe von 1 ha nicht überschritten und etwa von 1200 bis um 1050 bestanden. Danach hat keine weitere Besiedlung mehr stattgefunden; *et-Tell* war während der gesamten Königszeit unbewohnt, doch waren die Siedlungsreste zumindest noch teilweise erkennbar.

4.5 Die Ausführung des Kriegszuges folgt dem Rat der Kundschafter; die Niederlage wird nicht näher beschrieben, sondern es wird lediglich die Flucht festgestellt. Die Angabe der Gefallenen gehört zum Schlachtbericht, wobei die geringe Zahl von 36 Mann insofern nicht überrascht, als die Verlustziffern immer klein sind.

Die genauen Angaben zum Fluchtweg bei der Verfolgung zeigen eine gute Kenntnis der Topographie. Ai (*et-Tell*) hat an beherrschender Stelle auf einem Hügel südlich des *Wādī el-Ǧāye* an dem Weg gelegen, der aus dem Jordantal nach Betel (*Bētīn*) und von dort auf die Höhe des Gebirges führt. Der genaue Verlauf ist nicht bekannt, doch scheint er von *et-Tell* aus nach Südosten auf dem Höhenrücken über *Dēr Dibwan* und *Šēḫ ᶜAmmar* geführt zu haben. Dieser Weg ist für den Anmarsch des Heeres vorausgesetzt und wird auch bei der Flucht eingeschlagen worden sein, da keine andere Rückzugsmöglichkeit bestand. Die beiden landschaftlichen Wahrzeichen שברים und מורד müssen also östlich oder südöstlich von *et-Tell* gesucht werden. Dabei bezeichnet שברים „Brüche" anscheinend eine markante Felsformation, die am ehesten als ein Steilabfall zu verstehen ist, während מורד der Terminus für den Abstieg aus dem Gebirge ist. Nach dem Vorschlag von H. Rösel (163–167) können die „Brüche" mit der Felsformation *Qurnet Ṣaḥṭūra* am Südrand des *Wādī el-Ǧāye* etwa 2 km östlich von *et-Tell* gleichgesetzt werden. Der Abstieg wäre dann ein nicht näher zu bestimmender Teil aus dem höher gelegenen

Gebirge dieses Bereichs in den tiefer gelegenen Teil, der etwa 8–10 km östlich von *et-Tell* beginnt.

Die Aussage 5b entspricht der Beschreibung des Zustandes der Feinde in den redaktionellen Einfügungen 2,11a und 5,1, vgl. zu 2,11a.

6aα Die Reaktion Josuas auf die Niederlage setzt die Rückkehr des Heeres oder eine entsprechende Botenmeldung voraus, ohne daß dies mitgeteilt wird. Die Bußriten – Zerreißen der Kleider und Niederfallen zur Erde – entsprechen den Trauerbräuchen (vgl. Gn 37,34; Lv 10,6; 21,10; 2 S 1,11; 3,31; Ez 8,14) und sind Gesten der Verunreinigung und der Selbsterniedrigung (vgl. dazu E. Kutsch, „Trauerbräuche" und „Selbstminderungsriten" im Alten Testament (1965), Kleine Schriften zum Alten Testament, BZAW 168, 1986, 78–95), mit denen man sich dem Toten gleichgestellt hat. Die gleichen Riten finden sich in der Ägäis, vgl. Ilias XXIV: 102–165.

7 Die Rede Josuas beginnt mit dem Ruf abwehrenden Erschreckens אהה, der sich Gott gegenüber nur Jdc 6,22; Jer 1,6; 4,10; 14,13; 32,17; Ez 4,14; 9,8; 11,13; 21,5 findet. Die mit למה eingeleitete Frage stellt den Sinn des Jordanüberganges und damit des göttlichen Planes grundsätzlich in Frage: statt die Feinde zu vernichten, steht das Volk in Gefahr, selbst umzukommen. Die Wortwahl ist stereotyp. Zur Übergabeformel נתן ביד vgl. zu 6,2a. Die Bezeichnung der vorisraelitischen Bevölkerung des Westjordanlandes als Amoriter entspricht dem Sprachgebrauch von DtrH, vgl. Dt 1,7.19.20.27.44; Jdc 6,10; 1 S 7,14; 1 R 21,26; 2 R 21,11. Mit dem Verbum אבד hi wird sonst das Ausrotten der Feinde bezeichnet (Dt 7,24; 8,20; 9,3; 11,4), doch kann das Wort auch ein Handeln Gottes oder der Gegner an Israel ausdrücken, vgl. Dt 28,51.63; 2 R 13,7; 24,2. Die Frage nach dem Sinn der Situation, die einer Umkehrung der kriegerischen Verhältnisse gleichkommt, schließt die Bitte um Aufdeckung des Grundes mit ein und setzt voraus, daß dieser in einer Verfehlung des Volkes zu suchen ist. Der Hinweis auf den möglichen Verbleib im Ostjordanland als der besseren „Lösung" beinhaltet den grundsätzlichen Zweifel an der Heilszusage Jahwes.

10–15 Mit seiner Antwort weist Jahwe den Ausweg. Nach der Aufrichtung Josuas 10 erfolgen die Schuldigerklärung 11.12, das Feststellungsverfahren 13.14 und der Urteilsspruch 15. In der Schuldigerklärung wird die unerlaubte Aneignung des zur Vernichtung Geweihten als Verfehlung (חטא) und Verletzung des Bundes (עבר את-הברית) interpretiert und als Ursache für die Niederlage angegeben. Ähnlich wie in 1 S 14,33f. und 15,23f. bezeichnet חטא ein Vergehen an der von Gott gesetzten Ordnung und die damit verbundene Beeinträchtigung des Gemeinschaftsverhältnisses mit Jahwe (vgl. auch Ex 10,17; 32,30–34; Dt 9,16–18), ohne daß eine schriftliche Fixierung dieser Norm vorauszusetzen ist, vgl. R. Knierim, Die Hauptbegriffe für Sünde im Alten Testament, 1965, 57f.

Gegenüber dem Ausdruck הפר ברית „den Bund brechen" (Gn 17,14; Lv 26,15.44; Dt 31,16.20 u.ö.) ist עבר ברית „den Bund übertreten" die schwächere Wendung, die noch 23,16; Dt 17,2; Jdc 2,20; 2 R 18,12; Hos 6,7; 8,1 belegt ist. Damit wird Fehlverhalten im Horizont der deuteronomistischen Theologie von Erwählung und Bund Dt 7,1–11 gedeutet: das von Jahwe gewährte einzigartige Verhältnis mit Israel wird vom Volk beeinträchtigt, so daß die damit verbundene Verpflichtung seitens Jahwes hinfällig wird. Das Vergehen an der Vernichtungsweihe wird damit zu einem Rechtsstreit zwischen Jahwe und Israel: die Verletzung des bestehenden Vertragsverhältnisses muß entweder durch Verzicht Jahwes auf Strafverfolgung oder durch Bestrafung des Schuldigen geahndet werden, um den vertraglich festgelegten Zustand wiederherzustellen. Wie in 1 S 15 führt die Mißachtung des Gebotes der Vernichtungsweihe zu einer Störung im Verhältnis Jahwes zu seinem Volk; nur die Ermittlung des Schuldigen und seine Entfernung aus der Gemeinschaft können zu der notwendigen Beseitigung dieses Zustandes führen und das Mitsein Jahwes wiederherstellen.

Mit גנב „stehlen" und כחש „verheimlichen" wird der Tatbestand sachlich umschrieben. Mit Diebstahl, Hehlerei wird das Vergehen als verbrecherische Handlungsweise, die eine Bestrafung verlangt, gekennzeichnet. Die unheilvolle Wirkung ist nicht auf die Verletzung der Verhältnisbestimmungen und Normen zurückzuführen, sondern geht vom der Vernichtung Geweihten selber aus. Wie Unreines Reines unrein macht, so verfällt der Vernichtungsweihe, wer sich der Vernichtung Geweihtes aneignet. Die unheilvolle Wirkung ist dadurch bedingt, daß die Weihung zur Vernichtung die Beute der Sphäre menschlicher Verfügbarkeit entzieht; die Nichteinhaltung dieser Bestimmung hat die Wirkung einer ungewollten Übertragung, vgl. zu 6,21. Das zur Vernichtung Geweihte besitzt geradezu die Qualität der Heiligkeit; nachdem Achan diese Sphäre durchbrochen hat, wurde das ganze Volk kultunfähig und damit auch unfähig zum heiligen Krieg. Somit ist durch die Verfehlung eines einzelnen das gesamte Volk der Vernichtungsweihe verfallen, vgl. J.R. Porter, The Legal Aspects of the Concept of „Corporate Personality" in the Old Testament, VT 15, 1965, 361–380.

Die Maßnahmen zur Lösung von der Vernichtungsweihe werden in der Gottesrede genau vorgeschrieben: dabei handelt es sich um ein sakrales Gerichtsverfahren, bei dem Jahwe selber zu Gericht sitzt, also Ankläger und Richter zugleich ist. Die Heiligung ist die notwendige Maßnahme kultischer Reinheit, vgl. zu 3,5. Das Verfahren für das Gottesurteil folgt der sozialen Gliederung Stamm – Sippe – Familie, doch fehlt eine Angabe über das Losorakel. Die Bestimmung durch das Los ist stillschweigend mit der Verwendung von לכד vorausgesetzt, da dieses Wort auch 1 S 10,20f. und 14,41f. im Zusammenhang mit dem Losorakel verwendet wird. Die Strafankündigung 15 ist eine apodiktische Formulierung mit der Beschreibung des Tatbestandes im Partizip und der Tatfolgebestimmung, vgl. G. Liedke, Gestalt und Bezeichnung alttestamentlicher Rechtssätze, WMANT 39, 1971, 101–120. Die Strafbestimmung des Verbrennens 15a entspricht der Todesstrafe bei außergewöhnlichen Sexualfällen, wie sie wohl erst in nachexilischer Zeit formuliert wurde, vgl. Gn 38,24; Lv 20,14 und 21,9.

Die mit כי angeschlossenen Begründungen nehmen erneut das Thema der Bundesverletzung und die formelhafte Wendung עשה נבלה בישראל auf. Diese Formel findet sich bei schweren Vergehen im sexuellen Bereich und bei Verletzung des Gastrechts (Gn 34,7; Dt 22,21; Jdc 19,23f.; 20,6.10; 2 S 13,12; Jer 29,23). Die Aneignung von der Vernichtung Geweihtem wird so als ein Verstoß gegen die Ordnung des Gottesrechtes und eine Störung des Gemeinschaftsverhältnisses verstanden, die entsprechend den als Verbrechen eingestuften schwersten Verfehlungen im zwischenmenschlichen Bereich geahndet werden muß, vgl. J. Marböck, ThWAT V, 181–184. Zu übersetzen ist נבלה am ehesten als „Entweihung" oder „Schändung" einer Person oder Sache, die unter dem besonderen Schutz Jahwes steht; weil damit Gott selbst geschädigt ist, bedarf diese Tat der Vergeltung.

16–23 Die Feststellung des Schuldigen als der erste Akt des sakralen Gerichtsverfahrens erfolgt durch einen nicht näher beschriebenen Losentscheid, der ein Gottesurteil darstellt, vgl. J. Lindblom, Lot-Casting in the Old Testament, VT 12, 1962, 164–178.

Die Aussonderung folgt der altisraelitischen Sozialordnung in der Reihenfolge: Stamm – Sippe – Familie. Als größte und kleinste Einheit sind Stamm (שבט) und Familie (בית אב) eindeutig abzugrenzen; dagegen ist die Sippe (משפחה) nicht genau festzulegen. Da die Gesellschaft Israels nach verwandtschaftlichen Beziehungen geordnet ist, kann die Sippe als eine Untergruppe des Stammes bestimmt werden, die aus mehreren Familien besteht, die sich auf einen gemeinsamen Ahnherrn zurückführen und so miteinander eng verbunden sind. Vgl. die Diskussion und Belege bei G. Mendenhall, Social Organization in Early Israel, in: Magnalia Dei. The Mighty Acts of God, 1976, 132–151; N.K. Gottwald, The Tribes of Jahwe, 1979, 245–292.

Nachdem Achan als Täter ermittelt ist, fordert Josua ihn zum Schuldbekenntnis auf, das aus den beiden Elementen Doxologie (שים נא כבוד ליהוה) und Confessio (תודה) besteht, vgl. F. Horst, Die Doxologien im Amosbuch, Gottes Recht, ThB 12, 1961, 155–166, bes. 162–165; G. von Rad, Gerichtsdoxologie, Gesammelte Studien zum Alten Testament II, ThB 48, 1973, 245–254; G. Ch. Macholz, Gerichtsdoxologie und israelitisches Rechtsverfahren, Dielheimer Blätter zum AT 9, 1975, 52–69. Die Doxologie fehlt in der Antwort Achans, sie besteht in dem Bekenntnis, daß Jahwe gerecht (צדיק) ist (vgl. Ex 9,27; Thr 1,18; Neh 9,33; Esr 9,15) und stellt so die bedingungslose Unterwerfung unter „die unantastbare Gerechtigkeit Jahwes aller Kreatur gegenüber" (G. von Rad, 247) dar. Das Geständnis חטאתי ist die Übernahme der durch die Verfehlung bedingten Schuld und beinhaltet eine Selbstverurteilung, mit der das Rechtsverfahren beendet ist, da Jahwe als göttlicher Richter den Schuldspruch nicht selbst fällen kann, vgl. 1 S 15,24; 2 S 12,13; 24,17; dazu und zu den weiteren Belegen vgl. R. Knierim, Die Hauptbegriffe für Sünde im Alten Testament, 1965, 20–28. Das Eingeständnis der Schuld entspricht der üblichen Redeform beim Gerichtsverfahren, vgl. 2 S 19,20f.; 1 R 18,14; dazu H.J. Boecker, Redeformen des Rechtslebens im Alten Testament, WMANT 14, ^{2}1970, 111–117.

Nach dem Schuldbekenntnis erfolgt die Feststellung der Tat in doppelter Weise, einmal als allgemeine Wendung und zum andern als ausführliche Schilderung. Diese Doppelung berechtigt nicht zu einem literarkritischen Eingriff, da die detaillierte Feststellung für den Fortgang der Erzählung notwendig ist.

Durch die Vernichtungsweihe war die Beute (שלל) den Kriegern entzogen, die sonst mit einem Anteil am Beutegut entlohnt wurden, vgl. Jdc 5,30. Bei den beiden Beutestükken handelt es sich um Gegenstände von hohem Wert. Das Gewand ist nicht näher zu bestimmen, doch soll mit der Herkunftsangabe „aus Babylon" die Besonderheit des Kleides oder Mantels hervorgehoben werden. Das Silber war das geläufige Zahlungsmittel und wurde bis zum Gebrauch geprägter Münzen auf kleinen Waagen abgewogen, Gn 23,16; 1 S 17,5.7; Jes 46,6; Jer 32,10. Aus gefundenen Gewichtssteinen (vgl. Dt 25,15; Prv 16,11) läßt sich der Standard für die Maßeinheit des Schekel auf 11,4 g festlegen, vgl. Y. Yadin, Ancient Judaean Weights and the Date of the Samaria Ostraca, Scripta Hierosolymitana 8, 1961, 9–25; Y. Aharoni, The Use of Hieratic Numerals in Hebrew Ostraca and the Shekel Weights, BASOR 184, 1966, 13–19. Das Gewicht von 200 Schekeln hat 2,28 kg Silber entsprochen.

Die genaue Angabe Achans über den Ort des Verstecks ermöglicht dann die Auffindung dieser Gegenstände. Nach dem Geständnis Achans läßt Josua die Beweisstücke aus dem Zelt holen, womit die Selbstanschuldigung des Täters bestätigt wird. Nachträglich werden sie Jahwe übereignet.

24.25abβ Die Bestrafung des Täters erfolgt in der Ebene Achor. Mit der Deutung der Verfehlung Achans durch das Wort עכר liegt eine Namensätiologie für die Ebene Achor vor. Diese muß in der Umgebung von Gilgal gesucht werden und kann auf Grund der Nennung in 15,7 mit *el-Buqēa* südlich von *ᶜĒn-Nebī Mūsā* gleichgesetzt werden, vgl. zu 15,7. Keineswegs ist aber die gesamte Erzählung von Achans Vergehen und Bestrafung eine ätiologische Sage, wenngleich die 26b angehängte Schlußformel auf ein solches Verständnis hin tendiert, vielmehr wird literarisch die Erzählung durch Aufnahme eines sprachlichen Elementes dahingehend ausgestaltet, daß auch der Name des Schauplatzes erklärt wird. „Der Achanstoff wurde also erst sekundär zur Ätiologie des Namens der Ebene umgeformt, wobei das Verb *ᶜkr* I die Brücke bildete" (R. Mosis, ThWAT VI, 78). Das Verbum עכר bedeutet eigentlich „zurückdrängen" und in einem weiter gefaßten Sinn „bedrängen", „schädigen" (vgl. Gn 34,30; 1 S 14,29; 1 R 18,17; Prv 11,17.29; 15,27; 1 Ch 2,7), es wird in dem Nachtrag 6,17–19 zur Bezeichnung der Folgewirkung bei Aneignung von zur Vernichtung Geweihtem, womit sich nicht nur der Betroffene, sondern das Heer selbst der Vernichtung übereignet, verwendet. Die Wurzel עכר hat somit ursprünglich nichts mit der Praxis des חרם zu tun, sondern ist erst nachträglich mit diesem in Verbindung gebracht worden, um die Auswirkungen zu verdeutlichen. Der Gebrauch des Wortes liegt somit allein auf literarischer Ebene, entsprechend ist die Erklärung des Namens Achor ein rein literarischer Vorgang, der keine Verwurzelung in einer Lokalüberlieferung voraussetzt.

Das Verbrennen war nur für schwere sexuelle Verfehlungen vorgesehen (Gn 38,24; Lv 20,14; 21,9); da Israel keine Brandbestattung kannte, handelt es sich wohl um eine aus der Umwelt übernommene Strafart, mit der die Vorstellung einer völligen Auslöschung des Menschen einschließlich der Form minderen Daseins nach dem Tode verbunden ist, vgl. G. Quell, Die Auffassung des Todes in Israel, 1925.

26 Mit 26a liegt der eigentliche Abschluß der Erzählung vor, mit der Wende des Zorns ist die zu Beginn festgestellte Störung beendet und das angemessene Verhältnis zwischen Gott und Israel wiederhergestellt. Die Errichtung eines Grabhügels (גל אבנים) ist in Israel eher die Ausnahme; der Brauch ist nur noch 8,29 und 2 S 18,17 erwähnt, üblicherweise erfolgte die Bestattung in einem Felskammergrab, vgl. A. Kuschke, BRL 122–129. Die besondere Form der Bestattung ist vielleicht 8,29 nachgebildet, hinter diesem Brauch der Bedeckung mit Steinen könnte die Vorstellung stehen, den Toten unnahbar und wirkungslos zugleich zu machen. Jedenfalls liegt keine ätiologische Notiz vor, die einen besonderen Steinhaufen in der Ebene Achor erklären soll.

Die mit על כן angeschlossene Notiz über die Namengebung 26b entspricht der üblichen Formel, vgl. B. U. Long, The Problem of Etiological Narrative in the Old Testament, BZAW 108, 1968. Die Begründung kann sich auf 25 zurückbeziehen, aber auch von dem Anklang an den Namen Achan bestimmt sein. In jedem Falle ist 26b eine Art Anhang, da der Ortsname in 25 bereits genannt ist.

Die redaktionellen Erweiterungen 6aβb.8.9.25bα

6aβb ist mit der Wiederaufnahme des Subjektes angeschlossen, was typisch für redaktionelle Arbeit ist, vgl. 3,1aβ. Der Satz ist nachträglich angehängt, um die Beteiligung des Volkes nachzutragen, als dessen Vertreter die Ältesten genannt werden, vgl. 2 S 1,2; 15,32; Ez 27,30; Thr 2,10; Est 4,1.

8.9 Die weitere Rede ist nach Wortwahl und Aussage ein Zusatz. Die singuläre Wendung הפך ערף לפני beschreibt noch einmal die Schmach der Flucht vor dem Feind. Die Bewohner des Landes werden im Unterschied zu 7 Kanaaniter genannt. Die neue Situation wird mit **סבב** ni „umzingeln" und **כרת** hi „ausrotten" umschrieben. Die neue Lage ist eine Verkehrung der göttlichen Zusage, die Feinde vor Israel auszurotten, vgl. Dt 12,29; 19,1. Nach deuteronomistischer Anschauung ist die Ausrottung Israels die Strafe für den Abfall von Jahwe (vgl. 1 R 9,7) oder aber für ein anderes schweres Vergehen. In der abschließenden Frage ist die seltene Verbindung **שם גדול**, die sich noch 1 S 12,22; Mal 1,11 und Ps 76,2 findet, keine Umschreibung für Gott selbst, sondern der Name ist Inbegriff von Ruhm und Ehre Jahwes, wie sie aus den Heilstaten erwachsen sind, vgl. Ex 9,16 (sek. zu J); 1 R 8,42; Jes 48,9; 59,19; Jer 13,11; Ps 48,11; 102,16.22; 106,47; 145,21. Insbesondere mit der Rettung Israels aus Ägypten hat Jahwe sich einen Namen gemacht, vgl. 2 S 7,23; Jer 32,20; Jes 63,12.14. Die Frage Josuas ist getragen von der Auffassung, daß Jahwes vom Geschick Israels abhängt; nur durch ein heilvolles Wirken kann Gott seinen Namen bewahren, er handelt um seines Namens willen, vgl. 1 S 12,22. – Der Zusatz stammt vermutlich von einem deuteronomistischen Redaktor, der aber nicht näher bestimmt werden kann.

25bα wurde die in Israel übliche Art der Todesstrafe nachgetragen, vgl. Lv 20,27; 24,16; Nu 15,35; Dt 17,2–5; 2 R 21,13 und dazu H. Schulz, Das Todesrecht im Alten Testament, BZAW 114, 1969.

8,1–29 Die Eroberung von Ai

[1]Jahwe sprach zu Josua: „Fürchte dich nicht und sei nicht mutlos. Nimm das gesamte Kriegsvolk mit dir, mache dich auf und zieh herauf nach Ai! Siehe, in deine Hand habe ich den König von Ai gegeben, sein Volk, seine Stadt und sein Land. [2]Du sollst an Ai und seinem König handeln, wie du an Jericho und seinem König gehandelt hast. Nur seine Beute und sein Vieh dürft ihr für euch plündern. Lege hinter der Stadt einen Hinterhalt!" [3]Da machten sich Josua und das ganze Kriegsvolk auf, gegen Ai heraufzuziehen. Josua wählte aber 30.000 Mann aus, wehrfähige Männer, und sandte sie des Nachts aus, [4]wobei er ihnen befahl: „Seht, ihr sollt der Stadt einen Hinterhalt legen hinter der Stadt. Entfernt euch nicht zu weit von der Stadt und seid alle bereit. [5]Ich und alles Volk mit mir werden uns der Stadt nähern. Wenn sie aber gegen uns herausziehen wie beim ersten Mal, dann werden wir vor ihnen fliehen, [6]und sie werden hinter uns herausziehen, bis wir sie abgeschnitten haben von der Stadt, weil sie denken: sie fliehen vor uns wie beim ersten Mal ‘ ’[a]. [7]Dann sollt ihr aus dem ‘Hinterhalt’[a] aufbrechen und die Stadt vernichten, denn Jahwe, euer Gott, hat sie in eure Hand gegeben. [8]Wenn ihr dann die Stadt eingenommen habt, sollt ihr die Stadt

mit Feuer anzünden. Nach Jahwes Wort sollt ihr handeln. Seht, ich habe (es) euch geboten". [9]Josua sandte sie aus, sie aber begaben sich in den Hinterhalt und versteckten sich zwischen Bet-el und Ai, westlich von Ai. Josua verbrachte die Nacht inmitten der ʿEbeneʾᵃ. **[10]Am Morgen stand Josua früh auf, ordnete das Volk und zog herauf – er und die Ältesten Israels – vor dem Volk nach Ai. [11]Das ganze Volk ʿ ʾᵃ, das mit ihm war, zog herauf, rückte an, gelangte der Stadt gegenüber an und lagerte sich nördlich von Ai, nur das Tal war zwischen ihm und Ai. [12]Er nahm etwa 5.000 und stellte sie als Hinterhalt (auf) zwischen Bet-el und Ai, westlich der Stadt.** [13]Das Volk aber schlug das ganze Lager auf, und zwar nördlich der Stadt, seine Nachhut (befand sich) westlich der Stadt. Die Nacht ʿverbrachteʾᵃ Josua in der Ebene. **[14]Als das der König von Ai sah, ʿeilte er und zog herausʾᵃ gegen Israel zum Kampf, er und sein ganzes Volk ʿ ʾᵇ, er wußte aber nicht, daß ein Hinterhalt für ihn hinter der Stadt lag. [15]Josua und ganz Israel ließen sich von ihnen schlagen und flohen den Weg in die Steppe.** [16]Das ganze Volk, das noch in der Stadt war, wurde zusammengerufen, um sie zu verfolgen. Sie verfolgten Josua und wurden von der Stadt getrennt. [17]Keiner blieb in Ai ʿ ʾᵃ zurück, der nicht hinter Israel her ausgezogen wäre. So ließen sie die Stadt offen zurück und verfolgten Israel. [18]Jahwe sprach zu Josua: „Strecke den Speer, der in deiner Hand ist, aus gegen Ai, denn in deine Hand habe ich es gegeben". Da streckte Josua den Speer in seiner Hand aus gegen die Stadt. **[19]Der Hinterhalt aber hatte sich inzwischen eilends von seinem Platz erhoben, und sie rannten, als er seine Hand ausstreckte, erreichten die Stadt und nahmen sie ein. Schnell zündeten sie die Stadt mit Feuer an.** [20]Als sich dann die Männer von Ai umdrehten und hinüberblickten, siehe, da stieg Rauch aus der Stadt gen Himmel, und sie konnten nach keiner Seite fliehen, weder hierhin noch dorthin. Da wandte sich das Volk, das in Richtung Steppe floh, gegen den Verfolger. **[21]Als Josua und ganz Israel sahen, daß Rauch aus der Stadt aufstieg, da kehrten sie um und schlugen die Männer von Ai.** [22]Jene aber, die aus der Stadt heraus ihnen entgegen gezogen waren, gerieten nun in die Mitte, von beiden Seiten zwischen die Israeliten. Diese schlugen sie, bis von ʿihnenʾᵃ kein Entronnener oder Flüchtling mehr übrig war. **[23]Den König von Ai aber ergriffen sie lebend und brachten ihn vor Josua.** [24]Als Israel alle Einwohner von Ai auf dem Felde ʿ ʾᵃ erschlagen hatte, wohin sie sie verfolgt hatten, und sie alle durch das Schwert gefallen waren bis auf den letzten Mann, da wandte sich ganz Israel gegen Ai und schlug es mit dem Schwert. [25](Die Zahl) aller an diesem Tage Gefallenen, Männer und Frauen, betrug 12.000, alle Bewohner von Ai. [26]Josua ließ seine Hand, mit der er den Speer ausgestreckt hatte, nicht sinken, bis er alle Bewohner von Ai der Vernichtung geweiht hatte. [27]Nur das Vieh und die Beute dieser Stadt plünderte Israel für sich nach dem Wort Jahwes, das er Josua geboten hatte. [28]Josua verbrannte Ai und machte es zu einem ewigen Ruinenhügel der Verwüstung, bis auf diesen Tag (ist es so). **[29]Und er ließ den König von Ai an einem Baum aufhängen bis zur Abendzeit. Als aber die Sonne unterging, gab Josua einen Befehl. Da nahmen sie seinen**

Leichnam vom Baum, warfen ihn in den Durchgang des Stadttores und errichteten einen großen Steinhaufen über ihm, bis auf diesen Tag (ist er da).

[6a] Die Worte „und wir werden vor ihnen fliehen" wiederholen unnötigerweise die beiden letzten Worte des vorangegangenen Verses; sie fehlen in 𝔊 und sind als Dittographie zu streichen. [7a] Sinngemäß ist מארב statt „von dem im Hinterhalt liegenden" zu lesen. [9a] Nach V. 13 ist העמק statt העם zu lesen. [11a] Die Form העם und die Fortführung der Handlung erweisen המלחמה als Glosse. [13a] Wie in V. 9 ist wahrscheinlich statt „er ging" וילן zu lesen. [14a] Da „der König von Ai" Subjekt ist, muß der Singular וימהר ויצא gelesen werden, wie er auch durch 𝔊 belegt ist. Vermutlich ist der Text nachträglich ergänzt worden, ohne daß der Umfang eindeutig festgelegt werden kann. Als unsachgemäß wurden die Worte „und sie standen früh auf" sowie „die Männer der Stadt" ausgelassen. [b] Die Bestimmung „zum Treffen vor der Steppe" stört den Zusammenhang und ist eine falsche Glosse zur Näherbestimmung des Ortes. [17a] Die weitere Angabe „und in Bet-El" ist ein „gedankenloser Zusatz" (Noth, 46). [22a] Mit verschiedenen Handschriften und dem Targum ist der Plural zu lesen. [24a] Die weitere Lokalisierung „in der Steppe" ist eine durch die Beschreibung des Fluchtwegs bedingte Glosse.

Literatur: J. A. Callaway, New Evidence on the Conquest of Ai, JBL 87, 1968, 312.320; A. Kuschke, Hiwwiter in Ha^{c}ai?, in: Wort und Geschichte. Festschrift K. Elliger, AOAT 18, 1973, 115–119; A. Malamat, Die Eroberung Kanaans: Die israelitische Kriegsführung nach der biblischen Tradition, in: Das Land Israel in biblischer Zeit, ed. G. Strecker, 1983, 7–32; M. Noth, Bethel und Ai (1935), ABLAK I, 210–228; H. Rösel, Studien zur Topographie der Kriege in den Büchern Josua und Richter I-III, ZDVP 91, 1975, 159–190; W. Roth, Hinterhalt und Scheinflucht, ZAW 75, 1963, 196–304; Z. Zevit, Archaeological and Literary Stratigraphy in Joshua 7–8, BASOR 251, 1983, 23–35.

Trotz ihres folgerichtigen Aufbaus weist die Erzählung einige Unstimmigkeiten auf, die literarische Bearbeitungen erkennen lassen. So wird die Aussendung der Truppe für den Hinterhalt in 9 und 12 zweimal erzählt, wobei vor 9 eine ausführliche Instruktionsanweisung vorausgeht 3–8. Dabei stellen 10–12 eine in sich geschlossene Einheit dar, der gegenüber 3–9 literarisch sekundär sind. Die Rede Josuas mit ihrer Rahmung 3–9 geht somit auf eine Überarbeitung zurück; sie ist aus dem Ablauf der Handlung zusammengestellt. Aber auch die Jahwerede 1.2 ist eine nachträgliche Vorschaltung, die auf eine deuteronomistische Bearbeitung zurückgeht, wie der Sprachgebrauch eindeutig erkennen läßt (so bereits Noth, 50). Der stereotype Satz וישכם יהושע בבקר ist somit die ursprüngliche Einleitung des Stückes. Die Vorschaltung der beiden Reden wird kaum durch DtrH erfolgt sein, sondern einer späteren Redaktion angehören, die nicht näher zu bestimmen ist. Auf jeden Fall spiegelt der Abschnitt 10–12 „die ursprüngliche Vorstellung vom Ablauf des Geschehens wider" (H. Rösel, 162). Dagegen ist 13 ein erklärender Zusatz; in 13a werden die Standorte von Lager und Hinterhalt unnötigerweise wiederholt und 13b ist eine entstellte Dublette zu 9b. Weiterhin klappt die Aufbietung aller Bewohner von Ai 16.17 nach; die beiden Verse sind eine Ergänzung mit der im Blick auf die Eroberung durch den Hinterhalt sichergestellt werden soll, daß die Stadt vollständig von kampffähigen Männern entblößt war. Ebenso ist die Schilderung der aussichtslosen Lage in 20 wohl ein Nachtrag, da der Rauch aus der Stadt das Zeichen für Josua war, den Kampf aufzunehmen, nachdem die Stadt erobert war. In diese Ausschmückung des Geschehens gehört auch 22, da die Vernichtung der Feinde in 21 abgeschlossen ist.

Der Speer in der Hand Josuas wird 18 unvermittelt eingeführt und hat als Zeichen sonst keine Funktion. Die Bemerkung stellt ebenso einen Nachtrag dar wie die weiteren Verweise כנטות ידו in 19 und wie 26, mit dem 27 zusammengehört, falls die Ausnahmebestimmung zur Vernichtungsweihe nicht die Ergänzung einer weiteren Redaktionsstufe ist. Die erneute Vernichtung der Stadt in 24 ist ebenso eine Dublette wie das Verbrennen der Stadt durch Josua in 28, da die Stadt bereits in 19 erobert worden ist. Beide Verse gehören somit nicht zum Grundbestand der Erzählung, zumal die ätiologische Notiz in 28 in einer gewissen Spannung zu 29b steht. Mit dieser Zuweisung von 24.26f. und 28 an eine Bearbeitung erweist sich auch die Angabe über die Zahl der Gefallenen 25 als redaktionell, folglich haben die beiden Aussagen über das Schicksal des Königs 23 und 29 ursprünglich einmal zusammengestanden. Die Erzählung war ursprünglich bedeutend geschlossener und hat nur folgende Teile umfaßt:

10–12	Anmarsch und Vorbereitung
14.15	Ausfall der Bewohner
19	Eroberung der Stadt
21	Vernichtung der Bewohner
23.29	Das Schicksal des Königs

Die beiden Reden 1.2 und 3–9 mit ihren Rahmungen gehen auf eine Redaktion zurück, die eindeutig im Horizont deuteronomistischer Theologie steht. Zu der gleichen Stufe der redaktionellen Arbeit können die zusätzlichen Angaben über die Vernichtung der Bewohner 22.24.25 und zur Verbrennung der Stadt 28 gehören. Ob sie alle von einer Hand stammen, ist nicht zu beweisen, zumindest deuten sie alle mehr oder weniger in die gleiche Richtung des erzählerischen Ausbaus einer älteren Fassung. Da die Vorschaltung der Reden von RedD stammen wird, kann auch ein Teil der übrigen Bearbeitung auf diesen zurückgehen. Wie auch sonst, hat er durch Ergänzungen im Sinne seiner Theologie bearbeitet. Für die ursprüngliche Fassung ist die Aufnahme einer noch älteren Vorlage nicht mehr erkennbar. Auch bestehen keine Anzeichen einer längeren mündlichen Tradition.

Die einzigartige Rolle Josuas und die damit verbundene Betonung der Vernichtungsweihe in 18.26.27 wird auf eine Redaktion zurückgehen, die seine Gestalt besonders hervorheben wollte. Die Einfügungen 16.17 und 20 zum Verhalten der Männer von Ai, die sich selbst in ihre aussichtslose Lage bringen, wirken eher störend und sind das Ergebnis phantasievoller Ausschmückung, mit der die Erzählung fortgeschrieben werden soll. Ein letzter Eintrag stellt 13 dar, da er bereits literarisch von 9b abhängig ist.

Abgesehen von den topographischen Einzelheiten ist der Verlauf ohne Spannung und Höhepunkte erzählt, wobei auf das Motiv von Hinterhalt und Scheinflucht zurückgegriffen wird. Die Eroberung läuft geradezu schematisch ab, der Sieg ist als selbstverständlich vorgegeben. Die Verarbeitung einer älteren Überlieferung ist nicht erkennbar, vielmehr ist die Kriegserzählung geradezu ein Paradigma für den Erfolg gottgewollten Handelns. Aufbau, Stil und Wortwahl lassen für die Abfassung kaum auf ein hohes Alter schließen, sondern legen die Abfassung in der späten Königszeit nahe, wobei eine kurze Lokalüberlieferung aufgenommen sein kann, die an einem Steinhaufen von Ai gehaftet hat.

Trotz dieses ätiologischen Elements ist die Erzählung keine alte Sage aus vorstaatlicher Zeit, vielmehr scheint die Trümmerstätte von Ai erst im Verlauf der Königszeit mit der Landnahme in Verbindung gebracht worden zu sein. Nach dem Untergang der frühbronzezeitlichen Stadt war der Ort nur noch einmal während der frühen Eisenzeit (1200–1050) besiedelt und blieb dann für immer verlassen (vgl. zu 7,2). Die Verbindung der Ruinen, von denen allenfalls noch geringe Reste sichtbar waren, mit der Landnahme der israelitischen Stämme setzt eine konkrete Vorstellung von der Einnahme des Landes voraus. Eine solche konkrete Anschauung von den geschichtlichen Vorgängen ist erst in der Königszeit entwickelt worden. Darum ist es unwahrscheinlich, daß die früheisenzeitlichen Siedler eine Überlieferung zur Erklärung der Überreste aus der Frühbronzezeit gebildet haben. Erst nachdem das Bild einer kriegerischen Eroberung des Landes in die Geschichtsauffassung eingegangen war, konnten Ätiologien entstehen, in denen vorfindliche Reste aus der Vergangenheit mit eben diesem Vorgang in Beziehung gesetzt wurden. So kann sich erst seit der frühen Königszeit die Erklärung eines Steinhaufens in Ai als Grabhügel eines ehemaligen Königs der Stadt herausgebildet haben. Die Ausgestaltung dieses Stoffes in der vorliegenden Form erfolgte noch später und ist das Ergebnis gestaltender Geschichtsschreibung. Nicht die kurze Besiedlung in vorstaatlicher Zeit, sondern die Verödung des Ortes während der Königszeit hat den Anstoß für eine erzählerische Erklärung dieses Sachverhalts herausgefordert. Ob dabei die Überreste der früheisenzeitlichen Ortschaft (so Z. Zevit, 31) oder der frühbronzezeitlichen Stadt den Haftpunkt gebildet haben, ist letztlich unerheblich. Falls die Erzählung noch vor dem Ende des Nordreichs entstanden ist, müßte sie in das 8. Jh. datiert werden (vgl. Z. Zevit, 32). Der deuteronomistische Historiker hat die Überlieferung vorgefunden und im Sinne seiner eigenen Geschichtstheologie bearbeitet.

Die Absicht der Erzählung besteht in der Erklärung der Trümmerstätte von Ai, ihren Haftpunkt hat sie dabei konkret an einem Steinhaufen im Bereich des Stadtgebietes, der als Grabmal des Königs von Ai ausgegeben wird. Zur Ergänzung des strengen Handlungsablaufes ist diese durch verschiedene Elemente erweitert worden, mit denen einerseits die Rolle Josuas und andererseits die Besonderheit des Geschehens weiter ausgestaltet würden.

Die ursprüngliche Erzählung 10–12.14.15.19.21.23.29

10–12 Die Einleitung wiederholt die übliche Floskel, vgl. 3,1; 6,12; 7,16. Die Handlung beginnt mit dem Anfang des Tages, das weitere Geschehen 14 ff. ist dann auf den folgenden Tag zu datieren. Im Qal hat פקד hier die im militärischen Bereich übliche Bedeutung von „mustern“; in dieser Bedeutung wird das Wort im DtrG verschiedentlich erwähnt (vgl. 1 S 4,8; 13,15; 15,4; 2 S 18,1; 24,2.4; 2 R 20,15.26), ist dann aber in der Priesterschrift, vor allem in Nu 1–4, zum *terminus technicus* geworden. Der Aufstieg ins Gebirge setzt immer noch das Lager bei Jericho voraus, das nicht eigens erwähnt wird. Über Ai vgl. zu 7,2.3.

Über den Anmarschweg verlautet nichts, er liegt außerhalb des Interesses des Erzählers, so daß jede weitere Spekulation müßig ist. Mit dem Aufschlagen des Nachtlagers nördlich von Ai ist der Aufmarsch abgeschlossen, wobei vorausgesetzt ist, daß dieses in Sichtweite der Stadt gelegen hat. Die weitere Angabe über das Tal zwischen Lager und Stadt kann eine Ergänzung sein, entspricht aber den topographischen Gegebenheiten, da unmittelbar nördlich von *et-Tell* die tiefe Schlucht des *Wādi el-Ǧāye* entlangführt.

Dieses Tal bot zwar einen guten Schutz vor einem Überraschungsangriff, zwang aber auch den Angreifer zu einem Umweg, da von Norden kein Angriff auf die Stadt erfolgen konnte. Der Sinn der Ortsangabe ist somit nicht völlig durchsichtig.

Der mit 5.000 Mann gebildete Hinterhalt wird westlich der Stadt gelegt. Die Angabe nimmt zwar auf die nächstgelegene Stadt Bet-El (*Bētīn*) Bezug, reicht aber für eine nähere Bestimmung des Platzes nicht aus. Bereits J. Garstang (Joshua Judges, 1931, 154) hat an den mit Felsbrocken übersäten Hügel *Burğmus* gedacht, aber zwingend ist diese Annahme nicht, da der Text nur die Richtung, nicht aber die genaue Örtlichkeit festlegen will.

Die Kriegslist des Hinterhaltes wird auch sonst angewendet, um den Gegner durch einen unerwarteten Angriff zu überraschen und den taktischen Vorteil zu einem sicheren Sieg zu nutzen, vgl. Jdc 9,34–41.42–45. Die scheinbare Flucht ist eine weitere Taktik, den Gegner unter Umgehung einer verlustreichen Feldschlacht oder einer langwierigen Belagerung zu bezwingen. Diese Kampfesweise wird in hellenistisch-römischer Zeit mehrfach berichtet, vgl. die Belege bei A. Malamat, 24f.; für die Kriege Israels während der Königszeit ist sie aber nicht erwähnt. Als Beispiel sei ein Bericht aus dem klassischen Werk der Antike über Kriegsführung, Frontinus, Strategemata III, 10.5, mitgeteilt:

„Als der Karthager Himilko (=Hamilka) vor Agrigentum stand, legte er unweit der Stadt einen Teil seiner Truppen in den Hinterhalt und befahl ihnen, nach dem Ausrücken der Städter nasses Holz anzuzünden. Darauf rückte er bei Tage mit dem übrigen Heer vor, um die Feinde herauszulocken, täuschte dann Flucht vor und führte sie bei ihrer Verfolgung durch sein Weichen weit von der Stadt fort. Jetzt zündeten die im Hinterhalt liegenden dicht an den Mauern die Haufen weisungsgemäß an. Als die Einwohner von Agrigent den von da aufsteigenden Rauch sahen, glaubten sie, ihre Stadt sei in Brand gesteckt, und eilten bestürzt zurück, um sie zu schützen. Dabei traten ihnen aber diejenigen entgegen, welche in der Nähe der Mauern im Hinterhalt gelegen hatten, und von hinten setzten ihnen diejenigen zu, die sie soeben verfolgt hatten, so daß sie von beiden Seiten niedergemacht wurden."

(Nach G. Bendz, Frontin: Kriegslisten, 1963, 149)

In jedem Fall war dieses Vorgehen so allgemein bekannt, daß es auch als literarischer Topos verwendet werden konnte.

14.15 Der namentlich nicht genannte König von Ai handelt angesichts der erkannten Bedrohung sofort und macht einen Ausfall, ohne einen Angriff oder eine Belagerung abzuwarten. Damit fügt er sich geradezu in die Planung Israels ein. In dem Zusatz למועד לפני הערבה (vgl. die Textkritik) ist מועד keine Ortsbezeichnung, wie Noth, 48 angenommen hat, sondern *terminus technicus* für das Zusammentreffen in der Schlacht. Die unbestimmte Angabe לפני הערבה läßt eine nähere Lokalisierung nicht zu, vielmehr handelt es sich um eine allgemeine Richtungsangabe. Da ערבה hier wie in 11,2.16; 12,8; 18,18 den Jordangraben bezeichnet, ist ein Vorstoß in östliche Richtung vorausgesetzt. Auch 14b könnte ein gelehrter Zusatz sein, da diese Zwischenbemerkung eigentlich die in der Geschichte liegende Spannung mindert. Dem Plan entsprechend ergreift Israel zum Schein die Flucht. Das Fliehen des Heeres bedeutete den Sieg des Feindes und das Ende der Kampfhandlungen, vgl. 1 S 4,10; 2 S 18,17; 19,9. Die Scheinflucht soll den Gegner in die Sicherheit des Sieges versetzen, um ihn in den vorbereiteten Hinterhalt zu locken.

Der Ort des Treffens wird ebensowenig mitgeteilt wie der notwendige Aufmarsch Israels. Der Fluchtweg דרך המדבר ist zwar nicht mehr näher zu bestimmen, scheint aber in die östlich gelegenen Steppengebiete geführt zu haben. Im Prinzip kann es sich dabei um die gleiche Route wie bei der Flucht in 7,5 gehandelt haben, doch gibt der Text keine genaue Auskunft, so daß auch ein weiter nördlich gelegener Weg in den Jordangraben gemeint sein kann. Dem Erzähler waren die topographischen Gegebenheiten ebenso bekannt wie dem späteren Glossator, doch bleiben zahlreiche Einzelheiten offen, da immer nur soviel mitgeteilt wird, wie für den Nachvollzug der Handlung durch einen ortskundigen Hörer oder Leser notwendig ist. Die Richtung der Flucht läßt eine Entscheidung über den Ort des Zusammentreffens im Norden oder Osten der Stadt nicht zu, erst mit dem Zusatz למועד לפני הערבה wurde das Geschehen näher lokalisiert.

Die Scheinflucht ist auch eine in der Erzählung von der Vernichtung der Benjaminiten Jdc 20,29–48 angewendete Taktik, die offensichtlich dazu diente, eine Stadt ohne Belagerung und Erstürmung einzunehmen. Sie setzt allerdings eine gewisse Unvorsichtigkeit seitens des Gegners voraus, die in dem Zusatz 16.17 eigens ausgeschmückt ist.

19 Während des Scheingefechtes erobert (לכד) die Nachhut die Stadt und zündet sie an. Das gebrauchte Verbum יצת hi ist im Zusammenhang mit Kriegshandlungen nur selten belegt (vgl. Am 1,14). Sonst wird שרף verwendet 6,24; 8,28; 11,9.11.13, ein Grund für die besondere Wortwahl ist nicht ersichtlich. Weitere Einzelheiten über Kampfhandlungen werden nicht berichtet.

21 Wie in Jdc 20,38 ist der Rauch das Erkennungszeichen für die erfolgreiche Eroberung der Stadt. Der weitere militärische Erfolg ist stereotyp erzählt, wodurch anscheinend die ausschmückenden Nachträge 20 und 22 veranlaßt wurden.

23.29 Das Schicksal des Königs von Ai bildete ursprünglich einen geschlossenen Erzählzusammenhang und den Abschluß der Erzählung. Allein die Person des Herrschers ist mit einer ätiologischen Notiz verbunden worden, die wohl einen Anhaltspunkt in einem Steinhaufen im Gelände der Trümmerstätte gehabt hat. Für die Todesstrafe durch Hängen gibt es sonst keine Beispiele, doch wird die Praxis in der Anordnung Dt 21,22.23 vorausgesetzt, den Leichnam nicht über Nacht hängen zu lassen.

Die deuteronomistische Redaktion 1.2.3–9.22.24.25.28 (RedD)

1.2 Auch in 6,2–5 und 7,10–15 werden Handlungen in langen Jahwereden angeordnet; die Vorwegnahme des Geschehens durch eine Rede ist sonst ein stilistisches Merkmal von DtrH. Der Inhalt besteht weitgehend aus formelhaften Wendungen. Die Ermahnung zur Furchtlosigkeit אל תירא kommt häufig im Zusammenhang mit kriegerischen Handlungen vor, vgl. 10,8; 11,6 und Ex 14,13; 20,1.3; 31,6.8. Parallel zu dem synonymen Ausdruck אל תחת findet sie sich 10,25 und Dt 1,21; 31,8; 2 Ch 32,7. Mit dieser Redewendung ist die Zusage des Sieges נתתי בידך verbunden, vgl. 11,6 und Nu 21,34; Dt 3,2. Neben dem formelhaften Sprachgebrauch weist der Rückbezug auf die Eroberung Jerichos in 6,20 auf den deuteronomistischen Redaktor.

Die Freigabe der teilweisen Plünderung bedeutet eine Einschränkung des Gebotes der Vernichtungsweihe. Auch 11,14 und Dt 2,35; 3,7; 20,14; 2 Ch 20,25; 28,8; Est 3,13; 8,11 bildet שלל das Objekt zu בזז. Da das Vieh eigens erwähnt wird, bezeichnet שלל die bewegliche Habe der Unterworfenen, wobei Frauen und Kinder eingeschlossen waren. Das Verteilen der Beute ist alter Kriegsbrauch und soll auch denen einen Anteil sichern, die wegen der Erfüllung anderer Aufgaben nicht an der Plünderung teilnehmen konnten, vgl. Jdc 5,30; Gn 49,27; Ex 15,8; Ps 68,13. Diese Praxis des Beutemachens wird in dem Kriegsgesetz Dt 20,10–15 ausdrücklich legitimiert, in einer Verschärfung wird aber Dt 20,16–18 für die kanaanitische Bevölkerung die völlige Ausrottung vorgesehen. Um einen Widerspruch zu vermeiden, werden Frauen und Kinder nicht eigens erwähnt, vielmehr wird stillschweigend vorausgesetzt, daß sie nicht zur Beute gehören und damit der Vernichtungsweihe verfallen sind. In einer Vorwegnahme des Geschehens wird auch 2b der Hinterhalt bereits angeordnet.

3–9 Die Rede Josuas hat eine eigene Rahmung, in der die Handlung von 10–12 vorweggenommen wird. Die Zahl der für das Unternehmen ausgewählten Krieger ist mit 30.000 Mann außerordentlich hoch, was ein Indiz für späte Abfassung ist. Die Bezeichnung גבורי החיל findet sich nur noch 1,14 und als nachgetragene Glosse in 6,2 und 10,7; wahrscheinlich ist sie hier ebenfalls ein Zusatz. Singulär ist die Verwendung von בחר für die Musterung. Die Rede dient vor allem der Erklärung des Hinterhaltes, wobei alle Einzelheiten der ursprünglichen Erzählung entnommen sind. Aus dem deuteronomistischen Sprachgebrauch ist die Wendung נתן יהוה ביד aufgenommen, vgl. zu 6,2. Das ungebräuchliche יצת אש entstammt 19. Mit 9b wird die Anwesenheit Josuas im Lager betont.

22 bietet eine Variante für das Kampfgeschehen. Die Männer von Ai werden mit Hilfe des Hinterhaltes in die Zange genommen und aufgerieben. Damit nimmt der Hinterhalt, der ursprünglich nur die Aufgabe der Eroberung der Stadt hatte, ebenfalls an der Schlacht teil, so daß die Männer von Ai geradezu in der Falle sitzen. Die völlige Vernichtung wird durch die formelhafte Wendung עד בלתי השאיר לו שריד ausgedrückt, die sich so oder ähnlich noch 10,20.28.30.33.37.39.40; 11,8 sowie Nu 21,35; Dt 2,34; 3,3; 2 R 10,11 findet und damit als deuteronomistisch erkennbar ist. Das Erschlagen der Feinde war bereits 21b berichtet und abgeschlossen.

24 nimmt 22 wieder auf, wobei die Wortwahl zu הרג wechselt, dieses Wort ist noch 9,26; 10,11; 13,22 belegt. Die Tötung der Bewohner von Ai steht dabei in Widerspruch zu 16.17, wonach alle Männer die Stadt verlassen haben, um das von Josua angeführte Israel zu verfolgen. Die Aussage kann sich nur auf die Frauen und Kinder beziehen. Die Wendung נכה לפי חרב ist die deuteronomistische Standardformel für die Ausrottung, vgl. 10,28.30.35.37.39; 11,14; 19,47. So wird erneut die Vernichtung aller Bewohner der Stadt betont.

25 Die Angabe über die Gefallenen gehört auch sonst zum Kriegsbericht, vgl. Jdc 8,10; 20,46, wobei die Zahl sehr hoch gewählt ist, um den Erfolg Israels entsprechend zu veranschaulichen.

28 Das Niederbrennen (שרף) der Stadt entspricht dem üblichen Vorgehen, vgl. 6,24; 11,6.9.11.; 11,13 (RedD); Dt 13,17. Die Aussage steht in Spannung zu 19, wo die Stadt bereits durch die Nachhut angezündet worden ist; sie zielt auf die ätiologische Notiz. Die Beschreibung des verbrannten Ortes als תל עולם שממה ist singulär, mit ihr soll eine Verbindung zwischen dem Ortsnamen העי „die Trümmerstätte" und dem Wort für den Tatbestand einer zerstörten Siedlung תל hergestellt werden. Gleichzeitig soll begründet werden, warum Ai bis in die Gegenwart des Erzählers nicht wieder besiedelt worden ist, Ai ist für immer ein Ruinenhügel geblieben.

Die Ergänzungen 18.26.27 und 16.17 sowie 20 und 13

18.26.27 Das Ausstrecken des כידן genannten Gegenstandes begleitet die gesamte Kampfhandlung bis zum Abschluß der Vernichtungsweihe. Die Geste ist mehr als ein bloßes Zeichen, als wirkmächtige Handlung garantiert sie Israel den Sieg. In ihrer Wirkung entspricht sie den ausgestreckten Armen Moses in der Erzählung vom Krieg gegen Amalek Ex 17, 8–13.15.16, wo betont wird, wie allein die Kraft, die von der Haltung der Arme des Mose ausgeht, den Sieg Israels herbeiführt. Allerdings wird hier nicht betont, daß der Ritus aus sich heraus wirkt. Das Wort כידן bezeichnet wahrscheinlich das Krummschwert, wie aus der Beschreibung in 1 QM V.10–14 hervorgeht, vgl. G. Molin, What is a *Kidōn*?, JSS 1, 1956, 334–337. Ein solches Krummschwert als Hiebwaffe gehörte zu Goliats Rüstung 1 S 17,6.45, sonst wird es nur noch beiläufig Jer 6,23; 50,42; Hiob 39,23; 41,21; Sir 46,2 erwähnt. Während der späten Bronzezeit war diese Waffe im gesamten vorderen Orient verbreitet, war aber in der Eisenzeit nicht mehr Bestandteil der regulären Ausrüstung eines Kriegers. In der Ikonographie Ägyptens hat das Krummschwert die Keule als siegreiche Waffe in der Hand des Pharao abgelöst, ist aber auch sonst auf Abbildungen in der Hand von Menschen oder Göttern belegt, vgl. dazu O. Keel, Wirkmächtige Siegeszeichen im Alten Testament, 1974. Das Krummschwert in der Hand Josuas geht somit eher auf die Bedeutung der Waffe in der Bilderwelt als auf die reale Bewaffnung zurück.

Zur Vernichtungsweihe vgl. zu 6,21.

Die genaue Regelung in 27 könnte ein Nachtrag sein, um die Übereinstimmung mit dem Kriegsgesetz Dt 20,10–18 herauszustellen.

Zu בזז und שלל vgl. zu 2.

16.17 Die Verfolgung (רדף) der Fliehenden soll den errungenen Erfolg weiter sichern. Das Zusammenrufen weiterer Verfolger aus der Stadt ist unsinnig. Mit dem Vorgehen soll erzählerisch die völlige Entblößung der Stadt festgestellt werden. Stilistisch ist die Einfügung mit dem vierfachen רדף/יצא אחרי ungeschickt formuliert. Diese Ausschmückung schreibt die Erzählung im Sinne einer wunderbaren Steigerung des Erfolges fort: einerseits hat nun die Nachhut leichtes Spiel, und andererseits ist die Vernichtung aller Männer von Ai durch Josua sichergestellt.

20 bietet zunächst eine Ausmalung der Verwirrung unter den Feinden angesichts der unerwarteten Eroberung ihrer Stadt; 20b nimmt 21 vorweg.

13 gehört nicht zu der systematischen Bearbeitung, vielmehr bietet der Vers zwei überflüssige Wiederholungen. Zunächst werden 13a die Lage von Lager und Hinterhalt noch einmal in ihrer geographischen Position bestimmt, wobei das verwendete Wort עקב eigentlich die Nachhut bedeutet, vgl. Gn 49,19. Mit 13b wird 9b in entstellter Form wiederholt.

8,30–35 Der Altarbau auf dem Ebal

30 Damals baute Josua einen Altar für Jahwe, den Gott Israels, auf dem Berg
Ebal, 31 wie Mose, der Knecht Jahwes, den Israeliten geboten hatte, wie geschrieben steht im Buch der Weisung Moses, einen Altar aus unbehauenen

Steinen, über die man Eisen nicht geschwungen hatte. Sie brachten auf ihm Brandopfer dar für Jahwe und opferten Schlußopfer. [32]Dort schrieb er auf die Steine eine Zweitschrift der Weisung Moses, die er vor den Israeliten geschrieben hatte. [33]Ganz Israel, seine Ältesten ʿ ʾ[a]und seine Richter standen zu beiden Seiten der Lade den Priestern ʿ ʾ[b]gegenüber, die die Bundeslade Jahwes trugen, Schutzbürger wie Vollbürger, die eine Hälfte auf dem Berg Garizim und die andere[c] auf dem Berg Ebal, wie Mose, der Knecht Jahwes, befohlen hatte, das Volk Israel zu segnen ʿ ʾ[d]. [34]Danach las er alle Worte der Weisung vor, Segen und Fluch, wie es im Buch der Weisung geschrieben steht. [35]Es gab kein einziges Wort, von allem, was Mose geboten hatte, das Josua nicht vor der ganzen Versammlung Israels vorgelesen hätte, auch vor den Frauen, den Kindern und Schutzbürgern, die unter ihnen mitzogen.

33 a Wegen des Fehlens des Suffixes ist „Führer" als Glosse anzusehen. b Die Näherbestimmung „die Leviten" ist vermutlich wie in 3,3 eine Glosse. c Der Artikel ist wegen des Suffixes zu streichen. d Der nachklappende Zusatz „zuerst" ist eine Glosse.

Der Abschnitt paßt nach Ort und Inhalt nicht in den erzählerischen Zusammenhang und erweist sich damit als Einschub. In 𝔊 steht das Stück erst nach 9,2. Eigentlich handelt es sich nicht um eine Erzählung, sondern um eine literarische Komposition, die aus vier Elementen besteht, die von verschiedenen Abschnitten des Deuteronomiums abhängig sind und verhältnismäßig unverbunden nebeneinanderstehen: Altarbau und Opfer auf dem Ebal 30.31, Beschriftung des Altars mit der Tora 32, Aufstellung des Volkes um die Lade 33 und Verlesung der Tora 34.35. Ob diese Kombination von einem Redaktor vorgenommen wurde oder erst durch verschiedene Ergänzungen entstanden ist, läßt sich kaum noch feststellen. Wahrscheinlich ist die mit der Lade verbundene Handlung 33 nachgetragen, da sie sich nur schlecht in den Zusammenhang einfügt. Aber auch die Beschriftung des Altars 32 könnte ein späterer Zusatz sein, wie bereits Noth, 52 angenommen hat. In 34 sind die Worte הברכה והקללה im Blick auf die Zeremonie Dt 27,12–13 nachgetragen. Ebenso hat die detaillierte Feststellung 35 den Charakter eines Nachtrages. Ursprünglich umfaßte das Stück also wohl nur Altarbau, Opfer und Gesetzesverlesung auf dem Ebal 30.31.34. Diese Zusammenstellung ist bereits eine Kompilation, die von der Vorstellung getragen ist, daß zu dem Opfer an heiliger Stätte auch die Verlesung der Tora gehört. Die Einfügung des Stückes könnte auf die deuteronomistische Redaktion zurückgehen, die in 4,9 die Errichtung der Steine im Jordan nachgetragen hat. Deutlich ist die Absicht, in 30.31 die Ausführung der Anweisungen Dt 27,1–8 mitzuteilen.

Wie die Einzelexegese zeigen wird, sind die verschiedenen Elemente von verschiedenen Bestimmungen im Deuteronomium abhängig. Die einzige Ausnahme ist die Gegenwart der Lade, die nicht vorgegeben war, sondern entsprechend ihrer Bedeutung sekundär nachgetragen ist. An keinem Punkt ist eine alte Überlieferung erkennbar, die auf eine besondere Kulttradition für den Ebal schließen läßt. Vielmehr handelt es sich um eine Fiktion zur Entsprechung deuteronomischer Kulttheologie, wobei der Ebal wohl gerade deshalb gewählt wurde, weil ihm keine besondere kultische Dignität zukam.

Die deuteronomistische Fassung 30.31.34 (RedD)

30.31 entsprechen der Anweisung Dt 27,5–7, auf die ausdrücklich Bezug genommen wird. Nach R.P. Merendino (Dt 27,1–8. Eine literarkritische und überlieferungsgeschichtliche Studie, BZ NF 24, 1980, 194–207) gehört Dt 27,5–7 zum ältesten Bestand, wobei V. 5b.6 eine Erweiterung innerhalb der Anordnung darstellen; bei der Abfassung von 30.31 lag der Abschnitt aber bereits geschlossen vor. Für den Deuteronomiker war der Altar auf dem Ebal die erste Kultstätte Israels im Land. Da der samaritanische Pentateuch statt Ebal stets Garizim liest, ist der ursprüngliche Ort umstritten. Beide Berge liegen sich gegenüber, wobei sich der Garizim (*Ğebel eṭ-Ṭōr*) südlich und der Ebal (*Ğebel Islāmīye*) nördlich von Sichem befinden. Der Widerspruch in der Textüberlieferung ist von der späteren Kultstätte der Samaritaner auf dem Garizim nicht zu trennen, die allerdings erst zu Beginn der hellenistischen Zeit errichtet worden ist, dazu R.T. Anderson, The Elusive Samaritan Temple, BA 54, 1991, 104–107. Die nachträgliche Änderung des masoretischen Textes in Abwehr samaritanischer Ansprüche ist dabei ebenso denkbar wie der Eingriff in den Text seitens der Samaritaner zur Legitimierung ihrer Tempelgründung. Bereits Noth, 52 hat darauf hingewiesen, daß die Verbindung des Segens mit dem Garizim in den vom Altarbau unabhängigen Traditionen Dt 11,29 und 27,12f. eher für die Ersetzung des Namens Garizim durch Ebal spricht. Keinesfalls soll mit Dt 27,5–7 eine alte Kulttradition begründet werden, zumal eine Kultstätte aus vorstaatlicher oder staatlicher Zeit weder auf dem Garizim noch auf dem Ebal nachweisbar ist. Die Verlegung des ersten Altars im Westjordanland könnte vielmehr dadurch bedingt sein, daß gerade keines der alten Ortsheiligtümer durch eine besondere Tradition legitimiert werden sollte, um jede Konkurrenz zum Tempel in Jerusalem auszuschließen, der nach der Auffassung des Deuteronomikers als das einzig wahre Heiligtum Israels gilt, da diese Stätte von Jahwe selbst erwählt worden ist, um seinen Namen wohnen zu lassen, vgl. Dt 12 und dazu F. Dumermuth, Zur deuteronomischen Kulttheologie und ihren Voraussetzungen, ZAW 70, 1958, 59–98.

Der Altar ist Opferstätte und damit Ort für die wichtigste Kulthandlung. Weitere Einrichtungen sind nicht genannt. Die Ausübung des Opferkultes ist auch ohne ein Tempelgebäude möglich, der Altar allein markiert den Kultplatz. Über seine Form und Größe verlautet nichts. Vorzustellen ist er nicht in Analogie zu den Altären aus Arad und vom *Tell es-Sebạ'* (Y. Aharoni, The Horned Altar of Beer-Sheba, BA 37, 1974, 2–6), da diese nicht für Brandopfer benutzt worden sind, vgl. N.H. Gadegaard, On the So-Called Burnt Offering Altar in the Old Testament, PEQ 110, 1978, 35–45. Vielmehr ist der Altar am ehesten entsprechend der במה in Gibeon 1 R 3,4–15 als eine große Plattform mit Stufenzugang zu denken, nachdem P.H. Vaughan (The Meaning of ‚*bāmâ*' in the Old Testament, 1974, 46–51) die Benutzung dieser Form der במה als Altar nachgewiesen hat.

Die Wendung אבנים שלמות אשר לא הניף עליהן ברזל weist zurück auf die Bestimmung des Altargesetzes im Bundesbuch Ex 20,24–26, wo das Verbot, bearbeitete Steine zu verwenden, damit begründet wird, daß der Gebrauch des Meißels den Stein entweiht und damit für den kultischen Zweck unbrauchbar macht. Diese Einschränkung kann erst entstanden sein, als die Steinbearbeitung in der frühen Königszeit in Israel für öffentliche Bauten aufkam. Vermutlich soll mit dieser Anordnung die weitere Verwendung des einfachen Altars aus Erde und Steinen oder möglicherweise auch aus luftgetrockneten

Lehmziegeln gesichert werden. Mit diesem Rückverweis wird die Übereinstimmung mit der Tradition betont.

Auf dem Altar werden עולות und שלמים dargebracht, zu den Opferarten vgl. R. Rendtorff, Studien zur Geschichte des Opfers im alten Israel, WMANT 24, 1967. Die עולה ist das Brandopfer, bei dem das ganze Opfertier nach der Schlachtung für Gott auf dem Altar verbrannt wird und dieser „Akt des Verbrennens das wesentliche Element des Rituals bildet“ (R. Rendtorff, 235). Der Verlauf ist weitgehend in dem Ritual Lv 1 festgehalten, das die nachexilische Praxis spiegelt. In vorexilischer Zeit war es die wichtigste Art des Opfers und wurde bei allen öffentlichen Anlässen vollzogen, was sich noch in den erzählenden Texten spiegelt, wo die Errichtung eines Altars immer mit der Darbringung eines Brandopfers verbunden ist, vgl. Gn 8,20 J; Nu 23,1 f.14.29 f.; Jdc 6,26; 2 S 24,25. Die Herkunft der עולה ist nicht geklärt. L. Rost (Erwägungen zum israelitischen Brandopfer, Das kleine Credo und andere Studien zum AT, 1965, 112–119) hat auf die Analogien bei Griechen, Puniern und Kanaanitern verwiesen und einen gemeinsamen Ursprung des Brandopfers im südanatolisch-nordsyrischen Raum und die Übernahme aus der Umwelt vermutet.

Vermutlich ist das Brandopfer älter als die kanaanitische Kultur, doch sind die Ursprünge im Dunkel der Vorgeschichte nicht mehr aufzuhellen. Das Brandopfer ist als ritualisiertes Töten ein sakraler Akt, bei dem das getötete Tier ganz der Gottheit übereignet wird, ohne daß der Mensch einen Anteil an dem Tier erhält. Dieser Vorgang ist nur dann nicht widersinnig, wenn das Opfer im Rahmen einer umfassenden Auffassung vom Verhältnis des Lebendigen zur Gottheit verstanden wird. Voraussetzung für den Sinn des Brandopfers ist der Widerspruch zwischen der Notwendigkeit zu töten und der Scheu, Leben zu vernichten. Als *homo necans* steht der Mensch immer in dem Konflikt, Tiere zu seiner Versorgung schlachten zu müssen und damit gleichzeitig in einen Lebensbereich einzudringen, der in besonderer Nähe zur Gottheit steht. Alles Töten ist deshalb mit Schuld verbunden, die besonderer Sühne bedarf, vgl. W. Burkert; Homo necans, 1972, 1–98. Der Mensch ist nicht Herr des Lebens und jeder Eingriff in diesen Bereich stellt einen Konflikt dar, der eigens gelöst werden muß. Das Brandopfer erscheint so als eine Beschwichtigung der Gottheit dafür, daß der Mensch mit dem Töten eines Tieres in eine Sphäre eingegriffen hat, die nicht ihm, sondern der Gottheit zugehört. Mit dieser Form des ganzheitlich geopferten Tieres erhält der Gott nur zurück, was ohnehin ihm gehört. Als eine selbständige Begehung ist das Brandopfer ritualisiertes Töten, mit dem der Mensch die durch das Schlachten des Tieres vollzogene Grenzüberschreitung und die damit gegebene Verschuldung wieder aufhebt. Mit dem Brandopfer wird somit der Eingriff des Menschen in den eigentlich unantastbaren Bereich des Lebens gesühnt, vgl. H. Gese, Die Sühne, Zur biblischen Theologie, ^{3}1989, 85–106; B. Janowski, Sühne als Heilsgeschehen, 1982, WMANT 55, 190 ff.

Die zweite Opferart, das שלמים-Opfer, ist niemals allein, sondern immer in Verbindung mit dem Brandopfer genannt, vgl. Ex 20,24; 32,6; Dt 27,6 f.; Jdc 20,26; 21,4; 1 S 18,8; 13,9; 2 S 6,17 f.; 1 R 3,15; 8,64; 9,25; 2 R 16,13. Die שלמים erscheinen „vor allem bei besonders wichtigen und feierlichen Anlässen, wo sie den Abschluß einer größeren Opferzeremonie bilden. Als Bestandteile des Rituals werden das Verbrennen des Fettes und das Blutsprengen besonders genannt“ (R. Rendtorff, 237). Vermutlich ist dieses Opfer ursprünglich im Zusammenhang mit der עולה dargebracht worden. In den priesterlichen Texten wurde das Ritual dann mit dem des זבח verschmolzen, bei dem das

Opfer in der Mahlgemeinschaft der Teilnehmer mit Jahwe verzehrt und nur das Fett des Tieres auf dem Altar verbrannt wird. Dementsprechend sind die שלמים ebenfalls als Gemeinschaftsopfer aufzufassen, wobei das Blutsprengen an den Altar der Entsühnung dient. Zur Frage von Herkunft und Entsprechung vgl. R. Schmid, Das Bundesopfer in Israel. Wesen, Ursprung und Bedeutung der alttestamentlichen Schelamim, 1964; dazu D. Gill, *Thysia* and *Š^{e}lamim*: Questions to R. Schmid's Das Bundesopfer in Israel, Biblica 47, 1966, 255–262; J. C. De Moor, The Peace-Offering in Ugarit and Israel, in: Schrift en Uitleg (FS Gispen), 1970, 112–117; B. A. Levine, In the Presence of the Lord, 1974; B. Janowski, Erwägungen zur Vorgeschichte des israelitischen *šelāmîm*-Opfers, UF 12,1980, 231–259.

Der Bezug zu Dt 27,4–7 zeigt, daß es sich in 30.31 nicht um eine Altarätiologie, sondern um eine literarische Fiktion handelt. Dementsprechend ist der Abschnitt literarisch weder mit den Altarbauten durch die Erzväter (vgl. Gn 12,7.8; 13,4.18 u. ö.) noch mit den Erzählungen vom Altarbau durch Gideon (Jdc 6,11–24) oder David (2 S 24,18–25) vergleichbar, vgl. dazu V. Fritz, Tempel und Zelt, WMANT 47, 1977, 15–20. Im Rahmen der deuteronomistischen Theologie konnte und sollte keine Kultstätte außerhalb Jerusalems begründet, sondern nur der Vollzug des Opfers im Land vor dem Bau des salomonischen Tempels berichtet werden. Erst die Samaritaner haben den Text zur Legitimierung ihres Heiligtums auf dem Garizim benutzt, vgl. H. G. Kippenberg, Garizim und Synagoge, 1971.

34 Die Worte הברכה והקללה sind ein Nachtrag, der durch Dt 28 bedingt ist, es geht allein um die Verlesung der Weisung. Eine entsprechende Anordnung dazu an dem „Ort, den Jahwe sich erwählen wird", findet sich Dt 31,11. Vor dem Bau des Tempels in Jerusalem ist die Ausführung auf dem Ebal legitim, da dieser durch den Altar zur heiligen Stätte geworden ist. Wie in 1,7; 22,5; 23,6 meint תורה hier das Buch Deuteronomium in seinem ursprünglichen Bestand, der zumindest Dt 12–25 umfaßt hat. Diese Gesetzessammlung ist die Willensoffenbarung Jahwes an Israel zur Regelung des öffentlichen und persönlichen Lebens, wie sie durch Mose zunächst mündlich vermittelt und dann schriftlich niedergelegt worden ist, vgl. zu 1,7–9. Die Bemerkung dient wohl auch der Verankerung des ספר התורה in der Geschichte, da es sonst bis zu seiner Wiederauffindung unter Josia nicht mehr erwähnt wird, vgl. 2 R 22,8.11; 23,24.

Die redaktionellen Nachträge 32.33.35

32 Die Beschriftung des Altars mit der תורה entspricht der Anordnung Dt 27,8, die aber zu einer Bearbeitung des Stückes gehört, vgl. zu 30.31. Die Unmöglichkeit, auf unbehauenen Steinen eine Inschrift anzufertigen, ist dem Redaktor entgangen. Mit תורת משה kann hier nur wie in Dt 31,9 die Gesamtheit des deuteronomischen Gesetzes gemeint sein, vgl. zu 34. Die schriftliche Fixierung auf dem entsprechend groß vorgestellten Altar hat in der Niederschrift des Zehnwortes auf zwei Steinen eine Parallele, vgl. Dt 5,22. Mit dieser öffentlichen Anbringung soll die Gültigkeit der Gesetzessammlung besonders betont werden. Die Form der Veröffentlichung von Gesetzessammlungen auf Stelen oder Mauern wurde in der Alten Welt häufig geübt, wie der Codex Hammurapi oder das Zwölftafelgesetz bezeugen, bleibt hier aber literarische Fiktion.

33 verfolgt mehrere Absichten: zum einen soll die Beteiligung der Lade und zum anderen soll die Aufstellung des Volkes auf Garizim und Ebal nachgetragen werden. Neben ganz Israel werden Älteste und Richter wie in Dt 29,9 eigens erwähnt. Beiden kommt im Deuteronomium die Rechtsprechung als entscheidende Aufgabe zu, was ihrer historischen Funktion entsprach, vgl. Dt 19,11f.; 21,1–9.18–21; 22,13–21; 25,5.10. Das Amt des Ältesten ist in der Ortsgemeinde verwurzelt und wurde wohl von dem jeweiligen Familienoberhaupt ausgeübt. Das Amt des Richters findet sich erst in der späten Königszeit (vgl. Jes 1,23.26; Hos 7,7; Am 2,3; Zeph 3,3) und geht auf das Königtum zurück. In Dt 16,18; 17,8–13; 21,1–9; 25,2 erscheint der Richter neben dem Priester als selbständiger Stand, der allein dem Gottesrecht verpflichtet ist und damit eine eher sakrale Rolle erhält; zu dem Nebeneinander der beiden Rechtsprechungskompetenzen vgl. Ch. Macholz, Zur Geschichte der Justizorganisation in Juda, ZAW 84, 1972, 314–340. Nach deuteronomistischer Auffassung sind Priester und Richter die entscheidenden Amtsträger.

Als der einzige Kultgegenstand, der bei der Eroberung des Landes eine Rolle spielt, wird die Lade im Zusammenhang mit der Kulthandlung des Opfers nachgetragen. Zwar war die Lade in den Erzählungen vom Jordanübergang 3,15a; 4,11a und der Einnahme Jerichos 6,2a.3*.4aβ.5.7a.14.15a.20b.21–24a verwurzelt, ihre Bedeutung wurde aber durch die Redaktionen weiter betont, so daß beide Ereignisse zu kultischen Begehungen werden. Darum war bei den Ereignissen auf dem Ebal die Anwesenheit der Lade erforderlich, auch wenn sie keine besondere Funktion erfüllt. Die Nennung von Schutzbürgern und Vollbürgern klappt nach und könnte eine Glosse sein. Zu גר vgl. unten 35.

Die Verteilung des Volkes auf die beiden Berge entspricht Dt 27,12.13 und ist durch die Zeremonie der Ausrufung von Segen und Fluch bedingt. Die Ausführung der Anordnung Moses wird ausdrücklich vermerkt. Die kultische Begehung auf dem Ebal erfährt so ihre notwendige Ausweitung.

Segenshandlungen Josuas finden sich noch in den redaktionellen Nachträgen 14,13; 22,6.7; damit wird das „stetige Handeln Gottes" (C. Westermann, ThB 24, 1964, 210) an Israel manifest. Segen bedeutet die Vermittlung der göttlichen Kraft zu Wachstum und Gedeihen, Wohlergehen und Gelingen, vgl. J. Pedersen, Israel. Its Life and Culture I-II, 1926, 182–212.

35 In dem Nachtrag zu 34 wird die uneingeschränkte Gültigkeit der Weisung betont. Die schriftlich fixierte תורה wird zur Norm, in der keine Änderung zugelassen ist, vgl. Dt 4,2; 13,1; 28,14; 30,1.8; 32,46. Die Willensoffenbarung Jahwes mündet so in der Notwendigkeit des unbedingten Gehorsams.

Mit קהל sind hier die freien und kultfähigen Männer angesprochen. Wie in Dt 5,22; 9,10; 10,4; 18,16; 23,1–9.31.30; Jdc 20,2; 21,5.8; 1 S 17,47; 1 R 8,14.22.55.65 bezeichnet der Begriff die Gemeinschaft der Vollbürger. Die Bestimmungen des sog. Gemeindegesetzes Dt 23,1–9 zielen auf die legitime Abkunft und körperliche Unversehrtheit und dürften frühestens der notwendigen Abgrenzung während der späten Königszeit entstammen, gegen K. Galling, Das Gemeindegesetz in Deuteronomium 23, Festschrift A. Bertholet, 1950, 176–191; U. Kellermann, Erwägungen zum deuteronomischen Gemeindegesetz Dt 23,2–9, Biblische Notizen 2, 1977, 33–47. In der Priesterschrift und im chronistischen Geschichtswerk wird קהל als Bezeichnung der Gemeinschaft der Kultteilnehmer verstanden, vgl. Lv 4,13.21; 16,17.33; Nu 14,5; 16,3.33; 20,4.10.12; 1 Ch 13,2; 28,8; 29,1.10.20; 2 Ch 1,3; 6,12.13 u.ö., damit spiegelt der Begriff die nachexilische

Situation. Da er nur die Männer umfaßt, werden Frauen, Kinder und Schutzbürger eigens erwähnt. Mit אשה sind hier alle Personen weiblichen Geschlechts erfaßt. Entsprechend 1,14 und Dt 2,34; 3,4.19; 20,14; 29,10; 31,12 bezeichnet טף die nicht marschfähigen Kinder. גר ist der Fremde der innerhalb der Gemeinschaft lebt und sich damit vom Ausländer (נכרי oder זר) unterscheidet. Er verfügt nicht über die Rechte des Vollbürgers, hat aber doch einen besonderen Status, durch den er einen rechtlichen Schutz genießt; sozial gehört er zusammen mit den Witwen und Waisen zur Unterschicht. Im Deuteronomium werden die Rechte des גר besonders gesichert, vgl. Dt 5,14; 14,21.29; 16,11.14; 24,14.17.19–21; 26,11–13; 27,19; 29,10, 31,12. Die Bestimmungen spiegeln frühestens die Verhältnisse der späten Königszeit, fanden dann aber für das Zusammenleben in nachexilischer Zeit Anwendung. Obwohl der Schutzbürger nicht am Kult teilnehmen konnte, unterstand er der Weisung Jahwes.

9,1–27 Der Vertrag mit den Gibeoniten

[1]Als das alle Könige hörten, die jenseits des Jordans, im Gebirge, in der Schefela
und an der ganzen Küste des großen Meeres bis zum Libanon hin waren, die
Hethiter, Amoriter, Kanaaniter, Perisiter, Hiwiter und Jebusiter, [2]da versammelten sie sich, um gemeinsam gegen Josua und Israel zu kämpfen.
[3]Die Bewohner von Gibeon aber hatten vernommen, was Josua an Jericho und
Ai getan hatte. [4]Da handelten auch sie mit List, machten sich auf, ʿbereiteten
sich Verpflegungʾ[a], nahmen alte Säcke für ihre Esel, alte, zerschlissene und
geflickte Weinschläuche, [5]alte und geflickte Schuhe an ihre Füße, alte Mäntel
(um ihre Schultern); das gesamte Brot für ihre Verpflegung war trocken ʿ ʾ[a]. [6]So
gingen sie zu Josua in das Lager nach Gilgal und sprachen zu ihm und zu dem
Mann Israels: „Aus fernem Lande sind wir gekommen und nun schließt einen
Bund mit uns“. [7]Da ʿsprachʾ[a] der Mann Israels zu dem Hiwiter: „Vielleicht
wohnst du doch in meiner Mitte, wie sollte ich da einen Bund mit dir schließen?“
[8]Da sprachen sie zu Josua: „Wir sind deine Knechte“. Josua aber erwiderte ihnen: „Wer
seid ihr und woher kommt ihr?“ **[9]Da antworteten sie ihm: „Aus einem sehr fernen**
Land sind deine Knechte gekommen um des Namens Jahwes, deines Gottes,
willen. Denn wir haben ʿseinen Ruhmʾ[a] vernommen und alles, was er in Ägypten getan
hat [10]sowie alles, was er den beiden Königen der Amoriter jenseits des Jordans getan hat
– dem Sichon, König von Heschbon, und dem Og, König von Baschan zu Aschtarot.
[11]Da sprachen unsere Ältesten und alle Bewohner unseres Landes zu uns:
‚Nehmt Verpflegung für den Weg in eure Hand und geht ihnen entgegen und
sprecht zu ihnen: ‚Wir sind eure Knechte, nun schließt einen Bund mit uns‘.
[12]Dies unser Brot war noch warm, als wir es zur Verpflegung aus unseren
Häusern mitnahmen am Tage, da wir fortgingen, um zu euch zu gelangen. Nun
aber, siehe, es ist trocken und zu Krümeln geworden. [13]Diese Weinschläuche
waren neu, als wir sie füllten, siehe, jetzt sind sie zerschlissen. Unsere Mäntel

und Schuhe sind zerschlissen von dem weiten Weg“. [14]Da nahmen die Männer von deren Verpflegung, aber den Willen Jahwes befragten sie nicht. [15]Josua machte Frieden mit ihnen und schloß mit ihnen einen Vertrag, sie am Leben zu lassen. *Es leisteten ihnen die Führer der Gemeinschaft einen Eid.*
[16]Nach Verlauf von drei Tagen, nachdem sie mit ihnen einen Bund geschlossen hatten, hörten sie, daß diese aus der Nähe ʿ ʾ[a] waren und mitten unter ihm (sc. Israel) wohnten. [17]Da brachen die Israeliten auf und kamen zu deren Städten am dritten Tag, und ihre Städte waren Gibeon, Kefira, Beerot und Kirjat Jearim. [18]*Die Israeliten schlugen sie aber nicht, denn die Führer der Gemeinschaft hatten ihnen bei Jahwe, dem Gott Israels, einen Eid geleistet. Die ganze Gemeinschaft aber murrte gegen die Führer.* [19]*Alle Führer sprachen zu der ganzen Gemeinschaft: „Wir haben ihnen einen Eid geleistet bei Jahwe, dem Gott Israels, deshalb können wir sie jetzt nicht anrühren.* [20]*So wollen wir an ihnen handeln und sie am Leben lassen, damit nicht der Zorn über uns kommt wegen des Eides, den wir ihnen geleistet haben“.* [21]*Die Führer aber sprachen zu ihnen: „Sie sollen am Leben bleiben und sollen Holzhauer und Wasserschöpfer für die ganze Gemeinschaft werden, wie die Führer ihnen bestimmt haben“.* [22]Da rief sie Josua und redete folgendes zu ihnen: „Warum habt ihr uns getäuscht, indem ihr sagtet: ‚Wir sind sehr weit von euch entfernt‘ und wohnt doch mitten unter uns? [23]Nun also, seid verflucht. Unter euch soll es nicht an Knechten ʿ ʾ[a] für das Haus meines Gottes fehlen“. [24]Sie aber antworteten Josua und sprachen: „Es wurde deinen Knechten aufgezeigt, was Jahwe, dein Gott, Mose, seinem Knecht geboten hat, nämlich euch das ganze Land zu geben und alle Bewohner des Landes vor euch zu vertilgen. So sehr haben wir um unser Leben gefürchtet, daß wir diese Sache getan haben. [25]Nun, da sind wir in deiner Hand, tu an uns, wie es in deinen Augen gut und richtig ist“. [26]Also tat er ihnen, rettete sie aus der Hand der Israeliten, so daß sie sie nicht erschlugen. [27]*An diesem Tage bestimmte Josua sie zu Holzhauern und Wasserschöpfern ʿ ʾ[a] für den Altar Jahwes bis auf diesen Tag für den Ort, den ‘Jahwe’[b] erwählen wird.*

[4a] Entsprechend 12 ist ויצטידו zu lesen. [5a] Das letzte Wort „Krümel“ klappt nach und ist eine aus 12 eingedrungene Glosse. [7a] Mit dem Qere ist der Singular zu lesen. [9a] Vgl. 6,27a. [16a] Das Wort „zu ihm“ ist eine Glosse, die wegen des Suffixes im Singular nicht in den Zusammenhang paßt. [23a] Die Worte „und an Holzhauern und an Wasserschöpfern“ sind ein Eintrag aus 21. [27a] Die störende Bestimmung לעדה ist ein durch die Einfügung von 18–21 bedingter Zusatz (J. Halbe, 615). [b] Mit 𝔊 ist יהוה als Subjekt zu ergänzen.

Literatur: J. Blenkinsopp, Are There Traces of the Gibeonite Covenant in Deuteronomy, CBQ 28, 1966, 207–219; J. Blenkinsopp, Gibeon and Israel, 1972; J. Dus, Gibeon – eine Kultstätte des ŠMŠ und die Stadt des benjaminitischen Schicksals, VT 10, 1960, 353–374; J.M. Grintz, The Treaty of Joshua with the Gibeonites, JAOS 86, 1966, 113–126; J. Halbe, Gibeon und Israel, VT 25, 1975, 613–641; B. Halpern, Gibeon: Israelite Diplomacy in the Conquest Era, CBQ 37, 1975, 303–316; M. Haran, The Gibeonites, The Nethinim and the Sons of Solomon's Servants, VT 11,

1961, 159–169; P. J. KEARNEY, The Role of the Gibeonites in the Deuteronomic History, CBQ 35, 1973, 1–19; J. LIVER, The Literary History of Joshua IX, JSS 8, 1963, 227–243; A. D. H. MAYES, Deuteronomy, Joshua 9, and the Place of the Gibeonites in Israel, in: Das Deuteronomium. Entstehung, Gestalt und Botschaft, ed. N. Lohfink, 1985, 321–325; H. RÖSEL, Anmerkungen zur Erzählung vom Bundesschluß mit den Gibeoniten, BN 28, 1985, 30–35; CHR. SCHÄFER-LICHTENBERGER, Das gibeonitische Bündnis im Lichte deuteronomischer Kriegsgebote, BN 34, 1986, 58–81.

Die Erzählung vom Vertrag Israels mit Gibeon ist nicht einheitlich. Vor ihren eigentlichen Beginn ist ein Summarium 1.2 eingeschaltet, das als ein eigenständiges Stück nicht in den Zusammenhang paßt und keinesfalls als Einleitung zu der folgenden Erzählung verstanden werden kann. Es stellt eine redaktionelle Einfügung dar, die im jetzigen Zusammenhang die in Jos 9–11 berichteten Ereignisse einleiten soll. Da das Summarium in seiner Funktion 5,1 entspricht, ist es ebenfalls RedD zuzurechnen. Innerhalb der Erzählung sind 18–21 ein Einschub, der sich durch seine Wortwahl als priesterschriftlich geprägt zu erkennen gibt, auf die gleiche Hand gehen 15b und 27 zurück (so bereits R. Smend, Die Erzählung des Hexateuch auf ihre Quellen untersucht, 1912, 304f.). Ein weiterer Nachtrag liegt in dem Verweis auf die Ereignisse in Ägypten und auf die Niederlage der Könige Sichon und Og in 9b.10 vor (Noth, 57).

In der damit verbleibenden Erzählung 3–9a.11–15a.16.17.22–26 stört das Nebeneinander des Mannes Israels und Josuas als handelnde Personen. Da im Verlauf der Rede 8 störend wirkt, kann dieser Vers nur auf das Bemühen zurückgehen, Josua an dem Gespräch zu beteiligen, er ist also redaktionell. Dementsprechend muß sein Name in 6 samt dem Verweis אליו als Nachtrag gestrichen werden. Josua tritt als handelnde Person erst beim Friedensschluß 15a auf, der einen deutlichen Einschnitt markiert. Nun stellt der Grundbestand von 3–15a „eine erzählerisch in sich gerundete Einheit" (J. Halbe, 626) dar, die eigentlich keine Fortsetzung verlangt. Ihre Absicht liegt darin, die Verschonung Gibeons bei der Eroberung des Landes und damit das Nebeneinander kanaanitischer und israelitischer Bevölkerung zu erklären.

Diese Überlieferung von der List der Gibeoniten wurde nachträglich um das Element der Entdeckung des Betrugs mit seinen Folgen 16.17.22–26 erweitert, wobei die Fortsetzung wohl durch 8 in der Erzählung verankert wurde. Während die ursprüngliche Erzählung ihr „Ziel in sich selbst" (J. Halbe, 629) hat, will die Erweiterung bestimmte Verhältnisse im kultischen Bereich erklären und läßt so eine ätiologische Absicht erkennen, die dann der Auslöser für den weiteren Nachtrag 15b.18–21 gewesen ist. Da diese letzte Ergänzung eindeutig RedP zugewiesen werden kann, wird die Überarbeitung durch 16.17.22–26 auf RedD zurückgehen.

Der Erzählung von dem durch List erschlichenen Friedensschluß kommt kaum ein hohes Alter zu, da die Verarbeitung einer älteren Überlieferung nicht erkennbar ist. Auch in der Erzählung vom Tod der Söhne Sauls 2 S 21,1–14 wird betont, daß Gibeon eine nicht-israelitische Bevölkerung gehabt hat. Noch zu Beginn der Königszeit war es bekannt, daß die Gibeoniten keine Israeliten waren. Warum sie dennoch inmitten Israels wohnten, wird mit 3–7.9a.11–15a erklärt. Nun ist aber noch für die salomonische Zeit ein kanaanitischer Anteil an der Bevölkerung vorauszusetzen, die Politik Salomos scheint gerade auf die Integration von Kanaanitern in das Reich gezielt zu haben. Problematisch wurde dieses Nebeneinander verschiedener ethnischer Gruppen erst mit der Vorstellung, das Land Kanaan werde allein von Israeliten bewohnt, weil bei der

Landnahme die Kanaaniter vernichtet worden seien. Diese Vorstellung ist konkret Dt 7,1 ff. und 20,10–18 faßbar und steht in engem Zusammenhang mit der antikanaanitischen Tradition in der deuteronomistischen Theologie, die in ihrer scharfen Ausprägung wohl erst in der späten Königszeit entwickelt worden ist.

Der enge Bezug von 3–7.9a.11–15a zu den vorangegangenen Erzählungen macht es wahrscheinlich, daß das Stück für diese Stelle von DtrH mit Hilfe des Motivs der Überlistung seitens der Gibeoniten geschaffen worden ist, um den bekannten Tatbestand der Sonderstellung Gibeons (vgl. 1 R 3,4) in einer Weise zu erklären, die Israel zwar nicht frei von Verschulden, aber das Faktum doch als legitim erscheinen läßt. Eine alte Überlieferung oder ein historischer Kern liegt der Erzählung somit nicht zugrunde. Vielmehr will der deuteronomistische Historiker begründen, warum im Falle von Gibeon das Gebot der Vernichtungsweihe nicht vollstreckt worden ist und Israel zu einem Bündnis mit den Feinden bereit war.

Die Erzählung 3–7.9a.11–15a (DtrH)

3 Die Exposition weist auf die Eroberungen von Jericho und Ai zurück, setzt also die Abfolge der Ereignisse im Josuabuch voraus und erweist somit die Erzählung als eine für den Zusammenhang geschaffene Bildung.

Gibeon ist mit *el-Ǧib*, etwa 8 km nordwestlich von Jerusalem, gleichzusetzen. In 18,25 wird der Ort zu Benjamin gerechnet, doch läßt die Überlieferung erkennen, daß seine Bewohner noch in der Königszeit nicht als Israeliten gegolten haben. Die Erwähnung in dem Fragment eines Liedes 10,12f. trägt für die Geschichte der Stadt nichts aus, im Umkreis von Gibeon spielen die Erzählungen 2 S 2,12–17; 20,7–13; 21,1–9, vgl. dazu H. Cazelles, David's Monarchy and the Gibeonite Claim, PEQ 87, 1955, 165–175. Gerade weil der Ort als von Nachkommen der einstigen Bevölkerung bewohnt galt, scheinen zahlreiche Stoffe im Zusammenhang mit der Blutrache an ihn verlegt worden zu sein. So muß auch die Kulthöhe, auf der Salomo nach 1 R 3,4–15 geopfert hat, als ein kanaanitisches Heiligtum verstanden werden, an das die Opferhandlung verlegt wurde, denn das Opfer auf einem nichtisraelitischen Altar war insofern unbedenklich, als damit kein Konflikt mit der deuteronomistischen Auffassung von Jerusalem als der einzig rechtmäßigen Kultstätte entstehen konnte. In nachexilischer Zeit haben Gibeoniten beim Wiederaufbau der Mauern von Jerusalem mitgewirkt (Neh 3,7f.), was ihre Zugehörigkeit zu den Judäern voraussetzt.

Die Ausgrabungen haben die Siedlungsgeschichte nicht endgültig geklärt, doch scheint Gibeon bereits in der frühen Eisenzeit (1200–1000) eine befestigte Stadt gewesen zu sein. Die Frage nach dem Bestehen einer Stadt während der Spätbronzezeit (1550–1200) ist aber ebenso offen wie eine mögliche Kontinuität in der Besiedlung und der Bevölkerung, vgl. zu den Ergebnissen J. Pritchard, Gibeon's History in the Light of Excavation, SVT 7, 1960, 1–12.

4.5 Der Erfolg der beabsichtigten Täuschung setzt eine entsprechende Verkleidung voraus. Die Aufzählung der Gebrauchsgegenstände benennt die Grundausstattung für eine Reise. Der Schlauch bestand aus einer vernähten und verpichten Tierhaut, der Mantel diente auch als Decke beim Schlafen. Die Kennzeichnung durch die Wurzel בלה

weist auf den abgetragenen und verschlissenen Zustand hin. Wein und Brot gehören wie Mehl oder Korn und Öl zur üblichen Reiseverpflegung, wie die Versorgung der Boten in den Ostraka von Arad zeigt, vgl. Y. Aharoni, Arad Inscriptions, 1981, Nr. 1–14. Das Vorgehen wird als ערמה gekennzeichnet, das Wort kann sowohl die Lebensklugheit (Prv 1,4; 8,5.12) als auch die Hinterhältigkeit (Ex 21,14) bezeichnen.

6.7.9a.11–13 Die Gesprächsszene ist sehr ausführlich gestaltet, sie ist der Mittelpunkt der Erzählung. Der Ort des Geschehens ist das Lager in Gilgal, das auch in 6,14.23 aufgrund von 4,19 vorausgesetzt wird, vgl. zu 6,14. Als Gesprächspartner wird ein sonst nicht genannter איש ישראל eingeführt, damit Josua für das Geschehen nicht verantwortlich gemacht werden kann. „Mann Israels" ist ein Kollektivbegriff, der oftmals das Heer bezeichnet, vgl. Jdc 7,23; 9,55; 20,11–48; 1 S 13,6; 14,22; 17,2.19–25; 2 S 17,24; 23,9.

Gleich zu Beginn 6b tragen die Gibeoniten ihr Anliegen vor: Eine vertragliche Verpflichtung soll sie vor der möglichen Eroberung nach dem Vorbild von Jericho und Ai verschonen. Das Ansinnen eines „Bundesschlusses" verrät die sprachliche Gestaltung durch DtrH. ברית ist hier die Vertragsgewährung durch einen stärkeren Partner, um den schwächeren Partner zu schützen, vgl. 1 S 11,1; 2 S 3,12; 1 R 20,34 und dazu M. Weinfeld, The Covenant of Grant in the Old Testament and in the Ancient Near East, JAOS 90, 1970, 184–203. Der Begriff ist im politischen Sinne als vertragliche Regelung eines friedlichen Verhältnisses zwischen zwei Völkern verstanden. Die Rückfrage in 7 verdeutlicht die Tragweite des Geschehens. Dabei geht es nicht um einen echten Zweifel, sondern um die Einhaltung der Bestimmung des Kriegsgesetzes in Dt 20,11 ff., wonach ein Friedensschluß mit weiter entfernten Städten unter gewissen Bedingungen möglich ist. Die Anrede der Gibeoniter als Hiwiter benutzt eine der Benennungen für die autochthone Bevölkerung des Landes, die außerhalb der Summarien auch sonst verwendet wird und die Gn 43,2; 36,2 J und ebenfalls 11,19 erscheint. Herkunft und Bedeutung des Namens sind nicht bekannt, nach 11,3 und Jdc 3,3 werden sie im Norden des Landes lokalisiert. Da es sich um die Bezeichnung einer lokal begrenzten Bevölkerungsgruppe des Landes handelt, können sie nicht mit dem Land Que (1 R 10,28) in Südanatolien in Verbindung gebracht werden, gegen G. E. Mendenhall, The Tenth Generation, [2]1971, 154–163; M. Görg, Hiwwiter im 13. Jahrhundert v. Chr., UF 8, 1976, 53–55. Die Gleichsetzung mit den Achäern ist aus sprachlichen Gründen abzulehnen, gegen O. Margalith, The Hivites, ZAW 100, 1988, 60–70. Ebenso unwahrscheinlich ist angesichts der zahlreichen Belege die Erklärung als Verschreibung des Namens Hurriter, gegen R. North, The Hivites, Biblica 54, 1973, 43–62. „Hiwiter" erklärt sich am ehesten als Übertragung des Namens einer kleinen nicht-israelitischen Minderheit im Lande, ohne daß diese näher bestimmt oder ausgegrenzt werden könnte. Die Antwort 9a.11–13 zielt erneut auf den Vertragsabschluß und greift auf die vorbereitete List zurück.

Die Gibeoniten beteuern ihre weite Herkunft, indem sie ihre vage Aussage von 6 wiederholen, mit der sie den Anschein erwecken wollen, „außerhalb Palästinas beheimatet zu sein. Nur unter dieser Voraussetzung konnten die Israeliten den gewünschten Bundesschluß mit ihnen vollziehen " (Noth, 57). Die Selbstbezeichnung in 9 als עבדיך geht über 6 hinaus und stellt eine freiwillige Unterwerfung dar. Die Nennung des Gottesnamens zielt wie die Wendung in 7,9 auf Ruhm und Macht Jahwes, die in seinem Heilshandeln an Israel begründet sind. Die Gibeoniten geben vor, wegen des Rufes Jahwes gekommen zu sein, wie in 1 R 8,41 Fremde wegen des Rufes, dessen sich Jahwe erfreut, aus der Fremde zum Tempel nach Jerusalem kommen. Die Formulierung ist durch die deuteronomistische Theologie geprägt; in den späteren Texten wird dann häufig betont, daß Jahwe sich durch die Rettung seines Volkes aus Ägypten „einen Namen gemacht hat" (Jer 32,20; Jes 63,12.14; Neh 9,10; Dan 9,15).

Die Wiederholung des Anliegens in 11 könnte ein Nachtrag sein. Die weitere Rede 12.13 bringt die vorbereitete List ausführlich zur Sprache, um die Glaubwürdigkeit der bisherigen Rede zu unterstreichen. Dabei wird besonders das Brot, das in 5b am Ende steht, als Beweismittel angeführt, da mit seinem Zustand die Länge eines Zeitraums am besten zu belegen ist.

14 Das Verhalten der Israeliten zeigt, daß die Worte ihre Wirkung nicht verfehlt haben. Die Annahme der Speise von den Gibeoniten begründet die Mahlgemeinschaft und das stillschweigend vorausgesetzte gemeinsame Essen den Vollzug des Bundesschlusses. Die Übereilung dieser Handlung wird mit dem Nachsatz 14b ausdrücklich festgestellt; bei der Befragung nach dem Jahwewillen ist analog zu 1 S 14,8–12 an das Losorakel zu denken, vgl. R. Press, Das Ordal im alten Israel II, ZAW 51, 1933, 227–255.

15a Der Bundesschluß ist eine unumstößliche Vereinbarung mit dem Charakter einer zugesagten Verpflichtung und wird als Gewährung von שלום umschrieben. Mit diesem Begriff, der den Zustand der Unversehrtheit und des Wohlergehens im umfassenden Sinne einschließt, ist hier der Friede im Gegensatz zum Krieg ausgedrückt, vgl. auch Jdc 4,17; 1 S 7,14; 1 R 5,4 und 26. Der geschlossene Vertrag garantiert die Einhaltung des Friedens seitens der Israeliten gegenüber den Gibeoniten, die damit unter dem Schutz dieser Abmachung stehen und unangreifbar sind. Damit ist das Ziel der Erzählung erreicht.

Die deuteronomistischen Erweiterungen 1.2 und 16.17.22–26 (RedD)

1.2 Bereits die Masoreten haben die beiden Verse durch Setzung des Zeichens פ als selbständige Einheit abgegrenzt. Die Einleitung ויהי כשמע ist eine typische Überleitungsformel des deuteronomistischen Stils, vgl. 5,1; 6,20; 10,1; 11,1. Die Nennung der „Könige" setzt die Vorstellung der Gliederung des Landes in zahlreiche Stadtstaaten voraus, was der politischen Wirklichkeit im 2. Jt. entsprach, als zahlreiche lokale Herrscher in den verschiedenen Städten nebeneinander regierten. Die Aufzählungen der Landschaften und der Völker sollen eine umfassende Bestandsaufnahme des Westjordanlandes bieten. Im Vergleich zu Dt 1,7 und Jos 12,8 ist diese Liste außerordentlich kurz, es fehlen der Jordangraben (ערבה) und das Südland (נגב), vgl. auch zu 10,40. הר bezeichnet wie Jdc 1,9 das gesamte mittelpalästinische Gebirgsland, wobei Galiläa wohl eingeschlossen ist. שפלה ist das dem Gebirge im Westen vorgelagerte niedrige Hügelland. Das dritte Element חוף הים הגדול אל מול הלבנון könnte mit seiner Näherbestimmung ein Nachtrag sein, zumal es auch geographisch aus dem Rahmen fällt. Dieser Teil der Küstenebene ist wahrscheinlich mit der Ebene von Akko gleichzusetzen. Die Liste der Völkerschaften findet sich in gleicher Form noch Dt 20,17, vgl. zu 3,10. Die Vorstellung des gemeinsamen Vorgehens gegen Israel in 2 widerspricht der Darstellung des Josuabuches von Aktionen gegen einzelne Städte und Könige. Die allgemeine

Bemerkung erweist sich damit als Nachtrag, der im Zusammenhang mit 5,1 steht und damit ebenfalls zu der deuteronomistischen Redaktion gehört.

16.17 Die Entdeckung der Wahrheit wird spannungslos erzählt; der Nachtrag zielt allein auf die weitere Folge. In 16 ist vermutlich das בקרבו הם wegen des singularischen Suffixes eine Glosse. Mit der Reise 17 wird der Rahmen der Erzählung gesprengt, da die Fortsetzung noch in Gilgal spielt; die Vergewisserung durch den Augenschein dient der Vergewisserung der Nachricht. Die Nennung von vier Städten stellt eine Erweiterung der ursprünglichen Erzählung dar, in der allein von Gibeon die Rede war. Nachträglich soll der erreichte Status auf drei weitere Städte im Umkreis ausgedehnt werden, was gleiche Verhältnisse im Blick auf die ethnische Zugehörigkeit der Bevölkerung voraussetzt. Kefira ist nach dem Vorschlag von E. Robinson mit *Ḫirbet Kefīre* am nördlichen Rand des Westabfalls des judäischen Gebirges gleichzusetzen, vgl. K.J.H. Vriezen, *Ḫirbet Kefīre* – eine Oberflächenuntersuchung, ZDPV 91, 1975, 135–158. Beerot konnte bisher nicht sicher bestimmt werden, hat aber im Umkreis des durch Gibeon und Kefira bestimmten Gebietes gelegen. Die Gleichsetzung mit *el-Bīre* ist nicht zwingend, da dieser Ortsname auf בירה „Festung" zurückgehen kann. In Frage kommt auch *Rās eṭ-Ṭaḥune* bei *el-Bīre*, vgl. J. Simons, The Geographical and Topographical Texts of the Old Testament, 1959, 175f. Möglicherweise hat sich der Name in *Ḫirbet el-Biyār* etwa 2 km östlich von *en-Nebī Samwīl* erhalten. Die Ortslage kommt für die Gleichsetzung mit Beerot in Frage, da die eisenzeitliche Besiedlung durch den Oberflächenbefund gesichert ist, vgl. JSG, 186, Nr. 144. Kirjat Jearim liegt an der Stelle von *Dēr el-Azhar* bei *Abū Ġōš*. Alle drei Orte erscheinen in der Ortsliste Benjamins 18,21–28; ihre Zusammenstellung in der Liste der Rückwanderer Esr 2,25; Neh 7,29 läßt auch für die Aufzählung in 17 an nachexilische Abfassung denken.

22.23 Die Rede Josuas deckt das Vorgehen der Gibeoniten als Täuschung auf und nennt die Konsequenzen, wobei die Anwesenheit der Gibeoniten im Lager vorausgesetzt ist. Die Hinterlist wird nun als Betrug entlarvt, vgl. zu רמה Gn 29,25; 1 S 19,17; 28,12; 2 S 19,27. Der Bruch des Vertrauens kann nicht ohne eine Ahndung hingenommen werden. Der ausgesprochene Fluch ist so die Reaktion auf das Verhalten der Gibeoniten und bedeutet die Aufkündigung der eingegangenen Gemeinschaft. Das besondere Schutzverhältnis wird mit dem Fluch gelöst, an seine Stelle tritt die Verpflichtung zu einer Dienstleistung, aus dem Vasallen ist der Unterworfene geworden, zur Fluchformel vgl. W. Schottroff, Der altisraelitische Fluchspruch, WMANT 30, 1969, 25–73. Der Fluch bedingt eine entscheidende Herabsetzung, die Gibeoniten stehen nun in einem Abhängigkeitsverhältnis zu Israel. Im Zusammenhang mit בית אלהי kann es sich nur um eine Dienstleistung an einem Heiligtum handeln; diese wird in 27 näher umrissen. Welches Heiligtum gemeint ist, geht aus dem Kontext nicht hervor, im Rahmen der deuteronomistischen Theologie kann aber nur der Tempel in Jerusalem gemeint sein. Der Anachronismus ist damit zu erklären, daß der Verfasser die Verhältnisse der eigenen Zeit unreflektiert in die erzählte Zeit übertragen hat. Von einem Heiligtum in Gilgal wissen die Texte nichts, und die Kultstätte in Gibeon ist zwar Schauplatz der Erzählung von der Opferhandlung Salomos (1 R 3,4), aber eben doch vor dem Bau des Jahwetempels in Jerusalem, so daß Gibeon kaum als legitimer Kultort im Sinne des Deuteronomisten gelten kann.

24.25 Die Antwort der Gibeoniten klappt nach, da die Entscheidung Josuas bereits gefallen ist, so daß 24 möglicherweise einen Nachtrag darstellt, vgl. W. Rudolph, Der

„Elohist" von Exodus bis Josua, 1938, BZAW 68, 203. Die Rede gibt eine Erklärung für das Verhalten und erklärt das Einverständnis. Wie in 2,9a wird gerade den Feinden die Aussage von der Übereignung des Landes und der Vernichtung seiner Bewohner durch Jahwe in den Mund gelegt. Das Verbum שמד hi gehört zu den zahlreichen Ausdrücken für die Vertilgung der Bewohner durch Kriegshandlungen und entspricht dem Gebot der Vernichtungsweihe (vgl. 7,12; 11,14.20; 23,5; 24,8); der Gebrauch ist typisch deuteronomistisch (vgl. Dt 1,27; 2,12.21.22.23; 4,3; 6,15; 7,4 u.ö.). Die Verbindung הטוב והישר בעינים hat Parallelen in Dt 12,28; 2 R 10,3; 2 Ch 31,20 und ist eine Abwandlung der deuteronomistischen Formel הישר בעיני יהוה.

26 stellt abschließend die Verschonung der Gibeoniten fest, denn eigentlich waren sie wegen ihres Vertragsbruches der Vernichtung verfallen. Die Gewährung des Lebens wird so eigens betont.

Die nachpriesterschriftliche Ergänzung 15b.18–21.27 (RedP)

15b Die Wortwahl der Ergänzung weicht entscheidend von der der Erzählung ab. Gewährung des Friedens und Bundesschluß werden als Eid gedeutet, zu שבע ni vgl. bei 2,12.13. Die gleiche Wortwahl findet sich in den Ergänzungen zur Rahaberzählung (2,8.9a.10a.11a.12.13), wo das mit dem Eid verbundene Versprechen ebenfalls der Verstärkung dient.

Handelnde Personen sind die נשיאי העדה. Das Wort נשיא wird im Josuabuch nur noch in Nachträgen verwendet (vgl. 17,4; 22,14.30.32) und auch sonst im DtrG vermieden, die beiden Erwähnungen 1 R 8,1; 11,34 sind ebenfalls sekundär. Ursprünglich hat נשיא als Bezeichnung eines Amtes oder Standes gedient (Ex 22,27), die jedoch bereits in der Königszeit außer Gebrauch geraten ist. In der Priesterschrift wird auf den Terminus zur Kennzeichnung eines Amtes zurückgegriffen, während Ezechiel das Wort eher als Titel mit der Grundbedeutung „Erhabener" gebraucht, vgl. H. Niehr, ThWAT V, 651–655. Allerdings ist die Verwendung in der Priesterschrift insofern vielschichtig, als נשיא außer dem Stammesführer (Nu 1,4; 7,3.10.12–88; 34,18.23–28) auch den Vorsteher einer Sippe (Ex 34,31; Nu 3,24.30.35; 4,34; 17,7.21; 25,14; 30,25), den militärischen Führer (Nu 10,4) oder den Vornehmen (Gn 23,6; 34,2; Ex 35,27; Nu 16,2; 27,2, 32,2) bezeichnen kann. In Verbindung mit עדה bezeichnet נשיא hier allgemein den Führer, da eine nähere Bestimmung nicht gegeben wird, vgl. Ex 34,31; Nu 4,34; 16,2; 31,13; 32,2 und dazu E. Speiser, Background and Function of the Biblical Nasi, CBQ 25, 1963, 111–117.

Der Begriff der עדה wurde von der Priesterschrift zur Bezeichnung der Gesamtheit des Volkes anstelle von עם neu gebildet, wobei der Aspekt der kultischen Gemeinschaft besonders hervorgehoben und der der Rechtsgemeinde mit eingeschlossen ist, vgl. Lv 8,3–5; Nu 8,9–20; 14,1–4 u.ö. und dazu L. Rost, Die Vorstufen von Kirche und Synagoge im AT, ²1967. Der Sprachgebrauch zeigt, daß mit dem Zusatz die priesterschriftliche Gemeindeauffassung in den Text eingetragen worden ist.

18–21 Der Abschnitt verdeutlicht die durch den Betrug der Gibeoniten entstandene Situation mit Hilfe einer Auseinandersetzung innerhalb des Volkes, wobei die Verwendung von לון für die Auflehnung typisch für die Priesterschrift ist, vgl. Ex 16,2.7.8; Nu 14,27.29.36. Die Verschonung der Männer aus Gibeon, die nach der Aufdeckung der

Täuschung als zu vernichtende Feinde anzusehen sind, wird nun mit der Unauflöslichkeit des Eides begründet. Der Bruch des Eides muß unbedingt vermieden werden, da sonst der Zorn Jahwes als des Wahrers der eidlichen Verpflichtung die Gemeinschaft treffen würde.

27 Die Dienstleistung für den Altar Jahwes wird genau geregelt. Im Textzusammenhang kann mit Altar nur derjenige im Jerusalemer Tempel gemeint sein. „Holzhauer" und „Wasserschöpfer" werden sonst nicht unter dem Tempelpersonal genannt, erscheinen aber Dt 29,10 als eine besondere Gruppe unter den Schutzbürgern. Es handelt sich somit um Arbeiter von niedrigem Rang. Möglicherweise ist die Einweisung der Gibeoniten in diese Klasse von Dt 29,10 abhängig, da ein Bezug in der Weise, daß die Gibeoniten zu גרים gemacht werden sollen, kaum denkbar ist, gegen A.D.H. Mayes, 322–325. Jedenfalls kann aus der ausgesprochenen Deklassierung nicht auf reale Verhältnisse am Jerusalemer Tempel geschlossen werden. Der Nachtrag will zwar eine Bestrafung festschreiben, indem die Gibeoniten in die Unterschicht eingestuft werden, doch bleibt auch der Nachtrag eine Fiktion, die keinen Rückschluß auf die gesellschaftliche Wirklichkeit erlaubt.

Der Zusatz 8.9b.10

8 bildet im jetzigen Zusammenhang ein retardierendes Element. Da die in 7 gestellte Frage nicht sachgemäß beantwortet wird, muß sie wiederholt werden. Wie in 9a ist עבדים hier Selbstbezeichnung im Sinne einer Selbsterniedrigung.

9b.10 Der Ruhm Jahwes wird mit der Herausführung Israels aus Ägypten und der Besiegung der Könige des Ostjordanlandes konkretisiert. Die stereotype Wendung עשה/עשיתי במצרים in 9a findet sich bereits beim Jahwisten (Ex 14,31; Nu 14,22) und ist dann vom Deuteronomisten übernommen worden (Dt 1,30; 4,34; Jos 24,7). Der Verweis auf die Niederlage der Könige Sichon und Og entspricht 12,4.5 und ist ein literarischer Topos.

10,1–27 Die Schlacht bei Gibeon und das Ende der Könige in der Höhle von Makkeda

1**Als Adoni-Zedek, der König von Jerusalem, hörte, daß Josua Ai eingenommen und an ihm den Bann vollstreckt hatte – denn wie er an Jericho und seinem König, so hatte er auch an Ai und seinem König getan** – und daß die Bewohner von Gibeon mit Israel Frieden geschlossen hatten und sich mitten unter ihnen befanden, 2**da fürchteten sie sich sehr, denn Gibeon war eine große Stadt wie eine der Königsstädte** und größer als Ai, alle ihre Männer waren kriegstüchtig. 3**Da sandte Adoni-Zedek, der König von Jerusalem, zu Hoham, dem König von Hebron, zu Piram, dem König von Jarmut, zu Jafia, dem König von Lachisch, und zu Debir, dem König von Eglon, folgende Botschaft: 4„Zieht zu mir herauf und helft mir, daß**

wir Gibeon schlagen, denn es hat Frieden geschlossen mit Josua und den
Israeliten.“ 5Da versammelten sie sich, und die fünf Könige der Amoriter, der
König von Jerusalem, der König von Hebron, der König von Jarmut, der König
von Lachisch, der König von Eglon, zogen herauf – sie und ihr ganzes Heer –,
belagerten Gibeon und bekämpften es. 6Die Männer von Gibeon aber sandten
zu Josua in das Lager nach Gilgal: „Laß deine Hände nicht von deinen Knechten
ab, ziehe schnell zu uns herauf, steh uns bei und hilf uns, denn alle Könige der
Amoriter, die auf dem Gebirge wohnen, haben sich gegen uns zusammenge-
schlossen“. 7Da zog Josua von Gilgal aus, er und das ganze Kriegsvolk mit ihm
und alle wehrfähigen Männer. **8Jahwe aber sprach zu Josua: „Fürchte dich nicht**
vor ihnen, denn ich habe sie in deine Hand gegeben. Keiner von ihnen wird vor
dir bestehen“. 9Josua aber kam plötzlich über sie, nachdem er die ganze Nacht von
Gilgal heraufgezogen war. **10Jahwe setzte sie in Schrecken vor Israel, so daß er sie**
bei Gibeon mit einem großen Schlag schlug, und er verfolgte sie auf dem Wege
zum Aufstieg von Bet-Horon, und er schlug sie bis Aseka und bis Makkeda.
11Als sie aber vor Israel flohen am Abstieg von Bet-Horon, da warf Jahwe auf sie große
Steine vom Himmel bis Aseka, so daß sie umkamen. Es starben aber mehr von den
Hagelsteinen, als die Israeliten mit dem Schwert töteten.
12Damals redete Josua zu Jahwe am Tage, als Jahwe die Amoriter vor den
Israeliten dahingab und sprach vor den Augen Israels:

> **„Sonne, in Gibeon steh still,**
> **und Mond in der Ebene von Ajalon.**
> **13Da stand die Sonne still und der Mond blieb stehen**
> **bis ein Volk seinen Feinden vergolten hatte“.**

Ist dies nicht im „Buch des Aufrechten“ geschrieben? So blieb die Sonne stehen
mitten am Himmel und eilte nicht unterzugehen etwa einen ganzen Tag lang.
14Kein Tag war diesem gleich, weder vor ihm noch nach ihm, daß Jahwe auf die
Stimme eines Menschen gehört hätte, denn Jahwe kämpfte für Israel. 15Josua
aber und ganz Israel mit ihm kehrten in das Lager nach Gilgal zurück.
16Jene fünf Könige aber waren geflohen und hatten sich in der Höhle bei
Makkeda versteckt. 17Josua aber wurde folgendes gemeldet: Die fünf Könige
wurden versteckt in der Höhle bei Makkeda gefunden. 18Da sprach Josua:
„Wälzt große Steine vor den Zugang zur Höhle und stellt Männer vor sie, um sie
zu bewachen. 19Ihr aber sollt nicht stillstehen, sondern verfolgt eure Feinde, und
ihr sollt sie von hinten her angreifen. Ihr sollt sie nicht in ihre Städte gelangen
lassen, denn Jahwe, euer Gott, hat sie in eure Hand gegeben“. 20Als nun Josua
und die Israeliten sie vollends geschlagen hatten mit einem sehr großen Schlag
bis zu ihrer Vernichtung, und die Überlebenden vor ihnen geflohen und in die
befestigten Städte gelangt waren, 21da kehrte das ganze Volk in das Lager zu
Josua nach Makkeda wohlbehalten zurück. Nicht ein ˹Hund˺[a] hatte gegen die
Israeliten gebellt. 22Danach sprach Josua: „Öffnet den Zugang zur Höhle und

führt diese fünf Könige zu mir aus der Höhle heraus". [23]So taten sie. Da führten sie diese fünf Könige zu ihm aus der Höhle heraus, den König von Jerusalem, den König von Hebron, den König von Jarmut, den König von Lachisch, den König von Eglon. [24]**Als aber diese fünf Könige zu Josua herausgeführt wurden, rief Josua alle Männer Israels und sprach zu den Anführern der Kriegsleute, die mit ihm ausgezogen waren: „Kommt heran und setzt eure Füße auf die Hälse dieser Könige!" Da traten sie heran und setzten ihre Füße auf ihre Hälse. [25]Weiter sprach Josua zu ihnen: „Fürchtet euch nicht und seid nicht mutlos, seid stark und mutig, denn so wird Jahwe an allen euren Feinden tun, mit denen ihr zu kämpfen habt." [26]Danach erschlug Josua sie, tötete sie und hängte sie an fünf Bäumen auf; sie blieben aber an den Bäumen hängen bis zum Abend. [27]Zur Zeit des Sonnenuntergangs gab Josua einen Befehl. Da nahmen sie sie von den Bäumen ab und warfen sie in die Höhle, in der sie sich versteckt hatten, und legten große Steine vor den Zugang zur Höhle, bis auf eben diesen Tag (liegen sie dort).**

21 a Analog zu Ex 11,7 ist כלב statt לאיש zu lesen.

Literatur: K. Elliger, Josua in Judäa, PJB 30, 1934, 47–71; M. Noth, Die fünf Könige in der Höhle von Makkeda (1937), ABLAK I, 281–293; H. Rösel, Wer kämpfte auf kanaanäischer Seite in der Schlacht bei Gibeon, Jos X?, VT 26, 1976, 505–508; P. Weimar, Die Jahwekriegserzählungen in Exodus 14, Josua 10, Richter 4 und 1. Samuel 7, Biblica 57, 1976, 38–73; G. E. Wright, The Literary and Historical Problem of Joshua 10 and Judges 1, JNES 5, 1946, 105–114.

In 10,1–27 liegen zwei verschiedene Stoffe vor, die ursprünglich nicht zusammengehört haben, sondern erst redaktionell miteinander verbunden worden sind: die Schlacht bei Gibeon 1–15 und die Erzählung von dem Ende der Könige in der Höhle von Makkeda 16–27.

Die Selbständigkeit der Makkedaüberlieferung geht daraus hervor, daß die Feinde ein zweites Mal verfolgt und geschlagen werden (19.20). Bei der Verbindung der beiden Stücke wurden die Gegner identifiziert, so daß sich ein scheinbar einheitlicher Erzählzusammenhang ergibt. Diese Gegner Israels werden in 3 namentlich aufgeführt und in 5 und 23 nach ihren Städten benannt, heißen aber in 5 und 16 „die fünf Könige der Amoriter" und in 6 schließlich „alle Könige der Amoriter". Bereits M. Noth (ABLAK I, 283, Anm. 1) hat darauf hingewiesen, daß die Fünfzahl der Könige durch die Fünfzahl der Bäume bedingt und damit ein festes Element der Erzählung 16–27 ist. Die Aufzählung der Städte in 23b läßt sich dagegen leicht aus dem Zusammenhang lösen und scheint an dieser Stelle nachgetragen zu sein. Dagegen sind die Namen in 3.4 aber nur unter der Voraussetzung zu eliminieren, daß in einer älteren Fassung einmal nur von den Königen der Amoriter die Rede gewesen ist (so M. Noth, ABLAK I, 286). Für 10,1–15 ist die Verarbeitung einer älteren Überlieferung nur in dem 12b.13a aufgenommenen Spruch erkennbar, der ausdrücklich als Zitat ausgewiesen ist, die weitere Aufnahme von Überlieferungsgut liegt allenfalls in dem Namen Adoni-Zedek vor. Die Erzählung selber ist aus einzelnen Teilen kombiniert und keine aus der Tradition aufgenommene Geschichte; dementsprechend geht sie auf DtrH zurück.

Die Erzählung von der Schlacht bei Gibeon zeigt deutliche Spuren einer Überarbeitung. So sind die Erklärungen 1b und 2b wohl sekundäre Ergänzungen, außerdem scheinen 7bβ und 9 Nachträge zu sein. In 10 sind die beiden letzten Worte ועד מקדה eine Glosse, mit der die Fortsetzung der Erzählung in 16ff. vorbereitet werden soll (vgl. bereits K. Elliger, 48). Mit 15 ist dann der Abschluß erreicht. Von einem Entkommen der Könige ist nicht die Rede, was die ursprüngliche Selbständigkeit beider Stücke anzeigt.

Wegen der Verbindung mit diesem Stück wurde von DtrH mit 16 eine redaktionelle Überleitung geschaffen. Aus diesem Grund ist die ehemalige Einleitung weggebrochen. In ihr muß zumindest erzählt worden sein, daß Josua und Israel sich am Ort des Geschehens befinden. Wahrscheinlich geht 10,17–27 auf eine Ortsätiologie zurück, „die an einer mit großen Steinen verschlossenen Höhle im Bereich der Flur des Ortes Makkeda und an fünf davor stehenden Bäumen haftet“ (M. Noth, ABLAK I, 282). Dabei ist vermutlich eine ältere Fassung, in der die Könige in die Höhle eingeschlossen wurden, indem man diese mit großen Steinen verschlossen hat, durch das Element des Aufhängens an fünf Bäumen, die sich vor der Höhle befunden haben, erweitert worden, „so daß der Höhle nur noch die Rolle der Bestattungsstätte der fünf Gehängten zufiel und also die auffällig großen Steine über dem Höhleneingang ihre eigentliche Bedeutung verloren“ (M. Noth, ABLAK I, 283). Die Erzählung 10,17–27 wurde von DtrH aus der Überlieferung übernommen und durch entsprechende Umgestaltung in den Zusammenhang eingepaßt, ohne daß mit einem älteren literarischen Stadium zu rechnen ist.

Die Schlacht bei Gibeon 1a.2a.3–6.7abα.8.9a.10.12–15

1a.2a.3.4 Die Einleitung 1a weist ausdrücklich auf die Eroberungen von Jericho und Ai zurück. Die Begründung der Koalition in 4, daß durch den Friedensschluß mit Josua Gibeon zu einem gefährlichen und mächtigen Gegner geworden ist, der bekämpft werden muß, knüpft an Jos 9 an. Der in 3 als Führer der kanaanitischen Koalition auftretende König von Jerusalem verschwindet als handelnde Person wieder im weiteren Verlauf der Erzählung. Sein Name Adoni-Zedek kann nicht getrennt werden von Adoni-Besek in der Überlieferung Jdc 1,5–7. Der Name des Königs von Jerusalem wurde von DtrH somit vermutlich aus der Tradition übernommen, wenngleich die ursprüngliche Form nicht mehr festzustellen ist. Keinesfalls handelt es sich um eine historische Gestalt, da auch Jdc 1,5–7 eine literarische Bildung ist, der keine Historizität zukommt, vgl. A. G. Auld, VT 25, 1975, 268f. Die übrigen Namen der Könige lassen sich nicht verifizieren, allenfalls könnte mit Debir die Übernahme des Ortsnamens als Personenname vorliegen. Die Städtenamen der Koalition mit Jerusalem sind kein ursprüngliches Element der Erzählung, sondern wurden von DtrH aus der Liste 12,10–13 übernommen, wo sie in der gleichen Reihenfolge erscheinen, vgl. V. Fritz, ZDPV 85, 1969, 139–142. In 5 und 23 werden sie dann noch einmal nachgetragen, zur Lage der Städte vgl. zu 12,10 ff.

5 Der eigentliche Kriegszug wird mit stereotypen Wendungen geschildert, wobei vorausgesetzt wird, daß er sein Ziel noch nicht erreicht hat.

6 Der Hilferuf der Gibeoniten an Josua im Lager zu Gilgal nimmt die Selbstbezeichnung עבד aus 9,9 auf. Für die Unterstützung im militärischen Bereich ist עזר nur 1,14; 10,4.33 gebraucht, aber auch sonst belegt, vgl. 1 R 20,16; 1 Ch 12,18.20.23; Esr 8,22. Das

Verbum kann auch für die Hilfe Gottes im Krieg verwendet werden, vgl. 1 S 7,12; 2 Ch 14,10; 18,31; 26,7; 32,8 u.ö. Das Ersuchen um Beistand ist möglich aufgrund des eingegangenen Bündnisses, der Stärkere hat die Pflicht, dem bedrohten Partner zu Hilfe zu kommen.

7abα Der Aufbruch aus dem Lager erfolgt ohne Verzug. Der Begriff עם המלחמה ist typisch für DtrH (8,1.3.11; 11,7), während die deuteronomistische Redaktion vorwiegend אנשי המלחמה benutzt (5,4.6; 6,3a*; 10,24).

8 Die Gottesrede mit der Zusage des Sieges unterbricht den Erzählzusammenhang und könnte von DtrH eingefügt sein, wie auch sonst die Begründung des Geschehens durch eine Gottesrede nachgetragen wurde, vgl. zu 8,1.2.

9a.10 Die gleiche Wendung für den Überraschungsangriff findet sich 11,7. Entscheidend bei dem Überfall auf das Lager ist die Plötzlichkeit am frühen Morgen. Mit der Verwirrung (חמם) der Feinde greift Jahwe in das Geschehen ein, vgl. Ex 14,24 J; Jdc 4,15; 1 S 7,10; 2 S 22,15 (Q); 2 Ch 15,6. מכה גדולה ist die Standardformel für den Sieg, vgl. 10,20; Jdc 11,33; 15,8; 1 S 19,8; 23,5. Die Flucht der Feinde markiert ihre Niederlage, auch wenn keine Schlacht, sondern ein Überfall auf das Lager vorausgesetzt ist. Der Fluchtweg folgt der Straße aus dem Gebirge in die Ebene. Der Aufstieg von Bet-Horon liegt bei *Bēt-ᶜŪr el-Fōqā* und stellt den wichtigsten Zugang in das Gebiet des mittelpalästinischen Berglandes dar. Aufgrund der Geländeverhältnisse ist hier der Feind besonders verwundbar, vgl. 1 Macc 3,16–24. Endpunkt der Flucht ist Aseka (*Tell Zakarīya*), das etwa 30 km weiter südlich in der Schefela liegt. Ein Grund für die Nennung dieses vom Geschehen so weit abliegenden Ortes ist nicht ersichtlich. In der Königszeit war Aseka ein Außenposten Judas (vgl. 15,35; 2 Ch 11,9; Jer 34,7 und KAI 194, 12f.), wurde aber nach dem Exil erneut von Judäern besiedelt (Neh 11,30). Die Stadt beherrschte den Aufstieg in das Gebirge durch das Tal von Ela (vgl. zu 15,35), ihre Nennung an dieser Stelle ist nicht einsichtig, spiegelt aber ihre strategische Bedeutung.

12–14 Mit Hilfe einer Überleitung wurde das Fragment eines Liedes in die Erzählung eingefügt. Für dieses „Zitat" wird die Quelle ausdrücklich genannt, außerdem wird eine Art Kommentar gegeben. Die Anhängung ist durch die Ortsangabe בגבעון und die vorausgesetzte Situation des Kampfes bedingt.

Die beiden Zeilen entstammen wahrscheinlich einem Preislied, über das sonst nichts bekannt ist. Sie belegen, daß es Dichtung im vorstaatlichen Israel gegeben hat, wenn diese auch verloren gegangen ist. Die einzige Ausnahme bildet das sog. Deborahlied, das in mehreren Strophen den Sieg über Sisera besingt (Jdc 5,12–17.19–30) und die Ansätze epischer Dichtung in Israel erkennen läßt, vgl. dazu H.-P. Müller, Der Aufbau des Deborahliedes, VT 16, 1966, 446–459.

Über den möglichen Zusammenhang geht aus dem kurzen Stück nichts hervor, doch ist eine Schlacht vorausgesetzt, die im Bereich von Gibeon und Ajalon stattgefunden hat. Die geschichtliche Situation ist nicht mehr zu ermitteln. Als kosmische Mächte haben Sonne und Mond an dem Geschehen teilgenommen. Ihr Anteil an dem Sieg wird mit den Verben דמם und עמד als ein Stillstand gedeutet. Vorausgesetzt ist dabei, daß beide Gestirne in einer bestimmten Konstellation sich günstig auf das Geschick auswirken; ihr Verharren in dieser Stellung entscheidet das Kampfgeschehen. Sonne und Mond greifen zugunsten Israels in die Schlacht ein, indem sie ihre bestimmende Position bewahren. Die Hilfe der natürlichen Mächte an dem Sieg Israels besingt auch das Deborahlied in Jdc 5,20:

„Vom Himmel kämpften die Sterne,
von ihren Bahnen aus kämpften sie gegen Sisera."

Die Gestirne stehen auf der Seite Israels und tragen wesentlich zum Erfolg des Heeres bei, zu den analogen Vorstellungen in Mesopotamien vgl. J. V. S. Holladay, The Day(s) the *Moon* stood still, JBL 87, 1968, 166–197.

Als Quelle wird das „Buch des Aufrechten" ספר הישר ausdrücklich angegeben, das auch 1 S 1,18 für die Herkunft des Leichenliedes Davids für Saul genannt wird. Ob es wirklich eine so genannte Sammlung von Liedern und Epen gegeben hat, ist nicht mehr zu entscheiden. Wie im Falle des ספר מלחמות יהוה Nu 21,14 könnte der Titel auch vom DtrH geschaffen worden sein, um mit der Angabe der Herkunft das hohe Alter der Verse zu betonen. Die Übernahme läßt aber erkennen, daß in Israel Lieder überliefert wurden, die nicht in die Geschichtsschreibung aufgenommen worden sind. Der Verlust dieser Dichtung ist vermutlich dadurch bedingt, daß ihre Aussagen nicht in das Konzept jahwistischer und deuteronomistischer Geschichtstheologie paßten. So hat denn auch DtrH die Kommentierung der übernommenen Verse für notwendig erachtet. Die 13b.14 angehängte Deutung hat die Aussage von 12b.13a im Sinne eines Stillstandes der Sonne bei ihrem Umlauf verstanden, so daß sich der Sonnenuntergang um einen Tag verzögert hat. Die kosmische Dimension der aufgenommenen Verse wird so im Sinne einer realen Gegebenheit umgedeutet. Aus dem Einfluß von Sonne und Mond auf das reale Geschehen in der Geschichte ist eine bloße Verlängerung des Tages geworden, die Jahwe gewährt hat, um den Sieg Josuas zu vergrößern, denn mit dem Einbruch der Nacht kamen die Kampfhandlungen zu einem „natürlichen" Ende. Nicht mehr die Kombination von solarem und lunearem Einfluß bedingt den Sieg, sondern Jahwe allein kämpft für Israel, vgl. Ex 14,14.25; Dt 1,30; 3,22; Jos 10,42; 23,10. Aufgrund dieses den Ablauf der Zeit sprengenden Geschehens muß dieser Tag als einzigartig gelten. Diese midraschartige Erklärung wird dem Stück insofern nicht gerecht, als der Mond mit keinem Wort erwähnt wird; der einseitige Bezug auf den Lauf der Sonne als Gestirn des Tages schließt eine entsprechende Bemerkung über den Mond aus. Die Interpretation der dichterischen Aussage ist somit im Horizont der Schöpfungstheologie erfolgt: Als Schöpfer der Welt kann Jahwe den Lauf der Gestirne beeinflussen.

15 Mit der Rückkehr Israels in das Lager bei Gilgal ist die Erzählung abgeschlossen, der Satz ist wahrscheinlich aus 43 übernommen.

Die redaktionellen Zusätze 1b.2b.7bβ.9b.11

1b betont den Zusammenhang mit dem Geschehen von Jos 9, auf das erst in 4 ausdrücklich verwiesen wird.

2b will die Aussage von 2a noch überbieten; der Begriff גבור ist in Jos sonst nur für Israel gebraucht.

7bβ Wie in 6,2 und 8,3 ist וכל גבורי החיל eine Glosse.

9b Der Zusatz erklärt den plötzlichen Angriff am frühen Morgen, indem er den notwendigen Nachtmarsch ausdrücklich erwähnt.

11 Die Ortsnamen sind aus 10 wiederaufgenommen. Das verspätete Eingreifen Jahwes soll die totale Vernichtung der Feinde sicherstellen. Da Jahwe als Schöpfer Himmels und der Erde auch Herr über die Naturgewalten ist, haben auch die Naturgewalten zum Sieg Israels beigetragen.

Das Ende der Könige in der Höhle von Makkeda 16–23a.24–27

16.17 Durch die Voranstellung der Erzählung von der Schlacht bei Gibeon scheint die ursprüngliche Einleitung durch 16 ersetzt worden zu sein, so daß sich ein Widerspruch zwischen dem Schauplatz der Handlung und dem Aufenthalt Josuas ergibt. Die einstige Exposition ist somit weggebrochen, die jetzige Einleitung weist ausdrücklich auf das vorangegangene Geschehen zurück. Der Ort des Geschehens wird in Fortsetzung der bei Gibeon begonnenen Flucht erreicht. Makkeda hat nach 15,41 im Distrikt von Lachisch und damit in der Schefela gelegen und ist in *Ḫirbet el-Qōm* 600 m westlich von *Ḫirbet Bēt Maqdūm* zu suchen, wo sich der alte Name erhalten hat, vgl. D. A. Dorsey, The Location of Biblical Makkedah, Tel Aviv 7, 1980, 185–193. Die Höhle im Umkreis der Stadt ist nicht mehr zu identifizieren. Sprachlich ist 17 nach 16 gebildet, um die Distanz, die sich zu 15 ergibt, zu überbrücken.

18.19 Mit den vor den Eingang gewälzten Steinen wird den Königen die gefundene Zuflucht zur Falle. Die von Josua angeordneten Maßnahmen sollen die weitere Flucht verhindern, zu dem Verschluß des Eingangs kommt die Bewachung. Die weitere Verfolgung steht im Widerspruch zu 15, setzt aber voraus, daß eine Schlacht stattgefunden hat, die von den in der Höhle gefangenen Königen gegen Israel geschlagen worden ist, sie sollte den Gegner weiter vernichten. Das hier gebrauchte Verbum זנב findet sich nur noch Dt 25,18, ansonsten ist die Wortwahl stereotyp.

20 Zwar wird die Aufnahme der Verfolgung nicht berichtet, ihr Ende aber ausdrücklich festgestellt. Der Erfolg wird wieder mit מכה גדולה beschrieben, vgl. zu 10. Die Wendung עד תמם ist typisch deuteronomistisch, vgl. Dt 2,15; 31,24.30; Jos 8,24. Die ausdrückliche Feststellung, daß eine gewisse Zahl von Flüchtigen in die befestigten Städte entkommen sei, soll auf die Fortsetzung 28–43 vorbereiten. Da die Verfolgung nur bedingt erfolgreich war, sind weitere Unternehmungen erforderlich.

21 Die Ortsangaben treten gehäuft auf, wobei vorausgesetzt ist, daß Josua im Lager verblieben war. Zwar fehlt אל המחנה in 𝔊, doch scheint es sich um eine stilistische Glättung zu handeln, denn מקדה könnte ein Nachtrag sein, da der Ortsname ohne Präposition erscheint. Außerdem war von einer Verlegung des Lagers nicht die Rede. Mit der neuen Angabe ist das Lager an den Ort des weiteren Geschehens verlegt.

Der Zustand des שלום wird durch einen Nachsatz verdeutlicht, dem ein Sprichwort zugrunde liegt, das in dem deuteronomistischen Zusatz Ex 11,7 besser bewahrt ist: לא יחרץ כלב לשנו. Die Redensart lautete also wohl: „Nicht (einmal) ein Hund hat seine Zunge gespitzt", also gebellt. Mit dieser Wendung sollen Ruhe und Sicherheit und die darin zum Ausdruck kommende Überlegenheit bei einem Unternehmen ausgedrückt werden.

22.23a.24.25 Der weitere Verlauf der Handlung wird ganz von Josua bestimmt, sie vollzieht sich in der Ausführung seiner Anweisungen. Zunächst werden die Könige aus der Höhle herausgeholt. Danach werden sie zu einer Machtdemonstration vor dem Volk benutzt, indem die קצינים ihren Fuß auf den Nacken der Feinde setzen müssen. Wie das Niederschlagen ist das Niedertreten des Besiegten ein Zeichen für die bedingungslose

Unterwerfung eines Menschen oder eines Volkes. In Ägypten ist das Niedertrampeln der fremden Völker durch den König in Tiergestalt als Ausdruck ihrer Besiegung fester Bestandteil der Ikonographie, vgl. Rühlmann, „Deine Feinde fallen unter deine Sohlen", Wiss. Zeitschrift der Martin-Luther-Universität Halle-Wittenberg 20, 1971, 61–84. „Der die Feinde zertretende König ist ebenso fester Bestandteil der Phraseologie königlicher Texte" (D. Wildung, LÄ II, 146). Wahrscheinlich handelt es sich um die Übernahme ägyptischer Anschauungen, wie sie auch in der Wendung vom besiegten Feind als „dem Schemel der Füße" (Ps 110,1) aufgenommen worden ist.

Der Vorgang wird durch eine Rede Josuas gedeutet, wobei deuteronomistische Formeln verwendet werden, vgl. zu 8,1 und 1,6. Israels Feind ist Jahwes Feind und hat ein entsprechendes Schicksal zu erwarten.

26.27 Die Form der Hinrichtung wird nicht mitgeteilt. Das nachträgliche Aufhängen der toten Könige an den fünf Bäumen hat wohl ebenfalls demonstrativen Charakter, vgl. 2 S 4,12. Ihre Abnahme vor Sonnenuntergang entspricht der Vorschrift Dt 21,22. Die Verbringung der Leichname in die Höhle stellt keine angemessene Bestattung dar. Mit dem Verschließen der Höhle mit großen Steinen wird diese zum Grab, und damit werden die Lebenden vor den Toten geschützt. Die übliche ätiologische Formel am Schluß weist auf eine entsprechende Gegebenheit im Gelände hin, an der die Lokalüberlieferung gehaftet hat.

10,28–43 Die Eroberung der Städte in der Schefela

28**An jenem Tage nahm Josua Makkeda ein, er schlug es mit der Schärfe des
Schwertes ʿ ʾ[a] und vollstreckte die Vernichtungsweihe an ʿihmʾ[b] und an allen
Lebewesen darin; keinen ließ er entrinnen. So tat er dem König von Makkeda,
wie er dem König von Jericho getan hatte.** 29**Darauf zog Josua und ganz Israel
mit ihm von Makkeda nach Libna und kämpfte gegen Libna.** 30**Jahwe gab auch
dieses in die Hand Israels ʿ ʾ[a]. Er schlug es mit der Schärfe des Schwertes und alle
Lebewesen darin; keinen ließ er entrinnen ʿ ʾ[b]. So tat er ihrem König, wie er dem
König von Jericho getan hatte.** 31**Darauf zog Josua und ganz Israel mit ihm von
Libna nach Lachisch, belagerte es und kämpfte mit ihm.** 32**Jahwe gab Lachisch in
die Hand Israels. Er eroberte es am zweiten Tag und schlug es mit der Schärfe
des Schwertes sowie alle Lebewesen darin, gleichwie er an Libna getan hatte.**
33Da zog Horam, der König von Geser, herauf, um Lachisch zu helfen. Josua aber schlug
ihn und sein Volk, bis daß er ihm keinen Rest mehr übrig gelassen hatte. 34**Darauf zog
Josua und ganz Israel mit ihm von Lachisch nach Eglon, belagerte es und
kämpfte mit ihm.** 35**Er nahm es ein an jenem Tag, schlug es mit der Schärfe des
Schwertes und vollstreckte die Vernichtungsweihe an allen Lebewesen darin ʿ ʾ[a],
gleichwie er an Lachisch getan hatte.** 36**Darauf zog Josua und ganz Israel mit ihm
von Eglon nach Hebron und kämpfte mit ihm.** 37**Er nahm es ein, schlug es mit der
Schärfe des Schwertes – und seinen König und seine Städte – und alle Lebewesen
darin, er ließ keinen Rest übrig, gleichwie er an Eglon getan hatte und voll-**

streckte die Vernichtungsweihe an ihm und allen Lebewesen darin. [38]Dann
wandte sich Josua und ganz Israel mit ihm gegen Debir und kämpfte mit ihm.
[39]Er nahm es ein und seinen König und alle seine Städte, und sie schlugen sie mit
der Schärfe des Schwertes, und sie vollstreckten die Vernichtungsweihe an allen
Lebewesen darin, keinen Rest ließ er übrig. Gleichwie er Hebron getan hatte, so
tat er an Debir und seinem König ‹ ›[a].
[40]So schlug Josua das ganze Land, das Gebirge, den Negeb, die Schefela und die
Ausläufer und alle ihre Könige, keinen ließ er als Rest übrig. Alles Lebendige tat
er in die Vernichtungsweihe, wie Jahwe, der Gott Israels, geboten hatte. [41]Josua
schlug sie von Kadesch Barnea bis Gaza und das ganze Land Goschen bis nach Gibeon.
[42]Alle diese Könige und ihr Land nahm Josua ein auf einmal, denn Jahwe, der
Gott Israels, kämpfte für Israel. [43]Darauf kehrte Josua und ganz Israel mit ihm in
das Lager nach Gilgal zurück.

28a Die Bemerkung „und seinen König" ist nach der Stellung im Satzgefüge ein sachlich falscher Zusatz. **b** Statt „an ihnen" ist אותה zu lesen. **30a** Vgl. 28a. **b** Das nochmalige „darin" wird von zahlreichen Handschriften ausgelassen und ist als unsachgemäße Wiederholung zu streichen. **35a** Die erneute Zeitangabe „an jenem Tag" fehlt in 𝔊 und 𝔖 und ist wohl eine Glosse. **39a** Der Satz „und wie er an Libna und seinem König getan hatte" klappt nach und ist ein Zusatz.

Der Abschnitt besteht aus einer Folge von stereotyp formulierten Notizen über die Eroberung einzelner Städte in der Schefela 28–39 und einem Summarium über die Einnahme des südlichen Landes 40–43. Innerhalb der Aneinanderreihung folgt allein 33 nicht dem üblichen Schema, so daß die Bemerkung über Geser als Ergänzung anzusehen ist. Die Reihe der Namen wird mit Makkeda eröffnet, es folgen dann Libna, Lachisch, Eglon, Hebron und Debir. Diese Aufzählung läßt erkennen, daß das Stück nicht einfach eine Fortführung von 10,1–27 darstellt, denn abgesehen von der Reihenfolge fehlen die dort genannten Städte Jerusalem und Jarmut, während Libna und Debir unter den Orten der von Jerusalem angeführten Koalition nicht erscheinen. Allerdings kommen alle in 28–39 genannten Orte in der Liste 12,10–24 vor, so daß diese als Quelle für die Ortsnamen anzusehen ist. Doch waren bei der Auswahl andere Gesichtspunkte als die bloße Reihenfolge ausschlaggebend. Gemeinsam ist allen Städten, daß sie in der Schefela liegen. Die Zusammenstellung ist somit vermutlich danach ausgerichtet, daß die genannten Orte im Umkreis von Makkeda gelegen haben (vgl. M. Noth, ABLAK I, 292). Damit erweist sich das Stück 10,28–32.34–39 als eine Ergänzung zur Makkedaüberlieferung 10,16–23a.24–27. Die Übernahme einer älteren Überlieferung ist angesichts der stereotypen Formulierung des Stückes unwahrscheinlich (gegen K. Elliger, PJB 30, 1934, 53). Vielmehr weist die deuteronomistische Prägung auf die Abfassung durch DtrH. Die Ortsnamen wurden der Liste 12,10–24 entnommen, so daß sich zwei Abweichungen gegenüber den in 10,1–15 genannten Gegnern ergeben haben.

Historisch ist dem Abschnitt nichts zu entnehmen, da es sich um eine rein literarische Bildung ohne geschichtlichen Hintergrund handelt. Das bedeutet auch, daß bei der Identifizierung der Orte keine spätbronzezeitliche Besiedlung vorauszusetzen ist.

Innerhalb der Schlußnotiz 40–43 ist 41 eine Wiederholung von 40; der Vers ist somit ein Zusatz mit ergänzenden geographischen Angaben.

28 Mit der Eroberung von Makkeda (*Ḫirbet el-Qōm*) wird eine literarische Brücke zur vorangegangenen Episode geschaffen. Zur Lokalisierung vgl. zu 12,16. Die verwendeten Verben entstammen der deuteronomistischen Begrifflichkeit des Heiligen Krieges und werden im folgenden stereotyp wiederholt: נכה לפי חרב vgl. zu 8,24. חרם hi vgl. zu 6,21. לא השאיר שריד vgl. zu 8,22.

29.30 Libna ist am ehesten auf dem *Tell Bornāṭ* anzusetzen, vgl. K. Elliger, PJB 30, 1934, 60–62. Das Verbum לחם ni ist außerhalb von Jos 10 auffallend selten verwendet (9,2 [RedD]; 11,5; 19,47; 23,3.10 [RedD]; 24,8.9.11), gehört aber zum deuteronomistischen Sprachgebrauch (vgl. Nu 21,1.23.26; Dt 1,30.41.42; 3,22; 20,4.10.19; Jdc 1,1.3.5.8.9 u.ö.); es bezeichnet alle Formen kriegerischer Auseinandersetzung und meint hier den Angriff auf die Stadt.

31.32 An der Gleichsetzung von Lachisch mit dem *Tell ed-Duwēr* ist wahrscheinlich festzuhalten, vgl. die Begründung bei K. Elliger, Kleine Schriften zum AT, ThB 32, 1966, 28–40. Die Ausgrabungen haben für die Eisenzeit eine mächtige Stadt mit dem Palast eines Statthalters nachweisen können, vgl. D. Ussishkin, Excavations at Tel Lachish 1973–1977, Tel Aviv 5, 1978, 1–97 und 10, 1983, 97–175.

34.35 Eglon scheint Lachisch benachbart gewesen zu sein. Unter der Voraussetzung der Gleichsetzung von Lachisch mit dem *Tell ed-Duwēr* kann Eglon mit dem *Tell ᶜĒṭūn* identifiziert werden (M. Noth, ABLAK I, 291), dagegen liegt der von W.F. Albright (BASOR 17, 1925, 7f.) vorgeschlagene *Tell el-Ḥēsī* zu weit westlich in der Küstenebene.

36.37 Hebron hat auf dem Hügel *Ǧebel er-Rumēde* westlich der heutigen Stadt gelegen. Die Besiedlung während der Spätbronze- und Eisenzeit ist durch Ausgrabungen nachgewiesen, vgl. P.C. Hammond, David's First City, The Princeton Seminary Bulletin 58, 1965, 19–28.

38.39 Für Debir kann die Ansetzung auf der *Ḫirbet er-Rabūḍ* durch K. Galling (Zur Lokalisierung von Debir, ZDPV 70, 1954, 135–141) nach den Ausgrabungen als gesichert gelten, vgl. M. Kochavi, Khirbet Rabûd = Debir, Tel Aviv 1, 1974, 2–33.

40.42 wird der militärische Erfolg in einer Schlußnotiz zusammengefaßt. Wie in 11,2 und Jdc 1,9 wird der südliche Teil des Westjordanlandes mit den drei geographischen Begriffen ההר, הנגב und השפלה umschrieben. Dabei bezeichnet ההר das judäische Gebirge, vgl. 21,11. נגב ist das „Trockenland" südlich des Gebirges Juda, dessen Erstreckung nach Süden aber nicht genau festgelegt ist. Es handelt sich um ein Steppengebiet mit geringen Niederschlägen, das während der Eisenzeit I besiedelt wurde, vgl. V. Fritz, Erwägungen zur Siedlungsgeschichte des Negeb in der Eisen-I-Zeit (1200–1000 v.Chr.) im Lichte der Ausgrabungen auf der *Ḫirbet el-Mšāš*, ZDPV 91, 1975, 30–45. In der Eisenzeit II war der Negeb mit einem System von Festungen überzogen, um die Herrschaft der Könige in Jerusalem in diesem Teil des Reiches zu sichern, vgl. Y. Aharoni, Forerunners of the Limes: Iron Age Fortresses in the Negev, IEJ 17, 1967, 1–17; R. Cohen, The Iron Age Fortresses in the Central Negev, BASOR 236, 1979, 61–79. שפלה ist das dem Gebirge im Westen vorgelagerte niedrige Hügelland, das wegen der günstigen Bedingungen für die Agrarwirtschaft während der Eisenzeit dicht besiedelt war. Die Küstenebene ist nicht genannt, da sie das Gebiet der philistäischen Pentapolis war. אשדות bezeichnet die Ausläufer des judäischen Gebirges, wobei in Analogie zu אשדות הפסגה für den Steilabfall der Berge an der östlichen Seite des Toten Meeres (Dt 3,17; 4,49; Jos 12,3; 13,20) an die Steilhänge am Ostrand des Gebirges Juda zu denken ist (vgl. Noth, 66f.).

Die Ausführung der Vernichtungsweihe wird ausdrücklich mit dem Hinweis auf Dt 20,10–18 begründet, wobei die Wahl des Wortes נשמה wie in 11,11.14 durch Dt 20,16 bedingt ist, vgl. zu 6,21.

In 42 wird dann betont, daß Josua nicht nur die Feinde besiegt, sondern eben auch das Land eingenommen hat (לכד), das nach der Eroberung als menschenleer vorgestellt ist. Damit ist die Voraussetzung für die Landverteilung geschaffen. Der Erfolg ist garantiert dadurch, daß Jahwe selbst gekämpft hat, wie bereits in 14 durch den Verfasser in Auslegung des Zitates betont wird. Sonst ist diese Kriegsführung Jahwes nur selten erwähnt (vgl. Ex 1,14.25; Dt 1,30; 3,22; Jos 23,10). Diese mit dem heiligen Krieg verbundene Vorstellung der göttlichen Beteiligung an Kampf und Sieg ist auch bei den Assyrern belegt, vgl. M. Weippert, ZAW 84, 1972, 476–483. Ein eindrückliches Beispiel bietet Prisma A (IX:75–89) Assurbanipals aus Ninive:

„Ninlil, die Wildkuh, die höchste Göttin, die angriffbereiteste unter den Göttinnen, die bei Anu und Enlil majestätisch (ihren) Standort hat, stieß meine Feinde mit ihren starken Hörnern nieder.

Ištar, die in Arbela wohnt, die mit Feuer umkleidet ist, den Schreckensglanz trägt, regnete Flammen auf das Land Arabien.

Era, der Held, organisierte den Kampf und machte meine Gegner nieder.

Ninurta, der Pfeil, der große Held, der Sohn Enlils, durchschnitt mit seinem spitzigen Pfeil die Kehle meiner Feinde.

Nusku, der aufmerksame *sukallu*, der mein Herrschertum sichtbar macht, der auf Befehl Assurs (und) Ninlils, der Heldin, der Herrin von Arbela, mir zur Seite ging, und mein Königtum schützte, überwand und fällte im Angesicht meiner Truppen meine Gegner."

(Übersetzung M. Weippert)

43 entspricht 15. Die Abschlußformel steht aber hier an ihrem ursprünglichen Platz. Als Ort des Lagers erhält Gilgal im Rahmen der Landnahmeerzählung eine besondere Bedeutung.

Die redaktionellen Zusätze 33 und 41

33 Auch geographisch paßt Geser nicht in den Zusammenhang, da es auf dem *Tell Ǧezer* (*Tell Abū Šūše*) am Rand der Küstenebene und nicht in der Schefela liegt. Die Stadt ist erst unter Salomo zu Juda gekommen (1 R 9,16).

41 will offensichtlich die geographischen Angaben von 40 ergänzen, um das eroberte Gebiet auszuweiten. Kadesch Barnea liegt auf dem *Tell el- Qūdērāt*, wo während der gesamten Königszeit eine judäische Festung bestanden hat, vgl. R. Cohen, The Excavations at Kadesh-barnea (1976–1978), BA 44, 1981, 93–107. Nach 15,3f. und Nu 34,4 markiert Kadesch Barnea die Südgrenze des Landes, als ein solcher Grenzpunkt ist der Ort hier genannt, obwohl der Name sonst im DtrG den Schauplatz des langen Aufenthaltes Israels in der Wüste außerhalb des Landes bezeichnet (Dt 2,14). Überlieferung und Geschichte zeigen, daß Kadesch Barnea während der Königszeit als äußerster Punkt des Reiches gegolten hat. Gaza ist die südlichste der Philisterstädte, sie hat zu keiner Zeit zu Juda gehört. Die heutige Stadt *Ġazze* steht auf den Resten der antiken Stadt. Mit der Nennung der beiden Namen soll das Gebiet der südlichen Küstenebene bezeichnet werden. Damit wird im Sinne der Angaben von 15,4.47; Nu 34,5 nachgetragen, daß sich das eroberte Gebiet bis zum „Bach Ägyptens“ (*Wādī el-ᶜArīš*) erstreckt. Das Land Goschen ist nicht näher zu bestimmen, die Bezeichnung hier und 11,16 ist wohl aus dem Ort Goschen in 15,51 abgeleitet, der im südlichen Gebirge gelegen hat, aber nicht zu lokalisieren ist. Vielleicht bezeichnete „Land Goschen“ ein kleineres Gebiet am Südrand des Gebirges zwischen diesem und dem Negeb (vgl. Aharoni, 42). Mit Gibeon ist der Schlachtort aus 10,1–15* erwähnt, der hier wohl den nördlichen Punkt des gemeinten Gebietes bezeichnen soll.

11,1–15 Die Schlacht an den Wassern von Merom und die Eroberung Hazors

1 Als aber Jabin, der König von Hazor, das hörte, sandte er zu Jobab, dem König von Madon, zu dem König von Schimron und zu dem König von Achschaf 2 sowie zu den Königen, die im Norden auf dem Gebirge und in der Araba südlich von[a] Kinneret, in der Schefela und im Hinterland von Dor im Westen waren, 3 den Kanaanitern im Osten und Westen, den Amoritern, Hetitern, Perisitern und Jebusitern im Gebirge und den Hiwitern am Fuße des Hermon im Lande von Mizpa. **4 Sie alle zogen aus und ihr ganzes Heerlager mit ihnen, ein großes Volk, so zahlreich wie der Sand an der Küste des Meeres, dazu Pferde und Streitwagen in großer Zahl. 5 Alle diese Könige trafen zusammen, kamen heran und lagerten zusammen an den Wassern von Merom, um gegen Israel zu kämpfen. 6 Jahwe aber sprach zu Josua: „Fürchte dich nicht vor ihnen, denn morgen um diese Zeit gebe ich sie alle als Erschlagene vor Israel hin, ihre Pferde sollst du lähmen und ihre Streitwagen mit Feuer verbrennen“. 7 Josua aber und das ganze Kriegsvolk mit ihm kam plötzlich über sie an den Wassern von Merom, und sie fielen über sie her. 8 Jahwe gab sie in die Hand Israels, sie schlugen sie und verfolgten sie bis zu dem großen Sidon, bis zu Misrefot-Majim und bis zur Ebene ⸢Mizpa⸣[a] im Osten. Sie schlugen sie so gründlich, daß er ihnen keinen Rest übrig ließ. 9 Josua aber tat an ihnen, wie ihm Jahwe gesagt hatte, ihre Pferde lähmte er und ihre Streitwagen verbrannte er mit Feuer. 10 Zu dieser Zeit kehrte Josua um, nahm Hazor ein und schlug seinen König mit dem Schwert, denn Hazor war vormals das erste aller dieser Königreiche. 11 Sie schlugen alles Lebendige in ihr mit dem Schwert zur Vollstreckung der Vernichtungsweihe, kein einziges Lebewesen blieb übrig, und Hazor verbrannte er mit Feuer. 12 Alle Städte dieser Könige und alle ihre Könige nahm Josua ein, und er schlug sie mit dem Schwert zur Vollstreckung der Vernichtungsweihe an ihnen, wie Mose, der Knecht Jahwes, geboten hatte.** 13 Jedoch alle die Städte, die noch auf ihren Schutthügeln stehen, verbrannte Israel nicht, nur Hazor allein verbrannte Josua. **14 Die gesamte Beute dieser Städte und das Vieh raubten sich die Israeliten, nur alle Menschen schlugen sie mit dem Schwert bis zu ihrer völligen Ausrottung, nichts Lebendiges ließen sie übrig. 15 Wie Jahwe Mose,**

seinem Knecht, geboten hatte, wie Mose Josua befohlen hatte, so handelte nun Josua. Nichts von all dem, was Jahwe dem Mose befohlen hatte, ließ er beiseite.

[2a] 𝕲 liest statt „südlich von“ ἀπέναντι = (מ)נגד „gegenüber“, da Araba die Bezeichnung des Jordangrabens ist (vgl. 12,3), braucht der Text nicht geändert zu werden. [8a] Da es sich vermutlich um den gleichen Ort wie in V. 3 handelt, muß die Lesung angeglichen werden.

Literatur: Y. Aharoni, New Aspects of Israelite Occupation in the North, in: Near Eastern Archaeology in the Twentieth Century, 1970, 254–267; V. Fritz, Das Ende der spätbronzezeitlichen Stadt Hazor Stratum XIII und die biblische Überlieferung in Jos 11 und Richter 4, UF 5, 1973, 123–139; J. Gray, Hazor, VT 16, 1966, 26–52; F. Maass, Hazor und das Problem der Landnahme, in: Von Ugarit nach Qumran, 1958, 105–117; H. Rösel, Studien zur Topographie der Kriege in den Büchern Josua und Richter I-III, ZDPV 91, 1975, 159–190; Y. Yadin, Hazor. The Head of all those Kingdoms, 1972; S. Yeivin, The Israelite Settlement in Galilee and the Wars with Jabin of Hazor, in: Melanges bibliques rédigés en l'honneur de André Robert, 1957, 95–104.

Der Bericht über die Eroberung der nördlichen Hälfte des Landes gliedert sich in zwei Teile. Der erste Abschnitt 1–9 beschreibt einen Sieg in offener Feldschlacht gegen eine Koalition der Könige unter Führung des Jabin von Hazor. In der Fortsetzung 10–15 wird die Eroberung und Zerstörung der Städte nachgetragen, wobei jedoch nur Hazor namentlich genannt ist. Die Erzählung 1–9 folgt dabei in Aufbau und Wortwahl dem entsprechenden Stück für den Süden 10,1–15*, Unterschiede gibt es nur in Einzelheiten wie etwa der Erwähnung der Pferde und Wagen. Die sprachliche Übereinstimmung läßt an den gleichen Verfasser denken. Die Aufnahme einer älteren Tradition ist nicht erkennbar, die Kriegshandlung folgt der festgelegten Terminologie. Die Namen der an der Koalition beteiligten Städte kommen sämtlich in der Liste 12,10–24 vor und sind von dort übernommen, vgl. V. Fritz, ZDPV 85, 1969, 139–142. Allein der Schlachtort „die Wasser von Merom“ ist dort nicht erwähnt. Die Wahl dieses Namens bleibt somit unerklärt, sie entstammt der geographischen Kenntnis des Verfassers. Dementsprechend kann dieser als wasserreich gekennzeichnete Ort am ehesten im oberen Jordantal gesucht werden, wo auch die Stadt Hazor gelegen hat, deren König als Anführer der Koalition gegen Josua erscheint. Die Rolle Hazors erklärt sich daraus, daß dieser Ort unter den 12,19f. genannten Namen der bei weitem wichtigste und bekannteste gewesen ist.

Innerhalb von 1–9 wird die Zahl der Gegner sowohl in 2 durch geographische Angaben als auch in 3 durch Nennung der verschiedenen Völkerschaften vermehrt, beide Verse sind vermutlich ein Nachtrag. In dem Abschnitt 10–15 scheint die mit רק eingeführte Ausnahme und die nochmalige Erwähnung von Hazor 13 eine Ergänzung zu sein. In Aufbau und Aussage korrespondiert die Eroberung des Nordens 1–15 der Eroberung des Südens 10,1–39, wenngleich der Text viel kürzer ist. Die literarischen Übereinstimmungen lassen an eine Bildung analog zu 10,1–39 und damit an die Abfassung durch DtrH denken, vgl. bereits F. Stolz, Jahwes und Israels Kriege, 1972, 88. Eine ältere Überlieferung stand als Vorlage nicht zur Verfügung, die Schilderung der Ereignisse ist stereotyp und die gesamte Erzählung eine literarische Fiktion ohne historischen Hintergrund, so auch H. Rösel, ZDPV 91, 1975, 183.

1 Die Exposition entspricht 10,1a.3, ist aber weitaus kürzer gehalten. Der Name des Königs von Hazor, Jabin, ist nur noch in der Erzählung von dem Sieg Baraks über Sisera Jdc 4 genannt, wo er 2.7.17b.23f. als Kriegsherr erscheint. Der Vergleich mit dem

Preislied Jdc 5,12 ff. zeigt aber, daß Jabin ursprünglich im Zusammenhang mit dem Kampf gegen Sisera überhaupt nicht erwähnt worden ist. Seine Nennung in Jdc 4 geht auf eine Bearbeitung zurück, die aller Wahrscheinlichkeit nach von 11,1–15 abhängig ist, da die Übernahme des Namens aus mündlicher Überlieferung wenig wahrscheinlich ist. Jabin wird somit eine freie Bildung des Verfassers sein, der auch in 10,3 die Namen der Könige frei erfunden hat. Das gleiche gilt für Jobab, den König von Madon.

Hazor ist eindeutig mit dem *Tell el-Qedaḥ* im oberen Jordantal gleichzusetzen. Die Geschichte der Stadt reicht bis in das 3. Jt. zurück, zur Siedlungsgeschichte vgl. die Übersicht bei Y. Yadin, 2–9. Die kanaanitische Stadt ging um 1200 im Zusammenhang mit der Bewegung der Seevölker zugrunde, vgl. V. Fritz, 135–139. Während der Eisenzeit I war der Ruinenhügel nur sporadisch besiedelt, doch hat Salomo die Stadt neu gegründet und befestigt (1 R 9,15). Bei der Eroberung Israels durch Tiglatpileser III. wurde auch Hazor zerstört (2 R 15,29), bis in persische Zeit hat aber an dem Ort der Palast eines Statthalters bestanden. Nach den Grabungsergebnissen war damit Hazor in kanaanitischer Zeit ein mächtiger Stadtstaat, dessen Reste in der weitausgedehnten Wallanlage bis heute sichtbar sind. Während der Königszeit waren der mächtige Siedlungshügel und die weitläufige Umwallung stumme Zeugen für die einstige Bedeutung der Stadt.

Als Städte der Koalition werden die drei weiteren Orte aus 12,19 f. genannt, wobei nur der König von Madon namhaft gemacht wird. Das Fehlen des Eigennamens ist noch kein Grund, die Nennung von Schimron und Achschaf als „nachträgliche Auffüllung des Textes“ (Noth, 67) zu beurteilen. Der Name Jobab ist auch für einen König von Edom Gn 36,33 f.; 1 Ch 1,44 f. belegt und kommt noch 1 Ch 8,9.18 vor, er ist wohl aus dem Repertoire israelitischer Namen übernommen, wobei der Anklang an Jabin auffällig ist. Von den drei Städten ist Madon nicht zu lokalisieren, Schimron kann mit *Ḫirbet Sēmūniyeh* am nordwestlichen Rand der Jesreel-Ebene gleichgesetzt werden und Achschaf hat auf dem *Tell Kesān* in der Ebene von Akko gelegen, vgl. zu 12,20. Mit den drei genannten Städten sollte wohl das gesamte Gebiet des galiläischen Gebirges und seiner Randzonen erfaßt werden.

4 Im militärischen Gebrauch bezeichnet יצא „ausziehen“ den Aufbruch des Heeres, vgl. Dt 20,1; Am 5,3. Wie 10,5 ist מחנה als Äquivalent für das im Lager versammelte Heer gebraucht, dessen Stärke durch den stereotypen Vergleich mit dem Sand des Meeres sowie die Nennung der Pferde und Wagen markiert wird. Die Metapher כחול אשר על שפת הים לרב wird Jdc 7,12 für die Kamele der Midianiter und 1 S 13,5 für die Philister gebraucht, kann aber auch auf Israel selbst bezogen werden, vgl. 2 S 17,11; 1 R 4,20. Der von ein oder zwei Pferden gezogene Streitwagen ist das Zeichen für die militärische Überlegenheit der Kanaaniter, vgl. Jdc 5,22. Obwohl der Streitwagen im vorderen Orient bereits im 2. Jt. bekannt und weit verbreitet gewesen ist (vgl. als Beispiel ANEP, 390), wurde er in Israel erst unter Salomo als eigenständiger Truppenteil eingeführt (1 R 5,6; 10,26–29), war aber unter den Königen von Israel und Juda weiter in Gebrauch, vgl. 1 R 3,7; 7,13; 9,17–19.33; 10,2; 11,16; 14,20. Im Königsgesetz Dt 17,14–20 wird dann vor einer zu großen Zahl dieser aus der Umwelt übernommenen Waffe gewarnt. Die Überlegenheit des mit Wagenlenker und Bogenschützen bemannten Streitwagens lag bis zum Aufkommen der Reiterei unter den Assyrern in seiner Schnelligkeit und Beweglichkeit, die allerdings nur in der offenen Feldschlacht zum Tragen kommen konnten.

5 Die kanaanitische Koalition bezieht ihr Lager an den „Wassern von Merom", über deren Lage viel gerätselt worden ist. Der Name verweist auf eine wasserreiche Gegend, wobei es jedoch zumindest fraglich ist, „ob der Name ‚Merom', nach dem ‚die Wasser' benannt wurden, überhaupt ein Ortsname ist" (H. Rösel, 180), da מרום auch einfach „Höhe" bedeuten kann. „Wasser der Höhe" könnte so eine bestimmte Lokalität im oberen Jordantal bezeichnet haben, deren Festlegung völlig aussichtslos ist. Der Vorschlag von H. Rösel, 179, diese Wasser mit dem kleinen See *Birket el-Ǧīš* etwa 4 km nördlich von *Mērōn* gleichzusetzen, hat wenig Wahrscheinlichkeit, da der Vorschlag vor allem darauf beruht, daß sich sonst innerhalb des galiläischen Gebirges keine weiteren Seen finden. Aber auch eine mögliche Ableitung von einem etwaigen Ortsnamen Merom oder Meron scheitert, da ein solcher Ort weder eindeutig zu lokalisieren noch in der Nähe größerer Wasserflächen zu finden ist. Die Vorschläge für Meron schwanken zwischen dem *Tell* bei *Mērōn* am *Wādi Mērōn* in Obergaliläa (vgl. J. Garstang, Joshua. Judges, 1931, 193–195) und dem *Tell el-Ḫirbe* beim *Ǧebel Mārūn* etwa 14 km weiter nördlich (Aharoni, 235); an beiden Ortslagen gibt es reichlich Quellen, die aber kaum den Namen מי מרום rechtfertigen. Beide Orte kommen wegen ihrer Unzugänglichkeit nicht als Schlachtort in Frage. Eine Stadt Merom ist weiterhin in einer Inschrift Tiglatpilesers III. erwähnt (ANET, 283), doch trägt der Text für die Lokalisierung nichts aus. Wenn denn mit der Bezeichnung „die Wasser von Merom" überhaupt eine konkrete Vorstellung verbunden war, so läßt sich diese doch nicht mehr verifizieren.

6 Die Gottesrede entspricht 10,8, neu ist nur die Verwendung von חללים für die getöteten Feinde und die Anordnung für die Pferde und Wagen. חלל ist der *terminus technicus* für die Gefallenen (vgl. 1 S 17,52; 31,8; 1 R 11,15), die ursprüngliche Bedeutung „Durchbohrter" weist auf die (nicht immer) tödliche Verwundung durch Pfeil, Speer oder eine Stichwaffe, wie es in der Ilias sehr realistisch beschrieben wird. Der Begriff wird in den Landnahmeerzählungen jedoch nur noch 13,22 für Bileam gebraucht. Zur Lähmung der Pferde wurden die Sehnen der Hinterbeine durchschnitten; damit waren sie bewegungsunfähig. Der Grund für dieses Vorgehen liegt kaum darin, daß Israel noch keine Verwendung für die Pferde kannte (gegen F. J. Stendebach, ThWAT V, 786) oder eine besondere Kriegstaktik angewendet hat (gegen W. Krebs, ZAW 78, 1966, 359). Vielmehr handelt es sich wohl um den Vollzug der Vernichtungsweihe an dieser wertvollen Beute. In die gleiche Richtung zielt das Verbrennen der Wagen, die mit ihrer Vernichtung Jahwe übereignet werden, vgl. auch 2 S 8,4; 1 Ch 18,4. Zur Vernichtungsweihe vgl. zu 6,21.

7 Wie in 10,9a sichert Josua den Israeliten den Sieg durch einen Überraschungsangriff.

8 Der vollständige Sieg wird mit der Übereignungsformel festgestellt, vgl. zu 6,2a. Die Angaben über den Fluchtweg markieren die allgemeine Richtung und nicht das erreichte Ziel. Sidon ist die phönizische Küstenstadt, das heutige *Ṣēda*, die Flucht wird so in nordwestliche Richtung vorgestellt. Misrefot-Majim ist kaum mit *Ḫirbet el-Mšērfe* an der Küste südlich von *Rās en-Nāqūra* gleichzusetzen (so J. Garstang, Joshua. Judges, 1931, 396); eher bezeichnet der Name wie 13,8 den Litani, der die natürliche Grenze bildet (Aharoni, 248). Die Angabe wäre dann eine „Station" auf dem Weg nach Nordwesten. Aufgrund der Näherbestimmungen in 13,5 und Jdc 3,3 kann „die Ebene Mizpa" bei den südlichen Ausläufern des Hermon gesucht und mit dem Tal von *Merǧ ᶜAyūn* (Aharoni, 249) oder dem Unterlauf des *Wādī et-Tēm* (Noth, 69) gleichgesetzt werden.

Allerdings setzt die Angabe מזרחה einen Schlachtort westlich des Jordantals voraus, so daß sie mit der Identifikation kaum in Einklang zu bringen ist. Wie der Schlachtort, so bleibt der Fluchtweg letztlich unbestimmbar. In 8b wird die vollständige Vernichtung der Feinde mit der üblichen Formel festgestellt, vgl. zu 10,20.

9 Die Ausführung des göttlichen Befehls wird ausdrücklich vermerkt, wie es auch sonst deuteronomistischem Stil entspricht.

10.11 Analog zu 10,28 ff. wird ein Bericht über die Eroberung der an der Koalition beteiligten Städte angeschlossen, wobei nur Hazor namentlich erwähnt ist. Die Wortwahl entspricht dem üblichen Vokabular des Kriegsgeschehens. Die besondere Stellung von Hazor als Anführerin der Koalition wird zur Begründung ihrer Vernichtung besonders hervorgehoben. Das singuläre לא נותר כל נשמה ist ähnlich wie 10,40 wahrscheinlich eine bewußte Aufnahme von Dt 20,16. Die Eroberung der Stadt (לכד), die Vernichtung ihrer Bewohner (נכה בחרב), die Tötung des der Vernichtung Geweihten und das Verbrennen der Häuser (שרף באש) ist die notwendige Konsequenz aus dem errungenen Sieg. Damit wird das Gebot für die Eroberung des Landes und der Behandlung seiner Bewohner Dt 20,10–18 erfüllt. Die Schilderung entspricht der deuteronomistischen Auffassung von der Landnahme als eines Ausrottungskrieges. Wie die Erzählung von der Schlacht gegen die Könige des Nordens 11,1–9, so ist die Eroberung Hazors keine historische Überlieferung, sondern Ausdruck eines bestimmten Geschichtsbildes. Die Zerstörung von Hazor um 1200 kann somit nicht mit der Landnahme der israelitischen Stämme in Verbindung gebracht werden, vgl. bereits V. Fritz, 133f. gegen Y. Yadin, The Transition from Semi-Nomadic to a Sedentary Society in the Twelfth Century B.C.E., in: Symposia, 1979, 57–68. Wie bei der Erzählung handelt es sich um eine deuteronomistische Bildung, in der zwar die Kenntnis der Ruinenstätte Hazor vorausgesetzt, aber keine ältere Überlieferung über deren Entstehung verarbeitet ist.

12 Die Notiz über die Eroberung der übrigen Städte folgt der üblichen Wortwahl (לכד, נכה). Der ausdrückliche Verweis auf den Befehl des Mose zeigt den deuteronomistischen Verfasser, dem Dt 20,10–28 bereits vorlag.

14.15 Die mit רק angeführte Ausnahme 14b könnte wiederum ein Zusatz sein. Auch die Behandlung der Beute entspricht dem Kriegsgesetz Dt 20,10–18, wobei neben der unbeweglichen Habe das Vieh eigens aufgeführt ist. Die Betonung der Einhaltung der von Mose auferlegten Bestimmungen durch Josua in 15 entspricht 14,5. Im Blick auf die Eroberung des Nordens wird die Erfüllung des deuteronomischen Gesetzes besonders betont.

Die redaktionellen Nachträge 2.3.13

2 soll das an der Koalition beteiligte Gebiet noch ausweiten, indem Gebietsbezeichnungen angeführt werden, die den geographischen Rahmen der Erzählung sprengen. Innerhalb der Aufreihung stören die Worte נגב כנרות, da sie weder mit der Kopula noch mit der Präposition versehen sind; sie können nur als Glosse zu ובערבה verstanden werden. In diesem Zusammenhang kann הר nur das mittelpalästinische Gebirge einschließlich Galiläas und ערבה nur den Jordangraben bezeichnen, vgl. die Glosse in 8,14. Die Nennung der שפלה ist unsinnig, da der Begriff auf das niedrige Hügelland im Westen des judäischen Gebirges begrenzt ist, vgl. 9,1; 10,40. Der Ergänzer hat somit die mehr oder minder fest geprägte Zusammenstellung der Landschaften des südlichen Landes ohne Rücksicht auf den geographischen Rahmen für den Norden übernommen. Damit entfällt die Notwendigkeit, eine nördliche Schefela suchen zu müssen, gegen I. Finkelstein, The Shephelah of Israel, Tel Aviv 8, 1981, 84–94. Als Bezeichnung für den nördlichen Teil der Küstenebene findet sich נפות דור als Gebietsbezeichnung noch 12,23 und 1 R 4,11. Die Bedeutung von *נפה ist nicht ermittelt, die Verbindung mit der wichtigen Hafenstadt Dor (*Ḫirbet el-Burǧ* bei *eṭ-Ṭantūra*) dürfte aber einen Bezug zu dem Küstenstreifen und nicht zu dem Höhenrücken des Karmel nahelegen; zur möglichen Ableitung des Begriffes von νάπη „Waldteil“, vgl. M.Ben-Dov, נפה – A Geographical Term of possible „Sea People“ Origin, Tel Aviv 3, 1976, 70–73.

3 bietet wieder die Aufzählung der Völkerschaften, wobei der Versuch gemacht wird, die Wohngebiete der Vorbewohner näher zu bestimmen, vgl. zu 3,10. So werden die Jebusiter im Bereich des mittelpalästinischen Gebirges und die Hiwiter auf der Hochebene östlich des Sees Gennesaret angesiedelt.

13 Der Zusatz zu 12 ist schwer verständlich, zumal die Einäscherung der eroberten Städte für die Einnahme des Südens konstitutiv ist. Der Ergänzer hat vermutlich die Kontinuität der Siedlungsgeschichte vor Augen, wobei die ausdrückliche Verwendung des Wortes תל für den Ruinenhügel zeigt, daß sich der Verfasser der Vergangenheit der bestehenden Städte bewußt war. Der Sinn der Bemerkung kann also nur sein, daß allein die in der Gegenwart des Erzählers unbesiedelten Hügel bei der Landnahme durch Josua erobert worden sind. Dementsprechend wird Hazor als die eigens angeführte Ausnahme für die Zeit des Ergänzers als besiedelt vorausgesetzt.

11,16–23 Der Abschluß der Landnahme

16 Josua übernahm dieses ganze Land, das Gebirge, den ganzen Negeb, das ganze
Land Goschen, die Schefela und die Araba, das Gebirge Israel und sein Hügelland; 17 von dem Kahlenberg, der (in) Seir aufragt, bis Baal-Gad in der Libanon-
ebene am Fuße des Hermongebirges. Alle ihre Könige nahm er gefangen, schlug
sie und tötete sie. 18 Lange Zeit hatte Josua mit allen diesen Königen Krieg
geführt. 19 Keine Stadt hat mit den Israeliten Frieden geschlossen ˁ ˀ[a]. Alles
nahmen sie durch Krieg. 20 Denn durch Jahwe geschah es, daß ihr Herz sich
verstockte angesichts des Krieges mit Israel, damit an ihnen die Vernichtungsweihe vollstreckt werde, ohne daß ihnen Erbarmen zukäme, um sie auszurotten,
wie Jahwe Mose geboten hatte.

21 Zu dieser Zeit kam Josua und beseitigte die Enakiter aus dem Gebirge, aus Hebron,
aus Debir, aus Anab und vom ganzen Gebirge Juda und ganzen Gebirge Israel, samt
ihren Städten vollstreckte Josua die Vernichtungsweihe an ihnen. 22 Kein Enakiter blieb
im Lande der Israeliten übrig, nur in Gaza, Gat und Aschdod erhielt sich ein Rest.
23 Josua übernahm das ganze Land, ganz wie Jahwe zu Mose gesagt hatte. Josua gab es an

Israel zum Erbbesitz entsprechend seiner Einteilung in Stämme. Das Land hatte nun Ruhe vor dem Krieg.

[19a] Die Worte „mit Ausnahme der Hiwiter, die zu Gibeon wohnen" sind eine nachträgliche Berichtigung und damit eine Glosse, die noch in 𝔊 fehlt.

In 16–20 wird die bisherige Eroberung des Landes zusammengefaßt, wobei vor allem die Ausdehnung des eroberten Landes und die lange Dauer betont werden. Zwar sind keine Einzelheiten genannt, doch ist der bisherige Ablauf der Erzählung vorausgesetzt. Sprachgebrauch, geographische Vorstellung und die ausdrückliche Feststellung der Erfüllung des Gebotes der Vernichtungsweihe weisen das Stück als Arbeit des deuteronomistischen Redaktors aus.

Die Bemerkungen über die Enakiter 21f. haben den Charakter eines Nachtrages (so bereits Noth, 71). Da die Enakiter im Zusammenhang mit der Landnahme nicht erwähnt werden, sondern zu der Überlieferung „Kaleb in Hebron" gehören, die vom deuteronomistischen Redaktor in 14,6–15 aufgenommen worden ist, kann es sich hier um eine redaktionelle Ergänzung aufgrund von Dt 1 handeln.

Die Zusammenfassung 16–20 (RedD)

16.17 Als Begriff für die Einnahme des Landes wird לקח nur für das Gebiet der ostjordanischen Könige Sichon und Og gebraucht, vgl. 21,25; Dt 3,8; 29,7; Jdc 11,13; sonst wird im deuteronomistischen Sprachgebrauch ירש oder לכד verwendet, vgl. zu 1,11 und 6,20b. Die Gesamtheit des Landes wird zunächst mit Landschaftsnamen beschrieben, wobei die besondere Nennung von הר ישראל ושפלה ein durch 11,2 bedingter Zusatz ist. Innerhalb der übrigen Erzählung ist כל ארץ הגשן singulär und ebenfalls erst nachträglich in die feststehende Reihe eingedrungen. Mit „Land Goschen" kann nur ein Gebiet im Süden des judäischen Gebirges gemeint sein; es ist wahrscheinlich nach der Stadt Goschen 15,51 benannt und wird vielleicht am südlichen Gebirgsrand gelegen haben, vgl. auch 10,41. Die vier Gebiete „Gebirge", Negeb, Schefela und Araba sind die „klassische" Umschreibung des Landes, wie sie sich auch mit verschiedenen Erweiterungen 12,8 und Dt 1,7 findet, vgl. zu 9,1 und 10,40. Ursprünglich umfaßte die Vierzahl wohl nur das Südreich, doch ist die Aufzählung hier auf das ganze Land übertragen, und in 11,2 wird sie mit einer Ergänzung und nachträglichen Erklärungen auf den Norden angewendet. Gebirge bezeichnet somit eigentlich das judäische Bergland, Negeb die südlich daran angrenzende Steppe, Schefela das Hügelland am Westrand und Araba den Grabenbruch im Osten.

Die Angaben in 17 bringen eine weitere Umschreibung des Gebietes nach Grenzpunkten, wie sie sich ähnlich nur noch 12,7 findet. Da es sich um eine Wiederholung der in 16 gemachten Aussage handelt, könnte der Vers ein Zusatz sein. Der „kahle Berg" wurde von A. Musil (Arabia Petraea II, 1, 1907, 170) mit dem *Ǧebel Ḥalāq* am südöstlichen Rand des Negeb gleichgesetzt. Die Näherbestimmung העולה שעיר weist aber auf das Siedlungsgebiet der Edomiter östlich der Araba (vgl. Dt 1,44; 2,4.12.22) und הר החלק ist in diesem Bereich zu suchen.

Die Näherbestimmung בבקעת הלבנון legt Baal-Gad in die Ebene zwischen Libanon und Antilibanon, die heute den Namen *Biqā*ᶜ trägt. In diesem fruchtbaren Gebiet haben in der Bronze- und Eisenzeit zahlreiche große Städte bestanden, eine Lokalisierung des Ortes ist aber nicht möglich, zumal er außerhalb der Angaben zur Begrenzung des Landes in 12,7 und 13,5 nicht mehr erwähnt ist. Die zusätzliche Angabe תחת הר הרמון läßt auf eine Lage im südlichen Teil der *Biqā*ᶜ schließen. Die Formel „vom kahlen Berg bis nach Baal-Gad" ist umfassender als die in DtrG sonst übliche Wendung „von Dan bis Beerseba" (Jdc 20,1; 1 S 3,20; 2 S 3,10; 17,11; 24,3.15; 1 R 5,5), in der sich die Verhältnisse der Königszeit spiegeln. Der Fassung „vom kahlen Berg bis Baal-Gad" liegen zwar geographische Vorstellungen zugrunde, doch entspricht sie kaum einer politischen Wirklichkeit. Vielmehr scheint sie geschaffen zu sein, um die gängige Formel zu vermeiden.

18–20 In 18 wird die lange Dauer der Kriegszüge betont, während die Erzählungen den Eindruck einer schnellen Abfolge erwecken. Als Begründung wird in 20 auf die Hartnäckigkeit der Feinde hingewiesen, die sich der Eroberung und Ausrottung widersetzt haben. Dieser Widerstand wird mit der Verbindung חזק לב pi bezeichnet, die *terminus technicus* für die Uneinsichtigkeit in eine durch Jahwe vorbestimmte Situation ist und dementsprechend in Abweichung von der üblichen Bedeutung „das Herz verhärten", „das Herz verstocken" bedeutet. Der Sprachgebrauch ist typisch für die Priesterschrift (vgl. Ex 7,13.22; 8,15; 9,35), bei der Verwendug im Piel ist immer Jahwe als Herr menschlichen Willens der Verursacher (Ex 9,12; 10,20.27; 11,10; 14,4.8.17). Damit ist auch die Länge der kriegerischen Einnahme des Landes von Gott gewollt.

Im Blick auf die Vernichtungsweihe wird die unbedingte Durchführung besonders hervorgehoben. Als Wort für das Erbarmen ist תחנה nur noch Esr 9,8 gebraucht. שמד hi ist auch sonst in Verbindung mit der Vernichtungsweihe verwendet, vgl. zu 9,24.

Der Nachtrag 21–23

21–23 bringt eine Erklärung über den Verbleib der Enakiter, wie sie aus der mit Hebron verbundenen Überlieferung bekannt waren. הענקים ist vermutlich ein Appellativum von ענק „Halskette" in der ursprünglichen Bedeutung „Halskettenleute", vgl. die sonst übliche Form בני הענק 15,14; Nu 13,33; Jdc 1,20 und ילדי הענק 15,14; Nu 13,22.28 (Noth, 92). Ihren Namen trugen die „Halskettenleute" von den Ringen, die sie, ihre Frauen oder ihre Tiere um den Hals trugen. Ihre älteste Erwähnung findet sich in der jahwistischen Kundschaftergeschichte Nu 13.14*, die vermutlich auf eine ältere Überlieferung von Kaleb in Hebron zurückgeht, vgl. M. Noth, Überlieferungsgeschichte des Pentateuch, ²1960, 143–145. Die Enakiter sind somit die Bezeichnung für die vorisraelitische Bevölkerung Hebrons, wobei alle weiteren Erwähnungen in 14,12.15; 15,13.14; 21,11; Dt 1,28; 2,10.11.21; 9,2; Jdc 1,10.20 von der Erzählung Nu 13.14* J abhängig sind, mit der der Anspruch Kalebs auf das Gebiet von Hebron begründet wird. Erst 𝔊 hat mit der Übersetzung γιγάντες in Dt 1,28 die Enakiter zu Riesen gemacht, wobei ihre Größe aus der Größe ihrer Stadtmauern abgeleitet wurde; ihre Gleichsetzung mit dem Namen einer Stadt oder eines Stammes y-ᶜ-n-q in den Ächtungstexten (ANET, 328) ist unwahrscheinlich. Außerbiblisch kommt das Wort nicht vor, die Ableitung von ἄναξ „Herr",

„Herrscher" ist aus sprachlichen Gründen abzulehnen, gegen E. C. B. MacLaurin, *anak/ 'anax*, VT 15, 1965, 468–474. Die beiden außer Hebron genannten Städte haben denn auch im Umkreis von Hebron gelegen: Debir in *Ḫirbet er-Rabūḏ* (vgl. zu 10,38.39) und Anab auf der *Ḫirbet Anāb* 22 km südlich von Hebron. Die Notiz der nachträglichen Vernichtung der Enakiter auf dem Gebirge ist typisch für die Arbeitsweise des deuteronomistischen Redaktors: Obwohl die Eroberung des Gebirgslandes durch Josua längst abgeschlossen ist, wird die literarische Tradition über die Enakiter aufgenommen, um die Vernichtung dieses Bevölkerungselementes als Voraussetzung für die Landnahme in dem von Jahwe angeordneten Sinne ausdrücklich festzustellen. Die Restbestände werden kurzerhand in den Philisterstädten Gaza, Gat und Aschdod angesiedelt, wobei wohl keine Gleichsetzung der Philister mit den Enakitern vorgenommen werden soll; vielmehr ist an ihr Weiterleben als ethnische Minderheit unter Nichtisraeliten zu denken.

Die Übernahme des ganzen Landes und seine Übergabe als נחלה an Israel durch Josua weist auf 13–21 voraus: Weil das gesamte Land zur נחלה geworden ist, können die einzelnen Stämme ihren Besitzanteil erhalten. Der Begriff der נחלה ist in der Theologie des Deuteronomiums – wie auch der Priesterschrift – festgelegt auf den Landbesitz des Volkes und damit der einzelnen Stämme als einer Gabe Jahwes, über die Israel nicht frei verfügen kann, weil seine Verteilung allein in der Zusage Jahwes begründet liegt, vgl. 4,21.38; 12,9; 15,4; 19,10; 24,4; 25,19; 26,1 und die Aufnahme in 1 R 8,36, vgl. zu 1,5.6. Das Nomen מחלקת ist nur noch 12,7 und 18,10 erwähnt, es entspricht chronistischem (1 Ch 23,6; 24,1; 26,1.12.19 u. ö.) und damit nachexilischem Sprachgebrauch.

Die Formel von der Ruhe des Landes 23b findet sich außer in 14,15 noch Jdc 3,11.30; 5,31; 8,7; mit ihr wird die Beendigung der Kriegshandlung festgestellt. Damit ist der kriegerische Teil der Landnahme abgeschlossen.

12,1–24 Die Liste der besiegten Könige

[1]**Dies sind die Könige des Landes, die die Israeliten geschlagen haben und deren
Land sie eingenommen haben** jenseits des Jordans nach Osten vom Arnonfluß
bis zum Hermongebirge und die gesamte Araba nach Osten. [2]Sichon, der König der
Amoriter, der in Heschbon residierte, herrschte von Aroer, das am Rande des
Arnontales liegt, und ʿder Stadt inʾ[a] der Mitte des Tales, dazu das halbe Gilead
bis zum Jabboktal, der Grenze der Ammoniter. [3]Und die Steppe bis zum See
Kinneret im Osten bis zum Meer der Araba, dem Salzmeer, im Osten – auf dem Weg
nach Bet-Jeschimot – und im Süden am Fluß der Ausläufer des Pisga [4]und ʿ ʾ[a] Og, der
König von Baschan von dem Rest der Refaiter, der in Aschtarot und Edrei
residierte, [5]herrschte über das Gebirge Hermon, über Salcha und Baschan bis
zur Grenze der Geschuriter und der Maachiter und (dazu) das halbe Gilead ʿbis
zumʾ[a] Gebiet Sichons, des Königs zu Heschbon. [6]Mose, der Knecht Jahwes, und die
Israeliten hatten sie geschlagen, und Mose, der Knecht Jahwes, hatte es als Besitz
zugeteilt den Rubeniten, den Gaditen und dem halben Stamm Manasse. [7]Dies sind die
Könige des Landes, die Josua und die Israeliten jenseits des Jordans geschlagen

hatten, westlich von Baal-Gad in der Ebene des Libanon bis zum Kahlenberg, der gegen Seir aufsteigt. Josua übereignete es den Stämmen Israels als Besitz entsprechend ihren Einteilungen. [8]Auf dem Gebirge, in der Schefela, in der Steppe, an den Ausläufern, in der Wüste, im Negeb – die Hetiter, Amoriter, Kanaaniter, Perisiter, Hiwiter und Jebusiter.

9	**Der König von Jericho**	**1.**
	Der König von Ai an der Seite von Bet-El	**1.**
10	**Der König von Jerusalem**	**1.**
	Der König von Hebron	**1.**
11	**Der König von Jarmut**	**1.**
	Der König von Lachisch	**1.**
12	**Der König von Eglon**	**1.**
	Der König von Geser	**1.**
13	**Der König von Debir**	**1.**
	Der König von Geder	**1.**
14	**Der König von Horma**	**1.**
	Der König von Arad	**1.**
15	**Der König von Libna**	**1.**
	Der König von Adullam	**1.**
16	**Der König von Makkeda**	**1.**
	Der König von Bet-El	**1.**
17	**Der König von Tappuach**	**1.**
	Der König von Hefer	**1.**
18	**Der König von Afek**	**1.**
	Der König des Scharon	**1.**
19	**Der König von Madon**	**1.**
	Der König von Hazor	**1.**
20	**Der König von Schimron**˹ ˺[a]	**1.**
	Der König von Achschaf	**1.**
21	**Der König von Taanach**	**1.**
	Der König von Megiddo	**1.**
22	**Der König von Kedesch**	**1.**
	Der König von Jokneam am Karmel	**1.**
23	**Der König von Dor in Nafat Dor**	**1.**
	Der König von ˹Haroschet˺[a] Gojim in ˹Galiläa˺[b]	**1.**
24	**Der König von Tirza**	**1.**
	Könige insgesamt	**31.**

2a Der Text „und inmitten des Flusses“ ergibt keinen Sinn, analog zu 13,16 ist העיר אשר ב vor תוך zu ergänzen. **4a** Das *nomen regens* „das Gebiet“ stört im Zusammenhang des Textes und fehlt in 𝔊; es hat vermutlich einmal zu der vorausgegangenen Gebietsbeschreibung gehört und ist von 𝔐 falsch abgetrennt worden, vgl. D. BARTHÉLEMY (Hrsg.), Critique textuelle de l'Ancien Testament I, 1982, 21f. [5a] Mit 𝔊 ist sinngemäß ein עד einzufügen, um den Einklang mit 12,2 herzustellen. [20a] Das zusätzliche Meron wirkt störend. Dieser Name wird in der Summenangabe nicht mitgezählt, er ist nachträglich als Verschreibung oder als Erklärung des vorangehenden Ortes in den Text gekommen. [23a] Als Ortsname macht גוים keinen Sinn, möglicherweise liegt eine Entstellung des Namens חרשת הגוים vor, der sonst Jdc 4,2.13.16 belegt ist. [b] Statt „zu Gilgal" ist mit 𝔊 die Näherbestimmung לגליל zu lesen.

Literatur: V. FRITZ, Die sogenannte Liste der besiegten Könige in Josua 12, ZDPV 85, 1969, 136–161; D. KELLERMANN, ᶜAstarot – ᶜAstᵉrot Qarnayim – Qarnayim. Historisch-geographische Erwägungen zu Orten im nördlichen Ostjordanland, ZDPV 97, 1981, 45–61; E.A. KNAUF, Hesbon, Sihons Stadt, ZDPV 106, 1990, 135–144; M. NOTH, Gilead und Gad (1959), ABLAK I, 489–543; M. OTTOSSON, Gilead. Tradition and History, 1969.

Im Zusammenhang der Landnahmeerzählungen klappt Jos 12 nach, denn die Eroberung des Landes ist mit dem Summarium 11,16–20 abgeschlossen. Die Auflistung der besiegten Könige soll den Besitz des Westjordanlandes aufgrund der erfolgten Eroberung noch einmal feststellen und den territorialen Anspruch endgültig festschreiben. Mit diesem Anhang wird die Form der Festlegung eines Gebietes durch eine Ortsnamenliste, wie sie für die Verteilung des Landes Jos 13–21 bestimmend ist, aufgenommen. Literarisch ist dabei insofern ein Anschluß gegeben, als in 11,17b.18 die Landnahme ausdrücklich als Krieg gegen die kanaanitischen Könige herausgestellt wird, was der bisherigen Darstellung entspricht. Insofern stellt diese Anfügung eine durchaus sinnvolle Ergänzung der bisherigen Landnahmeerzählung dar, die auf DtrH zurückgehen kann.

Literarisch ist das Kapitel keine Einheit. Der streng geformten Liste 9–24, die bereits in den Handschriften entsprechend ihrer formalen Struktur angeordnet ist, geht in 1–8 eine Gebietsbeschreibung voraus, die in keinem ursächlichen Zusammenhang mit ihr steht. Lediglich 1aα ואלה מלכי הארץ אשר הכו בני ישראל liegt die ursprüngliche Einleitung zu der Aufzählung der Könige nach ihren Städten vor, der weitere Text 1aα*β.b.2–8 bietet eine Beschreibung des Ostjordanlandes in Form einer Abgrenzung der Gebiete Sichons und Ogs, doch ist diese keineswegs aus einem Guß. Gegenüber der Liste der besiegten Könige samt ihrer Einleitung in 1aα ist die Gebietsbeschreibung des Ostjordanlandes ein Einschub, der wiederum redaktionelle Überarbeitung erfahren hat, die nicht unbedingt auf eine Hand zurückgehen muß.

Mit Wüst, 20f. sind 1bβ und 3 als Ergänzungen anzusehen, mit denen das Jordantal ausdrücklich in das Gebiet Sichons einbezogen werden soll. Sekundär scheint auch der Rückverweis 6 auf den Sieg des Mose und die Verteilung des ostjordanischen Gebietes an die zweieinhalb Stämme zu sein, zumal die abschließende Bemerkung 7 gut an 5 anschließt. Während sich 7 noch eindeutig auf die beiden Könige des Ostjordanlandes bezieht und eine Art Abschluß bildet, springt in 8 die Beschreibung nach Landschaften und die Aufzählung der Bewohner wieder unvermittelt ins Westjordanland. Da 8 fehl am Platz ist, muß es sich ebenfalls um eine redaktionelle Ergänzung handeln, die weitgehend mit 9,1 identisch ist und von dort übernommen sein dürfte. Der Einschub 1aα*β.b.2–8, der am ehesten auf den deuteronomistischen Redaktor zurückgeht, hat mit 1bβ.3.6 und 8 eine weitere redaktionelle Bearbeitung erfahren, durch die Beschreibungen aus anderen Teilen des Buches eingetragen wurden.

Von den Namen der Liste 9–24 entstammen die beiden ersten Jericho und Ai den Erzählungen in 6 und 8. Die nächsten fünf Namen – Jerusalem, Hebron, Jarmut,

Lachisch, Eglon – finden sich in der Erzählung von der Schlacht bei Gibeon 10,3.5.23b, sind dort aber kein ursprünglicher Bestandteil der Erzählung, sondern erst aus 12,10–12 nachgetragen, um die dort handelnden fünf Könige nach ihren Orten zu benennen, ursprünglich waren aber mit den כל מלכי האמרי ישבי ההר von 10,6 die in der Episode 10,28–32.34–39 genannten Könige von Libna, Lachisch, Eglon, Hebron und Debir gemeint, die auch als handelnde Personen der Makkedaüberlieferung 10,16–23a.24–27 vorausgesetzt sind, auch wenn sie erst in der Episode 10,28–32.34–39 durch die fünf im Umkreis von Makkeda gelegenen Orte – Libna, Lachisch, Eglon, Hebron und Debir – näher bestimmt werden. Da die Auflistung der Städte in 10,28–32.34–39 von der Liste in 12,9–24 abhängig ist, muß die Liste der besiegten Könige auf eine selbständige Überlieferung eigener Art zurückgehen, vgl. V. Fritz, 137–142.

Die in 12,9–24 aufgezählten Ortsnamen sind, mit Ausnahme der beiden am Anfang stehenden Orte Jericho und Ai, also nicht den Erzählungen in 2–11 entnommen; vielmehr wurde bei der Ausgestaltung der Landnahmeerzählung in Jos 10 und 11 auf die Namen der in Jos 12 genannten Städte zurückgegriffen. Der stereotypen Auflistung „Der König von NN 1" liegt somit von 12,10 an ein Verzeichnis von Städten zugrunde, das als ein ursprünglich selbständiges Dokument anzusehen ist und erst nachträglich mit den Erzählungen von der Eroberung des Landes in Verbindung gebracht wurde. Die einstige Selbständigkeit der Aufzählung geht insofern aus der Liste selbst hervor, da bei ihrer Einfügung in das Schema מלך...אחד in 12,18 der Ortsname Afek fälschlicherweise von der Näherbestimmung durch einen mit ל angeschlossenen Landschaftsnamen getrennt worden ist, während in den übrigen Fällen 12,22.23 die zusätzliche Bestimmung bei dem jeweiligen Ortsnamen belassen wurde. Für die Aufzählung der besiegten Könige ist somit eine schriftliche Quelle verarbeitet worden, deren Abfassung und Bedeutung eigens zu ermitteln ist.

Die Gebiete im Ostjordanland 1aα*βbα.2.4.5.7 (RedD)

1aα*βbα Die Einleitung zu der Beschreibung des im Ostjordanland eingenommenen Gebietes ist anders als die vorangegangene Einleitung in die Städteliste als Nominalsatz mit ירש hi konzipiert (vgl. 19,47 und Nu 21,35). Sachgemäß wird das Ostjordanland als zwischen dem Arnon (*Sēl el-Mōǧib*) und dem Gebirge Hermon gelegenes Hochland bestimmt. Durch den Zusatz 1bβ soll der östliche Teil des Jordantales mit einbezogen werden. In 2.4.5 wird dieses Gebiet als das der beiden Könige Sichon und Og beschrieben, indem die geographischen Angaben aus der Überlieferung über Sichon und Og Nu 21,21–35 analog zu den Beschreibungen in Dt 2,26–37; 3,1–7 und 13,15–21 übernommen und erweitert wurden. Die Erzählungen von den Siegen über Sichon und Og in Nu 21,21–35 gehören keiner der alten Pentateuchquellen an (vgl. zu 2,10b), sondern bilden mit Nu 21,10–20 eine nachträglich geschaffene Überleitung zu der Landnahmeerzählung des Josuabuches, um mit dem Umweg über das Ostjordanland die Auffassung einer Landnahme von Osten über den Jordan vorzubereiten.

2 Sichon wird als König der Amoriter mit Heschbon (*Ḥesbān*) als Hauptstadt eingeführt, was der Aussage von Nu 21,26 entspricht. Die Erhebung von Heschbon zum Mittelpunkt des von Sichon regierten Reiches ist durch die Einfügung des Liedes Nu

21,27–30 bedingt, denn in der vorausgegangenen Erzählung wurde bis zu ihrem ursprünglichen Abschluß in Nu 21,25b die Stadt überhaupt nicht erwähnt, vielmehr war nur allgemein von den „Städten der Amoriter" die Rede; zum Heschbonlied als einer selbständigen literarischen Einheit, die frühestens aus dem 7. Jh. stammt, vgl. H.-Ch. Schmitt, Das Hesbonlied Num. 21,27aβb-30 und die Geschichte der Stadt Hesbon, ZDPV 104, 1988, 26–43. Die Nennung von Heschbon als der Residenzstadt ist der Überlieferung von Sichon also erst nachträglich zugewachsen.

Die Amoriter sind wie 2,10; 9,10; 24,8 Nu 21,13; 32,33–39; Dt 3,8; 4,46; 31,4; Jdc 10,8; 11,19–23 eine Sammelbezeichnung für die Bewohner des Ostjordanlandes, die aber auch auf die vorisraelitische Bevölkerung des Westjordanlandes übertragen werden kann, vgl. Dt 1,7.19.20.27.44; Jdc 6,10; 1 S 7,14; 1 R 21,26; 2 R 21,11 (dazu M. Noth, ABLAK I, 94–101; vgl. zu 3,10). Die Festlegung des Gebietes in 2b ist eine literarische Variante zu Nu 21,24; Dt 2,36 und 13,16, wobei die ursprüngliche Formel מארנן עד יבק (Nu 21,24) durch die Nennung der am Arnon gelegenen Städte, durch die Hinzufügung von וחצי הגלעד und durch die Näherbestimmung des Jabbok als גבול בני עמון erweitert worden ist, vgl. Wüst, 12–14.

Ausgangspunkt sind Aroer und die Stadt inmitten des Tales. Aroer liegt in *Ḫirbet ᶜArāᶜir* am Nordrand der Hochebene unmittelbar am Abfall zum Arnontal. Die ohne Eigennamen genannte „Stadt inmitten des Tales" ist eine literarische Fiktion und als solche nicht zu lokalisieren, vgl. zu 13,15.

Der Jabbok ist die Nordgrenze des Gebietes Sichons, der Zusatz „Grenze der Ammoniter" ist auf den Oberlauf zu beziehen, der zunächst nach Südosten, dann nach Südwesten abknickt und so das Siedlungsgebiet der Ammoniter einschließt. Die Näherbestimmung חצי הגלעד umfaßt dementsprechend das Gebiet von Gilead südlich des Jabbok, vgl. M. Noth, ABLAK I, 504–519.

4.5 Wie in Nu 21,33 und Dt 3,1 gilt Og als König von Baschan, die Näherbestimmung מיתר הרפאים, die Nennung von Aschtarot als Residenzstadt und der zweite Ortsname Edrei gehen auf eine Erweiterung zurück, die sich auch 13,12 und Dt 1,4 findet. Der Name Og ist inschriftlich als eine mächtige Gestalt der Vorzeit belegt (W. Röllig, Eine neue phönizische Inschrift aus Byblos, Neue Ephemeris für semitische Epigraphik 2, 1974, 1–15), wird aber biblisch nur für den König von Baschan verwendet, vgl. Nu 21,33; 32,33; Dt 1,4; 3,1.3.11 u.ö. Baschan bezeichnet die nördlich des Yarmuk zwischen *Ǧōlān* und *Ǧebel ed-Drūz* gelegene Hochebene, die außerordentlich fruchtbar ist und teilweise mit Wald bestanden war, vgl. Dt 32,14; Jes 2,13; Jer 50,19; Ez 27,6; 39,18; Am 4,1; Mi 7,14. Die Näherbestimmung מיתר הרפאים soll die Bewohner von Baschan benennen; die Refaiter gelten auch 13,12; Dt 2,10.11.20.21; 3,11.13 als die vorisraelitischen Bewohner des Ostjordanlandes, aber auch als die riesenhaften Bewohner des gesamten Landes 17,15; Gn 15,20; 2 S 21,16–22. In Analogie zu den ugaritischen Texten kann רפאים auch die Verstorbenen bezeichnen, die in der Totenwelt (שאל) weilen, vgl. Jes. 14,19; 26,14.19; Ps 88,11; Prov 2,18; 9,18; 21,16; Hi 26,5 und dazu H. Gese, M. Höfner, K. Rudolph, Die Religionen Altsyriens, Altarabiens und der Mandäer, Die Religionen der Menschheit 10,2, 1970, 90–92.

Aschtarot liegt auf dem *Tell ᶜAštara* im Zentrum von Baschan, die mehrfache Erwähnung in den ägyptischen, akkadischen und ugaritischen Quellen belegt die Bedeutung der Stadt vom Beginn des 2. Jt. bis zu den assyrischen Eroberungen im 8. Jh. (Belege bei D. Kellermann, 53–56). Die Besiedlung von der Spätbronzezeit bis in die Eisenzeit II ist durch Ausgrabungen gesichert, vgl. A. Abou Assaf, AAAS 18, 1968, 103–122 und 19, 1969, 101–108. Die Erhebung von Aschtarot zur Stadt des Königs Og könnte in Analogie zur Bestimmung Heschbons als der Stadt Sichons dadurch bedingt sein, daß Aschtarot der bedeutendste Ort dieser Landschaft gewesen ist. Die Verbindung mit Edrei findet sich auch 13,12.21 und Dt 1,4 und ist so zu erklären, daß der Ort der Niederlage Ogs aus Nu 21,33; Dt 3,1 als zweite Hauptstadt zu Aschtarot hinzugefügt wurde (D. Kellermann, ZDPV 97, 1981, 48). Edrei kann mit *Deṛā* am Oberlauf des Jarmuk identifiziert werden (vgl. R. Hill, VT 16, 1966, 412–419), wenngleich eine Bestätigung durch Oberflächenforschung noch aussteht.

In 5 wird das Herrschaftsgebiet Ogs über Baschan hinaus auf den Hermon, auf Salcha und „das halbe Gilead" ausgeweitet. Wie in 13,11; Dt 3,10; 1 Ch 5,11 kann Salcha nur als Bezeichnung einer Landschaft verstanden werden. Möglicherweise hat sich der Name in *Ṣalḫad* im *Ğebel ed-Drūz* erhalten, dann würde Salcha das Gebiet östlich von Baschan bezeichnen. Mit „das halbe Gilead" ist der nördliche Teil der Landschaft zwischen Jabbok und Yarmuk gemeint (vgl. M. Noth, ABLAK I, 519–533), womit das Herrschaftsgebiet Ogs im Süden abgerundet und das gesamte Ostjordanland als von Israel erobert erfaßt ist. Zur „Grenze der Geschuriter und der Maachiter" vgl. zu 13,13. Der Abschluß 5bβ weist auf 2 zurück.

7 werden die Gebietsangaben für das Ostjordanland noch einmal in der Form מן ... עד summarisch zusammengefaßt, die Angaben entsprechen 11,16.17 und können von dort übernommen sein. 7b bestätigt ausdrücklich die Übereignung dieses Gebietes durch Josua an die israelitischen Stämme, vgl. zu 11,23.

Die redaktionellen Zusätze 1bβ.3.6.8

1bβ Mit וכל הערבה מזרחה soll die Zugehörigkeit des östlichen Jordantales zum Ostjordanland ausdrücklich festgestellt werden.

3 Wie in 1bβ wurde der östliche Jordangraben nachgetragen, wobei mit dem See Kinneret und dem Salzmeer die beiden Endpunkte im Norden und Süden bezeichnet werden. דרך בית הישמות bezeichnet einen wichtigen Verkehrsweg am Nordende des Toten Meeres. Bet-Jesimot ist nur noch 13,20; Nu 33,49; Ez 25,9 genannt und wahrscheinlich auf dem *Tell el-ᶜAẓēme* zu lokalisieren (Glueck IV, 400–404), wo die Besiedlung in der Eisenzeit I und II durch Oberflächenkeramik gesichert ist. Durch 3b soll in Form eines Nachtrags mit der Nennung des Steilabfalls an der Ostseite des Toten Meeres (vgl. zu 10,42) der Ausgangspunkt sachgemäß weiter nach Süden verlegt werden.

6 verweist auf die Siege Israels unter Mose in Nu 21,21–35 über die beiden Könige des Ostjordanlandes und Vergabe des Gebietes an Ruben, Gad und Halbmanasse in Nu 32,33. Der Rückverweis liegt auf der gleichen Stufe wie die Erweiterung 1,12–18.

8 kombiniert die Aufzählung der Landschaften des Westjordanlandes – wobei מדבר die Wüste Juda bezeichnet – mit der Völkerliste, vgl. zu 3,10 und 10,40.

Die Liste der besiegten Könige 1 aα*.9–24

In der Liste der besiegten Könige ist ein Verzeichnis von Ortsnamen verarbeitet, das programmatisch mit Jerusalem beginnt und insgesamt 28 Orte aufzählt, die sich über das ganze Land verteilen. Eine Regel für die Anordnung ist nicht erkennbar, doch sind zunächst Städte in Juda als dem südlichen Teil des Landes aufgeführt; darauf folgen die nördlich von Jerusalem gelegenen Städte, ohne daß ein Ordnungsprinzip erkennbar ist. Bei der Einarbeitung der Liste in die Landnahmeerzählung wurde von DtrH die Einleitung 1 aα* in der Form eines Nominalsatzes geschaffen, wobei ausdrücklich בני ישראל als Träger der Eroberung genannt werden (vgl. 10,4.11.12.14.20.21; 11,19.22). Auf DtrH geht auch die Einstellung der ursprünglichen Liste in das literarische Schema מלך... אחד zurück, wie die falsche Abtrennung der Näherbestimmung לשרון von אפק in 18 verrät. Der Stil dieser Auflistung ist innerhalb der Geschichtsschreibung Israels singulär, entspricht aber der üblichen Praxis der Schreiber bei Verzeichnissen von Personen oder Sachen, wie insbesondere die Ostraka von Arad belegen, vgl. Y. Aharoni, Arad Inscriptions, 1981, Nr. 22.38.49.67.72.76. Entsprechend seiner Schilderung der Landnahme, die weitgehend als Eroberung von Jericho und Ai dargestellt wird, hat DtrH diese beiden Namen vorangestellt, weitere Ergänzungen sind möglich aber nicht mehr festzustellen.

Für die einzelnen Orte läßt sich aufgrund der Quellen und der archäologischen Forschung folgende Geschichte während der Spätbronzezeit und der Eisenzeit ermitteln:

10 Jerusalem hat seit der Gründung während der Mittelbronzezeit IIA ununterbrochen bestanden, wenngleich erst spärliche Überreste der Spätbronzezeit freigelegt worden sind. David hat die von ihm eroberte Stadt zur Hauptstadt erhoben (2 S 5,6–12), die dann von Salomo in einem großen Bauprogramm erweitert und mit Tempel und Palast ausgebaut wurde (1 R 5,15–9,25). Nach der Teilung des Reiches 927 blieb Jerusalem Hauptstadt Judas bis zur Eroberung durch die Babylonier 587. Zur Geschichte der Stadt vgl. E. Otto, Jerusalem – die Geschichte der heiligen Stadt, 1980.

Hebron hat auf dem *Ǧebel er-Rumēde* westlich der heutigen Stadt gelegen und während der Spätbronze- und der Eisenzeit als befestigte Stadt bestanden (P. C. Hammond, The Princeton Seminary Bulletin 58, 1965, 19–28), vgl. zu 20,7.

11 Jarmut kann mit *Ḫirbet Yarmūk* am Westrand des judäischen Gebirges gleichgesetzt werden. Die geringen Reste der Spätbronze- und Eisenzeit beschränken sich auf die sog. Akropolis (P. de Miroschedji, IEJ 38, 1988, 88.199), wurden aber bisher nicht hinlänglich erforscht; die eisenzeitliche Besiedlung scheint auf das 11./10. Jh. begrenzt gewesen zu sein.

Lachisch ist mit dem *Tell ed-Duwēr* in der Schefela gleichzusetzen, das Bestehen des Ortes während der Königszeit ist mit 15,39; 2 R 14,19 = 2 Ch 25,27; 2 R 18,14; 19,8 = 2 Ch 32,9 = Jes 36,2; 37,8; Mi 1,13 und 2 Ch 11,9 belegt. Nach den Ausgrabungen hat die kanaanitische Stadt bis in die erste Hälfte des 12. Jh. bestanden; es folgt dann eine Siedlungslücke bis zur Neugründung im 10. Jh., die endgültige Zerstörung erfolgte unter Nebukadnezar 598 oder 587, vgl. zu den Grabungsergebnissen D. Ussishkin, Excavations at Tel Lachish, Tel Aviv 5, 1978, 1–97 und 10, 1983, 97–175. Die Bedeutung und Stärke der Stadt spiegelt sich in der Darstellung ihrer Eroberung durch Sanherib im Zusammenhang mit seinem Feldzug 701 auf Reliefs in seinem Palast zu Ninive, vgl. D. Ussishkin, The Conquest of Lachish by Sennacherib, 1982. Der im Zentrum der Stadt errichtete Palast mit seinen Nebengebäuden läßt erkennen, daß Lachisch zu den Städten mit administrativen und militärischen Aufgaben gehört hat.

12 Der Gleichsetzung von Eglon mit dem mächtigen Hügel *Tell ᶜĒṭūn* etwa 11 km südlich von Lachisch (*Tell ed-Duwēr*) am Ostrand der Schefela fehlt zwar die Bestätigung, ihr kommt aber die größte Wahrscheinlichkeit zu, vgl. zu 10,34.35. Die Besiedlung während der Königszeit ist durch eine Sondage und zahlreiche Felskammergräber in der näheren Umgebung gesichert, vgl. D. Ussishkin, Tombs from the Israelite Period at Tel ᶜEton, Tel Aviv 1, 1974, 109–127; E. Ayalon, Trial Excavation of Two Iron Age Strata at Tel ᶜEton, Tel Aviv 12, 1985, 54–62.

Geser (*Tell Abū Šūše*) liegt auf einem Hügel am Westrand der nördlichen Schefela und war während der Spätbronzezeit und der Eisenzeit ununterbrochen besiedelt. Die Notiz 1 R 9,16, die Stadt sei als Mitgift des Pharao unter die Herrschaft Salomos gekommen, läßt erkennen, daß Geser bis zu diesem Zeitpunkt als kanaanitische Stadt zu gelten hat. In 16,3; 21,21; 2 S 5,25; 1 Ch 14,16; 20,4 wird ihre Zugehörigkeit zu Juda vorausgesetzt. Salomo hat die Stadt neu befestigt (1 R 9,15.17), nach Lage und Ausbau gehört sie zu den wichtigen Städten in Juda. Die salomonische Bautätigkeit ist durch ein mächtiges Stadttor dokumentiert, vgl. W. G. Dever, Late Bronze Age and Solomonic Defenses at Gezer: New Evidence, BASOR 262, 1986, 9–34.

13 Debir ist nach dem Vorschlag von K. Galling (Zur Lokalisierung von Debir, ZDPV 70, 1954, 135–141) auf der *Ḫirbet er-Rabūḍ* etwa 13 km südwestlich von Hebron auf dem Gebirge Juda zu lokalisieren. Durch Grabungen wurden Besiedlung und Befestigung während der Spätbronzezeit II (1400–1200) und während des 12. Jh. festgestellt. Im 9. Jh. und im 7. Jh. wurde der Ort erneut befestigt, wobei er mit 5 ha zu den größeren Städten in Juda zu zählen ist, vgl. M. Kochavi, Khirbet Rabûd = Debir, Tel Aviv 1, 1974, 2–33. Vermutlich war Debir von Kalebitern bewohnt (Jdc 1,11–13), in 15,15 hat sich mit Kirjat-Sefer der ältere Name erhalten; die Erwähnung in 15,49 belegt das Bestehen während der Königszeit.

Geder ist wahrscheinlich mit dem Gedor von 15,58 identisch und kann mit *Ḫirbet Ǧedūr* etwa 12 km nördlich von Hebron gleichgesetzt werden (Noth, 99; Aharoni, 369). Die Besiedlung während der Eisenzeit ist durch den Oberflächenbefund gesichert (JSG, 46f. Nr. 60), die frühere Besiedlung ist fraglich.

14 Horma ist noch nicht endgültig lokalisiert, die bisherigen Ansätze im Negeb scheiden jedenfalls aus, vgl. V. Fritz – A. Kempinski, Ergebnisse der Ausgrabungen auf der *Ḫirbet el-Mšāš* (*Tēl Māśōś*) 1972–1975 I, 1983, 236f. Beachtung verdient der Vorschlag von N. Na'aman (ZDPV 96, 1980, 143), Horma auf dem *Tell el-Ḫuwēlife* zu suchen. Nach dem Grabungsbefund war dieser Ort während der Spätbronzezeit unbefestigt und zwischen dem 12. und 10. Jh. nur sporadisch besiedelt, doch hat während des 9. und 8. Jh. eine befestigte Stadt bestanden, die nach den assyrischen Eroberungen aufgegeben wurde, vgl. J. D. Seger and O. Borowski, The First Two Seasons at Tell Halif, BA 40, 1977, 156–166. Die Siedlungsgeschichte des *Tell* stünde mit den Nennungen von Horma in 15,30 und 1 S 30,30 in Übereinstimmung.

Arad hat auf dem *Tell ᶜArād* am Nordrand des Negeb gelegen, war aber nach Ausweis der Ausgrabungen keine Stadt, sondern eine königliche Festung, der ein kleines Dorf im 11. Jh. vorausgegangen ist. Die erste Festung wurde unter David zur Sicherung des Verkehrsweges aus den südlichen Steppengebieten in das Gebirge errichtet, diese ist wahrscheinlich durch Schoschenk bei seinem Feldzug des Jahres 922 zerstört worden, jedenfalls werden zwei Festungen dieses Namens in seiner Städteliste genannt (Simons XXXIV, Nr. 107–111; vgl. dazu V. Fritz, Arad in der biblischen Überlieferung und in der Liste Schoschenks I., ZDPV 82, 1966, 331–342). Nach mehrfachem Wiederaufbau hat Arad ohne Unterbrechung bis zur Eroberung durch die Edomiter zu Beginn des 6. Jh. bestanden, vgl. die Zusammenfassung der Ergebnisse bei Z. Herzog, M. Aharoni, A. F. Rainey, Sh. Moshkovitz, The Israelite Fortress at Arad, BASOR 254, 1984, 1–34. Wie die Ostraka zeigen, unterstand die Festung einem Kommandanten, der seine Befehle aus Jerusalem empfing, vgl. Y. Aharoni, Arad Inscriptions, 1981. Neben der militärischen Aufgabe läßt der freigelegte Tempel auch eine zivile Funktion dieser Festungsstadt erkennen, die im Vergleich zur israelitischen Wohnstadt mit einer Fläche von 0,25 ha außerordentlich klein gewesen ist.

15 Libna wurde von K. Elliger (PJB 30, 1934, 59–62) mit guten Gründen auf dem *Tell Bornāṭ* in der Schefela lokalisiert. Die Besiedlung des Hügels in der Spätbronze- und Eisenzeit I ist durch Oberflächenfunde gesichert; das Bestehen des Ortes während der Königszeit ist auch 15,42; 21,13; 2 R 8,22 belegt, die Belagerung durch Sanherib bei dem Feldzug des Jahres 701 wird 2 R 19,8 ausdrücklich erwähnt.

Adullam ist auf der *Ḫirbet eš-Šēḫ Madkūr* etwa 16 km nordwestlich von Hebron im judäischen Gebirge anzusetzen. Die Erwähnung 1 S 22,1 setzt eine früheisenzeitliche Siedlung voraus, die weiteren Nennungen 15,35; Mi 1,15; 2 Ch 11,7 belegen eine Besiedlung während der Königszeit.

16 Makkeda ist auf der *Ḫirbet el-Qōm* 600 m westlich der *Ḫirbet Bēt Maqdūm* in der Schefela zu suchen, vgl. D. A. Dorsey, The Location of Biblical Makkedah, Tel Aviv 7, 1980, 185–193. Abgesehen von frühbronzezeitlichen Überresten setzt die Besiedlung erst im 10. Jh. mit einer verhältnismäßig großen Stadt ein, die während der gesamten Königszeit bestanden hat. Auf einem Ostrakon des späten 7. Jh. aus *Ḫirbet Ǧazze* wird Makkeda neben Molada noch erwähnt, vgl. I. Beit-Arieh and B. C. Cresson, BA 54, 1991, 133. Die Stadt ist 15,41 innerhalb des 3. judäischen Gaues aufgeführt.

Bet-El liegt an der Stelle des heutigen *Bētīn* auf dem Gebirge Efraim. Die Ausgrabungen haben die Besiedlung des Ortes während der Spätbronzezeit II und der Eisenzeit I und II nachweisen können, vgl. J. L. Kelso, The Excavation of Bethel (1934–1960), AASOR 39, 1968. Wegen seines Heiligtums, das durch Jerobeam I. zu einer königlichen Kultstätte erhoben wurde (1 R 12,26–33), hat der Ort eine besondere Bedeutung besessen, die sich in der Überlieferung spiegelt, vgl. zur Geschichte K. Galling, Bethel und Gilgal, ZDPV 66, 1943, 140–155 und 67, 1944, 21–43.

17 Tappuach hat wahrscheinlich an der Stelle von *Šēḫ Abū Zarad* auf dem efraimitischen Gebirge etwa 15 km südöstlich von *Nablūs* gelegen (M. Noth, ZDPV 82, 1966, 270–272). Der Oberflächenbefund weist auf eine Besiedlung in der Spätbronzezeit sowie der Eisenzeit I und II.

Hefer bezeichnet in 1 R 4,10 ein Gebiet innerhalb des 3. salomonischen Gaues und ist vielleicht nach dem Vorschlag von G. E. Wright (Eretz Israel 8, 1967, 63*) an der Stelle des *Tell el-Muḥaffar* am Nordrand der Ebene *Sahl ᶜArraba* zu suchen, wo auf den Resten einer frühbronzezeitlichen Stadt die Besiedlung während der Eisenzeit I und II nachgewiesen ist (Kochavi, 209, Nr. 16). Die Gleichsetzung mit dem *Tell Ibšar* in der Küstenebene durch B. Maisler, ZDPV 58, 1935, 82f. scheidet aus, da dieser im wesentlichen in der Mittelbronzezeit II und der Spätbronzezeit I besiedelt war (S. M. Paley – Y. Porath – R. S. Stieglitz, IEJ 34, 1984, 277).

18 Afek war mit dem Zusatz לשרון versehen, um es von anderen Orten gleichen Namens zu unterscheiden; diese Näherbestimmung wurde fälschlicherweise als eigener Ortsname verstanden. Der Ort ist mit dem 12 ha großen *Tell* von *Rās el-ᶜĒn* im Quellgebiet des Yarkon gleichzusetzen. Nach Gründungen in der Frühbronzezeit II und Mittelbronzezeit IIA hat in Afek während der Spätbronzezeit und der Eisenzeit II eine bedeutende Stadt gestanden, vgl. M. Kochavi, Fünf Grabungskampagnen am Tel Aphek/Antipatris, Antike Welt 11/1, 1980, 46–56. In 1 S 4,1 und 29,1 ist Afek eher beiläufig erwähnt.

19 Für die Lokalisierung von Madon fehlen die Anhaltspunkte, weil der Ort nur noch 11,1 erwähnt wird.

Hazor – mit dem *Tell el-Qedaḥ* zu identifizieren – war während der Spätbronzezeit die mit Abstand größte Stadt in Kanaan, die um 1200 zerstört worden ist. Erst Salomo hat Hazor als ein Verwaltungszentrum wieder begründet (1 R 9,15), nachdem in der Eisenzeit I nur zwei sporadische Niederlassungen erfolgt sind. Im Zuge der assyrischen Eroberung wurde die Stadt 734 durch Tiglatpileser III. erobert und um 700 endgültig aufgegeben (2 R 15,29), zur Siedlungsgeschichte vgl. Y. Yadin, Hazor, 1972. Im 7. Jh. war nur der assyrische Palast auf der Zitadelle bewohnt.

20 Schimron ist nur noch 11,1 und 19,15 erwähnt, die ursprüngliche Namensform *Simᶜon* hat sich als Συμοων in 𝔊^{B} erhalten, ist aber auch durch die Ächtungstexte *s-mw-ᶜ-nw* und die Liste Thutmoses' III. *S-m-ᶜ-n* (Simons, I, Nr. 35) sowie in der Schreibweise der Amarna-Briefe (*Šamḫuna*) belegt. Der Ort kann mit *Ḫirbet Sēmūniyeh* am nordwestlichen Rand der Jesreel-Ebene gleichgesetzt werden, vgl. A. F. Rainey, Tel Aviv 3, 1976, 57–69. Dieser war von der Mittelbronzezeit II an bis in hellenistisch-römische Zeit ununterbrochen besiedelt und lag an einem wichtigen Verkehrsweg in das galiläische Gebirge.

Achschaf hat nach 19,15 im Stammesgebiet von Ascher gelegen, die Ansetzung auf dem *Tell Kēsān* (J. Garstang, Joshua. Judges, 1931, 354) ist gesichert, nachdem die Ausgrabungen die durchgängige Besiedlung des Hügels von der Mittelbronzezeit II bis zum Ende der Eisenzeit II nachgewiesen haben, vgl. J. Briend – J. B. Humbert, Tell Keisan, 1980.

21 Taanach liegt auf dem *Tell Taᶜanek* etwa 5 km südöstlich von Megiddo am Südwestrand der Ebene Jesreel. Bereits während der Frühbronzezeit II und III hat eine mächtige Stadt bestanden. Die Neugründung während der Mittelbronzezeit IIA hat die Spätbronzezeit nicht überdauert (vgl. Simons, I, Nr. 42); zu einer erneuten Besiedlung ist es im 12. Jh. gekommen, doch wurde der Ort wahrscheinlich 922 durch Schoschenk zerstört und nicht wieder aufgebaut (vgl. Simons, XXXIV, Nr. 14). Nach 1 R 4,12 gehörte Taanach wie auch Megiddo zum 5. Gau der Gaueinteilung Salomos und erscheint in 21,25 unter den sog. Levitenstädten. Zu den Grabungsergebnissen vgl. P. W. Lapp, Taanach by the Waters of Megiddo, BA 30, 1967, 2–27; W. E. Rast, Taanach I. Studies in the Iron Age Pottery, 1978.

Megiddo (*Tell el-Mutesellim*) liegt am Ausgang des Aruna-Passes in der Ebene Jesreel. Seit der ersten Stadtgründung in der Frühbronzezeit II war Megiddo bis zum Ende der assyrischen Herrschaft 612 ununterbrochen besiedelt, vgl. zur Geschichte A. Kempinski, Megiddo, 1989. Die kanaanitische Stadt ist wohl erst im 10. Jh. zu Israel gekommen, und wurde von Salomo neu befestigt (1 R 9,15) und dem 5. Gau eingegliedert (1 R 4,12). Im 9. und 8. Jh. haben die Könige des Nordreiches Megiddo zu einer Garnisonsstadt mit zahlreichen Gebäuden für das stehende Heer und die Verwaltung ausgebaut, vgl. V. Fritz, Die Stadt im alten Israel, 1990.

22 Kedesch ist wahrscheinlich mit dem Ort gleichen Namens in Galiläa identisch, der auch 19,37; 20,7 und 21,32 genannt wird und auf dem *Tell Qedes* zu lokalisieren ist. Die Besiedlung während der Spätbronze- und Eisenzeit ist durch Oberflächenkeramik nachgewiesen (M. Kochavi, BIES 17, 1963, 169f.).

Jokneam am Karmel ist mit dem *Tell Qemūn* am Westrand der Ebene Jesreel gleichzusetzen; die Stadt ist noch 19,11 und 21,34 erwähnt, aber schon in der Liste Thutmoses' III. als *ᶜ-n q-n-ᶜ-m* genannt (Simons I, Nr. 113 und II, Nr. 7). Unter Salomo wurde Jokneam in den 5. Gau eingegliedert (1 R 4,12). Nach den Ausgrabungen hat die kanaanitische Stadt vom Ende der Mittelbronzezeit IIB bis zum Ende des 12. Jh. bestanden. Die unbefestigte Siedlung der Eisenzeit I wird im 10. Jh. durch eine neue befestigte Stadt abgelöst, die bei den assyrischen Eroberungen in der zweiten Hälfte des 8. Jh. zerstört worden ist, vgl. A. Ben-Tor and A. Zarzecki, ESI 6, 1987–1988, 103f.

23 Dor mit dem Zusatz לפנת דור, der wohl die Küstenebene bezeichnet, ist die Hafenstadt von *Ḫirbet el-Burǧ* bei *eṭ-Ṭantūra* an der Küste, die bereits im Reisebericht des Wen Ammon (TGI, 42) genannt wird. In 17,11 wird Dor zu Manasse gerechnet, lag aber außerhalb des Siedlungsgebietes der israelitischen Stämme und wurde erst unter Salomo als 4. Gau dem Reich eingegliedert (1 R 4,11). Die Besiedlung von der Mittelbronzezeit II bis zur Eisenzeit I ist bisher nur bruchstückhaft zutage getreten; dagegen ist das Bestehen einer befestigten Stadt von der Eisenzeit II bis in die hellenistische Zeit nachgewiesen, vgl. E. Stern and I. Sharon, Tel Dor, IEJ 37, 1987, 201–211 und E. Stern, The Walls of Dor, IEJ 38, 1988, 6–14.

Haroschet-Gojim in Galiläa ist der Lage nach unbekannt, in jedem Fall handelt es sich um einen Ortsnamen und nicht um die Bezeichnung eines Gebietes, gegen B. Mazar, The Early Biblical Period, 1986, 211; A.F. Rainey, Haroschet Hagoiim, Tel Aviv 10, 1983, 46–49.

24 Tirza war vorübergehend bis zur Verlegung der Residenz nach Samaria durch Omri die Hauptstadt des Nordreiches und ist nach 1 R 14,17; 15,21.33; 16,6.8.9.15.17.23; 2 R 15,14.16 auf dem samarischen Gebirge zu suchen. Die Lage ist nicht bekannt, die Gleichsetzung mit dem *Tell el-Fārᶜa* Nord muß aufgegeben werden, da die eisenzeitlichen Siedlungsschichten eine Wohnstadt und keine Residenz dokumentieren, vgl. A. Chambon, Tell el-Farᶜah 1. L'âge du Fer, 1984.

Die Summenangabe von 31 Königen setzt die falsche Abtrennung in 18 voraus und wurde wohl erst von DtrH hinzugefügt.

Die ursprüngliche Liste hat ohne Jericho und Ai insgesamt 28 Namen bedeutender Städte des gesamten Landes umfaßt. Die Datierung der Liste muß von der Siedlungsgeschichte der einzelnen Orte ausgehen, wie sie durch Ausgrabungen oder Oberflächenforschungen ermittelt worden ist. Dabei scheidet die Ansetzung vor 1200 aus, da Arad während der Spätbronzezeit nicht bestanden hat, außerdem war Taanach während der längsten Zeit dieser Epoche verödet. Aber auch die Eisenzeit I kommt für die Datierung der Liste nicht in Frage, da während dieser Periode in Lachisch, Makkeda und Afek keine Siedlungen und an anderen Orten wie Arad, Horma, Hazor und Taanach nur sporadische Niederlassungen bestanden haben. Damit kommt als Abfassungszeit nur die Epoche des Königtums in Frage, wobei sich allerdings unlösbare Schwierigkeiten ergeben. Nach der bisherigen Kenntnis waren Jarmut und Taanach nur bis zum Ende des

10. Jh. besiedelt, während Debir und Horma erst im 9. Jh. neu gegründet worden sind. Damit ist nicht nur die Datierung in die Regierung Salomos ausgeschlossen (gegen V. Fritz, 156–160), vielmehr haben die genannten Städte zu keinem Zeitpunkt gemeinsam bestanden.

Die DtrH aufgenommene Liste ist also kein historisches Dokument, sondern eine literarische Kompilation, deren Herkunft und Bedeutung nicht mehr zu ermitteln ist. Ihre Absicht besteht in der Zusammenstellung von Städten, die nach der Überlieferung als kanaanitisch gegolten haben. Die Art der verarbeiteten Traditionen ist nicht mehr auszumachen, in jedem Fall müssen sie außerhalb der Landnahmeüberlieferung gesucht werden, da DtrH die Liste bereits fertig vorgefunden und um die zwei Namen seiner Eroberungserzählungen Jericho und Ai erweitert hat. Die Liste wurde von DtrH aufgenommen und als Abschluß der Landnahmeerzählung eingefügt, um die totale Niederwerfung der kanaanitischen Stadtstaaten und den dadurch erworbenen Gebietsanspruch festzuschreiben.

13–24 Die Landgabe an die israelitischen Stämme

13,1–33 Der Beginn der Landgabe an Ruben und Gad durch Mose

**[1]Als Josua alt und betagt geworden war, sprach Jahwe zu ihm: „Du bist nun alt
und betagt geworden, noch ist ein sehr großer Teil des Landes übrig geblieben,
um es in Besitz zu nehmen.** [2]Dies ist das Land, das noch übrig ist: alle Bezirke der
Philister und alles (Land) der Geschuriter [3]von Schi-Hor gegenüber von Ägypten bis zum
Gebiet von Ekron nach Norden – den Kanaanitern zugerechnet – fünf Stadtfürsten der
Philister, der von Gaza, der von Aschdod, der von Aschkelon, der von Gat und der von
Ekron, dazu die Awiter [4]ʿimʾ Süden[a]. Das ganze Land der Kanaaniter, von Ara[b], das den
Sidoniern gehört, bis nach Afek, bis zum Gebiet der Amoriter[c]. [5]Das Land der Gibliter
und der ganze Libanon [6]bis nach Misrefot-Majim, alle Sidonier will ich vor den Israeliten
vertreiben. Nur wirf (das Los) für Israel zum Erbbesitz, wie ich dir befohlen habe. **[7]Nun
also verteile dieses Land zum Erbbesitz den neun Stämmen und dem halben
Stamm Manasse.** [8]ʿAber der (andere) halbe Stamm Manasseʾ[a] (sowie) mit ihm Rubeniter und Gaditer haben ihren Erbbesitz (bereits) empfangen, den ihnen Mose jenseits des
Jordans im Osten gegeben hat. Wie Mose, der Knecht Jahwes, ihnen gegeben hat, [9]von
Aroer, das am Ufer des Arnonflusses liegt, und der Stadt inmitten des Tales sowie die
ganze Fläche, ʿvonʾ[a] Madeba bis Dibon. [10]Sodann alle Städte Sihons, des Königs der
Amoriter, der in Heschbon regiert hat, bis zum Gebiet der Ammoniter. [11]Sowie Gilead,
das Gebiet der Geschuriter und Maachatiter, das gesamte Hermongebirge und ganz
Baschan bis nach Salcha. [12]Das ganze Königreich Ogs in Baschan, der in Aschtarot und
Edrei regiert hat, dieser war übrig geblieben vom Rest der Refaiter, Mose aber hatte sie
geschlagen und vertrieben.“[13] Aber die Israeliten hatten die Geschuriter und Maachatiter nicht vertrieben, darum siedeln Geschur und Maachat inmitten Israels bis auf den
heutigen Tag. [14]Nur dem Stamm der Leviten gab er keinen Erbbesitz, ʿ ʾ[a], Jahwe, der
Gott Israels, der ist ihr Erbbesitz, wie er ihm zugesagt hat.
**[15]Mose hatte dem Stamm der Rubeniter nach ihren Sippen zugeteilt [16]und ihnen
kam folgendes Gebiet zu: von Aroer** am Ufer des Arnonflusses und der Stadt
inmitten des Tales und das gesamte Plateau **ʿbisʾ[a] Madeba,** [17]Heschbon und alle ihre
Städte **auf dem Plateau Dibon, Bamot-Baal, Bet-Baal-Meon, [18]Jahaz, Kedemot,
Mefaat, [19]Kirjatajim, Sibma, Zeret-Schahar auf dem Gebirge der Ebene, [20]Bet-
Peor, Aschdot-Pisga, Bet-Jeschimot.** [21]Sowie alle Städte des Plateaus und das ganze
Königreich Sihons, des Königs der Amoriter, ʿ ʾ[a] den Mose besiegt hat, dazu die

Häuptlinge Midians Ewi, Rekem, Zur, Hur und Reba, die Stammesfürsten Sihons, die im Lande wohnten. [22]Auch Bileam, der Sohn Beors, ihren Wahrsager, hatten die Israeliten mit dem Schwert getötet ʿ ʾ[a]. **[23]Die Grenze (des Gebietes) der Rubeniter war der Jordan und (sein) Uferbereich. Dies war der Erbbesitz der Rubeniter nach ihren Sippen, die Städte und deren Gehöfte. [24]Mose hatte ʿdem Stamm der Gaditerʾ[a] nach ihren Sippen zugeteilt [25]und ihnen kam folgendes Gebiet zu: Jaser und alle Städte Gileads sowie das halbe Land der Ammoniter bis nach Aroer gegenüber Rabba, [26]von Heschbon bis Ramat-Mizpe und Betonim** und von Machanajim bis zum Gebiet von ʿLodebarʾ[a] **[27]und in der Ebene Bet-Haram und Bet-Nimra und Sukkot und Zafon,** der Rest des Königreiches Sichons, des Königs zu Heschbon, der Jordan und (sein Uferbereich) bis zum Rande des Sees Kinneret jenseits des Jordans nach Osten. **[28]Dies ist der Erbbesitz der Gaditer nach ihren Sippen, die Städte und ihre Gehöfte.** [29] Mose aber hatte dem halben Stamm ʿ ʾ[a] der Manassiter zugeteilt nach ihren Sippen [30]und ihr Gebiet war folgendes: ʿ ʾ[a] Machanajim, ganz Baschan, das ganze Königreich Ogs, des Königs von Baschan und alle Zeltdörfer Jairs in Baschan, 60 Städte. [31]Das halbe Gilead und Aschtarot und Edrei, die Königsstädte des Og in Baschan, den Nachkommen Machirs, des Sohnes Manasses, der Hälfte der Machiriten und ihren Sippen. [32]Dies sind ʿdie Gebieteʾ[a], die Mose zum Erbbesitz gegeben hatte in den Steppengebieten Moabs, jenseits des Jordans bei Jericho nach Osten. [33]Aber dem Stamm der Leviten hatte Mose keinen Erbbesitz zugeteilt; Jahwe, der Gott Israels, der ist ihr Erbbesitz, wie er ihnen zugesagt hat.

4a Diese Angabe ist unter Änderung der Präposition zum vorangehenden Satz zu ziehen. **b** „In ערה steckt ein Ortsname, der uns unbekannt und vielleicht auch entstellt ist" (NOTH, 70). Die Lesung Γαζα in 𝔊 ist bereits eine Änderung, die sachlich falsch ist. Möglicherweise ist der Ort mit dem *ᶜ-r-n* der Ortslisten Thutmoses und Schoschenks (SIMONS, I, Nr. 27 und XXXIV, Nr. 32) identisch, der auf Grund des Zusammenhangs im Ostjordanland gesucht werden muß. **c** Da der Text nicht in Ordnung ist, werden häufig die Worte האמרי והארץ gestrichen; sinnvoller ist es jedoch, den Textbestand beizubehalten und den Artikel von והארץ zu streichen. **8a** Wie 𝔊 zeigt, ist vor עמו wahrscheinlich וחצי שבט המנשה durch Homoioteleuton ausgefallen, vgl. D. BARTHÉLEMY, Critique textuelle de l'Ancien Testament I, 1982, 28 ff. **9a** Mit 𝔊 ist wohl ממידבא zu lesen. **14a** Mit 𝔊 ist אשי „Feueropfer" oder „Geldgabe" als Glosse zu streichen; das Wort fehlt auch bei der Wiederholung des Satzes in 33. **16a** Statt des sinnlosen על ist עד einzusetzen, wie bereits 𝔊, 𝔖 und 𝔗 getan haben. **21a** Die Näherbestimmung „der in Heschbon regiert" fehlt in 𝔊 und ist als Glosse zu streichen. **22a** Die Worte „zu den Erschlagenen" sind eine Glosse aus Nu 31,8, die in 𝔊 fehlt. **24a** Nach 15 ist למטה בני גד zu lesen. **26a** Entsprechend der sonstigen Schreibweise des Namens ist לא—דבר zu lesen, vgl. Am 6,13; 2 S 9,4.5; 17,27. **29a** Die Verdoppelung „dem halben Stamm Manasse und es war" ist als Glosse zu streichen. **30a** Der Präposition vor Machanajim entspricht kein עד, sie ist wahrscheinlich als Dittographie zu streichen. **32a** Entsprechend 19,51 ist הנחלת zu ergänzen.

Literatur: A. KUSCHKE, Historisch-topographische Beiträge zum Buche Josua, in: Gottes Wort und Gottes Land, 1965, 90–109; E. NOORT, Transjordan in Joshua 13: Some Aspects, SHAJ III, 1987, 125–130; M. NOTH, Israelitische Stämme zwischen Ammon und Moab (1944), ABLAK I, 391–433; R. SMEND, Das Gesetz und die Völker (1971), Die Mitte des Alten Testaments. Gesammelte Studien I, 1986, 124–137; R. SMEND, Das uneroberte Land (1983), Zur ältesten Geschichte Israels. Gesammelte Studien II, 1987, 217–228.

Der Befehl an Josua zur Verteilung des Landes bezog sich ursprünglich allein auf das Westjordanland 7. Die Ausweitung auf das Ostjordanland nimmt die Gebietsbeschreibungen in 15 ff. vorweg und ist 8–12 nachgetragen, wie der redaktionelle Anschluß zu Beginn von 8 noch erkennen läßt. Ebenso sind 13 und 14 Nachträge. Weiterhin setzt die Beschreibung des übriggebliebenen Landes 2–6 die Einnahme der Stammesgebiete voraus; dieser Abschnitt kann somit nicht vom deuteronomistischen Redaktor stammen (gegen R. Smend I, 127–129). Vielmehr hat ein noch späterer Redaktor in 2–6 die Gebiete benannt, die niemals zu Israel gehört haben, aber theoretisch beansprucht wurden. Deshalb sind nur 1 und 7 zum Grundbestand zu rechnen, sie gehen auf DtrH zurück; wie auch sonst hat dieser eine Handlung Josuas mit einem göttlichen Befehl eingeleitet.

Vor der Ausführung der Anordnung in Jos 15–19 wird die Landvergabe an Ruben und Gad durch Mose 13,15–23 und 24–28 erzählt, um den Besitz dieser Gebiete zu bestätigen und die geschichtliche Abfolge zu betonen. In diesen beiden Abschnitten sind, abgesehen von noch zu bestimmenden Ergänzungen in den Städtelisten und zu den Gebietsbeschreibungen, die Gleichsetzungen des beschriebenen Gebietes mit den damaligen Herrschaftsbereichen Sihons und Ogs in 21.22 und 27 aα*βb nachträglich eingefügt worden. Die „Rückblende" auf die Anordnungen Moses im Ostjordanland war somit ursprünglich weitaus geschlossener. Eine nähere Einordnung dieser redaktionellen Ergänzungen ist nicht möglich, sie entstammen einer gelehrten Arbeit am Text und sollen der Präzisierung dienen. Nachgetragen ist auch die Gebietsbeschreibung des halben Stammes Manasse 29–31, für die dem Redaktor keine näheren Angaben mehr zur Verfügung standen (Wüst, 79–85). Sekundär ist schließlich auch die weitere Schlußnotiz 32 und die erneute (vgl. 13,14) Betonung der Ausnahmestellung Levis 33.

Als Grundbestand ist somit nur 1.7.15–20.23.24–26.27 aα*.28 zu bestimmen. Als Überleitung ist das Stück entsprechend 1,1–6 als Einleitung zur Vergabe des Westjordanlandes von DtrH geschaffen worden.

Die Vergabe des Ostjordanlandes 1.7.15–20.23.24–26.27 aα*.28

1 Die Einleitung setzt einen zeitlichen Abstand von den in Jos 1–12 berichteten Ereignissen voraus. Dem Alter kommen Erfahrung, Würde und Weisheit sowie die damit verbundene Autorität zu, vgl. Dt 32,7; Ps 119,100. Die Verbindung von זקן mit בוא בימים ist eine feststehende Wendung, die auch sonst zur Eröffnung einer Erzählung benutzt wird, vgl. Gn 24,1 und 1 R 1,1 sowie in redaktioneller Wiederaufnahme 23,1.2.

Das übriggebliebene Land ist das uneroberte Land, das bei der Landverteilung mit eingeschlossen werden soll. Entsprechend der Zusage Dt 11,22–25 zielt die deuteronomistische Landnahmetheorie auf den Besitz des ganzen Landes, der in der Zusammenfassung 11,16–20 ausdrücklich festgestellt wird.

7 hat das Westjordanland und damit Jos 14–21 im Blick. Der textlich nicht einwandfreie Rückbezug auf die ostjordanischen Stämme 8 abα könnte eine nachträgliche Anfügung sein. Die Nennung von neuneinhalb Stämmen für das Westjordanland zeigt die konsequente Aufteilung von Manasse in je eine Hälfte westlich und östlich des Jordans. Außer in 13,29 kommt die Nennung eines ostjordanischen Halbmanasse nur noch in den

Rahmenstücken des Deuteronomiums (Dt 3,13; 4,43; 29,7), in den redaktionellen Zusätzen Jos 1,12; 4,12; 12,6 u.ö., in der Chronik (1 Ch 5,18.23.26; 6,47.56 u.ö.) und in redaktionellen Versen Nu 32,33 sowie 2 R 10,33 vor (vgl. Wüst, 89f.). Diese Bezeichnung entstammt also einer Zusammenfassung der ostjordanischen Sippen außerhalb von Ruben und Gad durch den Deuteronomisten, wie sie sich in der Grundschicht von Nu 32* noch nicht findet, sondern erst in dem sekundären Vers Nu 32,33 benutzt wurde.

15 bietet wie 24 und 29 eine formelhafte Einleitung. Synonym mit שׁבט bezeichnet מטה den Stamm als größte ethnische Einheit, die sich von einem Ahnherrn ableitet und nach seinem Namen benennt, so daß die Blutsverwandtschaft die Zusammengehörigkeit begründet, wobei die Gemeinsamkeit vor allem bei der Unternehmung des heiligen Krieges in Erscheinung tritt, vgl. R. Smend, Jahwekrieg und Stämmebund, FRLANT 84, [2]1966 = Zur ältesten Geschichte Israels. Gesammelte Studien II, 1987, 116–199. Ruben gilt als ältester Sohn Jakobs mit Lea (Gn 29,32 J) und steht damit an der Spitze der Stämmelisten. Diese Vorrangstellung tritt in der Geschichte wenig hervor, seine geringe Bedeutung wird in den Stammessprüchen Gn 49,3.4 und Dt 33,6 ausdrücklich mit einer Verfehlung und dem dadurch bedingten Fluch des Vaters begründet, vgl. F.M. Cross, Reuben, First Born of Jacob, ZAW 100 Supplement, 1988, 46–65. Zu der Einnahme des Kulturlandbesitzes im Ostjordanland vgl. M. Noth, ABLAK I, 394–423. Mit משפחה wird die weitere Gliederung des Stammes in Unterabteilungen eigens erwähnt, diese werden für Ruben nur in den nachexilischen Texten Gn 46,9; Ex 6,14; Nu 26,5–11; 1 Ch 5,1–10 namentlich aufgeführt.

16 stellt wie 13,25.26 eine Gebietsbeschreibung und keine Grenzfixpunktreihe dar (mit Wüst, 119–123 gegen Noth, ABLAK I, 262–269, vgl. bereits W. Rudolph, Der „Elohist" von Exodus bis Josua, BZAW 68, 1938, 216). Die Beschreibung des Siedlungsraumes der Rubeniter hat ursprünglich nur מערוער עד מידבא gelautet, alle anderen Angeben sind als Verdeutlichungen redaktionell hinzugefügt worden. Aroer (*Ḫirbet ᶜArāᶜir*) und Madeba (*Mādeba*) markieren Süd- und Nordgrenze des Stammessitzes. Die Näherbestimmung Aroers durch אשר על שפת נחל ארנון soll die Lage unmittelbar am Arnon verdeutlichen und diese Stadt von anderen gleichen Namens abgrenzen, vgl. 13,25. Die Nennung von Aroer entspricht der „Umschreibung der Grenzen des israelitisch-judäischen Staates, die in 2 S 24 als Weg der mit der Volkszählung beauftragten Offiziere vorgeführt wird" (M. Noth, ABLAK I, 418). Mit der Anfügung der „Stadt inmitten des Tales" soll dann die Grenze in den Flußlauf verlegt werden, um die Identität der Südgrenze des rubenitischen Bereiches mit der Grenze des Herrschaftsgebietes Sihons in Nu 21,24 zu sichern. Wie Wüst, 133–143 mit Recht vermutet hat, handelt es sich bei diesem namenlosen Ort um eine literarische Fiktion, was auch die Ergebnislosigkeit der bisherigen Versuche der Lokalisierung erklärt. Schließlich ist die Angabe וכל המישר aus der Ortsliste 17–20 eingetragen (vgl. Noth, 79), da der Landschaftsname innerhalb der Gebietsbeschreibung fehl am Platze ist.

17–20.27aα* Die Ortsliste 17–20 deckt sich nicht mit der Gebietsbeschreibung von 16 und stellt ein selbständiges Dokument dar, dem auch 27aα* zuzurechnen ist; erst bei der Verteilung der in der Liste aufgeführten Städte auf die beiden Stämme Ruben und Gad wurde das Dokument in zwei Teile getrennt. Ein Teil der genannten Orte kommt auch in der Aufzählung Nu 32,34–38 vor, die zu dem Grundbestand in Nu 32* gehört. Vermutlich hat das pointiert vorangestellte Heschbon samt der Überleitung וכל עריה אשר nicht zur ursprünglichen Liste gehört (vgl. Wüst, 125), die ansonsten nach

Landschaften gegliedert ist. Die aufgenommene Liste hat somit folgende Namen umfaßt:

Auf dem Plateau:
- Dibon
- Bamot-Baal
- Bet-Baal-Meon
- Jahaz
- Kedemot
- Mefaat
- Kirjatajim
- Sibma
- Zeret-Schahar

Auf dem Gebirge der Ebene:
- Bet-Peor
- Aschdot-Pisga
- Bet-Jeschimot

Im Tal:
- Bet-Haram
- Bet-Nimra
- Sukkot
- Zafon

Als geographischer Begriff bezeichnet מישר das Plateau nördlich des Arnon, wobei die Begrenzung nach Norden nicht genau festgelegt ist, aber kaum weiter als bis zur Höhe des Nordendes des Toten Meeres gereicht hat. Von den genannten Städten sind Dibon in *Dībān*, Bet-Baal-Meon in *Ma*^{c}*īn* und Kirjatajim auf der *Ḫirbet el-Qurēya* (A. Kuschke, ZDPV 77, 1961, 24–31) eindeutig zu lokalisieren. Jahaz kann nach der Nennung in der Mescha-Inschrift (KAI, Nr. 181, 18 ff.) nördlich von Dibon (*Dībān*) gesucht werden, vgl. die weiteren Erwähnungen 21,36 par. 1 Ch 6,63; Nu 21,23; Dt 2,32; Jdc 11,20; Jes 15,4; Jer 48,21.34. Nachdem die häufig vorgeschlagene *Ḫirbet Iskander* sich als eine frühbronzezeitliche Ortslage erwiesen hat, ist Jahaz am ehesten in *Ḫirbet Medēniye* am *Wādī eṯ-Ṯemed*, dem Oberlauf des *Wādī el-Wāle* anzusetzen, vgl. J. A. Dearman, The Location of Jahaz, ZDPV 100, 1984, 122–125. Kedemot wird seit langem am Oberlauf des Arnon gesucht, wo R. Boling (in: Biblical and Related Studies Presented to Samuel Iwry, 1985, 26) die auf dem Plateau gelegene Ruinenstätte *es-Sāliye* vorgeschlagen hat, ohne daß dieser Ansatz zu sichern ist. Mefaat ist im Bereich von *Qurēyāt Nēf*^{c}*a* südlich von Amman zu suchen, wo in *Ḫirbet Ǧawa* die eisenzeitliche Besiedlung nachgewiesen ist, obwohl der Name in Inschriften aus byzantinischer Zeit in *Ḫirbet Umm er-Raṣāṣ* vorkommt, vgl. Y. Elitzur, The Identification of Mefa^{c}at in View of the Discoveries from Kh. Umm er-Rasas, IEJ 39, 1989, 267–277. Die Gleichsetzung von Sibma mit *Qūr el-Kibš* etwa 5 km südwestlich von *Ḥesbān* durch Noth, 80 wurde von Wüst, 161 zurückgewiesen. Bamot-Baal ist wahrscheinlich mit Bet-Bamot in der Mescha-Inschrift (KAI, Nr. 181, 27) identisch und hat demnach zwischen Dibon und Bet-Baal-Meon gelegen. Zeret-Schahar wurde von A. Kuschke, 92 auf der *Ḫirbet el-Libb* etwa 12 km südlich von *Mādeba* angesetzt, während Wüst, 160 *Qūr el-Kibš* vorgeschlagen hat.

In der Bezeichnung הר העמק kann עמק nur die Jordan-Ebene meinen, der Begriff hat somit den Gebirgsabfall auf der Höhe der Einmündung des Jordan in das Tote Meer vor Augen. Von den drei genannten Orten ist die Ansetzung von Bet-Jeschimot auf dem *Tell el-*^{c}*Aẓēme* durch Glueck IV, 400–404 allgemein anerkannt. Bet-Peor wurde von O. Henke (Zur Lage von Beth Peor, ZDPV 75, 1959, 155–163) auf der *Ḫirbet* ^{c}*Ayūn Mūsā* etwa 7 km westlich von *Ḥesbān* angesetzt. Dagegen ist Aschdot-Pisga der Lage nach unbekannt, die Verbindung erscheint sonst nur als Landschaftsname zur Bezeichnung der Abhänge des ostjordanischen Gebirges zum Toten Meer hin (Dt 3,17; 4,49; Jos 12,3) und kann auch hier nicht anders verstanden werden, wobei der Name Pisga im Bereich des heutigen *Ǧebel en-Neba* verhaftet war (M. Noth, ABLAK I, 401). Darum ist es als Näherbestimmung zu dem vorangegangenen Ortsnamen Bet-Peor aufzufassen, der bereits auf dem Gebirgsabfall zu lokalisieren ist.

Mit בעמק werden die vier zu Gad gerechneten Städte im Jordantal eingeleitet 27aα*. Von diesen liegen Bet-Haram auf dem *Tell er-Rāma* am Austritt des *Wādi Ḥesbān* und Bet Nimra auf dem *Tell Nimrīn* am Austritt des *Wādi Nimrīn* aus dem Gebirge (vgl. Wüst, 147 mit Anm. 491 und 492). Die üblichen Ansetzungen von Sukkot auf dem *Tell Dēr ᶜAllā* und von Zafon auf dem *Tell es-Saᶜīdīye* dagegen sind ungesichert (vgl. Wüst, 131 mit Anm. 435 und 436), doch haben beide Orte wohl im mittleren Jordantal gelegen.

Ursprung und Abzweckung der Liste sind nicht deutlich, am ehesten könnte sie noch einen Verkehrsweg aus der Bucht von Bet-Schean nach Moab bezeichnen, wie Wüst, 155–163 angenommen hat. Dagegen spricht jedoch, daß er die „überzähligen“ Orte Sibma, Zeret-Schahar und Bet-Peor samt Aschdot-Pisga als sekundäre Erweiterungen ausscheiden muß. Die geographische Gliederung der Liste nach Landschaften zeigt eine gewisse Zusammenfassung der Orte entsprechend ihrer unterschiedlichen Lage, ohne daß dieses Prinzip näheren Aufschluß über den Zweck gibt. In jedem Fall handelt es sich nicht um eine Ortsliste, die den in Jos 15.18.19 erhaltenen Dokumenten vergleichbar ist (gegen Noth, ABLAK I, 428). Gemeinsames Merkmal aller Städte ist eine gewisse Randlage, so daß sie durchaus als Beschreibung einer Grenzlinie verstanden werden können. Erschwerend für eine Einordnung ist aber die Tatsache, daß Dibon seit den Eroberungen Meschas in der zweiten Hälfte des 9. Jh. zu Moab gerechnet wird (KAI, Nr. 181), was die Erwähnung in den Fremdvölkersprüchen Jes 15,2 und Jer 48,18.22 spiegelt. Eine Datierung vor dem Verlust des Plateaus an die Moabiter ist aber unwahrscheinlich. Möglicherweise handelt es sich um die Aufzählung von durch Juda zurückgewonnenen Städten nach dem Untergang des Staates Israel 722, mit denen gleichzeitig der Grenzverlauf markiert ist. Zu datieren wäre ein solches Dokument allein in der Zeit Josias, als die Wiederherstellung eines Staates über die Grenzen Judas hinaus zum politischen Programm erhoben wurde, ohne daß über die Durchführung nähere Einzelheiten bekannt sind.

23 In der abschließenden Notiz wird der Jordan als Westgrenze festgelegt, die Grenze nach Osten bleibt offen. Diese Angabe ist insofern nicht korrekt, als das מישר genannte Plateau im Westen zum Toten Meer hin abfällt. Mit der Nennung der ערים wird ausdrücklich auf die Ortsliste Bezug genommen; חצר bezeichnet die nichtstädtischen Siedlungen, Gehöfte und Weiler.

24–26 entsprechen 13,14–16 und enthalten eine Gebietsbeschreibung, die jedoch stark von redaktionellen Zusätzen überwuchert ist. Die ursprüngliche Formel hat sich in 26a erhalten: מחשבון עד רמת המצפה. Während nun der südliche Ort Heschbon (*Ḥesbān*) eindeutig festliegt, ist der nördliche Ramat-Mizpe nicht zu lokalisieren. Auch eine Gleichsetzung mit den anderen Orten, die das Element רמת oder מצפה im Namen tragen, scheidet aus. Den einzigen Hinweis bietet die nachträgliche Näherbestimmung durch Betonim, das wohl im Umkreis von Ramat-Mizpe gesucht werden darf. Nun kann Betonim aufgrund der Bewahrung des Namens mit *Ḫirbet Baṭne* 5 km südwestlich von *eṣ-Ṣalt* gleichgesetzt werden (M. Noth, Ramath-Mizpe und Betonim (Jos. 13,26), PJB 34, 1938, 23–29), so daß Ramat-Mizpe wohl ebenfalls in diesem Bereich gelegen haben wird.

In 26b findet sich als weitere Bestimmung ממחנים עד גבול לדבר, die wohl ein Zusatz ist. Beide Orte sind nicht mit Sicherheit zu identifizieren, doch kann das Gebiet ihrer

Lage nach festgelegt werden. Auf Grund der Erwähnungen in Gn 32,8; 2 S 2,8.12.29; 17,24.27; 19,33; 1 R 2,8; 4,14 ist Mahanajim im Bereich des Unterlaufes des Jabbok anzusetzen, ohne daß die Stadt unmittelbar im Flußtal gelegen haben muß. Die Stadt ist noch nicht lokalisiert, obwohl es an Vorschlägen nicht mangelt, die aber alle nicht überzeugen, vgl. R.A. Cooghanour, A Search for Mahanaim, BASOR 273, 1989, 57–66. Wahrscheinlich ist Mahanajim an einer verkehrsgeographisch günstigen Lage am Rande des Jordantales nördlich des Jabbok zu suchen.

Lodebar kann im *ᶜAǧlūn*, der Landschaft nördlich des Jabbok, gesucht werden, ohne daß die weiteren Erwähnungen (2 S 9,4.5; 17,27; Am 6,13) einen hinreichenden Anhaltspunkt für die Lokalisierung bieten. Die von S. Mittmann (Beiträge zur Siedlungs- und Territorialgeschichte des nördlichen Ostjordanlandes, 1970, 244) vorgeschlagene *Ḫirbet Ḥamīd* am südlichen Oberlauf des *Wādi Kufrinǧe* liegt wahrscheinlich zu weit südlich; andererseits wird man aber Lodebar auch nicht mit A. Kuschke, 91 zu weit nördlich ansetzen dürfen. Mit der Ergänzung 26b soll das Stammesterritorium Gads auf ein Gebiet nördlich des Jabbok ausgedehnt werden, während die ursprüngliche Beschreibung nur das Land südlich des Jabbok im Auge gehabt hat.

Die geographischen Angaben in 25 erweisen sich als ein Konglomerat von Nachträgen zur Ausweitung des gaditischen Siedlungsraumes (vgl. Wüst, 164–174). Diese bestehen aus drei Bemerkungen, die nicht zueinander passen:

1. יעזר וכל ערי הגלעד

Jaser ist aufgrund der Angaben bei Euseb, Onomastikon 104,13–19 in der Umgebung des *Wādī eṣ-Ṣir* zu suchen (vgl. M. Noth, ABLAK I, 401–412) und vielleicht auf dem *Tell ᶜArēme* am *Wādi Sita* anzusetzen, vgl. R. Rendttorff, Zur Lage von Jaser, ZDPV 76, 1960, 124–135. Mit der Landschaftsangabe Gilead kann in diesem Zusammenhang nur das Gebirge südlich des Jabbok unter Einschluß der beiden Ebenen *Arḍ el-ᶜArḍe* und *Buqēᶜa* gemeint sein (vgl. M. Noth, ABLAK I, 504–519). Die Formulierung entspricht dem Zusatz חשבון וכל עריה und soll das Gebiet Gads nach Norden erweitern.

2. חצי ארץ בני עמון

Das Land der Ammoniter lag im Umkreis ihrer Hauptstadt Rabbat-Ammon (*ᶜAmmān*), der Zusatz intendiert eine Erweiterung nach Osten.

3. עד ערוער אשר על פני רבה

Aroer wird durch einen Zusatz näher bestimmt, um es von dem Ort gleichen Namens 13,16 zu unterscheiden. Da aber ein solches Aroer sonst nicht erwähnt wird, kann es sich nur um literarische Arbeit handeln, so daß es müßig ist, ein Aroer in der Umgebung von Rabbat-Ammon zu suchen (zu dem Jdc 11,33 genannten Aroer vgl. S. Mittmann, ZDPV 85, 1969, 63–75). Möglicherweise war mit der Angabe עד ערוער das Aroer am Arnon gemeint, wobei die Vorstellung zugrunde gelegen haben kann, daß der Besitz der Gaditer im Osten das Territorium Rubens eingekreist hat.

27aα* vgl. zu 17–20.

28 Die abschließende Notiz entspricht weitgehend 23.

Die Erzählung von der Landgabe an Ruben und Gad nimmt Nu 32* wieder auf, vgl. zu 1,12–18. Alle Einzelheiten zur Begründung sind entfallen, es soll nur noch das Siedlungsgebiet durch Beschreibung und Städteliste festgelegt werden. Gleichzeitig wird die Zugehörigkeit der beiden ostjordanischen Stämme zu Gesamtisrael konstatiert. Die in Nu 32,34–38 verarbeitete Städteliste hat wahrscheinlich mit dem in 13,17–20.27aα verarbeiteten Dokument literarisch und sachlich nichts zu tun, vgl. Wüst, 147–153. Ob

DtrH bei der Abfassung eine historische Quelle der späten Königszeit benutzt und wiedergegeben hat, läßt sich nicht entscheiden.

Die Zusätze 2–6.8–12.13.14.21.22.27aα*βb.29–31.32.33

2–6 Der Vergleich zwischen Anspruch und Wirklichkeit führte zu der nachträglichen Feststellung der anderweitig besiedelten Gebiete im Westjordanland. Die Aufstellung des übrigen Landes ist stilistisch nicht einheitlich, was auf verschiedentliche Überarbeitung hinweist. Als ursprünglich sind wahrscheinlich nur die Gebietsbeschreibungen in der Form מן...עד anzusehen, so daß der Text mit Noth, 75 lediglich folgende Teile umfaßt hat:

3aα מן השיחור אשר על פני מצרים
ועד גבול עקרון צפונה
4a מערה אשר לצידנים
עד אפקה

In 3aα wird die Küstenebene umschrieben, die nach 1150 von den Philistern bewohnt war. Schi-Hor ist der Name für das Horusgewässer *š-ḥr* an der Grenze Ägyptens im östlichen Delta, das wahrscheinlich mit dem langgestreckten See unmittelbar nördlich des Isthmus von Qantara am sog. Horusweg gleichzusetzen ist, vgl. M. Bietak, LÄ V, 623–626. Damit wäre das Siedlungsgebiet der Philister über die Küstenebene hinaus auf die Sinaiküste ausgedehnt. Nun wurde aber der Sinai zu keiner Zeit zum verheißenen Land gerechnet, so daß השיחר an dieser Stelle nur die traditionelle Grenze bezeichnen kann, die 15,4.47; Nu 34,5; 1 R 8,65; 2 R 24,7; Jes 27,12 als נחל מצרים angegeben und mit dem *Wādī el-ᶜArīš* gleichzusetzen ist, vgl. N. Na'aman, The Shihor of Egypt and Shur that is before Egypt, Tel Aviv 7, 1980, 95–109.

Ekron ist die nördlichste der fünf Philisterstädte und hat auf der *Ḫirbet el-Muqannaᶜ* gelegen, wie die Ausgrabungen inzwischen bestätigt haben, vgl. S. Gitin and T. Dothan, The Rise and Fall of Ekron of the Philistines, BA 50, 1987, 197–222. Im wesentlichen geht es in 3aα um das von den Philistern besiedelte Land, das niemals zum israelitischen Siedlungsgebiet gehört hat. In 3b sind dann die fünf Philisterstädte Gaza (*Ǧazze*), Aschdod (*Esdūd*), Aschkalon (*ᶜAsqalān*), Gat (*Tell eṣ-Ṣāfi*) und Ekron namentlich in der Form des nomen gentilicium nachgetragen. Die Awiter werden als südlich der Philisterstädte wohnhaft angenommen, sind aber nur noch Dt 2,23 erwähnt und können nicht mit einem sonst bekannten Volk identifiziert werden. In 2b werden die beiden Angaben zusammenfassend vorweggenommen: גלילות kommt als Bezeichnung der philistäischen Ebene noch Jo 4,4 vor; es handelt sich um ein von גלל gebildetes Nomen im Sinne von „Umkreis", „Bezirk" (vgl. 22,10f.; Ez 47,8). כל הגשורי ist dann wahrscheinlich eine nachträgliche Zusammenfassung der Angaben von 5.6, obwohl Geschur sonst nur das Gebiet zwischen Baschan und dem Hermon bezeichnet, vgl. zu 12,5.

Die Angaben in 4 bleiben dunkel, כל ארץ הכנעני und גבול האמרי sind für eine nähere Festlegung zu unbestimmt. Ein Ort Ara ist unbekannt, möglicherweise ist der Name verstümmelt, bereits 𝔊 hat עזה gelesen, was aber in diesem Zusammenhang keinen Sinn ergibt. Die Näherbestimmung אשר לצידנים läßt an einen Ort an der phönizischen Küste denken, so daß eine Verschreibung aus צר vorliegen kann. Die Nennung von Afek hilft nicht weiter, da ohne eine Näherbestimmung nicht klar ist, welcher Ort dieses Namens gemeint ist; in Frage kommt in diesem Zusammenhang das in der *Biqā*ᶜ gelegene *Afqā*. Am ehesten wird 4 das Gebiet der phönizischen Städte gemeint haben, das dem Libanon im Westen vorgelagert war. Dazu könnte die Erwähnung von Byblos eine Ergänzung sein.

Mit ארץ הגבלי in 5 ist Byblos samt seinem Hinterland bezeichnet; der Name der Stadt ist zwar nur noch Ez 27,9 belegt, kommt aber in den außerbiblischen Quellen sehr häufig vor (HAL, 106). Die bedeutende Hafenstadt hat in *Ǧebēl* direkt an der Küste nördlich des heutigen *Bērūt* gelegen.

Der Libanon wird in 5 mit zwei Ortsnamen in seiner Erstreckung festgelegt. Baal-Gad ist 11,17 und 12,7 als Nordgrenze des Landes Kanaan genannt und hat in der südlichen *Biqā*ᶜ gelegen, worauf auch die Näherbestimmung תחת הר חרמון hinweist. Lebo-Hamat muß dementsprechend am Nordende des Gebirges gesucht werden, so daß die Gleichsetzung mit *el-Lebwe* an dem Übergang von der *Biqā*ᶜ in die Bucht von Ribla eine gewisse Wahrscheinlichkeit hat. (B. Mazar, Lebo-hamath and the Northern Border of Canaan, The Early Biblical Period, 1986, 189–202, dagegen rechnet M.Noth, ABLAK I, 271–275 mit einer Lokalisierung am Nordende des Ostjordanlandes.) Nach priesterschriftlicher Vorstellung ist Lebo-Hamat der nördlichste Punkt des verheißenen Landes (Nu 34,8; vgl. Ez 47,15–17), als solcher wird die Stadt aber auch sonst genannt, vgl. Nu 13,21 P; Jdc 3,3; 1 R 8,65; 2 R 14,25; Am 6,14; 1 Ch 13,5; 2 Ch 7,8. Anscheinend ist der Ort erst zur Zeit der Auseinandersetzung mit den Assyrern seit der zweiten Hälfte des 8. Jh. in die Überlieferung als Grenzpunkt aufgenommen worden, keinesfalls markiert er die historischen Verhältnisse zur Zeit Davids (gegen K. Elliger, Die Nordgrenze des Reiches Davids, PJB 32, 1936, 34–73). Der weitere Zusatz 6a benennt die Bewohner des Libanon-Gebirges wie in 4 mit dem allgemeinen Namen für die Phönizier als Sidonier, vgl. 23,2; Dt 3,9; 1 R 5,20; 1,5.33; 16,31 u. ö. Misrefot-Majim ist der Litani, der den Libanon im Süden umfließt, vgl. zu 11,8.

Die Verteilung des übriggebliebenen Landes durch das Los 6b entspricht der in Jos 15–19 vertretenen Anschauung zum Losorakel, vgl. zu 15,1, zu נחלה vgl. zu 1,6.

Sowohl die philistäische als auch die phönizische Küstenebene wie das Libanon-Gebirge haben nie zum israelitischen Siedlungs- oder Staatsgebiet gehört. Die Aufteilung dieser Territorien unter die Stämme bleibt somit eine literarische Fiktion, die von der Vorstellung bedingt ist, daß Kanaan von der unverrückbaren Grenze Ägyptens bis an die Nordspitze des Libanon-Gebirges gereicht hat. Damit ist die formelhafte Beschreibung aus 11,17; 12,7, „vom kahlen Berg bis Baal-Gad", die den Libanon ausdrücklich ausklammert, überboten. Die Einbeziehung des Libanon in das verheißene Land findet sich Dt 3,25, in der Priesterschrift (Nu 13,21; 34,8) sowie in dem Zusatz Dt 1,7b. Vermutlich entstammt diese neue Vorstellung von dem Umfang des Landes späten deuteronomistischen oder priesterschriftlichen Kreisen. Diese Ausdehnung des beanspruchten Landes auf philistäisches Gebiet und Ausweitung der Grenze des Landes nach Norden ist also wohl erst nach der Königszeit entstanden, als nach dem Verlust der Eigenstaatlichkeit der Anspruch auf das Land durch göttliche Zusagen theologisch neu begründet wurde. Gleichzeitig wurde in dieser Konzeption das Ostjordanland aufgegeben, so daß die Verschiebung des von Gott zugesagten Landes nach Norden als Ausgleich für den Verlust der Gebiete im Osten verständlich ist, vgl. zu Jos 22.

8–12 nimmt die 15–28 erzählte Verteilung des Ostjordanlandes durch Mose vorweg und ist aus diesem Text sowie für 11.12 aus 12,4.5b entnommen. Der Sprachgebrauch deutet darauf hin, daß auch Dt 3,8–14 als Vorlage benutzt worden ist. In jedem Falle handelt es sich um die gelehrte Arbeit eines oder mehrerer Redaktoren.

13 Mit der üblichen Formel wird die Nichteinnahme von Geschur und Maacha ausdrücklich festgestellt. Nach 2 S 3,3; 10,6; 13,37 handelt es sich um aramäische Kleinstaaten im *Ǧōlān*, die wohl nebeneinander gelegen und vom Hermon im Norden, dem Jordantal im Westen und Baschan im Osten begrenzt waren. Unter David und wohl auch noch Salomo waren beide abhängige Vasallenstaaten; die Heirat Davids mit „Maacha, der Tochter Talmais, des Königs von Geschur" (2 S 3,3) sollte dieses Verhältnis ausdrücklich festigen. Die Feststellung, daß beide Gebiete zu Israel gehörten, spiegelt die Verhältnisse der frühen Königszeit, da beide Königtümer während des 9. und 8. Jh. im Reich der Aramäer von Damaskus aufgegangen sind, vgl. B. Mazar, Geschur and Maachah, The Early Biblical Period, 1986, 113–125; J. M. Miller, Geschur and Aram, JNES 28, 1969, 60f.

14 ist wie 33 wohl im Blick auf die Liste der Levitenstädte in Jos 21 hinzugefügt worden, um bereits in diesem Zusammenhang auf die Sonderstellung dieses Stammes hinzuweisen.

21.22 In 21 wird das Gebiet Rubens mit dem Königreich Sihons gleichgesetzt, dessen Hauptstadt Heschbon eigens genannt ist, vgl. 2,10b; 9,10; 12,2.5b. Zum Sieg über Sihon, der auf Nu 21,21–31 zurückgreift, wird die Besiegung der Midianiter behauptet. Die Namen der fünf mit Sihon verbündeten Fürsten, Ewi, Rekem, Zur, Hur und Reba sind aus der Erzählung vom Sieg über die Midianiter Nu 31,1–12 übernommen; diese stellt einen späteren Nachtrag zur Priesterschrift dar. Eine historische Nachricht liegt somit in Nu 31,8 nicht vor. In 22 erfolgt ein weiterer Rückverweis auf die Bileam-Überlieferung Nu 22–24. Die Benennung Bileams als קוסם soll diesen als einen nicht legitimen Propheten außerhalb Israels kennzeichnen, vgl. Dt 18,14; 1 S 6,2; Jes 4,25; Ez 21,34. Von einem gewaltsamen Tod des Sehers verlautet in der Bileam-Erzählung nichts, mit dieser Umdeutung der Tradition soll er zu den Feinden Israels gerechnet werden, vgl. H. Donner, Balaam pseudopropheta, in: Beiträge zur alttestamentlichen Theologie. Festschrift W. Zimmerli, 1977, 112–123.

27aα*βb ist eine Ergänzung zu dem für Gad in Anspruch genommenen Teil der Ortsliste mit den vier Städten im Jordantal. Zusätzlich erhält Gad den Rest des Königreichs von Sihon zugesprochen, nachdem der größte Teil entsprechend 21 zu Ruben gehört. Die Angabe ist auf das nördliche Jordantal bis zum See Gennesaret zu beziehen; dieses Gebiet wird 12,3 ausdrücklich zu Sihons Reich gerechnet.

29–31 sind im wesentlichen eine Kombination aus den Angaben über das Königreich Ogs 12,4.5 und über die Wohnsitze manassitischer Sippen Nu 32,39–41. Die Zusammenfassung dieser Sippen zu einem halben Stamm Manasse ist erst durch eine Redaktion erfolgt, die Angaben zu Halbmanasse finden sich denn auch stets in Nachträgen, vgl. zu 1,12–18. Da alles Land südlich des Yarmuk bereits an Ruben und Gad vergeben war 15–28*, blieben für diesen Stamm, der eigentlich auf dem Nordteil des Gebirges Efraim zu Hause war, nur die noch weiter nördlich gelegenen Teile des Ostjordanlandes. Die ursprüngliche Gebietsbeschreibung hat denn auch ויהי גבולם כל הבשן gelautet. Das eingeschaltete ממחנים hängt syntaktisch in der Luft und ist sachlich falsch, da die Stadt am Unterlauf des Jabbok gelegen hat, vgl. zu 13,26. Baschan ist die zwischen *Ǧōlān* und dem *Ǧebēl ed-Drūz* gelegene Hochebene, die als Herrschaftsgebiet des Königs Og gilt, vgl. 9,10; 12,4; 13,12; Nu 21,33; 32,33; Dt 1,4; 3,1.3.11 u. ö. Die חות יאיר sind wie in Dt 3,14 aus Nu 32,41 übernommen und werden in Baschan lokalisiert. Das Wort חוה scheint eine bestimmte Siedlungsform zu bezeichnen, die aber nicht mehr feststellbar ist. Diese חות יאיר werden mit den 60 eroberten Städten aus der Og-Erzählung Dt 3,1–7 gleichgesetzt.

In 31a liegt eine Zusammenstellung aus 12,4.5 vor, wo die nördliche Hälfte Gileads dem Reich Ogs zugerechnet wird. Die Nennung Machirs 31b stammt aus Nu 32,39.40, dieser Sohn Manasses erscheint dann als Vater Gileads in 17,1. In 31b scheint die nachträgliche Nennung Machirs durch die Nennung Gileads 31a bedingt zu sein.

Der Ergänzer hat sorgfältig jede Überschneidung des Gebietes von Halbmanasse mit dem Territorium Gads (24–28) vermieden. Die Angaben stimmen im wesentlichen mit Dt 3,13a überein, wurden aber durch den Rückgriff auf 12,4.5 und Nu 32,39–41 weiter ausgeführt.

32 ist die redaktionelle Schlußnotiz, die sich von 23 und 28 unterscheidet. Die ausdrückliche Nennung von ערבות מואב als dem Standort Moses greift auf die Ortsangabe in Dt 3,17 zurück, die wiederum durch Nu 22,1 vorbereitet ist. Mit den Steppengebieten Moabs ist die Jordansenke im Bereich der Einmündung in das Tote Meer gemeint.

33 verweist wie 14 auf die Sonderregelung für Levi.

14,1–15 Der Beginn der Landverleihung im Westjordanland

1*Dies sind* ⸢*die Gebiete*⸣[a], die die Israeliten in Erbbesitz genommen haben im Land
Kanaan, *die Eleasar, der Priester, Josua, der Sohn Nuns, und die Familienhäupter
der Stämme den Israeliten als Erbbesitz zugeteilt hatten,* 2durch ⸢das⸣ Los ⸢wiesen sie
ihnen Erbbesitz zu⸣[a], wie Jahwe durch Mose den neuneinhalb Stämmen geboten hatte,
3denn Mose hatte Erbbesitz den zweieinhalb Stämmen jenseits des Jordans gegeben, den
Leviten aber hat er keinen Erbbesitz in ihrer Mitte zugeteilt; 4denn die Söhne Josefs
bildeten zwei Stämme, Manasse und Efraim. Den Leviten gaben sie keinen Anteil am
Lande, sondern (nur) Städte zum Wohnen und ihre Weidegebiete für ihr Hab und Gut an
Vieh. 5Wie Jahwe Mose geboten hatte, so taten die Israeliten und teilten das Land auf.
6Da traten die Judäer zu Josua in Gilgal heran, und Kaleb, der Sohn des Jefunne,
der Kenisiter, sprach zu ihm: „Du kennst das Wort, das Jahwe zu Mose, dem
Gottesmann, in meiner und deiner Angelegenheit in Kadesch-Barnea gesprochen hat.
7Vierzig Jahre war ich alt, als mich Mose, der Knecht Jahwes, von Kadesch-
Barnea ausgeschickt hat, das Land zu erkunden, und ich brachte ihm Nachricht
entsprechend meiner Einsicht. 8Meine Brüder aber, die mit mir heraufgezogen
waren, machten das Herz des Volkes verzagen[a], während ich treu zu Jahwe,
meinem Gott hielt. 9Da schwor Mose an jenem Tag: Wahrlich, das Land, das
dein Fuß betreten hat, soll dir und deinen Nachkommen für immer als Erbbesitz

gehören, weil du treu zu Jahwe, meinem Gott, gehalten hast! [10]Nun, sieh, Jahwe hat mich, nachdem er dies gesagt hatte, fünfundvierzig Jahre am Leben erhalten, seitdem er dieses Wort zu Mose gesprochen hatte, als Israel noch durch die Wüste zog; aber heute bin ich fünfundachtzig Jahre alt. [11]Heute bin ich noch so stark wie an dem Tag, da Mose mich aussandte, wie damals ist meine Kraft (noch) heute zum Kampf, zum Auszug und zur Rückkehr. [12]Jetzt aber teile mir dieses Gebirge zu, wie Jahwe an jenem Tage zugesagt hat, denn du hast an jenem Tage selbst vernommen, daß dort die Enakiter und große befestigte Städte sind. Vielleicht ist Jahwe ʿmit mirʾ[a], so daß ich sie vertreiben kann, wie Jahwe gesagt hat". [13]Da segnete ihn Josua und teilte Kaleb, dem Sohn Jefunnes, Hebron zum Erbbesitz zu. [14]Deswegen gehört Hebron Kaleb, dem Sohn Jefunnes, dem Kenisiter, als Erbbesitz bis auf diesen Tag, weil er treu zu Jahwe, dem Gott Israels, gehalten hat. [15]Der Name Hebrons war vordem Kirjat-Arba, der war der größte Mann unter den Enakitern gewesen. Das Land aber hatte Ruhe vor dem Krieg.

[1a] Das Bezugswort נחלת ist ausgefallen, vgl. 19,51. [2a] Die beiden ersten Worte sind kaum zu übersetzen, die nach 𝕲 übliche Konjektur בגורל נחלו אותם wurde übernommen. [8a] Nach dem Vorschlag von Noth, 80 ist המסו zu lesen, vgl. Dt 1,28. [12a] Mit 𝕮 und zahlreichen Handschriften ist אתי zu lesen.

Der Abschnitt 1–5 hat den Charakter einer Überleitung, die aber keineswegs aus einem Guß ist. 1a entspricht 13,32 und 1b hat in Nu 33,54 eine Parallele. 2 nimmt 13,7 wieder auf und 3 faßt Jos 13 einschließlich der redaktionellen Erweiterungen zusammen. 4a ist eine gelehrte Anmerkung zum Haus Josef und 4b wiederholt 3b in etwas ausführlicherer Form. Schließlich betont 5 die richtige Ausführung der Anordnungen Moses. Stilistisch und sachlich liegt ein Konglomerat von Nachträgen vor, die auf verschiedene Redaktionen zurückgehen, ohne daß diese mit Ausnahme von 1 näher bestimmt werden können (vgl. Wüst, 202–205).

Die Erzählung von der Vergabe Hebrons an Kaleb 6–15 sprengt den Rahmen der Verteilung der Stammesgebiete. Damit ist eine Sonderüberlieferung wieder aufgenommen, mit der begründet werden soll, warum die Kalebiter im Bereich von Hebron seßhaft geworden sind. Die Zuweisung dieses Siedlungsgebietes durch Mose wird auf das besondere Verhalten Kalebs bei der Erkundung des Landes zurückgeführt: Bei dem Bericht der Kundschafter tritt Kaleb als einziger gegen die negative Charakterisierung des Landes auf. Diese Überlieferung von Kaleb in Hebron liegt in drei verschiedenen Fassungen mit jeweils unterschiedlicher Intention vor (Nu 13.14 J und P sowie Dt 1,22 ff.), geht aber vermutlich auf mündliche Überlieferung zurück, vgl. M. Noth, Überlieferungsgeschichte des Pentateuch, [2]1960, 143–145. Der Jahwist hat die Kundschaftererzählung mit der Verweigerung der Landnahme von Süden aus verbunden, um den Umweg über das Ostjordanland vorzubereiten Nu 13, ... 17b–19.22 ... 27a.28 ... 30.31 ... 14,1b ... 4 ... 8a.9.11.22–24.25b, vgl. V. Fritz, Israel in der Wüste, 1970, 79–86. In der Priesterschrift muß nach dem Vergehen, das in der Verleumdung des Landes besteht, die Generation des Auszugs in der Wüste sterben Nu 13,1–17a.21.25.26a-bα.32.33*; 14,1a.2.3.5–7.10.26–29.31–33.35–38, vgl. S.E. McEvenue, The Narrative Style of the Priestly Writer, 1971, 90–127. In der Einleitung zu DtrG ist die Erzählung Dt

1,22 ff. wiederaufgenommen, um die deuteronomistische Auffassung des vierzigjährigen Aufenthaltes des Volkes in der Wüste vorzubereiten, der dann nach Kadesch verlegt worden ist. In dieser deuteronomistischen Fassung wurde Kaleb ursprünglich gar nicht erwähnt, sondern erst mit Dt 1,34 sekundär nachgetragen; zur Analyse vgl. S. Mittmann, Deuteronomium 1,1–6,3 literarkritisch und traditionsgeschichtlich untersucht, BZAW 139, 1975, 34–64. Die Erzählung 14,6–15 greift somit auf Nu 13.14* J zurück, keineswegs liegt ihr die deuteronomistische Version von Dt 1,22 ff. zugrunde (gegen Noth, 84), da sie dieser gegenüber trotz der allgemeinen sprachlichen Nähe grundlegende Unterschiede aufweist. Die Aufnahme des Stoffes an dieser Stelle paßt somit kaum in das Konzept von DtrH, vielmehr können Abfassung und Einfügung erst auf die deuteronomistische Redaktion zurückgehen.

Die Erzählung ist in sich geschlossen, aber durch einige Rückverweise und Ergänzungen nachträglich erweitert worden. Dazu gehören nach Noth, 80 die ausdrückliche Erinnerung an das Jahwewort 6b, der Rückverweis 12b und die erklärende Bemerkung zu Hebron in 15a. Aber auch die Berechnung des Lebensalters Kalebs in 10b und der erst dadurch bedingte Verweis auf die ungebrochene Kraft in 11 sind nachträglich eingefügt worden. Eine weitere Ergänzung ist die mit על כן eingeleitete Abschlußformel 14, die 13 in unnötiger Wiederholung aufnimmt. Schließlich ist der Schlußsatz 15b eine Wiederaufnahme von 11,23b. Die ursprüngliche Erzählung hat somit nur 6a.7–10a.12a.13 umfaßt, die Ergänzungen sind kaum von einer Hand, sondern zeigen die auch sonst feststellbare fortschreibende Arbeit am Text.

Die nachpriesterschriftliche Überleitung 1

1 Die Formel 1a entspricht 13,32; 19,51, vgl. 12,1. Wahrscheinlich ist נחלת ausgefallen. Der Begriff נחלה ist priesterschriftlich, vgl. Gn 17,8; 46,6; Ex 6,4; Nu 13,2.17 u.ö.; er ist hier auf das Westjordanland bezogen. Einer der beiden אשר-Sätze ist kaum ursprünglich. Die Aufzählung der handelnden Personen 1b entspricht Nu 32,28 P, so daß mit 1* wohl ein nachpriesterschriftlicher Nachtrag vorliegt, um 19,51 vorzubereiten. Die Rolle Eleasars wird auch 19,51; 21,1;24,33 (RedP) betont, seine Gestalt kommt sonst nur in der Priesterschrift vor, vgl. Nu 3,32; 4,16; 17,2.4; 19,3.4; 20,25 ff. Zu נחל vgl. zu 1,5.6.

Der redaktionelle Nachtrag 2–5

2 Die Landverteilung erfolgt durch das Los, worauf in Jos 15–19 immer wieder hingewiesen wird. Vorausgesetzt ist dabei, daß die Anteile für die einzelnen Stämme bereits festliegen und nur die Zuordnung durch Losorakel erfolgt. Der Losentscheid spielt auch sonst in der biblischen Literatur eine gewisse Rolle, da er die Möglichkeit zur Kundgabe des Gotteswillens bietet, vgl. 7,13.14. Das Los wurde im Sinne eines Alternativentscheids mit kleinen Steinen oder Hölzern geworfen, vgl. W. Dommershausen, ThWAT I, 991–998. Auf diese Weise konnte Jahwe als Herr der Geschichte wie des Lebens die Entscheidung ohne menschliche Beeinflussung fällen. Der Losentscheid war damit ein göttlicher Bescheid und als solcher sakrosankt. Die Handhabung des Losorakels wurde zu einem sakralen Akt, nach der Auffassung der nachpriesterschriftlichen Redaktion in 19,51 erfolgt die Verlosung denn auch durch den Priester am Heiligtum. Aufgrund der Zuweisung durch göttliche Offenbarung ist der den Stämmen zugewiesene Landanteil unumstößlicher und unanfechtbarer Besitz. Die Aufteilung des Landes durch das Los wird in den Nachträgen zur Priesterschrift Nu 26,55.56; 33,54; 34,13; 36,2.3 ausdrücklich vorbereitet, der Verweis auf die göttliche Anordnung an Mose läßt erkennen, daß dem Redaktor diese Stellen bereits bekannt waren. Die Ausführungsformel findet sich auch 1,7.13; 4,10; 8,27.31.33.35; 13,6 in redaktionellen Zusätzen, wurde aber bereits 7,11; 10,40; 11,12.15.20 von DtrH gebraucht.

3 ist eine Zusammenfassung von 13,15–33, wobei die Zusätze bereits einbezogen werden.

4 erklärt, warum auch nach dem Ausscheiden von Levi aus dem Stammesverbund die Zahl von zwölf Stämmen erhalten bleibt. Der Redaktor folgt mit der Aufteilung von Josef in Efraim und Manasse dem jüngeren System der Stämmelisten, bei dem Levi ausgefallen ist, vgl. Nu 26,5–51; 1,5–15; 2,3–31 und dazu C. H. J. De Geus, The Tribes of Israel, 1976, 111–119; H. Seebass, Erwägungen zum altisraelitischen System der zwölf Stämme, ZAW 90, 1978, 196–219. Die Einbeziehung von Efraim und Manasse wird Gn 48,5.6 mit der Adoption der Josefsöhne durch Jakob begründet. Die besondere Versorgung der Leviten mit Wohnrecht in Städten wird Jos 21 ausgeführt und entspricht ihrer Bestimmung als Priester, die keinen Anteil (חלק) am Land und damit auch kein Anrecht auf Erbbesitz haben, vgl. Dt 10,9; 12,12; 14,27.29; 18,1. Vielmehr ist Gott ihr Anteil (Nu 18,20).

5 unterstreicht den Gehorsam Israels. Das Verbum חלק statt נחל für das Verteilen des Landbesitzes ist nur selten verwendet (vgl. 18,2 qal; 13,7; 18,10; 19,51 pi), findet sich aber auch in dem Nachtrag zur Priesterschrift Nu 26,55.56, wo es synonym mit נחל gebraucht ist.

Die Vergabe Hebrons an Kaleb 6a.7–10a.12a.13 (RedD)

6a Als Ort des ständigen Lagers wird Gilgal ausdrücklich genannt (vgl. 4,19; 5,9.10; 10,6), im weiteren Verlauf der Landverteilung aber nicht mehr erwähnt. Kaleb wird als Sohn des Jefunne eingeführt (vgl. Nu 13,6; 14,6.30.38; 26,65; 32,12; Dt 1,36; Jos 15,13; 21,12), aber nur noch in dem späten Zusatz Nu 32,12 als Kenizziter bezeichnet, die als ein edomitischer Stamm gelten (Gn 36,11.15; 1 Ch 1,36). Ansonsten gilt Kaleb als Sohn des Kenaz (15,17; Jdc 1,13) und Ahnherr eines Stammes (1 Ch 4,15). Die Kalebiter hatten ihr Siedlungsgebiet im südlichen Gebirge und im Negeb, sind aber wie auch andere Stämme in ihrem Umkreis nach der Staatenbildung in Juda aufgegangen und wurden zu Juda gerechnet; dementsprechend sprechen die Judäer für Kaleb.

7–9 Die Terminologie ist typisch deuteronomistisch: für die Erkundung des Landes wird auch 6,22.25; 7,2 רגל verwendet, während die Priesterschrift תור gebraucht (Nu 10,33; 13,2.6.17 u. ö.). Zu מסס לב vgl. zu 2,11 a.

Die Wendung מלא אחרי יהוה wird bereits Nu 14,24 J für Kaleb gebraucht, findet sich aber außer in Dt 12,36 nur noch in dem Zusatz Nu 32,11.12; sie beschreibt die Erfülltheit des Herzens als Sitz von Verstand und Willen und meint die vollkommene Nachfolge.

Erst der Deuteronomist hat die Aussendung der Kundschafter nach Kadesch Barnea verlegt und rechnet mit einem langen Aufenthalt Israels in der Oase (Dt 1,2.19.46; 2,14; 9,23), während in Nu 13.14 J und P die Wüste Paran der Schauplatz ist; erst Nu 13,26 ist קדשה als Glosse nachgetragen. Der Verbleib Israels in Kadesch während der Wüstenwanderung ist somit eine nachträgliche Lokalisierung des Deuteronomisten, der als einer literarischen Fiktion keine Historizität zukommt, zur sog. Kadesch-Hypothese vgl. bereits M. Noth, Überlieferungsgeschichte des Pentateuch, [2]1960, 180–182. Kadesch kann mit *Tell el-Qūdērāt* im nordöstlichen Sinai gleichgesetzt werden. Während der Königszeit hat in der Oase eine mächtige Festung zur Sicherung der Verkehrswege bestanden, vgl. R. Cohen, Kadesch-Barnea. A Fortress from the Time of the Judaean Kingdom, 1983. Wahrscheinlich hat dieser weit in die Wüste vorgeschobene Außenposten Judas die Traditionsbildung von einem Aufenthalt des Volkes in Kadesch während der Wüstenwanderung bedingt.

Der Rückverweis nimmt Bezug auf die Vorgänge bei der Rückkehr der Kundschafter, als Kaleb als einziger dem entmutigenden Bericht entgegengetreten ist, vgl. Nu 13,27a.28.30.31 J. Da es allein auf das Verhalten Kalebs ankommt, kann der Inhalt der Auseinandersetzung entfallen.

Aus dem Schwur Jahwes Nu 14,24 J ist ein Schwur Moses geworden, das erkundete Land wurde Kaleb zugesprochen, was hier in deuteronomistischer Terminologie wiederholt wird.

10a Die Fortführung der Rede setzt mit ועתה הנה neu ein, wobei auf die gegenwärtige Situation verwiesen wird. Die 45 Jahre setzen sich zusammen aus den 40 Jahren der Wüstenwanderung (vgl. 5,6; Dt 2,7; 8,2; 29,4) und weiteren fünf Jahren, die für die Eroberung des Landes anzunehmen sind.

12a spricht die durch den Rückbezug vorbereitete Forderung aus. Dabei kann ההר הזה nur den südlichen Teil des judäischen Gebirges meinen, auch wenn in der bisherigen Erzählung eine nähere Kennzeichnung des Gebietes nicht erfolgt ist.

13 wird Hebron ausdrücklich als Erbbesitz an Kaleb vergeben, womit die Erzählung ihren Höhepunkt und Abschluß erreicht. Die Zusage des Mose Nu 14,24 J ist damit erfüllt. Wie in 13,15–28* hat RedD dabei auf die vordeuteronomistische Überlieferung zurückgegriffen.

Die Segenshandlung Josuas gibt dem Abschied eine gewisse Feierlichkeit; mit dem Segen empfängt Kaleb eine Zusage für das zukünftige Wohlergehen.

Die redaktionellen Ergänzungen 6b.10b.11.12b.14.15a.15b

6b nimmt 7–9 vorweg. Außergewöhnlich ist die Bezeichnung איש האלהים für Mose, die sich sonst nur in den späten Texten Dt 33,1; Ps 90,1; Esr 3,2; 1 Ch 23,14; 2 Ch 30,16 findet, vgl. zu dem Begriff N. P. Bratsiotis, ThWAT I, 250–252. „Gottesmann" bezeichnet den Charismatiker, der den Gotteswillen auf besondere Weise erfährt und wie der Prophet Mittler dieser Offenbarung ist (vgl. 2 S 2,27f.; 1 R 17,14; 2 R 4,3 u.ö.), gleichzeitig aber aufgrund seiner besonderen Verbindung mit Gott über außergewöhnliche Kräfte verfügt, die das dem Menschen gesetzte Maß weit übersteigen (vgl. 1 R 13,6; 17,20 ff.; 2 R 4,33 ff.). Der Begriff kennzeichnet Mose als einen geistbegabten und wundertätigen Mann und rückt ihn in die Nähe zum Propheten, als der er Dt 34,10 bezeichnet wird, vgl. L. Perlitt, Mose als Prophet, EvTheol 31, 1971, 588–608.

10b.11 Die Angabe des Lebensalters Kalebs ist aus den Jahreszahlen in 7 und 10 berechnet. Erst die genaue Berechnung hat die Bemerkung über die unverminderte Lebenskraft nach sich gezogen. כח ist die körperliche Stärke des Menschen, wie sie beispielhaft bei Simson Gestalt angenommen hat (vgl. Jdc 16); diese Kraft nimmt im Alter ab (Ps 71,9). Die Betonung der physischen Leistungsfähigkeit weist auf die Vorstellung einer kriegerischen Landnahme bei der Einnahme Hebrons durch Kaleb seitens der Redaktion. Entsprechend wird auch wie in 4,13; 5,4.6; 6,3; 8,1.3 u.ö. von Kriegshandlungen gesprochen, die auch mit dem feststehenden Begriff לצאת ולבוא ausgedrückt sind, vgl. zu 4,13 und 6,1.

12b nimmt die Beschreibung Nu 13,28 J auf. Zu den ענקים vgl. zu 11,21–23. ערים בצרות ist die mit גדלות verstärkte formelhafte Bezeichnung für die mit einer Stadtmauer befestigte Stadt (vgl. 2 S 20,6; 2 R 18,13; 19,25 u.ö.), die im Unterschied zum offenen Dorf nur durch das Stadttor betreten werden kann, ansonsten aber unzugänglich ist. Zu ירש vgl. zu 3,10.

14 In der mit על כן angeschlossenen Begründungsformel wird mit מלא אחרי יהוה noch einmal ausdrücklich auf Nu 32,24 zurückverwiesen, vgl. zu 8.

15a In dem älteren Namen Hebrons קרית ארבע, der auch Gn 23,2; 35,27; Jos 15,54; 20,7; 21,11; Jdc 1,10; Neh 11,25 erscheint, wird ארבע wie 15,13 als Personenname aufgefaßt, was allerdings eine spätere Deutung darstellt. Der ursprüngliche Sinn ist nicht deutlich, die Übersetzung „Stadt der Vier" hat immer noch die größte Wahrscheinlichkeit, auch wenn der mögliche Bezugspunkt unklar bleibt, vgl. E. Lipiński, ᶜAnaq – Kiryat ᵓarbaᶜ – Hébron et ses sanctuaires tribaux, VT 24, 1974, 41–55.

15b Die Schlußnotiz ist gleichlautend mit 11,23; ihre Wiederholung soll das Stück in die Geschichte der Eroberung des Landes einbeziehen, die nach Auffassung des Redaktors erst jetzt ihren Abschluß findet.

15,1–63 Der Stamm Juda

1 **Der Losteil des Stammes der Judäer nach ihren Sippen war folgender** – bis zum Gebiet Edoms, die Wüste Zin nach Süden zu, vom Rand Temans. 2 **Als Südgrenze wurde ihnen zuteil: vom Rand des Salzmeeres, von der Bucht, die sich nach Süden wendet.** 3 **Sie geht hinaus bis südlich der Skorpionenstiege, geht hinüber nach Zin, steigt auf bis südlich von Kadesch-Barnea, geht weiter nach Hezron, steigt auf nach Adar, wendet sich nach Karkaa,** 4 **geht hinüber nach Azmon und geht hinaus zum Bach Ägyptens. Die Ausgänge der Grenze führen zum Meer. Dies soll die Südgrenze für euch sein.** 5 **Die Ostgrenze: Das Salzmeer bis zur Mündung des Jordans. Die Grenze an der Nordseite: von der Bucht an der Mündung des Jordans** 6 **steigt die Grenze herauf nach Bet-Hogla, geht hinüber nördlich von Bet-Araba. Die Grenze steigt auf zum Stein Bohans, des Sohnes Rubens.** 7 **Die Grenze steigt auf nach Debir aus der Ebene Achor, sie wendet sich**

⌜⌝[a]zu dem Umkreis, der gegenüber dem Aufstieg von Adummim liegt, der sich südlich des Tales befindet. Die Grenze geht weiter zu den Wassern der En-Schemesch. Ihre Ausgänge führen nach En-Rogel. [8]Die Grenze steigt hinauf in das Hinnom-Tal zu der Schulter des Jebusiters auf der Südseite ⌜⌝[a]. Die Grenze steigt herauf zum Gipfel des Berges, der dem Hinnom-Tal im Westen gegenüberliegt, der nördlich am Rande des Refaim-Tales liegt. [9]Die Grenze zieht sich um den Gipfel des Berges zur Quelle Wasser von Neftoach und geht weiter zu dem ⌜⌝[a]Berg Efron. Die Grenze zieht sich nach Baala, das ist Kirjat-Jearim. [10]Die Grenze wendet sich von Baala nach Westen zum Berg Seir und geht vorüber zu der Schulter des Berges Jearim auf der Nordseite ⌜⌝[a]und steigt herab nach Bet-Schemesch und geht weiter nach Timna. [11]Die Grenze führt hinaus zur Schulter von Ekron nach Norden, die Grenze zieht sich nach Schikkaron, sie geht hinüber zum Berge Baala und geht heraus nach Jabneel. Die Ausgänge der Grenze führen zum Meer. [12]Die Westgrenze[a]: das große Meer und (seine) Küste. Dies ist das Gebiet der Judäer ringsum mit ihren Sippen.

[13]Kaleb aber, dem Sohne Jefunnes, gab er einen Teil unter den Judäern nach der Anweisung Jahwes an Josua, nämlich die Stadt des Arba, des Vaters der Enakiter, das ist Hebron. [14]Von dort vertrieb Kaleb die drei Söhne der Enakiter: Scheschai, Ahiman und Talmai ⌜⌝[a]. [15]Von dort zog er herauf gegen die Bewohner von Debir. Der Name Debirs war vordem Kirjat-Sefer gewesen. [16]Kaleb aber sprach: „Wer Kirjat-Sefer schlägt und es einnimmt, dem gebe ich Achsa, meine Tochter, zur Frau". [17]Es nahm sie aber Otniel, der Sohn Kenaz', des Bruders Kalebs, und er gab ihm Achsa, seine Tochter, zur Frau. [18]Bei ihrer Ankunft entlockte sie ihm, von ihrem Vater Ackerland zu erbitten. Als sie vom Esel glitt, sprach Kaleb zu ihr: „Was hast du?" [19]Sie aber sprach: „Gib mir ein Geschenk! Du hast mir nur das Trockenland gegeben, so gib mir die Wasserbecken". Da übereignete er ihr die oberen und unteren Wasserbecken.

[20]Das ist der Erbbesitz des Stammes der Judäer mit ihren Sippen:

[21]Es lagen die Städte vom Rande des Stammes der Judäer bis zum Gebiet von Edom.

Im Negeb:

Kabzeel, ⌜Arad⌝[a], Jagur, [22]Kina, Dimona, ⌜Aroer⌝[a], [23]Kedesch, ⌜Hazar-Jitnan⌝[a], [24]Sif, Telem, Bealot, [25]Hazor-Hadatta, Kerijot-Hezron ⌜⌝[a], [26]Aman, Schema, Molada, [27]Hazar-Gadda, Heschmon, Bet-Pelet, [28]Hazar-Schual, Beer-Scheba und seine ⌜Tochterstädte⌝[a], [29]Baala, Ijim, Ezem, [30]Eltolad, Betul[a], Horma, [31]Ziklag, Madmanna, Sansanna, [32]Lebaot, ⌜Scharuhen⌝[a], ⌜En-Rimmon⌝[b]. Insgesamt 29 Städte mit ihren Gehöften.

[33]In der Schefela:

Eschtaol, Zora, Aschna, [34]Sanoach, En-Gannim, Tappuach, Enam, [35]Jarmut, Adullam, Socho, Aseka, [36]Schaarajim, Aditajim, Gedera, Gederotajim. 14 Städte mit ihren Gehöften.

[37]**Zenan, Hadascha, Migdal-Gad,** [38]**Dilean, Mizpe, Jokteel,** [39]**Lachisch, Bozkat,**
Eglon, [40]**Kabon, Lachmas, Kitlisch,** [41]**Gederot, Bet-Dagon, Naama, Makkeda.**
16 Städte mit ihren Gehöften.
[42]**Libna, Eter, Aschan,** [43]**Jiftach, Aschena, Nezib,** [44]**Keila, Achzib, Marescha. 9**
Städte mit ihren Gehöften.
[45]Ekron sowie seine Tochterstädte und Gehöfte, [46]von Ekron bis zum Meer, alle oberhalb von Aschdod mit seinen Gehöften. [47]Aschdod sowie seine Tochterstädte und
Gehöfte, Gaza sowie seine Tochterstädte und Gehöfte bis zum Bach Ägyptens und dem
ʿgroßenʾ[a] Meer und (seiner) Küste.
[48]**Auf dem Gebirge:**
Schamir, Jattir, Socho, [49]**Dana, Kirjat-**ʿSeferʾ[a]**, das ist Debir,** [50]**Anab, Eschte-**
moa[a]**, Anim,** [51]**Goschen, Holon, Gilo. 11 Städte mit ihren Gehöften.**
[52]**Arab, ʿDumaʾ**[a]**, Eschean,** [53]**Janum**[a]**, Bet-Tappuach, Afeka,** [54] **Humta, Kirjat-**
Arba, das ist Hebron, Zior. 9 Städte mit ihren Gehöften.
[55]**Maon, Karmel, Sif, Jutta,** [56]**Jesreel, ʿJorkeamʾ**[a]**, Sanoach,** [57]**Kain, Gibea,**
Timna. 10 Städte mit ihren Gehöften.
[58]**Halhul, Bet-Zur, Gedor,** [59]**Maarot, Bet-Anot, Eltekon. 6 Städte mit ihren**
Gehöften.
[59 a]**𝔊 ʿTekoa, Efrata, das ist Bet-Lehem, Peor, Etam, Kulon, Tatam, Sores,**
Kerem, Gallim, Bet-Ter, Manocho. 11 Städte mit ihren Gehöftenʾ[a].
[60]Kirjat-Baal, das ist Kirjat-Jearim, und Rabba. 2 Städte mit ihren Gehöften.
[61]**In der Wüste:**
Bet-Araba, Middin, Sechacha, [62]**Nibschan, Ir-Hammelach, En-Gedi. 6 Städte**
mit ihren Gehöften.
[63]Die Judäer ʿvermochtenʾ[a] aber nicht die Jebusiter, die in Jerusalem wohnten, zu
vertreiben. So wohnt denn der Jebusiter ʿ ʾ[b] in Jerusalem bis auf diesen Tag.

7a Statt וצפונה פנה ist mit 𝔊 ופנה zu lesen. **8a** Der Satz „das ist Jerusalem“ ist eine erklärende Glosse zu „des Jebusiters“. **9a** „die Städte“ fehlt in 𝔊 und sind vermutlich als Zusatz zu streichen. **10a** Der Satz „das ist Kesalon“ ist eine Glosse zu Seir. **12a** Der Text ist am besten zu lesen als וגבול ימה הים הגדול. **14a** „die Enakiternachkommen“ sind eine nachträgliche Glosse. **21a** 𝔊[B] liest Αρα, Handschriften des Lukiantextes belegen Αραδ. Da ein Ortsname Eder nicht belegt ist, kann mit Konsonantenvertauschung gerechnet und ערד gelesen werden. **22a** 𝔊[B] liest Αρουηλ, was auf ערער als ursprünglichen Namen schließen läßt. **23a** 𝔊 hat die beiden Namen in 𝔐 als וחצרותיה aufgefaßt, am ehesten ist an einen mit חצר gebildeten Doppelnamen zu denken. **25a** Die Worte „das ist Hazor“ sind eine die Aufzählung unterbrechende Glosse. **28a** Wie auch sonst, ist ובנותיה zu lesen. **30a** Statt „Kesil“ liest 𝔊 Βαιθηλ, vermutlich handelt es sich um das 1 S 30,27; Jos 19,4; 1 Ch 4,30 genannte בתואל/בתול. **32a** Da ein Ortsname „Schilchim“ sonst nicht belegt ist, kann mit Jos 19,6 שרוחן gelesen werden. **b** Trotz der Trennung durch die Kopula ist ועין wie Neh 11,29 als Bestandteil des folgenden Ortsnamens aufzufassen. **47a** Mit dem Qere ist הגדול zu lesen. **49a** Statt „Sanna“ ist mit 𝔊 und 𝔖 ספר zu lesen. **50a** Zu lesen ist אשתמע entsprechend der üblichen Schreibweise des Ortes, vgl. Jos 21,14; 1 S 30,28; 1 Ch 6,42. **52a** Die Überlieferung des Namens schwankt, trotz der Form רומה ist aus sachlichen Gründen דומה vorzuziehen. **53a** Die Vokalisation folgt dem Qere. **56a** 𝔊 bietet Ιαρικαμ und 1 Ch 2,44 liest ירקעם, was auch hier einzusetzen ist, vgl D. Barthélemy, Critique textuelle de l’Ancien Testament I, 1982, 43f. **59a**

Der Absatz ist in 𝔐 durch Homoioteleuton ausgefallen, aber in 𝔊 erhalten geblieben. Die Namen werden nach 𝔊[A] wiedergegeben, die letzten sieben sind in 𝔐 nicht belegt: Θεκω καὶ Εφραθα (αὕτη ἐστίν Βαιθλεεμ) καὶ Φαγωρ καὶ Αιταν καὶ Κουλον καὶ Ταταμ καὶ Σωρης καὶ Γαρεμ και Καλλιμ καὶ Βαιθηρ καὶ Μανοχω, πόλεις ἕνδεκα καὶ αἱ κῶμαι αὐτῶν. [63a] Mit dem Qere ist יכלו zu lesen. [b] Die Worte „zusammen mit den Judäern“ sind ein erklärender Zusatz.

Zu den Grenzbeschreibungen: A. Alt, Das System der Stammesgrenzen im Buche Josua, Kleine Schriften zur Geschichte des Volkes Israel I, 1953, 193–202; M. Noth, Studien zu den historisch-geographischen Dokumenten des Josuabuches, ABLAK I, 229–280; Y. Aharoni, The Northern Boundary of Judah, PEQ 90, 1958, 27–31.

Zu der Städteliste: A. Alt, Judas Gaue unter Josia, Kleine Schriften zur Geschichte des Volkes Israel II, [2]1959, 176–288; A. Alt, Bemerkungen zu einigen judäischen Ortslisten des Alten Testaments, ebd., 289–305; F.M. Cross und G.E. Wright, The Boundary and Province Lists of the Kingdom of Judah, JBL 75, 1956, 202–226; Z. Kallai-Kleinmann, The Town Lists of Judah, Simeon, Benjamin and Dan, VT 8, 1958, 134–160 und 11, 1961, 223–227; Y. Aharoni, The Province List of Judah, VT 9, 1959, 225–246; A.F. Rainey, The Biblical Shephela of Judah, BASOR 251, 1983, 1–22; N. Na'aman, The Kingdom of Judah under Josiah, Tel Aviv 18, 1991, 3–71.

Die Landverteilung durch Los beginnt mit Juda. Nach den grundlegenden Arbeiten von A. Alt und M. Noth liegen den Beschreibungen des Stammesgebietes zwei verschiedene historisch-geographische Dokumente zugrunde: die Grenzfixpunktreihen und die Städtelisten. Diese Aufteilung in zwei unterschiedliche und voneinander unabhängige Quellen ist in der Forschung allgemein anerkannt, wenn auch in Fragen der Abgrenzung und Datierung gelegentlich Unterschiede bestehen. Dementsprechend teilt sich Jos 15 in die Grenzbeschreibung 1–12 und die Ortsliste 20–63; zwischen beide Teile ist eine Sonderüberlieferung über Kaleb 13–19 eingeschaltet. Der Einschub von 13–19 wird auf die deuteronomistische Redaktion zurückgehen, die bereits in 14,6–15* die Vergabe Kalebs auf Hebron eingeschoben hat. Unter Aufnahme einer lokalen Sonderüberlieferung wird der kalebitische Besitz eines weiteren Gebietes im judäischen Bergland begründet. Innerhalb des Stückes stellt 14 einen Nachtrag dar.

Die Grenzen Judas 1–12

Wie die Doppelüberlieferungen zu 15,1–12 in 18,15–19 und Nu 34,3–5 mit ihrer unterschiedlichen Wortwahl zeigen, bestand das System der Stammesgrenzen ursprünglich lediglich aus den Namen der die Grenze markierenden Orte (vgl. M. Noth, ABLAK I, 229–241). Diese Aufzählung von Grenzfixpunkten wurde bei der Aufnahme in die Erzählung von der Verteilung des Landes der Vorlage entnommen und mit einem verbindenden Text versehen. Dabei beginnt die Grenzbeschreibung im Süden und geht über den Osten nach Norden; die Westgrenze lag mit dem Meer ohnehin fest. Diese literarische Arbeit kann am ehesten DtrH zugeschrieben werden, da Einnahme und Verteilung des verheißenen Landes eindeutig zusammengehören. Mit der Zuweisung durch das Los wird die Landvergabe zu einem Akt göttlicher Willensoffenbarung. Nicht nur ist das Land als נחלה ein Rechtsgut des Volkes, seine Grenzen liegen für jeden

Stamm unverrückbar fest, da Jahwe sie bei der Zuweisung der Territorien selbst gesetzt hat.

Mit den Fixpunkten wird die Grenze von Juda in einem Umfang beschrieben, wie er nur unter der Regierung Davids und Salomos bestanden hat, da die Philisterstädte nur während des vereinigten Königreiches unterworfen waren und zum Staatsgebiet gerechnet werden konnten. Falls ihr reale Verhältnisse zugrunde liegen, kann die Grenzbeschreibung nur aus der Zeit der größten Machtentfaltung des davidisch-salomonischen Reiches stammen. „The boundary system is marked by territorial completeness and continuity without gaps between the territories of the allotments. Prior to David and Solomon this territorial completeness was nonexistent, and after their time there was again no unity of all the tribes of Israel, which might have served as a background for this encompassing description“ (Kallai, 281). Die Ansetzung der Grenzbeschreibung Judas in vorstaatlicher Zeit scheitert daran, daß verschiedene Teile des beschriebenen Gebiets weder von Judäern eingenommen waren noch politisch zu Juda gehörten. Abgesehen von den Philisterstädten sind große Teile des südlichen Negeb, der Schefela und der Wüste Juda erst im 10. Jh. besiedelt worden: Die Ansetzung der Grenzbeschreibung in die Epoche des Stämmebundes, wie sie von A. Alt (I, 201) und Aharoni (260–274) vertreten worden ist, scheidet damit aus. Diese Frühdatierung wird außerdem hinfällig, fragt man nach dem Zweck einer so genauen Festlegung des Grenzverlaufs.

Bei der Abgrenzung der Stammesgebiete ist nicht nur eine zentrale Verwaltung vorausgesetzt, die eine Grenzziehung verbindlich festlegen kann, dahinter steht auch eine bestimmte Absicht, die allerdings nur hypothetisch zu erschließen ist. Die exakte Festlegung von Gebieten ist innenpolitisch nur im Blick auf Maßnahmen zur Erhebung von Abgaben sinnvoll. Die in Form von Naturalabgaben zu leistenden steuerlichen Verpflichtungen setzen eine Abgrenzung von Bezirken voraus. Mit Recht hat Kallai (279–293) bei seiner Einordnung der Grenzbeschreibungen in die frühe Königszeit denn auch die Grenzziehung nach Stammesterritorien mit der Volkszählung Davids (2 S 24) und der Provinzeinteilung Salomos (1 R 4,7–19) in Verbindung gebracht. Die neuen administrativen Maßnahmen des Königtums machten auch die Festlegung der Grenzen notwendig. Die den Grenzbeschreibungen zugrunde liegenden Grenzfixpunktreihen stellen somit am ehesten eine Bestandsaufnahme der davidisch-salomonischen Epoche im Zusammenhang mit neuen administrativen Maßnahmen zur Versorgung des Hofes und der Truppe dar.

1 Zu גורל vgl. zu 14,2. Die kurze Einleitung ist in 1b durch Gebietsangaben erweitert worden, um das Stammesterritorium abzugrenzen. Das Gebiet Edoms liegt östlich des Grabenbruchs *el-ᶜAraba* und südlich des Sered. Die Wüste Zin liegt südlich des Negeb, der etwa bis zum *Wādī el-Fiqra* und seinem Oberlauf *Wādī el-Maḏēra* reicht. Die weitere Angabe מקצה תימן ist unverständlich und möglicherweise eine Glosse, in der תימן als Landschaftsname anzusetzen ist, vgl. Ez 25,13; Ob 9; Am 1,12; Hab 3,3.

2–4 Die Südgrenze beginnt an der Südspitze des Toten Meeres, was durch die zusätzliche Bemerkung 2b ausdrücklich sichergestellt werden soll. Von dort führt die Grenze am *Wādī el-Fiqra* entlang bis südlich der Skorpionenstiege, dem wohl wichtigsten Aufstieg aus der *ᶜAraba* in den Negeb. Zwar ist dieser nur noch Nu 34,4 erwähnt, kommt aber bereits in den Listen der Pharaonen der 18. Dynastie vor, vgl. M. Görg, Zum „Skorpionenpass“, VT 24, 1974, 508f. Die Skorpionenstiege kann mit dem *Naqb eṣ-Ṣafā*, den auch die römische Straße zwischen Mampsis (*Kurnub*) und Tamara (*ᶜĒn Ḥōsb*) genommen hat, gleichgesetzt werden, vgl. M. Harel, The Roman Road at *Ma*ᶜ*aleh* ᶜAqrabbim (‚Scorpions Ascent'), IEJ 9, 1959, 175–179.

Der nächste Punkt צן ist wohl als Ortsname aufzufassen, der der Wüste Zin ihren Namen gegeben hat, und wird auf der weiteren Strecke nach Südosten gelegen haben.

Kadesch-Barnea kann mit der Festung im Bereich der *ᶜĒn el-Qūdērāt* gleichgesetzt werden, obwohl sich der Name vermutlich an der Quelle *ᶜĒn Qdēs* erhalten hat. Die Oase wurde 1838 von E. Robinson (Palästina und die südlich angrenzenden Länder I, 1841, 314f.) wiederentdeckt, der auch die Oasen *ᶜĒn Qusēme* und *ᶜĒn Muwēle* besucht hat. Der *Tell el-Qudērāt* ist von C. L. Woolley und T. E. Lawrence (The Wilderness of Zin, PEFA 3, 1914/15, 59–68) beschrieben worden, Grabungen erfolgten 1976–82 unter der Leitung von R. Cohen (Kadesh-Barnea. A Fortress from the Time of the Judaean Kingdom, 1983). „Die folgenden drei Fixpunkte, von denen der erste nur ein ‚Gehöft' (חצר) bezeichnet und der zweite (הקרקע) ein mit Artikel versehenes Appellativum darstellt, das im Hebräischen in der Bedeutung ‚der (Fuß-) Boden' bekannt ist, sind wohl im engeren oder weiteren Umkreis desselben Quellgebiets zu suchen, von dem aus mehrere Wege nach S und SW führen; Genaueres läßt sich vorerst kaum sagen" (Noth, 87). Der Bach Ägyptens (*Wādī el-ᶜArīš*) ist auch sonst die Grenze mit Ägypten 1 R 8,65; 2 R 24,7; Jes 27,12), mit seiner Nennung ist das Mittelmeer erreicht. Die Südgrenze schließt den gesamten Negeb mit ein, dessen Zugehörigkeit zu Israel und Juda bzw. zu Juda vom 10. Jh. bis zum Beginn des 6. Jh. durch zahlreiche Festungen erwiesen ist, vgl. Y. Aharoni, Forerunners of the Limes: Iron Age Fortresses in the Negev, IEJ 17, 1967, 1–17; R. Cohen, The Iron Age Fortresses in the Central Negev, BASOR 236, 1979, 61–79.

5a Die Ostgrenze bildet das Tote Meer bis zu seinem Nordende mit der Einmündung des Jordans.

5b–11 Die Nordgrenze, die als Südgrenze Benjamins 18,15–19 wiederholt wird, ist im Vergleich zur Südgrenze außerordentlich ausführlich beschrieben, wobei neben den Orten wiederum geographische Angaben verwendet wurden. Ausgangspunkt ist die Einmündung des Jordans als Ende der Ostgrenze. Die Lokalisierung von Bet-Hogla im Bereich von *ᶜĒn Ḥağle* südöstlich Jerichos im Jordangraben hat sich bisher nicht bestätigt, da dort keine Ortslage mit eisenzeitlicher Keramik nachweisbar ist (JSG, 116f., Nr. 74.76). Ebenso scheitert die Ansetzung von Bet-Araba bei der *ᶜĒn el-Ğarabe* am mangelnden Oberflächenbefund. Vielmehr müssen diese Orte westlich der Jordanmündung am östlichen Gebirgsrand gesucht werden. Hier hat auf dem *Tell Muḥalḥil* bei *En-Nebī Mūsā* eine eisenzeitliche Siedlung bestanden (Jsg, 118, Nr. 83), in deren Umgebung weitere Siedlungsspuren der gleichen Epoche nachgewiesen sind. Der *Tell Muḥalḥil* kommt somit für Bet-Hogla oder Bet-Araba in Frage, eine sichere Entscheidung ist allerdings nicht möglich. Wahrscheinlich ist der Name Bet-Hogla in römisch-byzantinischer Zeit in den *Ġōr* gewandert, so daß er heute an der Quelle *ᶜĒn Ḥağle* haftet.

Der weitere Verlauf der Grenze ist außerordentlich unsicher, erst mit En-Schemesch und En-Rogel sind wieder bekannte Punkte erreicht. En-Schemesch ist wahrscheinlich mit der *ᶜĒn el-Ḥōd* östlich von *el-ᶜAzeriye* und En-Rogel mit dem *Bīr ᶜEyyūb*, dem Hiobsbrunnen, im Kidrontal südöstlich von Jerusalem (vgl. 2 S 17,17; 1 R 1,9) identisch. Der Stein Bohans ist eine markante Felsformation, die sich in dem an auffälligen Geländegegebenheiten reichen Gebiet jeder Festlegung entzieht. Der Name Debir hat sich möglicherweise in *Ṭōġret ed-Debr* unmittelbar westlich von *Talᶜat ed-Damm* erhalten. Die Ebene Achor kann mit einiger Sicherheit mit *el-Buqēᶜa* gleichgesetzt werden, die auch 7,24; Hos 2,17; Jes 65,10 genannt wird und während der Königszeit besiedelt war, vgl. M. Noth, ZDPV 71, 1955, 42–55; F. M. Cross and J. T. Milik, Explorations in the Judaean Buqeᶜah, BASOR 142, 1956, 5–17. Die erneute Ansetzung nördlich von Jericho durch H.-D. Neef (Die Ebene Achor - das „Tor der Hoffnung", ZDPV 100, 1984, 91–107) wird den Gegebenheiten nicht gerecht, da die Grenze eindeutig südlich von Jericho verlaufen ist. Die Adummimstiege wird mit dem heutigen *Talᶜat ed-Damm*, dem „blutigen Aufstieg", gleichgesetzt, der mit גלילות „Umkreis" gekennzeichnete Landschaftsteil ist nicht näher zu bestimmen.

Die Näherbestimmung südlich des Tales kann sich nur auf das tief eingeschnittene *Wādī el-Qelt* beziehen. Die Grenze hat somit vom Nordende der Ebene Achor (*el-Buqēᶜa*) nach Nordwesten geführt und bleibt eindeutig südlich des *Wādī el-Qelt*. Von der Adummimstiege biegt sie dann nach Südwesten in Richtung Jerusalem ab. In ihrem weiteren Verlauf ist Jerusalem ausdrücklich ausgespart, indem mit En-Rogel ein Fixpunkt südöstlich der Stadt genannt ist, und die Grenze dann das Hinnom-Tal (*Wādī er-Rabābe*) hinaufführt. Die „Schulter des Jebusiters" ist demnach ebenso wie „der Berg, der dem Hinnom-Tal im Westen gegenüberliegt" mit einem Höhenzug am Oberlauf dieses Tales gleichzusetzen. Das Refaim-Tal ist der Oberlauf des *Wādī eṣ-Ṣarār*, eine Festlegung der Höhe ist trotz der genauen Eingrenzung nicht möglich.

Die weiteren Punkte führen über das Gebirge nach Westen in die Küstenebene. Die Quelle Me-Neftoach „Wasser von Neftoach" kann mit *ᶜĒn Lifta* gleichgesetzt werden. Mit Ausnahme von Baala umfaßt die weitere Beschreibung 9.10 bis zum Erreichen des niedrigen Hügellandes bei Bet-Schemesch mit den Namen Efron, Seir und Jearim nur einzelne Höhenzüge des Gebirges, auf dem die Grenze verläuft, vgl. dazu R. North, Three Judaean Hills in Josue 15,9f., Biblica 37, 1956, 209–216. Der genaue Verlauf ist nicht mehr auszumachen. Baala wird auch 1 Ch 13,6 mit Kirjat-Jearim (*Dēr el-Azhar*) gleichgesetzt. Wahrscheinlich handelt es sich nach Noth, 89 um einen selbständigen Ort, der 15,60 und 18,14 als Kirjat-Baal erscheint und mit *Ṣoba* etwa 3 km südöstlich von *Dēr el-Azhar* gleichgesetzt werden kann. Mit Bet-Schemesch (*Ḫirbet er-Rumēle*) ist das *Wādī eṣ-Ṣarār* erreicht, an dem entlang die Grenze über Timna (*Tell el-Baṭāši*) weiter nach Nordwesten vorbei an der nicht näher zu bestimmenden „Schulter von Ekron" in Richtung Jabneel (*Yebna*) führt. Dementsprechend kann das sonst nicht mehr erwähnte Schikkaron möglicherweise auf dem *Tell el-Fūl* (Y. Aharoni, PEQ 90, 1958, 27–31) oder in *Qatra* (Kallai, 123) gesucht werden. Die Grenze wird dann über Jabneel hinaus bis ans Meer verlängert.

12 Im Westen bildet des Meer die natürliche Grenze. Die Schlußnotiz 12b beschließt die gesamte Beschreibung.

Die Sonderüberlieferung über Kaleb 13.15–19 (RedD) mit der redaktionellen Ergänzung 14

Die Einfügung von 13.15–19 zwischen die Grenzbeschreibung 1–12 und die Städteliste 20ff. ist vermutlich durch den deuteronomistischen Redaktor erfolgt. Der Erzählung liegt wahrscheinlich eine Lokaltradition zugrunde, die im Bereich der Quellen verhaftet war, auf deren Vergabe sie zielt. Die ätiologische Absicht ist unverkennbar: das Nutzungsrecht wird mit einem Ereignis bei der Landnahme in Verbindung gebracht, deren kriegerischer Vollzug eindeutig vorausgesetzt ist. Der Rahmen 16.17 könnte somit vom Redaktor stammen, während er für die Fortsetzung 18.19 eine vorgegebene Überlieferung aufgenommen hat, die möglicherweise bis an den Anfang der Königszeit zurückgeht. Wegen der Allgemeinheit ihres Motivs – Vergabe von Wasserrechten im Rahmen einer Heirat – kann die Aufnahme aus mündlicher Überlieferung vorliegen; eine besondere literarische Ausgestaltung, die auf eine schriftlich fixierte Fassung weisen würde, ist nicht erkennbar.

13 nimmt 14,13 noch einmal auf und bildet eine literarische Brücke zu der folgenden Erzählung. Dabei wird 14,9 als Befehl Jahwes an Josua interpretiert. Der zweite Teil des Ortsnamens קרית ארבע wird wie in 21,11 und ähnlich bereits 14,15a als Name des Vaters von Anak aufgefaßt, der wiederum als Stammvater der Anakiter gilt. Vgl. zu 14,15a.

14 stellt eine Einnahme Hebrons durch Kaleb ausdrücklich fest, die Notiz ist Jdc 1,10 auf Juda übertragen worden. Die בני הענק bzw. ילדי הענק sind bereits in der jahwistischen Kundschaftererzählung die Vorbewohner Hebrons (Nu 13,22.28.33), vgl. zu 11,21–23. Die drei namentlich genannten Anakiter Ahiman, Scheschai und Talmai sind ebenfalls aus Nu 13,22 J übernommen; hinter ihrer Nennung kann eine unbekannte Lokalüberlieferung stehen, in der einmal die Vertreibung dieser drei Repräsentanten erzählt worden ist.

15 ist die Einleitung zu der folgenden Erzählung, die sich auch Jdc 1,11–15 findet. Wie Hebron trägt Debir mit קרית ספר einen zweiten Namen, der Ort ist auf der *Ḫirbet er-Rabūḍ* zu lokalisieren, vgl. zu 12,13.

16–19 Die Erzählung begründet die Besiedlung von Debir durch kalebitische Sippen. Otniel, der vermutlich als Ahnherr einer Sippe seinen Namen gegeben hat, erscheint als Bruder Kalebs mit Kenaz als dem gemeinsamen Vater, zu den Kenizzitern vgl. zu 14,6. Der Besitz der Stadt geht entsprechend deuteronomistischer Auffassung auf Eroberung zurück. Zu לכד vgl. zu 6, 20b. Die Verheiratung von Töchtern im engeren Kreis der Familie war üblich, um den Besitz zusammenzuhalten, vgl. Gn 24,4 ff.; 29,12; Tob 7,2.12 und dazu W. Plautz, Die Form der Eheschließung im Alten Testament, ZAW 76, 1964, 298–318. Der Name Achsa „Fußspange" kommt nur in diesem Zusammenhang vor und trägt zur Deutung der Erzählung nichts bei.

Die unmittelbar angeschlossene Szene 18.19, in deren Mittelpunkt Achsa als handelnde Person steht, erklärt, warum die oberen und unteren Wasserbecken zu Debir und damit zu Otniel gehören. Diese Wasserbecken können mit den beiden Quellgebieten im *Sēl ed-Dilbe* gleichgesetzt werden, die auf halbem Weg zwischen Hebron und Debir liegen (M. Noth, ABLAK I, 208). Der Besitz dieses wasserreichen und fruchtbaren Tals wird auf eine Schenkung Kalebs zurückgeführt. Der Anlaß für die Übereignung wird nicht mitgeteilt, doch wird es sich um eine Mitgift im Zusammenhang mit der Heirat handeln. Dementsprechend ist das nicht näher erläuterte Kommen der Achsa auf ihre Ankunft als Braut zu beziehen. Der Verweis auf die Wohnsitze im Negeb läßt sich durch 1 S 30,14 verifizieren, wo ein Negeb der Kalebiter ausdrücklich genannt ist, ohne daß dessen Lage näher festgelegt werden könnte. Nach der Abgrenzung des kalebitischen Siedlungsgebietes innerhalb der in 1 Ch 2 und 4 verarbeiteten Listen hat dieses bis nach Tekoa (*Ḫirbet Teqūᶜ*), Bet-Tappuach (*Taffūḥ*) und Bet-Zur (*Ḫirbet eṭ-Ṭubēqa*) gereicht (vgl. M. Noth, Eine Siedlungsgeographische Liste in 1. Chr 2 und 4, ZDPV 55, 1932,

97–124) und somit den gesamten südwestlichen Teil des judäischen Gebirges umfaßt. Der aus den siedlungsgeographischen Gegebenheiten feststellbaren Bedeutung des Stammes Kaleb noch zu Beginn der Königszeit entspricht die Bedeutung, die dem Ahnherrn in der Überlieferung zugewiesen wird.

Die Städteliste 20.21b–44.48–59.59a𝔊.61.62 mit den redaktionellen Ergänzungen 21a.45–47.60.63

Die Städteliste Judas gliedert sich in zehn Gruppen jeweils zusammengehöriger Orte, die nach Landschaften geordnet sind. Die Geschlossenheit der mit den genannten Städten umrissenen Gebiete läßt erkennen, daß die Liste mit 15,21b–44. 48–59.59a𝔊.61.62 in ihrer ursprünglichen Form vorliegt, die Summenangaben also wohl von Anfang an enthalten hat. Der Zweck der Liste ist somit eine Aufteilung Judas in einzelne Bezirke. Dahinter steht eindeutig eine administrative Absicht. Trotz gewisser Unterschiede in der Zahl der aufgeführten Orte sind die einzelnen Bezirke in der Schefela und auf dem Gebirge annähernd gleich groß. Die größere Ausdehnung der Bezirke Negeb und Wüste Juda erklärt sich leicht aus der Benachteiligung dieser ariden Zonen bei der landwirtschaftlichen Produktion. Deshalb wird das System der zehn Distrikte im Zusammenhang mit der Abgaben- oder Tributpflicht geschaffen worden sein. Da nicht damit zu rechnen ist, daß alle in dem jeweiligen Bezirk gelegenen Orte aufgezählt sind, muß den genannten Städten eine besondere Funktion zugekommen sein, deren Betätigung sich unserer Kenntnis entzieht.

Wahrscheinlich spiegelt die judäische Ortsliste eine Verwaltungsmaßnahme, ohne daß deren historische und administrative Verankerung bestimmt werden kann. Darauf hat als erster Albrecht Alt bereits 1925 in seinem programmatischen Aufsatz „Judas Gaue unter Josia“ (II, 276–288) hingewiesen. Dabei rechnet er in Analogie zur Gaueinteilung Salomos 1 R 4,7ff. mit insgesamt 12 Verwaltungsbezirken. Abgesehen von der Eingliederung der benjaminitischen Ortslisten 18,21–24 und 25–28 hat er, um die Zwölfzahl zu erreichen, die danitische Ortsliste 19,41–46 als 12. Gau dem Dokument zugefügt. Auch wenn diese Angliederung der Orte Dans in der Folgezeit bestritten worden ist (vgl. F. M. Cross and G. E. Wright, 209–211), so wurde doch immer mindestens eine der beiden Ortslisten Benjamins dem judäischen Verzeichnis zugeordnet, um die angenommene Zwölfzahl zu erreichen. Die verschiedenen Lösungvorschläge sind aus der folgenden Tabelle ersichtlich, die Forschungsgeschichte ist bei Aharoni, 359–371 und Kallai, 334–348 referiert. Wie bei der Frage der Datierung ist es für den postulierten Umfang des angenommenen Dokuments in der Forschung zu keinem Konsens gekommen.

Analog zu der Unterteilung Judas in zehn Bezirke nach einer gewissen landschaftlichen Gliederung ist die Ortsliste Benjamins 18,21–28 in zwei Einheiten gegliedert, die sich geographisch klar abgrenzen lassen, vgl. zu 18, 21–28. Diese Unterteilung in zwei Gruppen ergibt nur dann einen Sinn, wenn auch dieses benjaminitische Ortsverzeichnis zu einer Urkunde gehört hat, deren Charakteristikum die Gliederung in Gruppen von zusammengehörigen Städten war. Die benjaminitische Ortsliste 18,21–28 kann deshalb an die judäische 15,21b–45.48–59.59a𝔊.61.62 angeschlossen werden. Beide Texte zusammen ergeben ein ursprüngliches Verzeichnis von insgesamt zwölf Bezirken. Gegen

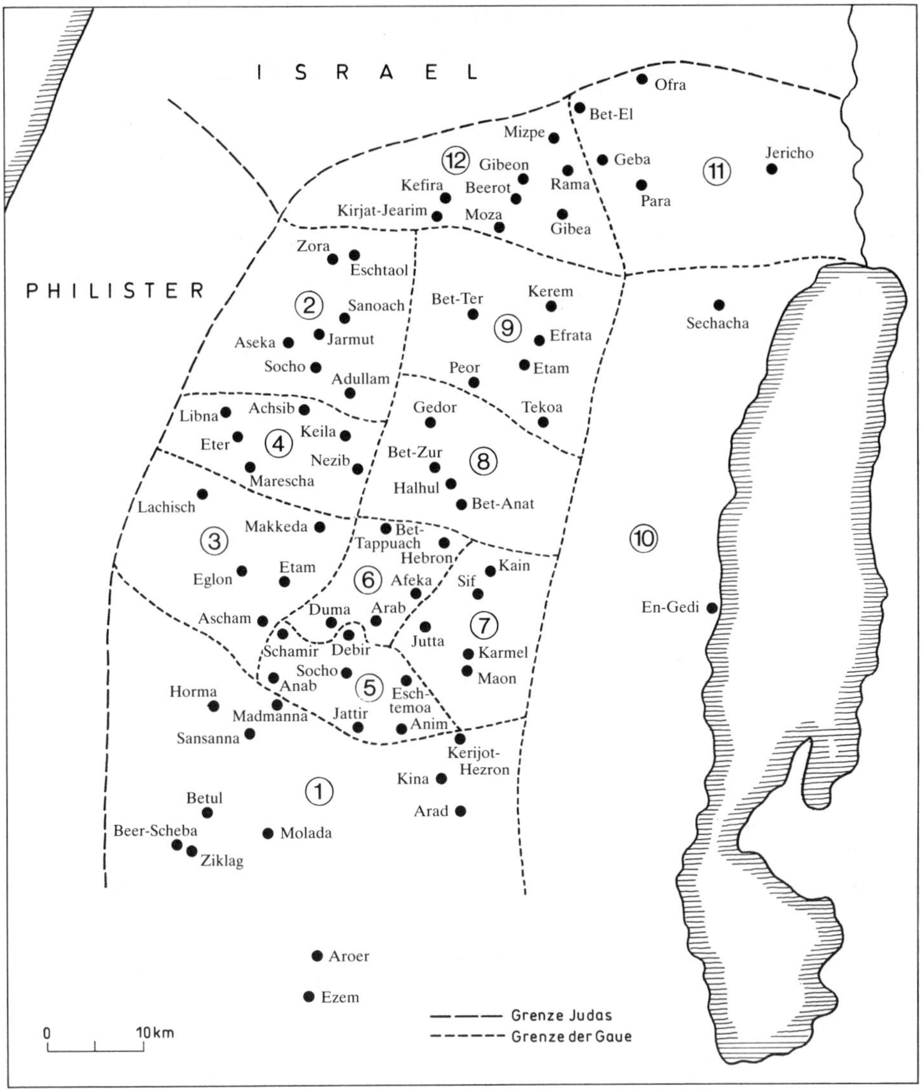

Abb. 2: Die Verwaltungsbezirke Judas
nach 15, 20–63 und 18, 21–28

diese Zusammenstellung spricht nur die Doppelung des Namens Bet-Araba in 15,61 und 18,22; diese kann auf einen Eingriff von DtrH bei der Trennung und Verteilung der Vorlage auf zwei verschiedene Stämme zurückgehen, vgl. N. Na'aman, 9f. Die Doppelung des Namens Kirjat-Jearim (15,60; 18,28) ist durch einen Redaktor bedingt. Die Ortslisten Judas und Benjamins bilden gemeinsam die zwölf Distrikte, in die Juda während der Königszeit unterteilt war. Im Gegensatz zu Kallai, 398–404 ist an der ursprünglichen Zusammengehörigkeit der Ortslisten Judas und Benjamins in einem

Die Distrikte Judas

Jos	Alt	Noth	Cross/Wright	Aharoni	Fritz
15,21b–32	I	I	I	I	I
15,33–36	II	II	II	II	II
15,37–41	III	III	III	III	III
15,42–44	IV	IV	IV	IV	IV
15,45	–	V	–	–	–
15,48–51	VI	VI	V	V	V
15,52–54	VI	VII	VI	VI	VI
15,55–57	VII	VIII	VII	VII	VII
15,58–59	VIII	IX	VIII	VIII	VIII
15,59a 𝔊	IX	X	IX	IX	IX
15,60	X	XI	X	X	–
15,61–62	XI	XII	XI	XI	X
18,21–24	(zu XI)	(zu XII)	XII	–	XI
18,25–28	(zu X)	(zu XI)	(zu X)	XI	XII
19,41–46	XII	–	–	–	–

Dokument aus der Verwaltung Judas während der Königszeit festzuhalten, vgl. zu 18,21–28.

Zu datieren ist diese Distrikteinteilung in die Zeit zwischen Asa (908–868) und Hiskia (728–700). Erst Abia (910–908) hat das Territorium Benjamins dem Reich Juda einverleibt und nach dieser Annexion Geba (*Ğeba*) und Mizpah (*Tell en-Naṣbe*) ausgebaut, vgl. 1 R 15,16–22. Unter Hiskia ging dann die staatliche Selbständigkeit weitgehend verloren, da nach den assyrischen Eroberungen seit Tiglatpileser III. Juda in die Abhängigkeit eines Vasallenverhältnisses geriet, so daß politisches Handeln kaum mehr möglich war. Außerdem sind nach dem Feldzug Sanheribs im Jahre 701 zahlreiche Städte Judas nicht wieder aufgebaut worden, wie die Ausgrabungen auf dem *Tell ᶜEṭūn* (Eglon), dem *Tell el-Ḫuwēlife* (Horma) und dem *Tell es-Sebaᶜ* (Ziklag) ergeben haben, vgl. E. Ayalon, Trial Excavation of Two Iron Age Strata at Tel ᶜEton, Tel Aviv 12, 1985, 54–62; J.D. Seger, BASOR 252, 1983, 10–15; Y. Aharoni (ed.), Beer-sheba I, 1973, 4–6. Die Ansetzung der Verwaltungsmaßnahme in die Zeit Josias durch A. Alt und N.Na'aman scheitert somit am archäologischen Befund. Die Abfassung des Dokuments ist vielmehr bereits im Verlauf des 9. oder 8. Jh. erfolgt.

Jedenfalls sind die Ortslisten einer „neu organisierten Verwaltung (zu) verdanken“ (Aharoni, 365). Die Unterteilung des Staatsgebietes in wirtschaftlich annähernd gleich starke Bezirke hatte den Zweck, die notwendigen Abgaben gleichmäßig auf das Land und über das Jahr zu verteilen. Es ist nicht ausgeschlossen, daß diese Gliederung Judas noch während der Regierung Asas (908–868) in Analogie zu der Einteilung des Reiches in Verwaltungsbezirke durch Salomo 1 R 4,7–19 geschaffen worden ist. Sonst ist vielleicht mit F.M. Cross and G.E. Wright, 226 an die Regierung seines Nachfolgers Josafat (868–847) zu denken.

20 ist die Überschrift der nun beginnenden Städteliste und nicht Abschluß der Grenzbeschreibung (gegen Noth, 92). Die Liste ist nach Landschaften gegliedert, innerhalb derer die Namen durch eine Summenangabe zu einzelnen Gruppen zusammengefaßt werden. Auf die eine Gruppe im Negeb (21–32) folgen die drei Gruppen der Schefela (33–44) und die sechs Gruppen des zentralen Gebirges (48–60), den Abschluß bildet die eine Einheit in der Wüste Juda (61–62). Die Einbeziehung der Philisterstädte Ekron, Aschdod und Gaza 45–47 und die Bemerkung über Jerusalem 63 sind eindeutig redaktionelle Zusätze zu der ursprünglichen Liste. Die Anordnung der Gruppen „folgt einer im einzelnen nicht sehr strengen geographischen Ordnung" (Noth, 93).

21a bezieht sich auf das Gebiet, das durch die Städte abgedeckt wird. Mit מקצה kann hier nur die Nordgrenze des Stammesterritoriums gemeint sein, der die Nennung Edoms im Südosten entspricht. Die Bemerkung ist ein redaktioneller Nachtrag.

21b–32 *1. Gruppe*: Im Negeb sind die meisten Städte nicht zu lokalisieren, da sich wegen der Unterbrechungen in der Siedlungsgeschichte die alten Ortsnamen nur in Ausnahmefällen erhalten haben. Negeb mit der Bedeutung „Trockenland" bezeichnet das Steppengebiet südlich des judäischen Gebirges, das im Osten durch das *Wādi ᶜAraba* begrenzt wird, dessen Grenzen im Westen und Süden aber fließend sind und nicht festgelegt werden können. Die lokalisierbaren Orte liegen alle im Bereich der sog. Bucht von Beerscheba. Eindeutig gleichzusetzen sind lediglich: Arad = *Tell ᶜArād*, Aroer = *Ḫirbet ᶜArᶜara*, Kerijot-Hezron = *Ḫirbet el-Quryatē*, Beer-Scheba = *Bīr es-Sebaᶜ*, Madmanna = *Ḫirbet Tātrēṯ* 2 km südlich von *Ḫirbet Umm Dēmne* nach Aharoni, 367 und Sansanna = *Ḫirbet es-Šamšānīyāt*.

Zu erwägen, aber vorläufig nicht zu sichern sind die folgenden Orte: Kina = *Ḫirbet Ġazze* oberhalb des *Wādī el-Qēnī* nach Y. Aharoni, BASOR 197, 1970, 23–25, vgl. I. Beit-Arieh and B. C. Cresson, BA 54, 126–135, Molada = *Ḫurēbet el-Waṭen*, Ezem = *Umm el-ᶜAẓām* nach W. F. Albright, JPOS 4, 1924, 146 und 154, Betul = *Tell Umm Bētīn* nach N. Na'aman, ZDPV 96, 1980, 147, Horma = *Tell el-Ḫuwēlife* nach N. Na'aman, ZDPV 96, 1980, 142f. und Ziklag = *Tell es-Sebaᶜ* nach V. Fritz, ZDPV 106, 1990, 78–85. Für Scharuhen hat A. Kempinski, IEJ 24, 1974, 145–152 die Lage auf dem *Tell el-ᶜAğğūl* wahrscheinlich gemacht. Alle übrigen Vorschläge, an denen kein Mangel ist, entbehren weitgehend der Grundlage und können als unbegründet unberücksichtigt bleiben.

Obwohl der Negeb archäologisch gut erforscht ist, kann von einem befriedigenden Stand der Ortsnamenbestimmung nicht gesprochen werden. Auffallend ist die geringe Übereinstimmung mit den Namen im zweiten Teil der Schoschenkliste (Simons, XXXIV, Nr. 66–150), auf die bereits M. Noth (ABLAK II, 82–92) hingewiesen hat. Außerbiblisch belegt sind die Orte Arad, Bealot, Beer-Scheba und Kina in den Ostraka von Arad (Y. Aharoni, Arad Inscriptions, 1981, Nr. 24:12; 48:1; 99; 3,3f.; 60:1). Auf dem Ostrakon von *Ḫirbet Ġazze* wird abgesehen von Makkeda noch Molada genannt, vgl. I. Beit-Arieh, The Ostracon of Aḥiqam from Ḥorvat ᶜUza, Tel Aviv 13/14, 1986/87, 32–38.

Die Bemerkung zu Beer-Scheba „und seine Tochterstädte" ist auf die im Umkreis gelegenen kleineren Ortschaften zu beziehen; keineswegs sind darunter die 29–32a folgenden Namen zu verstehen (gegen Noth, 93).

Die Summenangabe „29 Städte mit ihren Gehöften" stimmt nicht mit der Zahl der überlieferten Ortsnamen überein, die in 𝔐 35 beträgt. Aber auch in 𝔊 sind es noch 30 Namen, wobei mit Ausnahme der beiden fehlenden Orte Amam und Heschmon der masoretische Text vorausgesetzt ist, da sich der zahlenmäßige Unterschied aus unterschiedlichen Auffassungen erklärt. Amam und Heschmon sind somit wahrscheinlich sekundär hinzugefügt. Die Auffüllung mit weiteren Namen ist aber bereits vor 𝔊 erfolgt. Eine Entscheidung ist schwer zu treffen; immerhin könnte Ijim, das 19,3 fehlt, eine Dittographie zu Ezem sein, Hazar-Jitnan kann als ein Name verstanden werden (s. Textkritik) und En-Rimmon könnte wie 19,7 ein Zusatz sein, so daß dann die ursprüngliche Zahl von 29 wiederhergestellt wäre.

33–36 *2. Gruppe*: Die Auflistung der Schefela beginnt mit der nördlichen Einheit. Sicher zu identifizieren sind: Zora = *Ṣarᶜa*, Sanoach = *Ḫirbet Zānūᶜ*, Jarmut = *Ḫirbet el-Yarmūk*, Adullam = *Ḫirbet eš-Šēh Madkūr*, Socho = *Ḫirbet ᶜAbbād*, Aseka = *Tell Zakarīye*. Gedera ist vielleicht auf der *Ḫirbet Ǧudrāya* 1 km südlich von *Bēt Nettif* anzusetzen. Durch die große Zahl der lokalisierbaren Orte ist die Einheit in das Gebiet zwischen *Wādī eṣ-Ṣarār* im Norden und *Wādi Aǧǧur* im Süden festzulegen. Die Summenangabe 14 Städte stimmt nicht mit der tatsächlich genannten Zahl überein, vermutlich geht der letzte Name, der auch von 𝔊 nicht als Ort aufgefaßt worden ist, auf Dittographie zurück.

37–41 *3. Gruppe*: Von den Orten dieser Einheit sind lediglich Migdal-Gad = *Ḫirbet el-Meǧdēle* bei *ed-Dawāᶜime* nach K. Elliger (Kleine Schriften zum Alten Testament, ThB 32, 1966, 36, Anm. 87), Lachisch = *Tell ed-Duwēr*, Eglon = *Tell ᶜEṭūn* (Noth, 95) und Makkeda = Ḫirbet el-Qōm bei *Bēt Maqdūm* sicher zu lokalisieren. Damit handelt es sich um die südlichste der drei in der Schefela gelegenen Gruppen, die zwischen dem *Wādi Qubēbe* im Norden bis etwa auf die Höhe des *Tell el-Ḫuwēlife* im Süden gelegen hat; in diesem Bereich sind denn auch die übrigen Orte zu suchen. Die Summenangabe entspricht der Zahl der genannten Orte.

42–44 *4. Gruppe*: Bekannt ist die Lage folgender Orte: Nezib = *Ḫirbet Bēt Naṣīf*, Keila = *Tell Qīla* und Marescha = *Tell Sandaḥanna*. Für Libna hat K. Elliger (PJB 30, 1934, 59–62) die Ansetzung auf dem *Tell Bornāṭ* ausführlich begründet. Achzib wurde von K. Elliger (Kleine Schriften zum Alten Testament, ThB 32, 1966, 46) auf dem *Tell el-Bēḍa* etwa 7 km nordöstlich von *Bēt Ǧibrīn* lokalisiert. Eter kann mit A. F. Rainey (Tel Aviv 7, 1980, 198 f.) auf der *Ḫirbet el-ᶜAtr* etwa 2 km nordöstlich von *Bēt Ǧibrīn* gesucht werden. Diese Gruppe liegt damit zwischen der zweiten und dritten Einheit; auf Grund der Lage der lokalisierten Orte scheidet die vertikale Unterteilung der dritten und vierten Gruppe aus, vgl. N. Na'aman, 16–22 gegen Kallai, 379–386 und A. F. Rainey, The Administrative Division of the Schephelah, Tel Aviv 7, 1980, 194–202. Die Summenangabe ist korrekt.

45–47 sind stilistisch und sachlich ein Nachtrag. Mit der Nennung der Philisterstädte Ekron = *Ḫirbet el-Muqannaᶜ*, Aschdod = *Esdūd* und Gaza = *Ġazze* soll die philistäische Küstenebene in das judäische Gebiet eingegliedert werden. Die Annahme von Noth, 97, hinter der Nennung von Ekron in 45 habe die danitische Städteliste 19,41–46 angeschlossen, scheitert daran, daß die dort aufgeführten Orte Zora und Eschtaol bereits in der zweiten Gruppe 15,33 genannt sind.

48–51 *5. Gruppe*: Damit beginnt die Reihe der auf dem Gebirge liegenden Gruppen. Sicher zu lokalisieren sind: Jattir = *Ḫirbet ᶜAttīr*, Socho = *Ḫirbet eš-Šuwēke* 4 km östlich von *eḍ-Ḍaherīye*, Debir = *Ḫirbet er-Rabūḍ* (vgl. zu 12,13), Anab = *Ḫirbet ᶜAnāb*, Eschtemoa = *es-Semūᶜa*, Anim = *Ġuwēn eṭ-Taḥtā*. Für Schamir wurde von A. Alt (PJB 30, 1934, 15 f.) *el-Bīre* etwa 5 km nordwestlich von *eḍ-Ḍaherīye* und 2 km nördlich von *Ḫirbet Sōmera*, das den Namen bewahrt hat, vorgeschlagen. Noth, 97 hat Goschen auf dem *Tell Bēt Mirsim* gesucht, doch ist eine Bestätigung dafür nicht zu erreichen. Die fünfte Gruppe umfaßt somit den südlichen Streifen des judäischen Gebirges zu beiden Seiten des *Wādī el-Ḫalīl*. Die Summenangabe ist korrekt.

52–54 *6. Gruppe*: Bestimmbar sind folgende Orte: Duma = *ed-Dome* etwa 2 km nördlich von *eḍ-Ḍaherīye*, Bet-Tappuach = *Taffūḥ* etwa 6 km westlich von Hebron, Hebron = *Ǧebel er-Rumēde*, im Bereich der heutigen Stadt *el-Ḫalīl*. Für Arab hat K. Elliger (Kleine Schriften zum Alten Testament, ThB 32, 1966, 102) *Ḫirbet er-Rabīye* etwa 6 km nordöstlich von *eḍ-Ḍaherīye* in Vorschlag gebracht, die von der Lage her gut in diese Gruppierung paßt. Die sechste Gruppe liegt nördlich der fünften Gruppe im westlichen Teil des Berglandes bis zur Höhe von Tappuach. Die Summenangabe stimmt.

55–57 *7. Gruppe*: Es liegen folgende Orte fest: Maon = *Tell Maᶜīn*, Karmel = *el-Kirmil*, Sif = *Tell Zīf.*, Jutta = *Yaṭṭa*, Kain = *Ḫirbet Yaqīn*. Die übrigen Orte sind der Lage nach unbekannt. Die Gruppe liegt parallel zur sechsten Einheit im östlichen Teil des Gebirges bis zur Wasserscheide, die sie von der Wüste Juda trennt. Die Summenangabe entspricht der Zahl der Namen.

58–59 *8. Gruppe*: Von den nur sechs Städten sind allein Halhul = *Ḥalḥul*, Bet-Zur = *Ḫirbet et-Tubēqa* und Gedor = *Ḫirbet Ǧedūr* bestimmt. Bet-Anot ist vielleicht in *Ḫirbet Bēt-ᶜĒnūn* 3 km südöstlich von *Ḥalḥul* zu suchen. Damit schließt diese Gruppe nördlich an die sechste und siebte Einheit an.

59a𝔊 *9. Gruppe*: Die Namen sind nur in 𝔊 enthalten, wobei nur für die ersten vier die hebräische Form eindeutig belegt ist: תקוע, אפרתה, פעור und עיטם. Diese können auch identifiziert werden: Tekoa = *Ḫirbet Tequᶜ*, Efrata = *Bēt Laḥm*, Peor = *Ḫirbet Fāġūr* und Etam = *Ḫirbet Wādī el-Ḫōḫ*. Von den übrigen Orten repräsentiert Καρεμ ein כרם = Kerem, dessen Name sich wohl in ᶜĒn Karīm südwestlich von Jerusalem erhalten hat. Βαιθηρ = Bet-Ter kann in *Ḫirbet el-Yehūd* bei *Bittīr* südwestlich von Jerusalem angesetzt werden. Für die anderen Namen ist über Vermutungen nicht hinauszukommen. Die Gruppe umfaßt den nördlichen Teil des judäischen Gebirges.

60 Diese Gruppe besteht nur aus zwei Namen. Kirjat-Baal ist mit dem Baala von 15,9 identisch und in *Ṣoba* zu lokalisieren, die Gleichsetzung mit Kirjat-Jearim (*Dēr el-Azhar*) hat den Charakter einer Glosse. Rabba ist als Ortsname sonst nicht belegt und „ganz dunkel" (Noth, 99). Die Gleichsetzung von Rabba mit dem *Rabūte* der Amarna-Briefe (EA 289, 11 ff.; 290,5 ff.) und dem *r-b-t* der Liste Thutmoses III. (Simons, I, Nr. 105) und die Ansetzung auf der *Ḫirbet Bīr el-Ḥilu* = *Ḫirbet Ḥamīde* etwa 12 km westlich von Kirjat-Jearim durch Y. Aharoni (Rubute and Ginti-Kirmil, VT 19, 1969, 137–145) ist keineswegs zwingend, vgl. Aharoni, 367f. Von den beiden Orten läßt sich nur einer verifizieren; es handelt sich somit um die bei weitem kleinste Einheit an der nordwestlichen Ecke der neunten Gruppe. Eine angemessene Liste zur Erfassung eines Gebietes liegt deshalb nicht vor. Darum haben A. Alt (II, 278), Noth, 99 und F.M. Cross and G.E. Wright, 221f. hier die Liste der Städte Benjamins 18,25–28 anschließen wollen; dagegen ist aber mit Kallai, 398–404, an der Eigenständigkeit der benjaminitischen Ortsliste festzuhalten. Vielmehr handelt es sich am ehesten um eine sekundäre Erweiterung durch einen Redaktor, der den Namen Baala aus 15,9 übernommen und mit dem unverständlichen Rabba kombiniert hat, um die Zugehörigkeit des Gebietes nördlich des *Wādī eṣ-Ṣarār* zu Juda sicherzustellen, da es nach der Grenzbeschreibung 15,9.10 jedenfalls zu Juda gehörte. Diese „Gruppe" hat somit nicht in der aufgenommenen Liste gestanden, sondern wurde redaktionell hinzugefügt. Das Bergland war also ursprünglich in fünf Gruppen gegliedert.

61.62 *10. Gruppe*: Die Orte dieser letzten Gruppe liegen in der Wüste Juda östlich der Wasserscheide auf dem Gebirge. Von den Orten kann nur En-Gedi im Bereich der Oase von *ʿĒn Ǧīdi* sicher lokalisiert werden. Die übliche Ansetzung auf dem *Tell el-Ǧurn* reicht insofern nicht aus, als dieser Ruinenhügel nur die letzte Besiedlung im 7. Jh. repräsentiert, während weitere Funde im Bereich der Oase auf frühere Niederlassungen während der Königszeit hinweisen, vgl. B. Mazar, T. Dothan and I. Dunayevsky, En-Gedi. The First and Second Seasons of Excavations 1961–1962, ʿAtiqot V, 1966. Bet-Araba ist möglicherweise auf dem *Tell Muḥalḥil* bei *En-Nebī Mūsā* oder in seiner Umgebung zu suchen, vgl. zu 15,5b–11. Sechacha wird auch in der Kupferrolle von Qumran (3Q Inv IV:13; V:2.5.13) erwähnt, muß aber nicht mit *Ḫirbet Qumrān* identisch sein (gegen Aharoni, 370), sondern wird in dem bei *Ḫirbet Qumrān* einmündenden *Wādi* zu suchen sein. Hier kommt am ehesten die von J.M. Allegro (The Treasure of the Copper Scroll, 1960, 68–74. 144–147) vorgeschlagene *Ḫirbet Abū Ṭabaq* = *Ḫirbet Karm ʿAṭrād* in Frage (vgl. zum Befund JSG, 120, Nr. 92). Ir-Hammelach kann nicht mit *Ḫirbet Qumrān* gleichgesetzt werden, da eisenzeitliche Reste dort völlig fehlen, gegen M. Noth, Der alttestamentliche Name der Siedlung von chirbet ḳumran, ABLAK I, 332–343. Eher ist der Ort am Rand des Toten Meeres zu suchen, wo inzwischen eine intensive Besiedlung während der Königszeit durch Oberflächenforschung nachgewiesen ist, vgl. JSG, 102–145.

63 Die Notiz über Jerusalem hat mit der Ortsliste nichts zu tun und findet sich in etwas anderer Fassung Jdc 1,21. Wie die übrigen Nachrichten über die nicht eroberten Städte 16,10; 17,12.13 ist sie redaktionell nachgetragen, wobei die Stadt entgegen der Grenzbeschreibung 15,8 zu dem judäischen Gebiet gerechnet wird. Vgl. zu 16,10 und 17,12.13.

16,1–17,18 Die Stämme Manasse und Efraim

16 [1]Die ⸢Grenze⸣[a] der Josefiter ging aus vom Jordan bei Jericho zu den Wassern Jerichos im Osten in die Steppe, und sie steigt herauf[b] von Jericho in das Gebirge bei Bet-El. [2]Sie geht hinaus von Bet-El nach Lus und geht hinüber zum Gebiet der Arkiter, nach Atarot. [3]Sie steigt herab nach Westen bis zum Gebiet der Jafletiter bis an das Gebiet des unteren Bet-Horon und bis nach Geser, und ihre Ausgänge führen zum Meer.

[4]So erhielten Erbbesitz die Söhne Josefs, Manasse und Efraim: [5]Das Gebiet der Efraimiten mit ihren Sippen war folgendes: Die Grenze ihres Erbbesitzes war ⸢ ⸣[a] Atarot-Adar bis zum oberen Bet-Horon. [6]Die Grenze führt weiter zum Meer. – Michmetat im Norden. Die Grenze wendet sich im Osten nach Taanat-Schilo und geht vorüber ⸢ ⸣[a] im Osten nach Janoach. [7]Sie steigt herab von Janoach nach Atarot und Naarat, berührt Jericho und führt hinaus zum Jordan. [8]Von Tappuach geht die Grenze nach Westen zum Flußtal von Kana, und ihre Ausläufer führen zum Meer. Dies ist der Erbbesitz des Stammes der Efraimiter mit ihren Sippen. [9]Die abgesonderten Städte gehören den Efraimiten inmitten des Erbbesitzes der Manassiter, alle Städte mit ihren Gehöften.

[10]Aber sie vernichteten die Kanaaniter, die Geser bewohnten, nicht. So blieben die
Kanaaniter mitten in Efraim wohnen bis auf diesen Tag und wurden fronpflichtig.
17 [1]Folgender Losanteil fiel dem Stamm Manasse zu, denn er war der Erstgebo-
rene Josefs, und zwar dem Machir, dem Erstgeborenen Manasses, dem Vater
Gileads, [a]denn er war ein Kriegsmann und es gehörten ihm Gilead und Basan.
[2]Es wurde den übrigen Söhnen Manasses mit ihren Sippen zuteil, *nämlich den*
Söhnen Abiesers, den Söhnen Heleks, den Söhnen Asriels, den Söhnen Sichems,
den Söhnen Hefers und den Söhnen Schemidas, diese sind die männlichen Nach-
kommen Manasses, des Sohnes Josefs mit ihren Sippen. [3]Zelofhad aber, der Sohn
Hefers, des Sohnes Gileads, des Sohnes Machirs, des Sohnes Manasses, hatte
keine Söhne, sondern nur Töchter; die Namen seiner Töchter lauteten: Machla,
Noa, Hogla, Milka und Tirza. [4]Sie traten vor den Priester Eleasar sowie Josua,
den Sohn Nuns, und sie sprachen mit folgenden Worten: „Jahwe hat Mose
geboten, uns einen Erbbesitz unter unseren Brüdern zu geben". So gab er ihnen
auf das Wort Jahwes Erbbesitz unter den Brüdern ihres Vaters. [5]So fielen die
Anteile in zehn (Stücke), abgesehen vom Lande Gilead und Baschan, das jenseits
des Jordan liegt. [6]Denn die Töchter Manasses erhielten einen Erbbesitz inmitten
seiner Söhne, und das Land Gilead wurde den übrigen Söhnen Manasses zuteil.
[7]Die Grenze Manasses reicht von Ascher nach Michmetat, das Sichem gegen-
über liegt, und die Grenze verläuft südwärts nach ʿJaschubʾ[a] zur Quelle von
Tappuach. [8]Manasse wurde das Land von Tappuach zuteil, Tappuach aber lag
auf der Grenze Manasses zu den Efraimiten. [9]Die Grenze ging herab zum
Flußtal von Kana. Südlich des Tales liegen die Städte ʿ ʾ[a]Efraims inmitten der
Städte Manasses. Das Gebiet Manasses liegt nördlich des Tales. Seine Ausgänge
führen zum Meer. [10]Südlich (des Tales) ist (das Gebiet) von Efraim und nördlich
das von Manasse, und das Meer ist[a] seine Grenze. An Ascher stößt es im Norden
und an Issachar im Osten.
[11]In Issachar und Ascher aber gehörte zu Manasse: Bet-Schean, seine Tochterstädte,
Jibleam und seine Tochterstädte, die Bewohner von Dor und seiner Tochterstädte ʿ ʾ[a],
die Bewohner von Taanach und seiner Tochterstädte sowie die Bewohner von Megiddo
und seiner Tochterstädte ʿ ʾ[b]. [12]Aber die Manassiter vermochten nicht, diese Städte
einzunehmen. So gelang es den Kanaanitern, in diesem Lande wohnen zu bleiben. [13]Als
aber die Israeliten erstarkten, unterwarfen sie die Kanaaniter zur Fronarbeit; völlig
vertrieben aber haben sie sie nicht.
[14]Da sprachen die Josefiter zu Josua: „Warum hast du mir als Erbbesitz (nur) ein
Los und einen Anteil gegeben? Ich bin doch ein zahlreiches Volk, ʿ weilʾ[a] Jahwe
mich in solchem Maße gesegnet hat". [15]Josua aber sprach zu ihm: „Wenn du ein so
zahlreiches Volk bist, so ziehe in das Waldgebiet hinauf und rode dir dort im Land der
Perisiter und Refaiter, da dir das Gebirge Efraim zu eng ist". [16]Doch die Josefiter
sprachen: „Das Gebirge reicht uns nicht, außerdem gibt es eiserne Wagen bei den
Kanaanitern, die im Land der Ebene wohnen ʿ ʾ[a]". **[17]Da sprach Josua zum Hause**

Josef ᶜ ᵓ[a]**: „Du bist ein zahlreiches Volk und hast große Kraft, es fällt dir nicht (nur) ein Losteil zu,** [18]**denn ein Gebirge wird dir zuteil und dieses trägt Wald, den kannst du roden,** so hast du sein Gebiet, wenn du den Kanaaniter ᶜnichtᵓ[a] vertreiben kannst, weil er eiserne Wagen hat und zu stark ist."

[16,1a] Mit 𝔊 ist הגבול zu lesen. [b] Zu lesen ist ועלה. [5a] Die Richtungsangabe מזרחה ergibt keinen Sinn und fehlt in 𝔖; sie ist als Glosse zu streichen. [6a] אותו ist „sachlich nicht am Platze" (Noth, 100). Ob damit der Rest eines ehemaligen Ortsnamens vorliegt, ist nicht mehr auszumachen, zumal 𝔊 keinerlei Hinweis gibt. [17,1a] Der Artikel ist zu streichen. [7a] Statt des unpassenden ישבי ist mit 𝔊, die Ιασσειβ bietet, der Ortsname ישוב zu lesen. [9a] Mit Noth, 98, ist חאלה als Glosse zu streichen. [10a] Mit 𝔊 ist והיה zu lesen. [11a] Der Passus „die Bewohner von En-Dor und seiner Tochterstädte" fehlt in 𝔊 und 𝔗 und geht vermutlich auf Dittographie zurück, die nachträglich korrigiert worden ist. [b] Die beiden letzten Worte sind unverständlich und kaum ein ursprünglicher Bestandteil des Textes, der Anklang an נפת דאר ist unübersehbar. [14a] Statt עד ist על zu lesen, wie bereits die meisten Kommentatoren vorgeschlagen haben. [16a]Die Fortsetzung des Verses „denen in Bet-Schean und seinen Tochterstädten und denen in der Ebene Jesreel" fehlt in 𝔊 und ist ein erklärender Zusatz, der wenig glatt angeschlossen ist. [17a] „Zu Efraim und Manasse" fehlt in 𝔊 und ist eine Glosse. [18a] Mit R. Smend (Die Erzählung des Hexateuch, 1912, 333) ist sinngemäß ein לא einzusetzen.

Literatur: W.F. Albright, The Site of Tirzah and the Topography of Western Manasseh, JPOS 11, 1931, 241–251. A. Alt, Josua (1936), Kleine Schriften zur Geschichte des Volkes Israel I, 1953, 176–192; E.F. Campbell, The Schechem Area Survey, BASOR 190, 1968, 19–41; E. Danelius, The Boundary of Ephraim and Manasseh in the Western Plain, PEQ 89, 1957, 55–67 und 90, 1958, 32–43.122–142; K. Elliger, Die Grenze zwischen Ephraim und Manasse, ZDPV 52, 1930, 265–309; K. Elliger, Neues über die Grenze zwischen Ephraim und Manasse, JPOS 18, 1938, 7–16; E. Jenni, Historisch-topographische Untersuchungen zur Grenze zwischen Ephraim und Manasse, ZDPV 74, 1958, 35–40; A. Lemaire, Galaad et Makîr, VT 31, 1981, 39–61; H.N. Rösel, Das „negative Besitzverzeichnis" – traditionsgeschichtliche und historische Überlegungen, in: „Wünschet Jerusalem Frieden", ed. M. Augustin und K.-D. Schunck, 1986, 121–135; H. Seebass, Zur Exegese der Grenzbeschreibungen von Jos. 16,1–17,13, ZDPV 100, 1984, 70–93; H. Seebass, Das Haus Joseph in Jos. 17,14–18, ZDPV 98, 1982, 70–76; J. Simons, The Structure and Interpretation of Josh. XVI-XVII, Orientalia Neerlandica, 1948, 190–215.

In Jos 16.17 folgt auf die Beschreibung der gemeinsamen Südgrenze 16,1–3 nach der Überleitung 16,4 zunächst die Grenzbeschreibung für Efraim 16,5–9 und dann die Beschreibung der Grenze Manasses 17,1–10. Die Bemerkungen über die nichteroberten Gebiete 16,10 und 17,11–13 sind redaktionelle Einsprengsel entsprechend Jdc 1,27–29. Angehängt ist 17,14–18 eine Erzählung, mit der die Besiedlung des efraimitischen Gebirges durch das Haus Josef begründet wird. Der Abschnitt 17,2 aβγb-6 fällt aus dem Rahmen der Grenzbeschreibung heraus, da es sich um Einzelausführungen zur Aufteilung des manassitischen Besitzes im Westjordanland nach Nu 26.27 handelt. Somit sind 17,2 aβγb-6 als redaktioneller Zusatz anzusehen.

Den in Jos 16.17 enthaltenen Grenzbeschreibungen liegen wie in 15,1–12 Grenzfixpunktreihen zugrunde. Die merkwürdige Abfolge der Beschreibungen, wobei nach der gemeinsamen Südgrenze 16,1–3 die Nordgrenze Efraims (16,5–8) teilweise 17,7–9 erneut als Südgrenze Manasses erscheint, erklärt sich aus der literarischen Fiktion, daß die beiden Stämme ursprünglich einen Stamm gebildet haben, der erst nachträglich getrennt worden ist. Dementsprechend erscheint das Stammesterritorium von Efraim als in Manasse gelegen, wie 16,9 und 17,9aβ ausdrücklich zusammenfassend festgestellt wird. Aus diesen beiden Bemerkungen, die den Vollzug der Stammesaufteilung kommentieren, kann mit M. Noth (ABLAK I, 243–246) geschlossen werden, daß das System der Grenzfixpunktreihen ursprünglich mit einem Gesamtgebiet für das Haus Josef gerechnet hat, in dem dann ein gesondertes Stück für Efraim abgetrennt wurde, so daß der Rest für Manasse verblieb. Literarisch scheint die Grenzbeschreibung Efraims von derjenigen Manasses abhängig zu sein, wie aus den textlichen Überschneidungen hervorgeht. Vermutlich wurde sie erst durch DtrH eingefügt; mit dieser Annahme wird die von K. Elliger (ZDPV 53, 1930, 267) vorgeschlagene und von Noth (100–106) übernommene Umstellung beider Stücke überflüssig.

Die (gemeinsame) Südgrenze 16,1–3 entspricht weitgehend der Nordgrenze Benjamins 18, 12–14, bietet aber die kürzere Version und ist über Geser hinaus bis zum Meer verlängert.

Die Südgrenze 16,1–3

16,1 Ausgangspunkt ist der Jordan auf der Höhe von Jericho (*Tell es-Sulṭān*); die Stadt gehört nach 18,21 zu Benjamin. Die schwer verständliche Näherbestimmung למי ירחו מזרחה ist wohl auf die an der Ostseite der Stadt gelegene Quelle *ᶜĒn es-Sulṭān* zu beziehen, um die Stadt ausdrücklich auszusparen. Die Grenze folgt dann dem Aufstieg in das Gebirge von Jericho nach Bet-El (*Bētīn*), dessen Verlauf nicht bekannt ist.

16,2 Lus wird von Bet-El unterschieden, die Gleichsetzung beider in 18,13; Gn 28,19; 35,6; 48,3; Jdc 1,23 legt die unmittelbare Nachbarschaft der Orte nahe, eine Lokalisierung ist noch nicht gelungen. Atarot ist mit Atarot-Adar 18,23 identisch und wohl auf der *Ḫirbet ᶜAṭṭāra* etwa 6 km südlich von *Bētīn* anzusetzen, die Grenze macht damit bei Bet-El einen scharfen Knick. Bei den Arkitern wird es sich um einen Sippennamen handeln.

16,3 Jafletiter ist ebenfalls der Name einer noch 1 Ch 7,32f. genannten Sippe. Das untere Bet-Horon = *Bēt ᶜŪr et-Taḥtā* liegt unmittelbar am Rand des Gebirges, während mit Geser = *Tell Abū Šūše* der Rand der Küstenebene erreicht ist. Die Linie wird dann bis zum Meer durchgezogen.

Die Grenzen Efraims 16,4–9

16,4 ist redaktionelle Überleitung, mit der Unterscheidung von Manasse und Efraim.

16,5 beschreibt zunächst die Südgrenze entsprechend 16,2b.3a in einer verkürzten Form, wobei der Einsatz bei Atarot-Adar (*Ḫirbet ᶜAṭṭāra*) überrascht. Noth, 105 denkt an eine stichwortartige Aufnahme dieses Grenzfixpunktes, der dann durch das obere Bet-Horon = *Bēt ᶜŪr el-Fōqa* ergänzt wird. Dieser Punkt wurde wohl in Analogie zu der Nennung des unteren Bet-Horon in der Beschreibung der Grenze des Stammesgebietes 16,3 wieder aufgenommen, zumal beide Orte unmittelbar nebeneinander liegen.

16,6 ויצא הגבול הימה gehört noch zur vorangegangenen Linie und verlängert diese wie üblich bis zum Meer. Die Fortsetzung ist außerordentlich schwer verständlich. Mit Michmetat wird dann anscheinend wiederum stichwortartig ein neuer Punkt gesetzt, dessen völlig andere Lage durch מצפון ausdrücklich angegeben wird. Die Angabe in 17,7 אשר על פני שכם verlegt Michmetat in den Umkreis von Sichem (*Tell Balāṭa*), doch scheidet die von K. Elliger (ZDPV 53, 1930, 282–291) vorgeschlagene *Ḫirbet Ǧulēğğil* = *Ḫirbet ʾIbn Nāṣer* aus, da die Siedlungsspuren in diesem Bereich nicht für den Nachweis einer eisenzeitlichen Stadt ausreichen, vgl. E.F. Campbell, BASOR 190, 1968, 29; L. Wächter, Zur Lage von Michmetat, ZDPV 84, 1968, 55–62. Am ehesten ist mit Kallai, 151 an eine Ortslage am Südwestrand des *Ǧebel el-Kabīr* zu denken, da dieser Sichem direkt gegenüberliegt. Möglicherweise ist aber Michmetat kein Ortsname, sondern der Name eben dieses Höhenzuges, wie K. Elliger (Michmetath, in: Archäologie und Altes Testament. Festschrift K. Galling, 1970, 91–100) vermutet hat. Die beiden weiteren Namen Taanat-Schilo und Janoach markieren die Fortsetzung der Grenze in östliche Richtung. Mit einiger Sicherheit kann aufgrund der Namensgleichheit der erste Ort in *Ḫirbet Ṭāna el-Fōqa* und der zweite in *Ḫirbet ᶜĒn Yānūn* angesetzt werden, vgl. die erneute Überprüfung dieser Ansätze durch G. Wallis, Thaanath-Silo, ZDPV 77, 1961, 38–45. Damit knickt die Grenze nach Südosten in das Jordantal ab.

16,7 bildet die Fortsetzung dieser Beschreibung, die dann in Jericho bzw. am Jordan endet. Von den beiden noch genannten Orten ist Atarot, das von Atarot-Adar 16,4 zu unterscheiden ist, möglicherweise mit K. Elliger, ZDPV 53, 1930, 279f. auf dem *Tell eš-Šēḫ Ḍiyāb* am Ausgang des Baches der *ᶜĒn Fasāᶜil* in den *Ġōr* zu lokalisieren; Naarat ist am ehesten mit Kallai, 163f. auf der *Ḫirbet el-ᶜŌğa el-Fōqa* am Ausgang der *ᶜĒn el-ᶜŌğa* in den *Ġōr* anzusetzen, wenngleich keine definitive Entscheidung getroffen werden kann.

In Jericho erreicht die Ostgrenze die Südgrenze des Gesamtgebiets von Josef. Diese ist mit ויצא הירדן gemeint, was sachlich falsch ist, „denn zwischen Jericho und dem Jordan gibt es nach der vorangegangenen Grenzziehung gar kein ephraimitisches Gebiet mehr" (Noth, 105). Allem Anschein nach geht die Ostgrenze am Westrand der Jordansenke entlang, so daß diese gerade ausgespart wird. Von dem Endpunkt Jericho aus kann dann die Verbindung nach Atarot-Adar von 16,5 gezogen werden.

16,8 setzt mit Tappuach neu ein. Nach dem allgemein übernommenen Vorschlag von F.-M. Abel (Tappouah, RB 45, 1936, 103–112) ist der Ort auf dem *Tell Šēḫ Abū Zarad* anzusetzen. Zwischen Michmetat und Tappuach wäre dann an einen Grenzverlauf durch die Ebene *Sahl Maḫna* zu denken. Der weitere Verlauf der Nordgrenze wird dann durch den Bach Kana festgelegt, der leicht als *Wādi Qāna* zu identifizieren ist, das unmittelbar nördlich des *Tell Šēḫ Abū Zarad* beginnt und in den Yarkon mündet. Konsequenterweise wird die Grenze bis zum Meer durchgezogen. Die Beschreibung ist mit der Schlußnotiz 8b abgeschlossen.

16,9 erweist sich als eine nachträgliche Bemerkung, die den Anteil Efraims als Einsprengsel in dem Territorium Manasses sieht, was angesichts der Lage am Südrand sachlich nicht ganz richtig ist. Doch weist die Bemerkung darauf hin, daß ursprünglich für Efraim und Manasse nur ein Gebiet beschrieben war, der Nachweis eines gesonderten Anteils für Efraim also literarisch gesehen ein Nachtrag ist, der möglicherweise erst von DtrH formuliert worden ist, in jedem Fall aber in seinem Werk gestanden haben muß und somit nicht späterer Redaktionsarbeit zugeschrieben werden kann. Der Abschnitt unterscheidet sich von den übrigen Grenzbeschreibungen dadurch, daß der Verlauf von drei verschiedenen Ausgangspunkten aus erfaßt wird. Im Vergleich zur Grenzziehung für Manasse ist 16,5–9 aber weitaus ausführlicher. Diese Beobachtung spricht gegen die Behauptung von K. Elliger (ZDPV 53, 1930, 267), 17,1.2aα.7–10 habe einmal direkt an 16,4 angeschlossen.

Die Grenzen Manasses 17,1.2aα.7–10

17,1.2aα Die Eröffnung folgt der üblichen Formel 15,1; 16,1; 18,11; 19,1.11.24, vgl. zu 14,2. Die Bezeichnung Manasses als des Erstgeborenen Josefs entspricht der Notiz Gn 41,51 und ist vielleicht sekundär. Diese Bemerkung hat erst die Anfügung der weiteren Einzelheiten in 1b ausgelöst, die den Zusammenhang eher stören, in dem allein das Westjordanland im Blick ist. Die Besiedlung des mittleren und nördlichen Ostjordanlandes durch Teile des Stammes Manasse wird in die genealogische Folge Manasse-Machir-Gilead gebracht. Die Bezeichnung Machirs als Sohn Manasses spiegelt das Aufgehen des ursprünglich wohl selbständigen Stammes, als der er Jdc 5,14 erscheint, in dem Großverband, der dann den Namen Manasse trägt, vgl. 13,31; Gn 50,23; Nu 32,29f.; 36,1; Dt 3,15. Gilead ist ursprünglich Landschaftsname (HAL, 187), wird aber in der genealogischen Verknüpfung der Territorien zum Sohn Machirs, vgl. Nu 26,29f.; 27,1; Jdc 11,1f.; 1 Ch 2,21.23; 7,14.17.

17,7.8 Der Beginn der Beschreibung מאשר המכמתת ergibt syntaktisch keinen Sinn, was die masoretische Auffassung von אשר als Stammesname ausschließt. Eine Lösung bietet der Vorschlag von F.-M. Abel (RB 45, 1936, 105), den Text in מאשד המכמתת „vom Hang des Michmetat" zu ändern. Das Wort אשד kommt zwar nur noch in der Verbindung אשדות הפסגה 12,3; 13,20; Dt 3,17; 4,49 vor, ergibt hier aber einen guten Sinn, da es durchaus als der Name des Sichem gegenüberliegenden Gebirges *Ǧebel el-Kabīr* verstanden werden kann, vgl. zu 16,6.

Die weitere Beschreibung „nach Jaschub zur Quelle von Tappuach" stellt den Anschluß an den weiteren Verlauf der Südgrenze her. Die Grenze folgt somit der Ebene von *Sahl Maḫna*, dieser Abschnitt wird in der Grenzziehung für Efraim 16,5–8 gerade nicht beschrieben. Der Text macht den Eindruck, als sei er aus der Grenzbeschreibung Efraims 16,6 herausgebrochen worden. Jaschub ist mit *Yāsūf* gleichzusetzen, wo sich der alte Name erhalten hat. Die Quelle von Tappuach ist identisch mit der heutigen Quelle von *Yāsūf* etwa 500 m nordöstlich des *Tell Šēḫ Abū Zarad*, sie wird hier als Fixpunkt genannt, weil Tappuach zum Gebiet von Efraim gerechnet wird, wie 17,8 ausdrücklich festgestellt wird, in dem die Flur der Stadt von ihr selbst getrennt wird.

17,9 Die Südgrenze entspricht mit dem Bach Kana (*Wādi Qāna*) der Nordgrenze Efraims; diese wird ebenfalls bis ans Meer verlängert. Die Bemerkung über die Verteilung der Städte Efraims und Manasses und die Festlegung des Grenzverlaufs an der Nordseite des Tales sind verdeutlichende Zusätze eines Redaktors, der 17,10a etwas ausführlicher wiederholt.

17,10 Die Feststellung der Gebietsverteilung entsprechend dem Bach Kana 17,10a kann ebenfalls eine Glosse sein, da sie eigentlich nicht zur Grenzbeschreibung gehört. Die ausdrückliche Feststellung des Meeres als Ostgrenze entspricht derjenigen zu Juda 15,12a. Für die Nordgrenze sind Ascher und Issachar genannt, weil nähere Angaben offensichtlich nicht zur Verfügung standen. Die Aufzählung der beiden Stämme ist insofern unvollständig, als die gemeinsame Grenze von Sebulon und Naftali nicht erwähnt wird.

Der nachpriesterliche Einschub 17,2aβγb-6

17,2aβγb nimmt Nu 26,30–32 aus der Sippenliste Manasses auf. In diesem nachpriesterschriftlichen Abschnitt werden Sippen und Städte aus dem manassitischen Siedlungsgebiet in genealogischer Verknüpfung zusammengestellt, so daß sie als Nachkommen des Ahnherrn erscheinen, vgl. M. Noth, Das Vierte Buch Mose, ATD 7, 1966, 170f. Als Sippennamen kommen Abieser, Helek, Asriel und Schemida auch in den Ostraka von Samaria vor, auf denen die Lieferung von Öl und Wein an den königlichen Hof vermerkt ist, vgl. die Aufstellung bei Aharoni, 371–385 und zur Deutung M. Noth, Das Krongut der israelitischen Könige und seine Verwaltung, ABLAK I, 159–182; A. Mazar, The Historical Background of the Samaria Ostraca, The Early Biblical Period. Historical Studies, 1986, 173–188. Aufgrund der mit den Sippen genannten Orte können Abieser westlich, Helek nördlich, Schemida nordwestlich und Asriel südlich von Sichem auf dem zentralen Gebirge gesucht werden, vgl. M. Noth, Der Beitrag der samarischen Ostraca zur Lösung topographischer Fragen, PJB 28, 1932, 54–67; A. Lemaire, Inscriptions Hébraiques I. Les Ostraca, 1977, 23–65; H. Donner, Ophra in Manasse, in: Die Hebräische Bibel und ihre zweifache Nachgeschichte. Festschrift R. Rendtorff, 1990, 193–206. Mit Sichem (*Tell Balāṭa*) und Hefer (*Tell Muḥaffar*, vgl. zu 12,17) sind zwei Städte den Sippen gleichgeordnet, vgl. zu 24,1 und 12,17. Auch wenn die Zusammenstellung erst nachexilisch erfolgt ist, so spiegelt sie doch die Verhältnisse während der Königszeit.

17,3–6 nehmen das nachpriesterschriftliche Stück Nu 27,1 ff. auf, das Nu 36,6.10.11 noch einmal wiederholt wird, und passen es an den Kontext an. Die fünf auf die feminine Endung auslaufenden Sippen- und Städtenamen werden als Töchter Zelofhads, des Sohnes Hefers, zusammengestellt, vgl. K. D. Sakenfeld, Zelophehad's Daughters, Perspectives in Religious Studies 15/4, 1988, 37–47. Wiederum handelt es sich um eine genealogische Konstruktion ohne stammesgeschichtlichen Hintergrund. Noa und Hogla werden auch in den Ostraka von Samaria genannt (Aharoni, 371–385), die Siedlungsgebiete beider Sippen sind nordwestlich von Sichem anzusetzen. Machla und Milka sind unbekannt, Tirza ist der Name einer Stadt, die vorübergehend Regierungssitz der israelitischen Könige gewesen ist, vgl. 1 R 14,17; 15,21.33; 16,6.8.9.15. 17.18.23; über die Lokalisierung vgl. zu 12,24.

Die Summenangabe für die westjordanischen Sippen Manasses, von denen die ostjordanischen in Gilead und Baschan ausdrücklich unterschieden werden, stimmt nicht mit der Zahl der genannten Namen überein. Die genealogische Verknüpfung soll die Zusammengehörigkeit der Sippen und Städte auf dem Gebirge im Gebiet um Sichem ausdrücklich feststellen und sichern. Vermutlich sind dabei bereits die Verhältnisse nach 722 im Blick, nachdem die assyrische Deportationspolitik die Bevölkerungsstrukturen Israels stark verändert hatte. Der gesamte Einschub geht auf einen späten Redaktor zurück, der nicht näher bestimmt werden kann.

Die Zusätze 16,10 und 17,11–13

16,10 hat eine Entsprechung in Jdc 1,29 und wurde durch den Redaktor von dort übernommen. Die Absicht des sog. negativen Besitzverzeichnisses Jdc 1,27–33 besteht in der Auflistung der nicht eroberten Städte des Westjordanlandes, um sie als kanaanitische Orte auszuweisen, die allein dem Frondienst unterliegen. Dieser מס genannte Frondienst besteht in einer besonderen Abgabe oder Dienstleistung für den König, unter den königlichen Beamten wird denn auch für die Zeit Davids und Salomos 2 S 20,24 und 1 R 4,6 ein für diese Zwangsarbeit verantwortlicher Amtsträger genannt. Die Einführung dieser auch sonst im Alten Orient belegten Maßnahme steht wahrscheinlich mit den königlichen Baumaßnahmen in direktem Zusammenhang, vgl. A. F. Rainey, Compulsory Labour Gangs in Ancient Israel, IEJ 20, 1970, 191–202; T. Mettinger, Solomonic State Officials, 1971, 128–139. Der Begriff מס עבד ist eine durch Attribut oder Genitiv erweiterte Variante des Begriffs מס und wird sonst mit diesem synonym gebraucht; er soll die Form der Beanspruchung durch den König als Arbeitsleistung kennzeichnen.

Nach dem deuteronomischen Kriegsgesetz Dt 20,11 sollen die kanaanitischen Bewohner der eroberten Städte zum Frondienst herangezogen werden; in Übereinstimmung mit dieser Einschränkung werden unter Salomo nach 1 R 9,20–22 nur Kanaaniter in die frondienstliche Pflicht genommen und die Israeliten davon verschont. Wie 1 R 5,27f. zu entnehmen ist, hat die Wirklichkeit nicht diesem Ideal entsprochen, vielmehr war ganz Israel fronpflichtig. Die in Jdc 1,27–33 zum Ausdruck gebrachte Intention entspricht somit deuteronomistischer Theorie. In dem „negativen Besitzverzeichnis" liegt deshalb kein Dokument aus vorstaatlicher Zeit, sondern eine redaktionelle Zusammenstellung vor, die als eine nachträgliche Einleitung zum Richterbuch frühestens nach Abschluß des deuteronomistischen Geschichtswerks im 6. Jh. verfaßt worden ist. Darauf verweist auch die sonstige Wortwahl, die Namen der Städte wurden der Überlieferung entnommen; vgl. die Analyse durch A. G. Auld, VT 25, 1975, 261–285, gegen den Versuch von H. N. Rösel, Jdc 1 als ein Dokument der frühen Königszeit zu erweisen.

Für das hier genannte Geser geht aus der Notiz 1 R 9,16 eindeutig hervor, daß die Stadt in vorstaatlicher Zeit nicht zum Einzugsbereich des Stammes Efraim gehört hat. Der Zusatz will eine bekannte Einzelheit im Sinne einer Vervollständigung der Nachrichten über das Gebiet Efraims nachtragen.

17,11–13 hat Jdc 1,27.28 in veränderter Form aufgenommen, wobei in der Reihenfolge der Namen Jibleam und Taanach miteinander vertauscht sind. Von den fünf genannten Namen erscheinen vier in der Provinzeinteilung Salomos: Dor (*Ḫirbet el-Burğ*) bezeichnet die vierte Provinz 1 R 4,11, und Bet-Schean, Taanach und Megiddo werden in der Beschreibung der fünften Provinz 1 R 4,12 erwähnt. Jibleam (*Bīr Belᶜame*) ist außer in 1 Ch 6,55 noch 2 R 9,27 genannt. Vier der Namen waren somit aus der Überlieferung als zu Manasse gehörig verfügbar. Der Eingliederung dieser Städte in das Stammesgebiet von Manasse liegt die Vorstellung zugrunde, Manasse habe im Norden an Ascher und Sebulon gegrenzt und damit auch die nördlich des Gebirges gelegenen Ebenen sowie die nördliche Küstenebene umfaßt. Diese Regionen lagen noch zur Zeit Salomos außerhalb der Stammesterritorien, sind aber dann fiktiv eingegliedert worden, wobei dort gelegene Städte als nicht eroberte und damit (noch) von Kanaanitern bewohnte aufgelistet wurden. Der Nachtrag soll das Stammesgebiet Manasses dieser weiter entwickelten Vorstellung anpassen und entsprechend vervollständigen.

Die Erzählung 17,14.17.18a

Die Erzählung 17,14–18 ist nicht einheitlich, wie das Nebeneinander der verschiedenen Tendenzen in den Aussagen zeigt. Der Anfrage der Josefiten 17,14 entspricht mit der Aufnahme des Stichwortes גורל die Antwort Josuas in 17,17, zu der zumindest noch 17,18a gehört, während 17,18b eine sekundäre Wiederaufnahme aus 17,16 ist. Diese Anweisung Josuas zielt auf eine Lösung des Problems durch Einnahme bisher unbesiedelter Bereiche des efraimitischen Gebirges. Dagegen hat die Antwort 17,15 die Ausweitung des Stammesgebietes außerhalb des Gebirges Efraim im Ostjordanland im Blick, sie stellt somit eine sekundäre Begründung für eine weitere Ausdehnung des Territoriums dar, wobei in Aufnahme der Aussage von 17,18a wiederum die Gewinnung durch Rodung vorgesehen ist. Dazu im Widerspruch steht der Verweis auf die Stärke der Kanaaniter in 17,16abα, da er von der Vorstellung einer kriegerischen Landnahme geprägt ist, die dem Gedanken einer friedlichen Inbesitznahme durch Rodung entgegensteht. Deshalb kann 17,16 nicht mit den folgenden 17,17.18a verbunden werden.

Damit ergibt sich eine komplizierte literarische Entwicklung: eine ältere Überlieferung von der Vergabe des Gebirges Efraim an das Haus Josef ist mit Hilfe von 17,15 „umgedeutet und umgebildet worden zu einer Erklärung der Übersiedlung von Teilen des Stammes Joseph in das Ostjordanland" (Noth, 107) und durch weitere Zusätze in den Zusammenhang eingepaßt worden. Angesichts der literarischen Entwicklung wird die Annahme von A. Alt (I, 189–191) unwahrscheinlich, die Gestalt Josuas sei in diesem Stück traditionsgeschichtlich verhaftet gewesen und seine historische Rolle habe in der Ausübung eines die Stämme übergreifenden Amtes bestanden.

17,14 geht von der Fiktion eines einzigen Losanteils für Efraim und Manasse aus, wie sie auch in den Nachträgen 16,9 und 17,9aβ zum Ausdruck gebracht ist, obwohl in der Grenzbeschreibung Efraim ein eigenes Gebiet erhält, die Trennung in zwei Stämme also bereits vollzogen ist. Angesichts der Größe des Stammes wird das zugewiesene Gebiet als unzureichend gekennzeichnet. Die vorgebrachte Beschwerde zielt auf eine Lösung: angesichts des in der zahlreichen Nachkommenschaft sichtbaren Segens Jahwes ist die Vergrößerung des Landbesitzes unerläßlich.

17,17.18a weist Josua dem Haus Josef zur Ausweitung seines Gebietes bisher unbesiedelte Bereiche des Gebirges als Wohnsitze an, um das berechtigte Verlangen zu erfüllen. Das Gebirge ist nicht namentlich genannt, doch kann es sich nur um das Gebirge Efraim handeln. Die Bezeichnung „Haus Josef" zur Zusammenfassung der beiden Stämme Efraim und Manasse findet sich im Josuabuch nur 18,5 ist aber auch sonst selten (Gn 43,17.18.19.24; 44,14; 50,8 J; Jdc 1,22.23.35; 2 S 19,21; 1 R 11,28; Am 5,6; Sach 10,6; Ob 18); sie setzt das jüngere System der Stämmeliste voraus und spiegelt somit die spätere Stufe der traditionsgeschichtlichen Entwicklung. Der Verweis auf die Kraft als physische Stärke zielt auf die Notwendigkeit der Rodung und nicht wie im Nachtrag 14,11 auf die Vernichtung der Feinde. Die Einnahme des Gebirges ist somit nicht als Kampf gegen kanaanitische Städte, sondern als Gewinnung der für die Landwirtschaft notwendigen Flächen dargestellt. Wie noch heute ein großer Teil Galiläas, so war einst das Gebirge Efraim mit Wäldern bedeckt, was sich in der Überlieferung noch spiegelt, vgl. Dt 19,5; 1 S 14,25f.; 22,5; 2 S 18,6.8.17 u.ö. und R. Gradmann, Palästinas Urlandschaft, ZDPV 57, 1934, 161–185. Den natürlichen Gegebenheiten entsprechend haben im Bergland nur wenige kanaanitische Städte bestanden; diese haben vor allem an den

Rändern der Täler gelegen, die den Bewohnern die notwendige Acker- und Weidefläche boten. Die Besiedlung dieser Regionen in vorstaatlicher Zeit hat sich denn auch als Urbarmachung durch Rodung vollzogen, was sich in der großen Zahl von Siedlungen spiegelt, die in der Eisenzeit I neu gegründet wurden, vgl. I. Finkelstein, The Archaeology of the Israelite Settlement, 1988, 121–204. Die Anweisung Josuas, den Wald zur Gewinnung weiteren Siedlungsraumes zu roden, spiegelt den geschichtlichen Tatbestand einer Ausweitung des manassitischen Gebietes, ohne selbst ein historischer Vorgang zu sein (gegen H. Seebass, ZDPV 98, 1982, 74f.).

Die redaktionellen Ergänzungen 17,15–16.18b

17,15 deutet die Anweisung auf die Ausdehnung des Siedlungsgebietes Manasses in das Ostjordanland um. Der Ausdruck ארץ הפרזי והרפאים ist sehr vage, doch sind die beiden Völker in den einigermaßen konkreten Angaben Gn 14,5; Dt 3,11.13 mit dem nördlichen Ostjordanland verbunden. In Aufnahme der Aussage von 17,18b wird die Einnahme des ostjordanischen Gebietes als friedliche Landnahme von Westen aus durch Rodung des Waldes verstanden. Das Übergreifen Manasses ins Ostjordanland entspricht einer Entwicklung, die sich im 11. Jh. vollzogen hat und hier im Zuge der Landvergabe durch Josua ausdrücklich legitimiert wird. Diese Anpassung an die historischen Gegebenheiten steht im Widerspruch zu der Vorstellung einer vorgezogenen Landvergabe durch Mose an Halbmanasse zusammen mit Ruben und Gad, wie sie in den redaktionellen Stücken 1,12–18 und 13,29–31 zum Ausdruck gebracht ist.

17,16.18b Die Beschreibung der Stärke der Kanaaniter mit dem Bild des eisernen Wagens stammt aus Jdc 1,18, wo es die Unmöglichkeit einer Niederlassung in der Ebene begründet, wobei die Lokalisierung dieser Ebene offen bleibt, wahrscheinlich aber die Küstenebene gemeint ist. רכב bezeichnet wie 1 R 1,5; 10,26; 2 R 8,21; 9,21; 10,2; 13,7 u.ö. den von Pferden gezogenen Streitwagen, der erst durch Salomo in Israel eingeführt worden ist, in allen Gebieten des Alten Orients sowie in der Ägäis seit der Mitte des 2. Jt. weit verbreitet war, vgl. H. Weippert, BRL, 250–255. Wegen seiner Schnelligkeit bot er in der offenen Feldschlacht taktische Vorteile, in der Regel war er mit einem Wagenlenker und einem Bogenschützen bemannt. Die Streitwagen waren aus Holz, der Zusatz ברזל kann sich deshalb nur auf die Beschläge oder Trensen beziehen. Bis in die Königszeit war der Wagen Zeichen der militärischen Überlegenheit der Kanaaniter, vgl. Jdc 4,3.13. Mit seiner Nennung in diesem redaktionellen Nachtrag wird somit ein literarisches Motiv wiederaufgenommen.

18,1–10 Die Vorbereitung der weiteren Landverleihung

1 *Die ganze Gemeinschaft der Israeliten versammelte sich nach Schilo. Dort schlugen sie das Zelt der Begegnung auf. Das ganze Land war vor ihnen unterworfen.*
2 **Übriggeblieben waren unter den Israeliten noch sieben Stämme, die ihren Erbbesitz noch nicht verteilt hatten.** 3 **Josua aber sprach zu den Israeliten: „Wie**

lange wollt ihr zögern einzuziehen, um das Land in Besitz zu nehmen, das euch Jahwe, der Gott eurer Väter, übereignet hat? [4]Bestellt euch je drei Männer aus jedem Stamm. Ich will sie aussenden, und sie sollen sich aufmachen und im Land umhergehen und es aufzeichnen entsprechend ihrem Erbbesitz und sollen dann zu mir kommen. [5]Ihr sollt es unter euch teilen in sieben Teile. Juda soll auf seinem Gebiet im Süden bleiben. Die vom Haus Josefs sollen auf ihrem Gebiet im Norden bleiben. **[6]Ihr aber sollt das Land in sieben Teilen aufzeichnen und es hierher zu mir bringen, so will ich für euch hier vor Jahwe, unserem Gott, das Los werfen.** [7]Aber die Leviten erhalten keinen Anteil in eurer Mitte, denn das Priestertum Jahwes ist sein Erbbesitz. Gad, Ruben und der halbe Stamm Manasse haben ihren Erbbesitz (bereits) jenseits des Jordans im Osten erhalten, den ihnen Mose, der Knecht Jahwes, zugewiesen hat". [8]Da machten sich die Männer auf und gingen los. Josua hatte aber denen, die ausgingen, das Land aufzuzeichnen, befohlen: „Geht im Land umher, zeichnet es auf und kehrt zu mir zurück. Hier will ich für euch das Los werfen vor Jahwe in Schilo". **[9]Da gingen die Männer hin, durchzogen das Land und nahmen es auf nach Städten in sieben Teilen in ein Buch und ʿbrachtenʾ[a] es Josua** in das Lager nach Schilo. [10]Da warf Josua ihnen das Los in Schilo vor Jahwe, **und er verteilte dort das Land den Israeliten nach ihren Abteilungen.**

[9a] Statt qal ist hi zu lesen.

Die Erzählung von der Bestandsaufnahme des noch nicht verteilten Landes ist nicht aus einem Guß, sondern zeigt deutliche Spuren starker Überarbeitung. Die Einleitung 1 stammt nach Wortwahl und Vorstellung von dem priesterlichen Redaktor. Innerhalb der Rede Josuas ist 5 mit dem Verweis auf Juda und das Haus Josefs ein redaktioneller Nachtrag aufgrund der bisherigen Erzählung Jos 15–17. Weiterhin ist 4 eine Dublette zu 6. Die Hervorhebung der Sonderstellung Levis und der Rückbezug auf Jos 13 in 7 sind ebenfalls ein redaktioneller Einschub. Von den beiden Dubletten 8 und 9 kann nur 9 ursprünglich sein. Entsprechend der Wortwahl der Redaktion ist auch 10a eine Ergänzung. Vermutlich ist אל מחנה שלה am Ende von 9 eine Glosse, wie in 2,23 sind die Männer nur zu Josua zurückgekehrt, zumal das Stück auch sonst ohne Ortsangabe auskommt, die erst durch die Redaktion nachgetragen wird. Als Einleitung für die weitere Landverteilung ist das Stück 18,2.3.6.9.10b vermutlich erst von DtrH geschaffen worden. Da die Auflistung von Grenzen und Städten in Jos 15–17 durch erzählerische Zwischenstücke unterbrochen wird, verlangte die weitere Beschreibung der Stammesgebiete eine erzählerische Vorbereitung, die in Form einer weiteren Kundschaftererzählung leicht zu geben war. Den Grundbestand bildet eine literarische Brücke, deren Abfassung erkennen läßt, daß DtrH schriftliche Dokumente vorgelegen haben. Inhaltlich hat DtrH das Motiv der Erkundung des Landes aufgenommen, das ihm aus Jos 2 und vielleicht aus der Kundschaftererzählung Nu 13.14* J bekannt war, vgl. zu 14,6–13*. Sachlich bringt das Stück nichts Neues, erst die priesterschriftliche Redaktion hat es mit 1 nach Schilo verlegt.

2 ist mit nachgestelltem Subjekt syntaktisch ungewöhnlich. Die Siebenzahl der noch übriggebliebenen Stämme ergibt sich aus den neuneinhalb Stämmen von 13,7 nach

Abzug von Juda, Efraim und Halbmanasse. Das Verb חלק qal für die Landverteilung wird sonst nur in dem redaktionellen Vers 14,5 gebraucht, im Piel steht es noch 13,7; 18,10 und 19,51. Die Exposition macht keine näheren Angaben über Ort und Zeit, sondern stellt nur den literarischen Bezug her.

3 Die Rede Josuas beginnt mit dem Vorwurf des Nachlassens, wobei der Gebrauch von רפה hitpa singulär ist; 1,5 und 10,6 erscheint das Verb im Piel (vgl. Dt 4,31; 9,14; 31,6.8). Diese Verzögerung in der Annahme der Heilsgabe stellt nach DtrH eine Verfehlung dar. Zu נתן לכם ביד vgl. zu 2,9a. Die Bezeichnung Jahwes als dem „Gott eurer Väter" ist innerhalb des Josuabuches singulär, wird aber Dt 1,11 und 4,1 gebraucht und weist auf Ex 3,13.15.16 zurück. Die Wendung soll nicht die Identität mit dem (andersnamigen) Gott der Väter herstellen, sondern auf die Geschichte Jahwes mit seinem Volk verweisen, vgl. zu der literarischen Funktion der Formel M. Köckert, Vätergott und Väterverheißungen, FRLANT 142, 1988.

6 Die verlangte schriftliche Fixierung der Landanteile weist auf die folgenden Listen voraus. Der Losentscheid bezieht sich somit auf die Verteilung der festgelegten Territorien auf die einzelnen Stämme. Zu גורל vgl. zu 14,2; die Verbindung mit ירה findet sich nur hier. Der menschliche Akt der listenmässigen Erfassung von Städten und Grenzen wird hier mit der Vorstellung einer Landzuweisung durch das Orakel so in Beziehung gesetzt, daß die Landgabe letztlich in der Entscheidung Gottes liegt. Die Anordnung zu schriftlicher Abfassung der Landbeschreibung hebt darauf ab, daß Städtelisten nur schriftlich überliefert werden können. Gleichzeitig steht der Befehl zum Schreiben in der deuteronomistischen Tradition zunehmender Verschriftung des Wortes, vgl. zu 8,32. Die Erstellung von Listen war bereits während der Königszeit eine übliche Praxis, die von den am Hof ausgebildeten Schreibern ausgeübt wurde, vgl. Nu 33; Jdc 8,14; 1 Ch 4,34–37 und die Originaldokumente bei Y. Aharoni, Arad Inscriptions, 1981. Das Nomen חלק für den sonst נחלה genannten Losanteil findet sich nur in 18,1–10; 19,9 und 22,25.27 sowie im Zusammenhang mit Levi bzw. den Priestern Dt 10,9; 12,12; 14,27.29; 18,1 und stellt somit deuteronomistischen Sprachgebrauch dar.

9.10b Die Ausführung der befohlenen Bestandsaufnahme wird außerordentlich knapp berichtet, wobei die Terminierung von 2,23 anklingt. Nach deuteronomistischer Anschauung bedingt die Verschriftung die Form des Buches, die hier als Rolle aus Papyrus oder Leder vorzustellen ist, vgl. dazu K. Galling, Tafel, Buch und Blatt, in: Near Eastern Studies in Honor of W. F. Albright, 1971, 207–223; A. Lemaire, Vom Ostrakon zur Schriftrolle, ZDMG Supplement VI, 1985, 110–123. Nach Rückkehr der Männer nimmt Josua die Verteilung des Landes vor.

Die nachpriesterschriftliche Redaktion 1 (RedP)

1 weist priesterschriftlichen Sprachgebrauch auf: קהל ni ist Nu 16,3; 20,2 P belegt, wird aber im Hifil Dt 4,10; 31,12.28 aufgenommen. עדה kommt Ex 12,3.6.19; 16,9.10.22 vor und findet sich dann in den Zusätzen der priesterschriftlichen Redaktion 9,15.18.19.21. Als Ortsangabe erscheint Schilo völlig unvermittelt, da eine Verlegung des Lagers nicht erzählt worden ist, es sich also nach 14,6 immer noch in Gilgal befindet. In Schilo befand sich nach 1 S 1,3.9.24 in vorstaatlicher Zeit ein Heiligtum, an dem die Eliden als Priester fungierten. Nach der Ladeerzählung 1 S 4–6 und 2 S 6* wurde dort auch die Lade aufbewahrt, bevor sie an die Philister verloren ging, vgl. zur Lade zu 3,14b und zur Ladeerzählung H. Timm, Die Ladeerzählung (1 Sam 4–6; 2 Sam 6) und das Kerygma des deuteronomistischen Geschichtswerks, EvTheol 26, 1966, 509–526. Im Zuge der Auseinandersetzung mit den Philistern während der 2. Hälfte des 11. Jh. ist Schilo vermutlich zerstört worden, vgl. Jer 7,14. Die Bedeutung Schilos spiegelt sich auch darin, daß David mit der Überführung der Lade nach Jerusalem in ein Zelt (2 S 6,17) an die mit dem Tempel in Schilo verbundene Kulttradition angeknüpft hat, vgl. O. Eissfeldt, Silo und Jerusalem, Kleine Schriften III, 1966, 417–425. Wenngleich die Lade in diesem Zusammenhang nicht erwähnt ist, so hat der Redaktor an dieser Stelle Schilo eingeführt, weil der Ort nach der Überlieferung Standort der Lade gewesen ist. Die Ortsangabe ist dann 19,51 wiederaufgenommen und 21,2 nachgetragen. Schilo ist auf der *Ḫirbet Selūn* zu lokalisieren, die Ausgrabungen haben die Besiedlung in vorstaatlicher und während der Königszeit nachgewiesen, vgl. I. Finkelstein, Excavations at Shiloh 1981–1984: Preliminary Report, Tel Aviv 12, 1985, 123–177.

Der אהל מועד ist das Zeltheiligtum in einer Schicht der Wüstenüberlieferung, die weder zum Jahwisten noch zur Priesterschrift gehört, vgl. V. Fritz, Tempel und Zelt, WMANT 47, 1977, 100–109. Nach den sekundär zugewachsenen Texten Ex 33,7–11; Nu 11,11.12.14–17.24b–30 und Nu 12,2–5a.6–8.9*.10aα.11* ist dieses Zelt als Stätte der Theophanie der in besonderer Weise geheiligte Raum für die Begegnung Moses mit Gott. Dem Jahwisten ist ein solches Offenbarungszelt unbekannt und für die Priesterschrift ist das Zeltheiligtum mit Lade und Keruben, Tisch und Altar eine vollgültige Kultstätte, an der Mose und danach Aharon das Opfer vollzieht (Ex 26–32; Lev 8.9). Die traditionsgeschichtliche Verhaftung dieses Offenbarungszeltes ist nicht mehr zu bestimmen, der Zusammenhang mit dem historisch belegten Zeltheiligtum Davids 2 S 6,17 ist unwahrscheinlich (gegen M. Görg, Das Zelt der Begegnung, BBB 27, 1967, 151–165). Vermutlich handelt es sich um eine Einrichtung, die im Unterschied zum Opferkult und der mit ihm verbundenen Sühnehandlungen allein der Willensoffenbarung Jahwes diente. Die Nähe zum ekstatischen Prophetentum läßt am ehesten daran denken, daß es dem Offenbarungsempfang und der Orakelerteilung prophetischer Kreise zur Verfügung stand, so bereits J. Morgenstern, The Tent of Meeting, JAOS 38, 1918, 125–139; M. Haran, The Nature of the „Ohel Moᶜedh" in Pentateuchal Sources, JSS 5, 1960, 50–65.

Die nochmalige Feststellung des Abschlusses der Eroberung des Landes nimmt mit כבש ni den singulären Sprachgebrauch aus Nu 32,22.29 auf, der in Nu 32 aber erst durch redaktionelle Ergänzungen eingedrungen ist (Wüst, 99f.).

Die redaktionellen Zusätze 4.5.7.8.10a

4 Der Imperativ הבו findet sich auch Dt 1,13. Die merkwürdige Dreizahl der Männer pro Stamm bleibt unerklärt; die Zweizahl von 2,1 entspricht wohl eher der Regel bei Erkundungen. Mit dem seltenen הלך im sog. hitpa soll wohl die Dauer des Unternehmens für die Aufzeichnung der Ortschaften zum Ausdruck gebracht werden, vgl. E. A. Speiser, JAOS 75, 1955, 118–121. Zur schriftlichen Fixierung des Landes vgl. zu 18,6.

5 Die Zahl der sieben Stämme berechnet sich nach 13,7 abzüglich der Stämme Efraim und Halbmanasse, die ihren Landanteil Jos 15–17 erhalten haben. Das bereits verteilte Land wird 5b kurz umrissen. Der Kennzeichnung durch den Negeb im Süden steht im Norden keine entsprechende Landschafts- oder Gebietsbezeichnung gegenüber.

7 betont wie die Zusätze 13,14 und 33 sowie 18,3.4 die Sonderstellung Levis und bereitet damit den Anhang Jos 21 vor. Das seltene כהנה findet sich sonst erst in der Priesterschrift (Ex 29,9; Nu 3,10) und ihr zugewachsenen Teilen (Ex 40,15; Nu 16,10; 18,7; 25,13). 7b verweist auf Jos 13 in der redaktionell ergänzten Fassung.

8 bringt die Ausführung der Anordnung in der Wortwahl der Redaktion. Ungewöhnlich ist wie 18,10a der Gebrauch von שלך hi in Verbindung mit גורל.

10a Der Gebrauch des Losorakels in Schilo wird noch einmal betont, um den Vollzug der Landverteilung als sakralen Akt zu kennzeichnen.

18,11–28 Der Stamm Benjamin

**[11]Es fiel das Los des Stammes der Benjaminiter mit ihren Sippen, und das Gebiet
ihres Loses lag zwischen den Judäern und den Josefitern. [12]Es wurde ihnen als
Grenze zur Nordseite hin zu Teil: vom Jordan aus steigt die Grenze zur Schulter
von Jericho im Norden, sie steigt auf das Gebirge nach Westen und ihre Ausgänge führen zur Steppe von Bet-El[a]. [13]Von dort geht die Grenze hinüber nach Lus,
zur Schulter von Lus nach Süden ˹ ˺[a], die Grenze steigt hinab nach Atarot-Addar,
auf den Berg, der südlich des unteren Bet-Horon liegt. [14]Die Grenze zieht umher
und wendet sich auf der Westseite nach Süden von dem Berge aus, der Bet-
Horon im Süden gegenüber liegt, und ihre Ausgänge führen nach Kirjat-Baal,
das ist Kirjat-Jearim, eine Stadt der Judäer. Das ist die Westseite. [15]Die Südseite
aber ist: Vom Rand von Kirjat-Jearim geht die Grenze nach Westen und sie geht
weiter zur Quelle Wasser von Neftoach[a]. [16]Die Grenze geht herab zu dem Rand
des Berges, der dem Tal Ben-Hinnom gegenüber liegt, der im Norden des Tales
Refaim liegt, sie führt das Hinnom-Tal hinab zur Schulter des Jebusiters nach
Süden und steigt hinab zur Rogel-Quelle. [17]Sie zieht sich nach Norden und führt
hinaus zur Sonnenquelle und führt weiter zu den Wasserbecken, die dem Aufstieg von Adummim gegenüber liegen, und geht herab zum Stein Bohans, des
Sohnes Rubens. [18]Dann geht sie vorüber zu der Schulter von ˹Bet˺[a]-Araba nach
Norden ˹ ˺[b], [19]und die Grenze geht hinüber zu der Schulter von Bet-Hogla nach
Norden. Ihre Ausgänge ˹ ˺[a] führen zur Bucht des Salzmeeres nach Norden an das
südliche Ende des Jordans. Das ist die Südgrenze. [20]Der Jordan und ˹(sein)
Uferbereich (liegt)˺[a] auf der Ostseite. Das ist der Erbbesitz der Benjaminiter
nach seinen Grenzen ringsum mit ihren Sippen.**

**[21]Zu dem Stamm der Benjaminiter mit ihren Sippen gehörten folgende Städte:
Jericho, Bet-Hogla, Emek-Keziz, [22]Bet-Araba, Zemarajim, Bet-El, [23]Awim,
Para, Ofra, [24]Kefar-Ammoni, Ofni[a] und Geba. 12 Städte mit ihren Gehöften.**

[25]Gibeon, Rama, Beerot, [26]Mizpe, Kefira, Moza, [27]Rekem, Jirpeel, Tarala, [28]Zela-Haelef, ᶜJebusᵓ[a], ᶜ Gibeaᵓ[b], Kirjat-ᶜJearimᵓ[c]. (Insgesamt) vierzehn Städte mit ihren Gehöften. Das ist der Erbbesitz der Benjaminiter nach ihren Sippen.

[12a] Der Name Bet-Awen in 𝔐 ist eine Entstellung von Bet-El, vgl. Jos 7,2; 1 S 13,5; 14,23; Hos 4,15; 5,8; 10,5. [13a] Der Satz „das ist Bet-El" ist eine erklärende Glosse zu Lus. [15a] Vgl. zu 15,9. [18a] Statt gegenüber der Araba ist mit 𝔊, die Βαιθαραβα bietet, בית ערבה zu lesen. [b] Die Weiterführung „und steigt herab in die Araba" beruht vermutlich auf Dittographie und ist als sekundär zu betrachten, zumal dieses Glied in 𝔊 fehlt. [19a] Das Wort הגורל ist sachlich überflüssig und deshalb zu streichen. [20a] Statt des singulären „er begrenzte es" in 𝔐 ist entsprechend 13,23.27; 15,47 וגבול zu lesen. [24a] Der Name העפני hat in 𝔊 keine Entsprechung, kann aber nicht einfach mit Noth, 108, als Dittographie des vorangegangen Namens gestrichen werden, da dann die Zwölfzahl nicht erreicht wird. Nun hat 𝔊 vor Kefar-Ammoni einen weiteren Namen geboten, der in 𝔊[B] Καραφα und in 𝔊[A] Αικαρεν lautet. Ein hebräisches Äquivalent ist nicht auszumachen; da die Textüberlieferung nicht mehr aufgehellt werden kann, wird der Name Ofni belassen. [28a] Die Identifizierung „das ist Jerusalem" ist als sekundär anzusehen. Statt „der Jebusiter" ist im Zusammenhang des Textes mit 𝔊 der Ortsname zu lesen. [b] Die Form des status constructus ist vermutlich durch nachträgliche Änderung entstanden. [c] „Jearim" ist in 𝔐 durch Homoioteleuton ausgefallen, aber in 𝔊 noch erhalten.

Literatur: Z. Kallai-Kleinmann, Notes on the Topography of Benjamin, IEJ 6, 1956, 180–187; K.-D. Schunck, Bemerkungen zur Ortsliste von Benjamin (Jos 18,21–28), ZDPV 78, 1962, 143–158; K.-D. Schunck, Benjamin. Untersuchungen zur Entstehung und Geschichte eines israelitischen Stammes, BZAW 86, 1963. Vgl. außerdem die zu Jos 15 genannte Literatur.

Das dem Stamm Benjamin zugefallene Land wird durch eine Grenzbeschreibung 11–20 und eine Städteliste 21–28 erfaßt. Die Aufzählung der Städte ist durch die Summenangaben zweigeteilt. Diese Unterteilung ergibt im jetzigen Zusammenhang keinen Sinn und weist auf die Übernahme aus einer schriftlichen Vorlage. Während die Grenzbeschreibung eine literarische Kompilation darstellt, entstammt die Städteliste wahrscheinlich einem Dokument der Königszeit, das auch 15,21–62 verarbeitet worden ist.

Die Grenzbeschreibung 11–20

Die Grenzbeschreibung Benjamins ist eine Kombination aus der Südgrenze Efraims (16,2.3a) und der Nordgrenze Judas (15,5b–9), wobei das Territorium auf das Gebirge und den westlichen Teil des Jordangrabens beschränkt bleibt.

11 Wie 19,10 wird גורל ausnahmsweise mit עלה verbunden. Die Lage des Stammesgebietes zwischen den Stämmen Juda und Josef wird ausdrücklich vermerkt.

12.13 Die Nordgrenze entspricht weitgehend der Südgrenze des Hauses Josef, vgl. zu 16,1–3. Ausgangspunkt ist der Jordan auf der Höhe von Jericho. Die „Schulter von Jericho" bezeichnet einen Höhen- oder Gebirgsrand nordöstlich der Stadt, so daß diese noch in das Stammesgebiet Benjamins fällt. Bet-El erscheint in der Form Bet-Awen, die 7,2 als Glosse nachgetragen wurde und aus dem Spruch Am 5,5 entwickelt worden ist; sie findet sich noch 1 S 13,5; 14,23; Hos 4,15; 5,8; 10,5; keinesfalls ist Bet-Awen als ein eigener Ortsname aufzufassen, gegen G. Schmitt, Bet-Awen, in: R. Cohen und

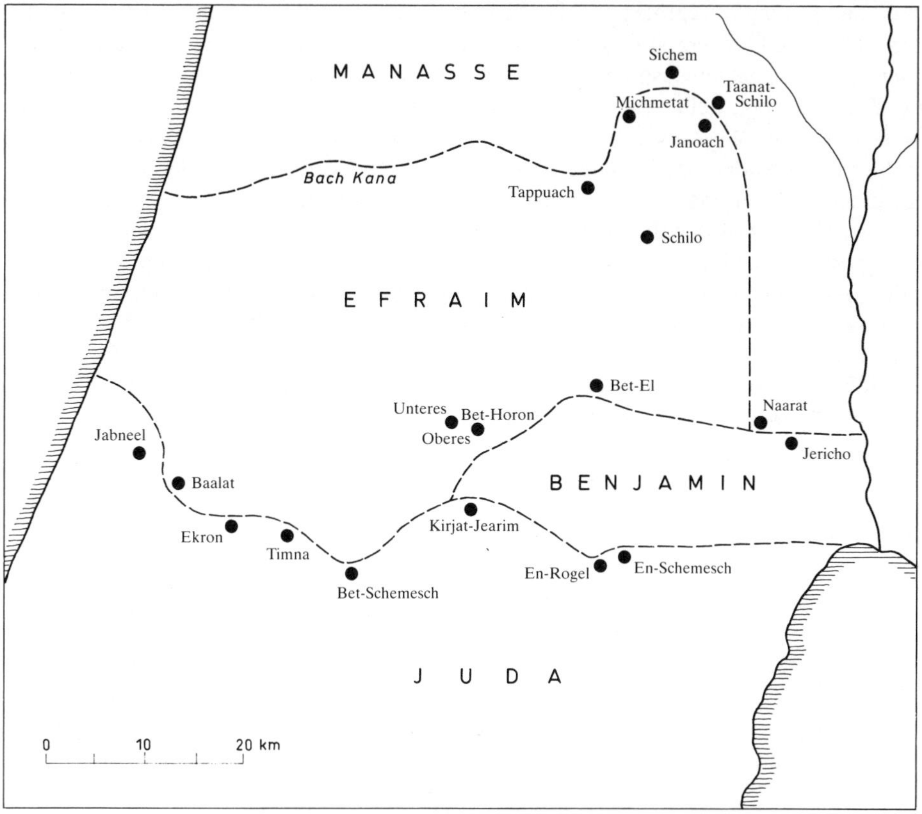

Abb. 3: Die Grenzen Benjamins nach 18, 11–20

G. Schmitt, Drei Studien zur Archäologie und Topographie Altisraels, 1980, 33–76; N. Na'aman, Beth-Aven, Bethel and Early Israelite Sanctuaries, ZDPV 103, 1987, 13–21; Z. Kallai, Beth-El – Luz and Beth-Aven, in: Prophetie und geschichtliche Wirklichkeit im Alten Israel, Festschrift S. Herrmann, 1991, 171–188.

Die „Steppe von Bet-El" kann nur das regenarme Gebirge östlich der Wasserscheide bezeichnen. Dadurch, das Bet-El/Bet-Awen nur in einer geographischen Angabe erscheint, wird die Spannung mit Lus vermieden, die sich 16,2 aus der Nennung von Bet-El und Lus als zwei verschiedenen Orten ergibt; vielmehr ist hier die Gleichsetzung beider stillschweigend vorausgesetzt. Die weiteren Grenzfixpunkte Atarot-Adar (*Ḫirbet ᶜAṭṭāra*) und das untere Bet-Horon (*Bēt ᶜŪr et-Taḥtā*) stimmen mit 16,2.3 a überein. Das in 16,3 b genannte Geser mußte wegfallen, da die Westgrenze am Gebirgsrand entlang läuft. Die genaue Angabe eines Berges südlich von Bet-Horon stellt die Zurechnung des Ortes zu Efraim sicher.

14 Die Westgrenze ist durch den Endpunkt der Nordgrenze bei Bet-Horon und den Endpunkt der Südgrenze bei Kirjat-Jearim markiert. Beide Punkte sind diesen beiden Grenzbeschreibungen entnommen. Die Namensform Kirjat-Baal findet sich nur noch

15,60 und ist eine Mischform aus den beiden Namen Kirjat-Jearim und Baala, vgl. 15,9 und 1 Ch 13,6. Der Ort ist in *Ṣoba* zu lokalisieren, die Gleichsetzung mit Kirjat-Jearim (*Dēr el-Azhar*) ist eine spätere Glosse. Die Zugehörigkeit der Stadt zu Juda wird ausdrücklich festgestellt, was 15,60 entspricht. Anders als bei Juda und Efraim werden die von Ost nach West verlaufenden Grenzen nicht bis zum Meer durchgezogen.

15–19 Die Südgrenze verläuft entsprechend der Nordgrenze Judas, wird aber in umgekehrter Richtung von West nach Ost beschrieben, vgl. zu 15,5b–9. Ausgelassen sind lediglich das südwestlich von Kirjat-Jearim gelegene Gebirge Efron und die Ebene Achor (*el-Buqēᶜa*); beide Gebiete lagen eindeutig innerhalb des judäischen Territoriums und konnten deshalb in der Grenzbeschreibung Benjamins keine Erwähnung finden. Ansonsten stimmt der Grenzverlauf mit dem 15,5b–9 beschriebenen Judas überein.

20 Die Ostgrenze bildet der Jordan von seiner Einmündung in das Tote Meer bis auf die Höhe von Jericho. Damit sind die Grenzen Benjamins vollständig beschrieben, wie die Schlußformel mit סביב „ringsum“ eigens zum Ausdruck bringt.

Die Ortsliste 21–28

Die Untergliederung der benjaminitischen Ortsliste in zwei Teile folgt der Wasserscheide und ist durch die geographischen Gegebenheiten bedingt. Die Liste bringt nur eine Auswahl der Städte Benjamins, sonst bekannte Orte wie Anatot, Nob, Michmas fehlen. Dafür findet sich aber eine Reihe von Namen, die sonst nicht mehr erwähnt werden und dementsprechend auch nicht zu lokalisieren sind: Emek-Keziz, Zemarajim, Awim, Kefar-Ammoni, Ofni, Rekem, Jirpeel, Tarala. Auch wenn einige Namen durch Fehler in der Überlieferung entstellt sein sollten, so bleibt die große Zahl sonst unbekannter Orte auffallend.

Der Vergleich der Lage der lokalisierten Orte mit der Grenzbeschreibung 18,11–20 zeigt, daß die unterschiedlich beschriebenen Gebiete weitgehend übereinstimmen. Die Ortsliste Benjamins stellt allerdings ein Dokument dar, das einer der Grenzbeschreibung gegenüber selbständigen Quelle entstammt. Die Analogie in den Summenangaben legt für 18,11–20 die Zusammenstellung mit der Ortsliste Judas 15,21b–45.48–59.59a𝔊.61.62 zu einem Dokument der Distrikteinteilung nahe; die Annahme einer Aufteilung Judas und Benjamins in zwölf Distrikte ergibt auch sachlich einen Sinn, vgl. zu 15, 21–62*. Da die Orte Benjamins in zwei Gruppen aufgegliedert waren, können sie als 11. und 12. Verwaltungsdistrikt gezählt werden. Eine Abspaltung dieses Teils der ursprünglichen Liste im Sinne der Stämmegeographie durch DtrH war leicht möglich. Die ursprüngliche Liste ist am ehesten in das 9. Jh. zu datieren, vgl. zu 15,20–63.

21–24 Die erste Gruppe umfaßt zwölf Namen im Jordantal und auf dem Gebirge, was der Summenangabe entspricht. Bekannt sind Jericho = *Tell es-Sulṭān*, Bet-El = *Bētīn*, Para = *Ḫirbet ᶜĒn-Fāra* am *Wādi Fāra*, Ofra = *eṭ-Ṭayyibe* und Geba = *Ǧebaᶜ*. Bet-Hogla und Bet-Araba haben wahrscheinlich am Westrand des Gebirgsabfalls und nicht in der Jordansenke gelegen, vgl. zu 15,5b–11.

Bet-Araba wird bereits 15,61 innerhalb des Wüstendistriktes der Gaueinteilung Judas genannt. Die Doppelung ist auffallend und geht vielleicht auf einen Eingriff durch DtrH zurück. Diese Wiederholung des Ortsnamens allein widerlegt noch nicht die mögliche Ableitung von 15,20–62 und 18,21–28 von einem Dokument. Emek-Keziz und Awim, Kefar-Ammoni und Ofni sind sonst völlig unbekannt.

Die Gleichsetzung von Zemarajim mit *Rās eẓ-Zemāra* muß aufgegeben werden, da sich im Umkreis dieses südlich von *eṭ-Ṭayyibe* gelegenen Hügels keine Spuren eisenzeitlicher Besiedlung gefunden haben, vgl. K. Koch, Zur Lage von Semarajim, ZDPV 78, 1962, 19–29. Die Nennung des Ortes als *ḏ-m-r-m* in der Liste Schoschenks (Simons, XXXIV, Nr. 57) trägt nichts zur Lokalisierung bei.

25–28 Die zweite Gruppe schließt nach Westen an die erste Gruppe an. Sicher zu lokalisieren sind: Gibeon = *el-Ǧib*, Rama = *er-Rām*, Mizpe = *Tell en-Naṣbe*, Kefira = *Ḫirbet Kefīre*, Kirjat-Jearim = *Dēr el-Azhar*. Beerot ist vielleicht mit *Ḫirbet el-Biyār* etwa 3 km südlich von *el-Ǧib* gleichzusetzen, vgl. zu 9,16.17. Moza kann auf der *Ḫirbet Bēt Mizza* 1,5 km nördlich von *Qalōnyā* gesucht werden, falls sich dort der alte Name erhalten hat. Jebus ist wahrscheinlich ein Ort in der näheren Umgebung von Jerusalem gewesen, jedenfalls ist der Ortsname Jdc 19,10 eindeutig belegt. Da die „Schulter des Jebusiters" 15,8; 18,16 vermutlich nach einem Ort benannt ist, muß Jebus westlich oder südwestlich des Hinnom-Tales gesucht werden, vgl. M. Miller, Jebus and Jerusalem: A Case of Mistaken Identity, ZDPV 90, 1974, 115–127, der Jebus allerdings fälschlicherweise im Bereich von *Saᶜfat* nördlich von Jerusalem angesetzt hat. Nach der Gleichsetzung mit Jerusalem lebt der Name Jebus nur in der Bezeichnung Jebusiter für die nichtisraelitische Bevölkerung Jerusalems fort.

Gibea ist von Geba (18,24) zu unterscheiden und höchstwahrscheinlich mit dem Gibea Sauls (1 S 11,4 u. ö.) bzw. Gibea Benjamins (1 S 13,15 u. ö.) identisch, gegen J. M. Miller, Geba/Gibeah of Benjamin, VT 25, 1975, 145–166. Die Lage auf dem *Tell el-Fūl* wenige km nördlich von Jerusalem ist unbestritten, zumal die Besiedlung während der Eisenzeit durch Ausgrabungen nachgewiesen ist; vgl. L. A. Sinclair, An Archaeological Study of Gibeah (Tell el-Fûl), AASOR 34–35, 1960, 1–52.

Zela-Haelef ist wahrscheinlich „mit dem צלע von 2 S 21,14, der Stätte des Erbbegräbnisses und also auch wohl der Heimat der Familie Sauls, identisch" (Noth, 113). Der Ort ist vielleicht mit *Ḫirbet Ṣalāḥ* südwestlich von Gibea (*Tell el-Fūl*) gleichzusetzen (K.-D. Schunck, 118, Anm. 41).

Gänzlich unbekannt sind Rekem, Jirpeel, Tarala.

Die Summenangabe hat 𝔊 richtig in 13 korrigiert. Entweder wurde in 𝔐 Zela-Haelef als zwei Namen verstanden, oder ein Ort ist in der verstümmelten Textüberlieferung von 18,28 ausgefallen. Soweit sie lokalisierbar sind, liegen alle Orte westlich der Wasserscheide.

19,1–9 Der Stamm Simeon

[1]**Das zweite Los fiel auf** ʿ ʾ[a] **den Stamm der Simeoniter mit ihren Sippen. Ihr Erbbesitz lag inmitten des Erbbesitzes der Judäer.** [2]**Als ihr Erbbesitz wurde ihnen zuteil: Beerscheba** ʿ ʾ[a], **Molada,** [3]**Hazar-Schual, Baala**[a], **Ezem,** [4]**Eltolad, Betul, Horma,** [5]**Ziklag,** ʿ**Madmanna**ʾ[a], ʿ**Sansanna**ʾ[b], [6]**Bet-Lebaot, Scharuhen. (Insgesamt) dreizehn Städte mit ihren Gehöften.** [7]ʿEnʾ[a]-Rimmon, ʿAtachʾ[b],

Aschan. Vier Städte mit ihren Gehöften [8]sowie alle Gehöfte im Umkreis dieser Städte bis Baalat-Beer, Ramat-Negeb. **Dies ist der Erbbesitz des Stammes der Simeoniter mit ihren Sippen.** [9]Aus dem Landbesitz der Judäer bestand der Erbbesitz der Simeoniter, denn der Anteil der Judäer war diesen zu groß. So erhielten die Simeoniter Erbbesitz inmitten deren Erbbesitz.

[1a] Das weitere „für Simeon" ist überflüssig und als Glosse zu streichen. Es empfiehlt sich nicht, auf Grund der Lesung von 𝔊 Σαμαα hier den Ortsnamen שמע aus 15,26 einzusetzen. [2a] ושבע ist als Dittographie zu streichen. [3a] Entsprechend 15,29 ist בעלה zu lesen. [5a.b] Statt der Namen in 𝔐 sind die Formen aus 15,31 als *lectio difficilior* einzusetzen. [7a] Lies עין. [b] Die Lesung עתר findet sich zwar auch 15,42, 𝔊[B] hat aber dort θακ und 1 Ch 4,32 bietet תכן, so daß ursprünglich wohl wie 1 S 30,30 עתך gestanden hat; so bereits Noth, 110.

Literatur: Y. Aharoni, The Negeb of Judah, IEJ 8, 1958, 26–38; W. F. Albright, Egypt and the Early History of the Negeb, JPOS 4, 1924, 149–161; A. Alt, Beiträge zur historischen Geographie und Topographie des Negeb III. Saruhen, Ziklag, Horma, Gerar, Kleine Schriften zur Geschichte des Volkes Israel III, 1959, 409–435; V. Fritz, Erwägungen zur Siedlungsgeschichte des Negeb in der Eisen-I-Zeit (1200–1000 v. Chr.) im Lichte der Ausgrabungen auf der *Ḫirbet el-Mšāš*, ZDPV 91, 1975, 30–45; N. Na'aman, The Inheritance of the Sons of Simeon, ZDPV 96, 1980, 136–152; S. Talmon, The Town Lists of Simeon, IEJ 15, 1965, 235–241; vgl. die zu Jos 15 genannte Literatur.

Die Städteliste Simeons geht nicht auf eine selbständige Quelle zurück, sondern stellt einen Auszug aus 15,21b–32 dar, vgl. A. Alt III, 417–419. Offensichtlich lag DtrH „eine alte Überlieferung über ein bestimmtes Gebiet des Stammes Simeon ... überhaupt nicht vor" (Noth, 113), so daß er auf die Ortsliste Judas 15,21 ff. zurückgegriffen hat. Dementsprechend kann die Rahmung in 1 und 8b von DtrH stammen. Dagegen ist die erneute Feststellung des Sachverhaltes in 9, daß der Anteil Simeons inmitten des Territoriums Judas liegt, wohl redaktionell. Auch die Ortsliste wurde sekundär ergänzt. Zum einen wurden in 7 drei Orte mit eigener Summenangabe nachgetragen. Zum anderen wurde das Gebiet mit der Angabe 8a ausgeweitet. Somit hat DtrH nur 19,1–6.8b geschaffen.

1 Die Zählung des Anteils Simeons als zweites Los geht auf die kompositorische Arbeit von DtrH zurück. Die Lage wird ausdrücklich als „inmitten des Erbbesitzes der Judäer" gekennzeichnet. Der literarische Sachverhalt wird so als ein historischer ausgegeben.

2–6 Die Ortsliste wurde aus 15,28–32 von Beerscheba bis Scharuhen einfach übernommen. Zwischen Beerscheba und dem folgenden Baala wurden aus unbekannten Gründen von den Beerscheba vorangehenden Orten noch Molada und Hazar-Schual nachgetragen. Von den 13 Orten sind lediglich Beerscheba = *Bīr es-Seba*[c], Madmanna = *Ḫirbet Tatrīṭ* und Sansanna = *Ḫirbet eš-Šamšānīyāt* sicher zu bestimmen. Zu erwägen sind die Gleichsetzungen Molada = *Ḫurēbet el-Waṭen*, Ezem = *Umm el-*[c]*Aẓam*, Betul = *Tell Umm Bētīn*, Horma = *Tell el-Ḫuwēlife*, Ziklag = *Tell es-Seba*[c] und Scharuhen = *Tell el-*[c]*Aǧǧūl*, vgl. zu 15,21b–32. Die übrigen Orte Hazar-Schual, Baala, Eltolad und Bet-Lebaot sind ihrer Lage nach unbekannt. In jedem Falle scheint das für Simeon abgetrennte Gebiet westlich des *Wādī el-Ḫalīl* gelegen zu haben, ohne daß seine Erstreckung festgelegt werden kann. Die Summenangabe stammt von DtrH, sie steht mit dem

Namenbestand in Übereinstimmung. Nach Noth, 113 beruht die Abtrennung gerade dieses Teils aus der Liste des ersten Distriktes Judas auf dem Vorkommen des Namens Horma, denn diese Stadt galt nach Jdc 1,17 als von Simeon erobert und benannt: die Notiz Jdc 1,17 ist in jedem Fall traditionsgeschichtlich jünger als die Landnahmeerzählung Nu 21,1–3, in der Simeon nicht erwähnt ist, vgl. V. Fritz, Israel in der Wüste, 1970, 89–93; S. Mittmann, Ri. 1,16f. und das Siedlungsgebiet der kenitischen Sippe Hobab, ZDPV 93, 1977, 213–235.

8b bietet die übliche Schlußformel, 13,23.28; 15,20; 16,8; 18,20.28 u. ö.

Die Nachträge 7.8a.9

7 stellt einen Nachtrag dar, der weitere in dem abgetrennten Gebiet gelegene Orte benennen will. En-Rimmon ist der letzte Name in 15,32, aber nicht lokalisierbar; die Gleichsetzung mit *Ḫirbet Umm er-Ramāmīn* etwa 1 km südlich des *Tell el-Ḫuwēlife* muß aufgegeben werden, da eisenzeitliche Keramik völlig fehlt (vgl. N. Na'aman, 146); die Identifizierung mit dem *Tell el-Ḫuwēlife* ist insofern ausgeschlossen, als der Ortsname die unmittelbare Nähe einer Quelle nahelegt, gegen J. D. Seger, BASOR 252, 1983, 20. Atach (cj.) und Aschan kommen auch 1 S 30,30 als Atach und Bor-Aschan in der Liste der Orte vor, die David nach dem Sieg über die Amalekiter mit einem Beuteanteil bedacht hat. Die Lage beider Orte ist unbekannt. Bei der Summenangabe ist En-Rimmon fälschlicherweise als zwei Namen gezählt worden.

8a bringt einen weiteren Nachtrag, mit dem das simeonitische Gebiet weiter ausgedehnt werden soll, wobei an die Stelle der Aufzählung weiterer Orte die Angabe einer Erstreckung getreten ist. Doch ist die Richtung nicht zu bestimmen, da weder Baalat-Beer noch Ramat-Negeb zu lokalisieren sind. Baalat-Beer ist vermutlich mit Bealot 15,24 und Baal 1 Ch 4,33 identisch; dagegen ist fraglich, ob es mit dem Baalat 1 R 9,18 in Verbindung gebracht werden darf. Die Lokalisierung von Baalat-Beer auf der *Ḫirbet el-Mšāš* östlich von *Bīr es-Seba*ᶜ durch N. Na'aman, 146 hat an dem dort gelegenen Brunnen zwar einen Anhaltspunkt, bleibt ansonsten aber völlig unbegründet. Ramat Negeb ist trotz der Schreibvariante mit רמות נגב aus 1 S 30,27 identisch, der Ort ist auch in Ostrakon Nr. 24 aus Arad genannt, vgl Y. Aharoni, Arad Inscriptions, 1981, 46–49. Aufgrund der dominierenden Lage kommt zwar die *Ḫirbet el-Ġarra* auf dem Tafelberg nordöstlich von *Ḫirbet el-Mšāš* für die Lokalisierung von Ramat-Negeb in Frage (A. Lemaire, Semitica 23, 1973, 21f.), doch steht der archäologische Befund dem insofern entgegen, als die Ausgrabungen bisher nur die Besiedlung seit dem 7. Jh. nachgewiesen haben, vgl. A. Biran and R. Cohen, IEJ 29, 1979, 124f. Da Sicherheit über die Lage von Baalat-Beer und Ramat-Negeb vorläufig nicht zu gewinnen ist, kann die dem Nachtrag zugrunde liegende Vorstellung nicht ermittelt werden.

9 Der Redaktor hat die Aussage von 1b noch einmal wiederholt. Als Synonym für נחלה bzw. חלק findet sich חבל nur noch 17,14. Wie für Efraim in 16,9 wird die Abgrenzung des Siedlungsgebietes Simeons besonders betont.

19,10−16 Der Stamm Sebulon

[10]**Das dritte Los fiel auf den ʿStammʾ[a] der Sebuloniter mit ihren Sippen. Die Grenze ihres Erbbesitzes reichte bis Sarid.** [11]**Ihre Grenze steigt herauf nach Westen, ʿ ʾ[a] nach Marala und stößt an Dabbeschet und stößt an das Tal, das Jokneam gegenüber liegt.** [12]**Sie wendet sich von Sarid nach Osten – gegen Sonnenaufgang – nach[a] dem Gebiet von Kislot-Tabor und geht heraus nach Daberat und steigt hinauf nach Jafia.** [13]**Von dort geht sie hinüber nach Osten – gegen Sonnenaufgang – nach Gat-Hefer, Et-Kazin, geht hinaus ʿnach Rimmon, zieht weiterʾ[a] nach Nea,** [14]**die Grenze wendet sich ʿ ʾ[a] nach Norden nach Hannaton. Ihre Ausgänge führen zum Tal von Jiftach-El.** [15]**ʿKitronʾ[a], Nahalal, Schimron, Jidala, Bet-Lechem. (Insgesamt) zwölf Städte mit ihren Gehöften.** [16]**Dies ist der Erbbesitz der Sebuloniter nach ihren Sippen, diese Städte mit ihren Gehöften.**

[10a] Nach der sonst üblichen Formel ist מטה einzusetzen.   [11a] In לימה ist kaum mit Noth, 110 ein verderbter Ortsname zu vermuten, da bereits 𝕲 den vorliegenden Text voraussetzt. Die Kopula vor dem Ortsnamen ist zu streichen.   [12a] Statt על ist אל zu lesen.   [13a] Vermutlich ist רמונה ותאר zu lesen.   [14a] Das unverständliche אתו ist mit 𝕲 zu streichen.   [15a] Nach Jdc 1,30 ist die Namensform קטרון, womit wahrscheinlich die ursprüngliche Schreibweise vorliegt.

Literatur: Z. Gal, Cabul, Jiphthah-El and the Boundary Between Asher and Zebulun in the Light of Archaeological Evidence, ZDPV 101, 1985, 114−127.

Der Abschnitt über Sebulon umfaßt neben der Rahmung 10 und 16 sowie der Grenzbeschreibung 11−14 auch eine Ortsliste 15a mit einer Summenangabe 15b. Da die Ortsliste nur fünf Namen umfaßt, ist die Summenangabe auch auf die in 11−14 genannten Orte zu beziehen. Noth, 114 hält diese Summierung 15b – wie auch die übrigen in 19,22b.30b.38b – für sekundär, weil sie sich mit der Schlußnotiz 16b stößt. Diese Folgerung ist aber keineswegs zwingend. Erstens ist nicht einsichtig, warum ein Redaktor die Grenzfixpunkte unter Außerachtlassung der geographischen Angaben nachträglich gezählt haben sollte. Zum anderen ergeben die genannten Orte keine klaren Grenzlinien, so springt z. B. in 12 die Grenze, die zunächst mit den Orten Sarid, Kislot-Tabor und Daberat von West nach Ost fortschreitet, mit der Nennung von Jafia (*Yāfā*) eindeutig in westliche Richtung zurück, um dann in 13 in nördliche Richtung weiterzuführen, obwohl der Text nach „Osten" angibt. Dergleiche Unstimmigkeiten lassen nur den Schluß zu, daß die in 11−14 verarbeitete Liste keine Grenzfixpunkte, sondern Orte des jeweiligen Stammesgebietes aufgeführt hat. Die Aufzählung wurde durch eine Summenangabe abgeschlossen, die somit ein ursprünglicher Bestandteil der in 10−16 verarbeiteten Liste gewesen ist. Diese Liste ist somit keine Grenzfixpunktreihe, sondern eine Auflistung von Orten des Territoriums gewesen. Das Stammesgebiet von Sebulon wird also nicht durch Grenzbeschreibungen, sondern durch die Nennung von in dem Stammesgebiet gelegenen Orten bestimmt (gegen M. Noth, ABLAK I, 255). Vielmehr hat DtrH eine Ortsliste zu einer Grenzbeschreibung 11−14 umgearbeitet und diese dann mit 10 und 16 gerahmt, auf ihn gehen nicht nur die verbindenden Verben, sondern auch einige geographische Angaben aus eigener Anschauung zur Verdeutlichung des Grenzverlaufs zurück. Mit dieser Annahme einer Umgestaltung von Listenmaterial, das den Anforderungen der Festlegung des Grenzverlaufs nicht genügen konnte, erklärt sich die unzureichende Klarheit in der Beschreibung. Bereits Noth, 115 war die Unzulänglichkeit des verbindenden Textes aufgefallen, so daß die Grenzfixpunktreihen „nun den Eindruck von Ortslistenelementen machen", und er hatte diesen Sachverhalt mit der „mangelnden Ortskenntnis des Bearbeiters" erklärt. Die Lage der aufgeführten Orte läßt aber keinen anderen Schluß zu, als daß es sich wirklich um eine Ortsliste handelt.

Die Grenzbeschreibung ist weder vollständig noch eindeutig. Die zugrunde liegende Ortsliste reichte für eine genaue Festlegung der Grenze nicht aus, da sie nicht für alle Seiten passende Namen enthielt. DtrH hat zur Herstellung eines einsichtigen Grenzverlaufs die Ortsnamen an einigen Stellen durch geographische Angaben ergänzt, ohne immer die wünschenswerte Klarheit zu erreichen. Nach den identifizierbaren Orten umfaßte das Stammesgebiet Untergaliläa. Die Zugehörigkeit der fruchtbaren Ebene *Sahl Baṭṭōf* ist nicht eindeutig, die Nennung von Rimmon und von Hannaton setzt aber voraus, daß der Südrand der Ebene zu Sebulon gerechnet wurde. Das von Sebulon eingenommene Gebiet war somit verhältnismäßig klein.

Für die Datierung der Liste geben die Orte keinen Hinweis, da bei keinem die Siedlungsgeschichte durch archäologische Forschung feststeht. Nun hat Kallai (313–317) auf die Übereinstimmung der Grenzbeschreibung mit dem Umfang der Verwaltungsbezirke in der Provinzeinteilung Salomos hingewiesen und beide in der Weise zueinander in Beziehung gesetzt, daß die Grenzbeschreibung die administrative Gliederung des Landes in salomonischer Zeit wiedergibt und entsprechend in diese Zeit zu datieren ist. Sebulon ist allerdings bei den mit Stammesnamen bezeichneten Provinzen nicht genannt, doch hat bereits Alt (II, 84, Anm. 1) vorgeschlagen, in 1 R 4,16 statt des unverständlichen בעלות den Namen זבלון zu lesen, was zu der vorangehenden Nennung von Ascher gut passen würde. Wenngleich diese Textänderung in den Handschriften keinen Anhaltspunkt hat, so hat sie doch deshalb eine große Wahrscheinlichkeit, weil damit die Schwierigkeit beseitigt ist, daß das Territorium von Sebulon sonst aus der Provinzeinteilung Salomos ausgeklammert bliebe. Aber auch unter der Voraussetzung dieser Textänderung in 1 R 4,16 ist die Zuordnung durch Kallai nicht zwingend, da in der Gaueinteilung Salomos Sebulon und Ascher einen Bezirk bilden, während im System der Landvergabe an die Stämme Sebulon gerade von Ascher abgegrenzt werden soll; die Orte dieses Stammes sind 19,24–31 eigens aufgelistet. Falls die Städteliste Sebulons auf ein Dokument königlicher Administration zurückgeht und nicht eine Zusammenstellung im Sinne literarischer Fiktion darstellt, so kann sie auch der israelitischen Königszeit entstammen. Jedenfalls kann nicht ausgeschlossen werden, daß im Nordstaat Israel in Analogie zu Juda eine Provinzeinteilung unter Berücksichtigung der Stammesterritorien bestanden hat. Auch wenn sich eine solche Verwaltungsmaßnahme nicht nachweisen läßt, so sind wir doch über die Verhältnisse des Königreiches Israel zu wenig unterrichtet, als daß eine solche Maßnahme von vornherein ausgeschlossen werden könnte. Zu datieren wäre eine solche Gliederung des Landes am ehesten in das 8. Jh., als nach der Beseitigung der Bedrohung durch die Nachbarstaaten das Nordreich unter Jerobeam II. (787–747) eine wirtschaftliche Blüte und politische Stabilität erlebte.

10 Mit Sebulon als dem dritten Los beginnt die Reihe der in Galiläa ansässigen Stämme. Die Reihenfolge Sebulon – Issachar – Ascher – Naftali – Dan hat in der Nennung von Sebulon, Ascher, Naftali und Dan Jdc 1,30–36 eine teilweise Entsprechung und findet sich mit Ausnahme von Dan auch in der Aufzählung der Stämme Nu 34,19–29. Die Zusammenstellung Issachar – Ascher – Naftali findet sich noch 21,4–8 und 9–42. Diese Listung entspricht einem späten System der Stämme Israels, das stark nach geographischen Gesichtspunkten geprägt ist und eine jüngere Variante des Stämmeschemas darstellt, vgl. H. Weippert, Das geographische System der Stämme Israels, VT 23, 1973, 76–89.

Der Name Sarid wurde aus der Ortsliste übernommen und zum Ausgangspunkt der Grenzbeschreibung gemacht. Aufgrund der Lesarten in der lukianischen Rezension, der Vetus Latina und der syrischen Übersetzung wird der Name von Noth, 110.115 in שדוד = Schadud geändert und mit dem *Tell Šadūd* am Nordrand der Jesreel-Ebene gleichgesetzt. Es ist jedoch zweifelhaft, ob die jüngeren Textbelege eine ältere Namensform bewahrt haben. Vielmehr kann 𝔐 bestehen bleiben, zumal sich der Name in dem Dorf *Sarīd* erhalten hat.

11 Die genannten Orte sind der Lage nach unbekannt; der Vorschlag von A. Kuschke (HThR 64, 1971, 304), Dabbeschet auf dem *Tell er-Rīš* anzusetzen, ist durch die Annahme eines bestimmten Grenzverlaufs bestimmt und nicht zu sichern. Den einzigen Anhaltspunkt für die Vorstellung von der Grenze bietet die Nennung von Jokneam (*Tell Qemūn*) am südwestlichen Rand der Jesreel-Ebene, wobei „das Tal, das Jokneam gegenüber liegt" nur den Kischon (*Wādi Muqattaᶜ*) bezeichnen kann. Anscheinend will der Vers die Grenze von Sarid nach Westen beschreiben. Marala und Dabbeschet sind der Lage nach unbekannt, aber dementsprechend westlich von Sarid zu suchen. Jokneam war kein Bestandteil der ursprünglichen Ortsliste, sondern ist erst von DtrH im Rahmen der geographischen Angabe hinzugefügt worden.

12 will den Grenzverlauf von Sarid nach Osten festlegen. Der Name Kislot-Tabor hat sich vielleicht in dem heutigen *Iksāl* bewahrt, der Ort kann aber nicht an der Stelle der 2 km weiter nördlich gelegenen *Ḫirbet eṭ-Ṭīra* vermutet werden (A. Alt, PJB 22, 1926, 60), da die Ortslage nach Ausweis der Oberflächenforschung erst ab persischer Zeit besiedelt war (Z. Gal, Lower Galilee during the Iron Age, 1992, 15, Nr. 1.9). Daberat ist *Ḫirbet Dabūra* nordöstlich des Dorfes *Dabūrye* am nordwestlichen Fuß des Tabor. Allerdings war der Ort nur in der Eisenzeit I sowie der persischen Zeit und nicht während der Eisenzeit II besiedelt (Z. Gal, Lower Galilee, 14, Nr. 1.7). Beide Orte wurden vermutlich aus der Ortsliste Issachars 19,18.20 übernommen, um den Grenzverlauf zu markieren. Jafia kann mit *Yāfā* gleichgesetzt werden, wenngleich es westlich der beiden vorangegangenen Orte liegt. Nach der Vorstellung von DtrH zieht sich die Grenze an dem südlichen Rand des untergaliläischen Gebirges entlang.

13 Von den genannten Orten kann Gat-Hefer, der Heimatort des 2 R 14,25 genannten Propheten Jona, mit *Ḫirbet ez-Zerraᶜ* bei *Mešhed* nördlich von Nazaret gleichgesetzt werden, wo noch heute das Grab des Jona verehrt wird (F.M. Abel, Géographie de la Palestine II, 1938, 326f.). Dagegen ist Et-Kazin der Lage nach ebenso unbekannt wie Nea. Mit Rimmon = *Ḫirbet er-Rūma* bei *Rūmmāne* am Südrand der Ebene von *Sahl Baṭṭōf* ist ein fester Punkt erreicht, der die Zugehörigkeit dieses landwirtschaftlich wichtigsten Gebietes in Untergaliläa zum Stammesgebiet wahrscheinlich macht. Nach Ausweis der Oberflächenforschung wurde dieser Ort allerdings erst in persischer Zeit besiedelt (Z. Gal, Lower Galilee, 25, Nr. 1.39). Der Grenzverlauf soll geradezu von Jafia aus in Richtung *Sahl Baṭṭōf* führen, die Richtungsangabe קדמה ist dabei insofern irreführend, als das Gebiet nördlich von Jafia liegt.

14 Hannaton ist von A. Alt (PJB 22, 1926, 62 ff.) mit dem *Tell el-Bedēwīye* am Westrand des *Sahl Baṭṭōf* gleichgesetzt worden. Da dieser *Tell* von der Mittelbronzezeit II B an kontinuierlich besiedelt war, kann diese Identifizierung als gesichert gelten. Nach den Erwähnungen in den Amarnabriefen (Hinnatuna EA 8,17; 245,32) lag der Ort an einem wichtigen Verkehrsweg und kann im Bereich des *Sahl Baṭṭōf* lokalisiert werden, denn „this area was the focus of the ancient settlements in the region" (Z. Gal, 114). Das Tal von Jiftach-El kann nur eines der nach Westen führenden Täler gewesen sein und ist darum entweder mit dem *Wādi el-Mālik* (Noth, 115) oder dem *Wādi ᶜAbellīn* (Z. Gal, 125) gleichzusetzen.

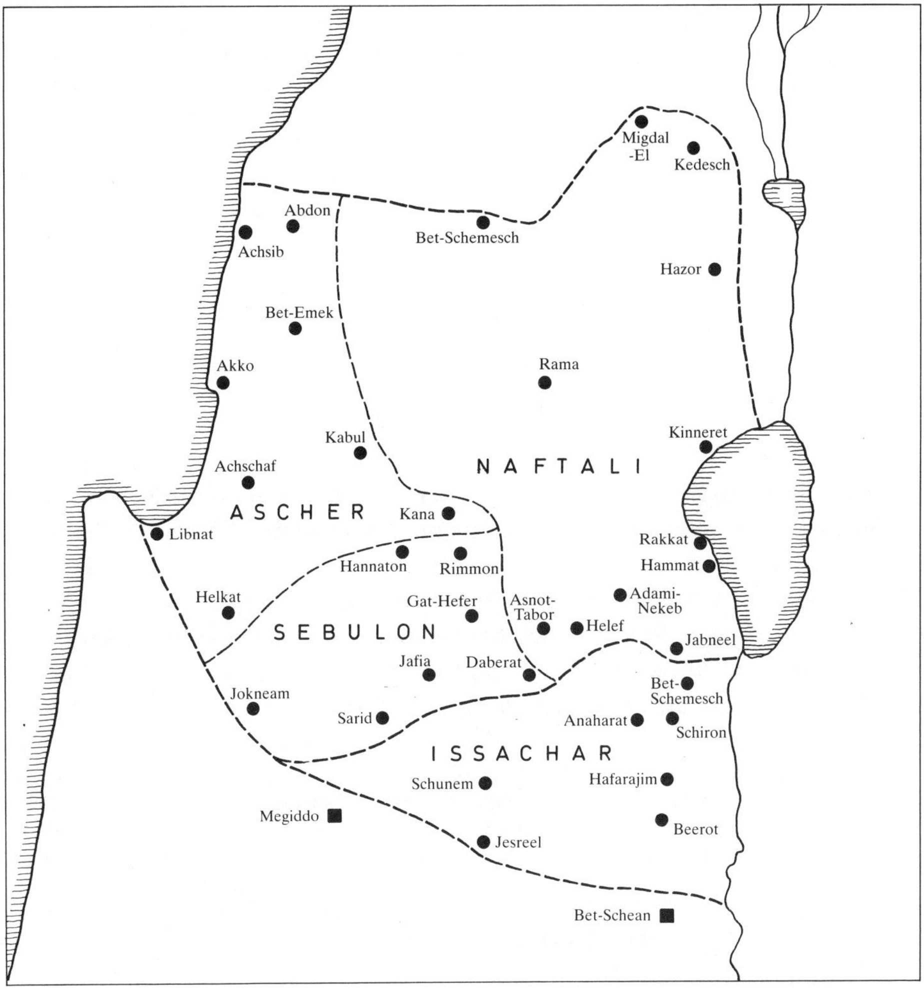

Abb. 4: Die Stammesgebiete Sebulons, Issachars,
Aschers und Naftalis nach 19, 10–39

Die Westgrenze wird nicht mehr beschrieben, ist aber entlang des westlichen Gebirgsrandes vorzustellen, da die Ebene von Akko zu Ascher gerechnet wird, vgl. zu 19,24–31.

15 Am Ende sind fünf Namen der ursprünglichen Ortsliste stehen geblieben. Von diesen sind lediglich Bet-Lechem = *Bēt Laḥm* und Schimron = *Ḫirbet Sēmūniye* (vgl. zu 12,20) zu lokalisieren, beide liegen in den südlichen Ausläufern Untergaliläas.

Von den fünf Ortsnamen 15a finden sich die beiden ersten – Kitron (cj.) und Nahalal – auch in Jdc 1,30. Die Übernahme aus dem sog. negativen Besitzverzeichnis in Jdc 1 läßt sich nur unter der Annahme eines „nachträglichen Textverlustes" (Noth, 115) behaupten. Nun ist aber kein Grund erkennbar, warum die drei letzten Namen von 19,15a in Jdc 1,30 weggefallen sein sollen. Deshalb ist eher mit der Übernahme der beiden Namen aus 19,15 in Jdc 1,30 zu rechnen, zumal das gesamte Kapitel Jdc 1 eine literarische Komposition darstellt, die nachträglich dem Richterbuch vorangestellt wurde, vgl. zu 16,10 und A. G. Auld, VT 25, 1975, 283–285.

Die Summenangabe von 12 Orten entspricht nicht der Zahl der genannten Namen, ohne daß diese Diskrepanz durch Eingriffe in den überlieferten Text behoben werden könnte. Außer den fünf Namen von 19,15 sind auch die Orte der Grenzbeschreibung aus einer ursprünglichen Städteliste übernommen: Marala, Dabbeschet, Sarid, Jafia, Gat-Hefer, Et-Kazin, Rimmon, Nea, Hannaton. (Kislot-Tabor und Daberat entstammen der Ortsliste des Stammes Issachar, vgl. zu 12). Damit ergeben sich insgesamt 14 Namen, von denen anscheinend zwei erst im Verlauf der Textweitergabe durch Verschreibungen oder Zusätze hinzugekommen sind. Soweit sie lokalisierbar sind, umfassen die genannten Orte ein geschlossenes Gebiet.

16 Die stereotype Schlußnotiz entspricht 19,23.31.39.

19,17–23 Der Stamm Issachar

[17] ⌜ ⌝[a] **Das vierte Los fiel auf ⌜den Stamm⌝[b] der Issachariter mit ihren Sippen. [18]Ihr Gebiet umfaßte Jesreel[a], Kesullot, Schunem, [19]Hafarajim, ⌜Schiron⌝[a], ⌜Beerot⌝[b], Anaharat, [20]⌜Daberat⌝[a], Kischjon, Ebez, [21]Remet, En-Gannim, En-Hadda, Bet-Pazzez. [22]Die Grenze stößt an den Tabor und ⌜Schachazajim⌝[a] und Bet-Schemesch. Die Ausgänge ihrer Grenze führen zum Jordan. (Insgesamt) sechzehn Städte mit ihren Gehöften. [23]Dies ist der Erbbesitz des Stammes der Issachariter nach ihren Familien, die Städte mit ihren Gehöften.**

17a Das anfängliche „für Issachar" könnte eine in den Text geratene Randbemerkung sein, vgl. 19,1. Der Beginn des Satzes ist dann als ויצא zu lesen. **b** Analog zu den übrigen Eingangsformeln kann מטה ergänzt werden. **18a** Mit den Versionen ist das ה *locale* zu streichen. **19a** Mit W.F. Albright, ZAW 44, 1926, 229 kann die Verschreibung eines ursprünglichen Resch in 'Alef angenommen werden. **b** Als zusätzlichen Namen bietet 𝔊[B] Ρεηρωθ und 𝔊[A] Ρεναθ, so daß mit W.F. Albright (ZAW 44, 1926, 229) ובארות ergänzt werden kann. **20a** 𝔊[B] bietet Δαβιρων, so daß Rabbit in דברת zu ändern ist, dieser Name ist auch 21,28 und 1 Ch 6,57 belegt. **22a** Der Ortsname ist mit dem Qere zu lesen.

Literatur: W.F. Albright, The Topography of the Tribe of Issachar, ZAW 44, 1926, 225–236; A. Saarisalo, The Boundary between Issachar and Naphtali, 1927.

In dem Abschnitt über Issachar ist in 18–21 die Ortsliste ohne Bearbeitung stehen geblieben. Abgesehen von der Rahmung in 17 und 23 hat DtrH nur in 22 einen verbindenden Text unter Aufnahme von zwei Ortsnamen geschaffen. Noth hält auch für die Aufzählung der Orte Issachars daran fest, daß es sich um Grenzfixpunktreihen handelt, und erklärt das Fehlen des verbindenden Textes damit, daß „dem Bearbeiter die Kenntnisse fehlten, um aus den Grenzfixpunktreihen einen zusammenhängenden Grenzbeschreibungstext zu gestalten" (116). Dagegen spricht, daß sich die lokalisierbaren Orte auf das gesamte für Issachar beanspruchte Gebiet verteilen und die Summenangabe stimmig ist. Da die zehnte salomonische Provinz 1 R 4,17 mit dem Stammesnamen Issachar wiedergegeben wird, kann die Städteliste den Umfang des Stammesgebietes wiedergeben (Kallai, 315–318). Dennoch ist eine Datierung der Liste 19,18–20 in die Zeit Salomos nicht zwingend. Da sich das Stammesgebiet in den Jahrhunderten bis zum Untergang des Nordreiches 722 kaum verändert haben wird, kann die Bestandsaufnahme auch während der Herrschaft der Könige Israels erfolgt sein, ohne daß eine nähere Zuordnung möglich ist. Vermutlich hat DtrH in 18–21 somit ein Dokument des Nordreiches aufgenommen, das für eine Grenzbeschreibung ungeeignet war und deshalb mit Ausnahme der beiden Namen in 22 geschlossen erhalten geblieben ist.

17 Das Gebiet Issachars wird entsprechend der übrigen Zählung als „viertes Los" bezeichnet.

18–21 Die Überlieferung der Ortsnamen ist an einigen Stellen gestört, ohne daß die ursprüngliche Form wiederhergestellt werden kann. Kesullot ist wohl mit Kislot-Tabor 19,12 gleichzusetzen, Daberat ist 19,12 ebenfalls genannt. Von den Ortsnamen sind folgende mit einiger Sicherheit zu lokalisieren: Jesreel mit der Sommerresidenz der Könige von Israel (1 R 21,1) = *Zerᶜīn*, Schunem = *Sōlem*, Hafarajim = *eṭ-Ṭayyibe* etwa 10 km östlich von *Sōlem* nach Kallai, 421–424, Schiron = *Sīrīn* etwa 11 km südöstlich des Tabor, Beerot = *el-Bīre* 6 km östlich von *eṭ-Ṭayyibe* und 5 km südlich von *Sīrīn*, Anaharat = *Tell el-Muḫarḫaš* 4 km westlich von *Sīrīn* nach Y. Aharoni, Anaharat, JNES 26, 1967, 212–215; Daberat = *Ḫirbet Dabūra* bei dem Dorf *Dabūrye* am nordwestlichen Fuß des Tabor. Die übrigen Orte sind der Lage nach unbekannt. Die lokalisierbaren Städte ergeben keine Grenzlinie, sondern verteilen sich über das südöstliche Untergaliläa und den östlichen Rand der Jesreel-Ebene unter Ausschluß der Bucht von Bet-Schean und des Jordangrabens. Wie bereits beim Stammesgebiet von Sebulon sind die an Untergaliläa im Süden angrenzenden Ebenen eindeutig ausgespart. Zur Geschichte von Jesreel vgl. M. Oeming, Der Tell Jesreel (*Ḫirbet Zerᶜīn*), Jahrbuch des Deutschen Evangelischen Instituts für Altertumswissenschaft des Heiligen Landes 1, 1989, 56–77; H. G. M. Williamson, Jezreel in the Biblical Texts, Tel Aviv 18, 1991, 72–92; D. Ussishkin and J. Woodhead, Excavations at Tel Jezreel 1990–1991, Tel Aviv 19, 1992, 3–56.

22 Die Namen Schachazajim und Bet-Schemesch stammen noch aus der Ortsliste. Bet-Schemesch kann vielleicht an der Stelle der *Ḫirbet Šēḫ eš-Šamsāwī* (W. F. Albright, ZAW 44, 1926, 233) gesucht werden. Aus eigener Anschauung wurden von DtrH Tabor und Jordan als Grenzpunkte eingefügt. Am Tabor stoßen damit die Gebiete von Sebulon (vgl. 19,12), Issachar und Naftali (19,34) zusammen.

Die Summenangabe stimmt unter der Voraussetzung, daß in 19,19 der Name Beerot ausgefallen ist.

23 Bietet die übliche Abschlußformulierung entsprechend 19,16.31. 39.

19,24–31 Der Stamm Ascher

[24]**Das fünfte Los fiel auf den Stamm der Ascheriter mit ihren Sippen.** [25]**Ihre Grenze verläuft: Helkat, Hali, Beten, Achschaf,** [26]**Alammelech, Amad, Mischal, sie stößt an den Karmel nach Westen und an den Schichor-Libnat,** [27]**sie wendet sich ostwärts nach Bet-Dagon, stößt an Sebulon und an das Tal Jiftach-El nordwärts ʿund die Grenze geht bis nach Zefatʾ[a], Bet-Emek und Negiel und geht heraus bis Kabul; dazu ʿMischalʾ[b],** [28]**ʿAbdonʾ[a], Rehob, Hammon, Kana ʿ ʾ[b].** [29]**Die Grenze wendet sich nach Rama ʿ ʾ[a], die Grenze wendet sich nach Hosa; ihre Ausgänge führen zum Meer.** Mehalleb[b], Achsib, [30] **ʿAkkoʾ[a], Afek, Rehob. (Insgesamt) zweiundzwanzig Städte mit ihren Gehöften.** [31]**Dies ist der Erbbesitz des Stammes der Ascheriter nach ihren Sippen, diese Städte mit ihren Gehöften.**

[27a] 𝕲 bietet noch die Fortsetzung καὶ εἰσελεύσεται τὰ ὅρια σαφθα = ובא הגבול צפתה. Der Satz kann durch Homoioteleuton ausgefallen sein, so daß sich ein weiterer Name der Liste erhalten hat.   [b] Statt „von links" ist der 21,30 überlieferte Ortsname משאל zu lesen.   [28a] Wie in 21,30 und 1 Ch 6,59 ist עבדון zu lesen.   [b] Die Worte „bis zum großen Sidon" sind eine Glosse, da das Meer erst in 29 erreicht wird.   [29a] Die Fortsetzung ‚und zur befestigten Stadt Tyrus' stört den Zusammenhang und ist wohl ein späterer Zusatz.   [b] Der Name ist im Akkadischen als *Maḥalliba* überliefert (TGI, 57 und 67) und hat vermutlich ursprünglich מחלב gelautet. Darauf verweist auch die Lesung ἀπὸ Λεβ in 𝕲.   [30a] Anstelle des singulären „Uma" ist entsprechend Jdc 1,31 ועכו zu lesen.

Literatur: A. SAARISALO, Sites and Roads in Asher and Western Judah, StOr 28/1, 1962, 3–29; A. KUSCHKE, Kleine Beiträge zur Siedlungsgeschichte der Stämme Ascher und Juda, HThR 64, 1971, 291–313; Z. GAL, Khirbet Ros Zayit – Biblical Cabul. A Historical-Geographical Case, BA 53, 1990, 88–97.

Auch für das Gebiet von Ascher ist die Grenzbeschreibung außerordentlich spärlich. Auf den verbindenden Text folgen häufig mehrere Ortsnamen. Eine Aufzählung von Grenzfixpunkten liegt somit nicht vor; vielmehr stellen die Namen ohne die geographischen Angaben eine Aufzählung von Orten des Stammes dar, deren Zahl in einer Summe zusammengefaßt wird. Für Sebulon und Issachar liegt dem Abschnitt eine Ortsliste zugrunde, die von DtrH in eine Beschreibung eingebettet wurde, vgl. zu 19,10–16. Die Zahlenangabe gehört zur aufgenommenen Liste, die Rahmung 24 und 31 stammt von DtrH.

24 Entsprechend der üblichen Rahmung fällt auf den Stamm Ascher das fünfte Los.

25.26 Von den fünf genannten Namen ist nur Achschaf mit einiger Sicherheit auf dem *Tell Kesān* zu lokalisieren, wo die Besiedlung während der gesamten Königszeit nachgewiesen ist (vgl. zu 12,20), doch muß Mischal in seiner Nachbarschaft gelegen haben, wie das Nebeneinander beider Namen in der Liste Thutmoses' III. ausweist (*m-š-ī-r* und *i-k-s-p* Simons, I, Nr. 39.40). Helkat ist am ehesten auf dem etwa 4 km südlich vom *Tell Harbaǧ* gelegenen *Tell el-ʿAmr* zu suchen (Z. Gal, ZDPV 101, 1985, 124). Die genannten Städte liegen somit vermutlich insgesamt im südlichen Teil der Ebene. Der Karmel gehörte nicht zum ursprünglichen Bestand, sondern wurde von DtrH als markanter Gebirgszug aus eigener Anschauung nachgetragen, um die Südgrenze abzudecken. Der Schichor-Libnat genannte Fluß darf keineswegs südlich des Karmel gesucht werden, da die Grenze das Gebirge kaum überquert hat, am ehesten ist an den Mündungsbereich des Kischon (*Wādi Muqatta*[c]) zu denken, wo Libnat mit dem *Tell Abū Hawām* gleichgesetzt werden kann (Aharoni, 272).

27.28 Der Ausgangspunkt für die Ostgrenze wird nicht genannt. Mit der ausdrücklichen Nennung von Sebulon und der Wiederaufnahme des Tales von Jiftach-El wird auf die Grenze Sebulons 19,14 Bezug genommen, wenngleich eine genaue Festlegung der Nordgrenze fehlt. Nach der Vorstellung von DtrH verläuft die Grenze Aschers wohl nördlich des *Sahl Baṭṭōf*, vgl. 19,13. Die Orte der verarbeiteten Liste beschränken sich auf den westlichen Teil Obergaliläas – soweit sie überhaupt festgelegt werden können. Kabul ist im Umkreis von *Kabūl* zu suchen, die Gleichsetzung mit dem nordöstlich des Dorfes gelegenen *Ḫirbet Rās ez-Zētūn* ist jedoch unwahrscheinlich, da die Ausgrabungen eine Festung der frühen Königszeit freigelegt haben, die wohl aufgrund der phönizischen Keramik als ein Außenposten von Tyrus anzusprechen ist, gegen Z. Gal, 93–97. Abdon hat sich in *Ḫirbet* [c]*Abde* etwa 6 km östlich von *ez-Zīb* und Kana in *Ḫirbet Qana* am Nordrand des *Sahl Baṭṭōf* erhalten. Eine gewisse Wahrscheinlichkeit hat noch die Ansetzung von Bet-Emek auf dem *Tell Mīmās*, wegen der Namensgleichheit mit dem benachbarten [c]*Amqa* durch A. Saarisalo, 13. Alle anderen Orte sind der Lage nach völlig unbekannt, die Vorschläge Negiel = *Ḫirbet Ya*[c]*nīn* (A. Saarisalo, 13) und Bet-Dagon = *Tell Tab*[c]*ūn* (A. Kuschke, 305) bleiben bloße Vermutung. Auch die Lokalisierung von Zefat auf der *Ḫirbet Ṣufta* [c]*Ādī* oder der *Ḫirbet Rās* [c]*Alī* West am östlichen Rand der Ebene von Akko durch A. Kuschke, 305 f. ist ungesichert.

29.30 wollen zunächst den weiteren Verlauf der Westgrenze beschreiben; die bei Hosa abknickende Nordgrenze wird dann mit der stereotypen Formulierung תצאתיו הימה bezeichnet. Für die Gleichsetzung mit Rama liegt *er-Rāme* zu weit östlich, so daß der Ort wie auch Hosa als unbekannt zu gelten hat.

In der weiteren Aufzählung wird Rehob aus 28 wiederholt; diese Doppelung weist darauf hin, daß die fünf Namen wahrscheinlich aus Jdc 1,31 (ohne Sichem und Helba) nachgetragen sind, vgl. Noth, 117. Von diesen liegen Achsib = *ez-Zīb* und Akko = *Tell el-Fuḫḫār* an der Küste. Die Ansetzung von Afek auf dem *Tell Kerdāne* im Zentrum der Akko-Ebene durch A. Alt (PJB 24, 1928, 58 ff.) bleibt ungewiß. Der Ansatz von Mehalleb in *Maḥālīb* an der Mündung des *Nahr el-Qāsimīye* nördlich von Tyrus = *eṣ-Ṣūr* (Noth, 119) liegt zu weit abseits des durch die übrigen Orte abgedeckten Gebietes; vielleicht ist der Ort in der Gegend von Achsib zu suchen, vgl. Kallai, 433.

Die Summenangabe von 22 Städten deckt sich nicht mit den überlieferten Namen, die ohne den Zusatz und ohne Schichor-Libnat 19 Orte ergeben. Vermutlich wurden die übrigen geographischen Angaben mitgerechnet.

Die lokalisierbaren Orte der ursprünglichen Liste liegen im Westteil Obergaliläas, an der Küste und in der Ebene von Akko, wobei vermutlich die Höhe von *Rās en-Nāqūra* nicht überschritten wurde. Wie für die beiden Stämme Sebulon und Issachar 19,10–16 und 17–23 hat DtrH auch für Ascher eine umfangreiche Ortsliste unter Zuhilfenahme weiterer geographischer Orientierungspunkte zu einer Grenzbeschreibung umgestaltet, wobei jedoch stets Gruppen von Namen stehengeblieben sind, weil eine sinnvolle Reihe von Grenzpunkten anderweitig nicht gebildet werden konnte. Herkunft und Abfassungszeit der Liste sind nicht näher zu bestimmen, doch wird sie der israelitischen Königszeit entstammen, vgl. zu 19,10–16.

31 Die Schlußbemerkung entspricht 19,16.23.39.

19,32–39 Der Stamm Naftali

32⌜ ⌝a Das sechste Los fiel auf den ⌜Stamm⌝b der Naftaliter mit ihren Sippen. 33 Ihre Grenze verläuft von Helef, von Elon-Bezaanannim, Adami-Nekeb, Jabneel bis nach Lakkum. Ihre Ausgänge führen zum Jordan. 34 Die Grenze wendet sich westwärts nach Asnot-Tabor, von dort geht sie weiter nach Hukok und stößt an Sebulon im Süden, an Ascher im Westen und an ⌜ ⌝a des Jordans im Osten. 35⌜ ⌝a Hammat, Rakkat, Kinneret, 36 Adama, Rama, Hazor, 37 Kedesch, Edrei, En-Hazor, 38 Jiron, Migdal-El, Horem, Bet-Anat, Bet-Schemesch. (Insgesamt) neunzehn Städte mit ihren Gehöften. 39 Dies ist der Erbbesitz des Stammes der Naftaliter nach ihren Sippen, die Städte mit ihren Gehöften.

32a Die Worte „den Naftalitern" sind als eine in den Text gelesene Randbemerkung zu streichen; entsprechend ist ויצא zu lesen. **b** Wiederum ist מטה einzufügen **34a** Statt „in Juda" hat wahrscheinlich ein *terminus technicus* für den Ausfluß des Jordans aus dem See Gennesaret gestanden. Noth, 116, hat einen Ortsnamen vermutet, was aber in diesem Zusammenhang wenig wahrscheinlich ist. **35a** Die ersten vier Worte haben die Nennung von Tyrus und Sidon aus 28.29 nachgetragen.

Für Naftali hat DtrH nur den ersten Teil der Ortsliste in die Grenzbeschreibung aufgenommen, ein großer Teil der Namen ist in 35–38 einfach stehen geblieben. Die beiden letzten namen Bet-Anat und Bet-Schemesch wurden keineswegs aus Jdc 1,33 übernommen, vielmehr hat der Kompilator von Jdc 1 für Naftali auf 19,38 zurückgegriffen, vgl. A.G. Auld, VT 25, 1975, 283f. Beide Namen sind somit als authentischer Bestandteil der verarbeiteten Ortsliste anzusehen, auch wenn die Gesamtzahl der Städte mit ihnen einundzwanzig beträgt, während die Summenangabe nur neunzehn nennt.

Herkunft und Zeitstellung der Liste sind nicht zu ermitteln. Obwohl in der Provinzeinteilung Salomos 1 R 4,15 der achte Distrikt nach dem Stamm Naftali benannt wird, ist es keineswegs gesichert, daß die Ortsliste die Verhältnisse während der frühen Königszeit spiegelt. Eine Bestandsaufnahme der zum Stammesgebiet von Naftali gehörigen Orte ist auch im Verlauf der Geschichte des Nordreiches denkbar. Allerdings kann ein mögliches offizielles Dokument dann nur aus dem 8. Jh. stammen, da Kinneret während des 9. Jh. nicht bestanden hat, vgl. V. Fritz, Kinneret, ADPV 15, 1990, 181.

32 bringt die übliche Einleitung mit der Zählung als sechstem Los.

33 will zunächst die Südgrenze von Helef aus festlegen. Von den genannten Orten liegt Jabneel auf dem *Tell Naᶜām* westlich der Südspitze des Sees Gennesaret. Die Ausgrabungen haben für die Eisenzeit II eine Siedlungslücke von etwa 1000–800 und die Wiederbesiedlung im 8. Jh. ergeben, vgl. H. Liebowitz, Excavations at Tel Yinᶜam: The 1976 and 1977 Seasons, BASOR 243, 1981, 79–94. Adami-Nekeb ist in *Ḫirbet et-Tell* unmittelbar westlich von *Ḫirbet ed-Dāmiye* anzusetzen. Die übrigen Orte sind der Lage nach unbekannt.

34 stellt den Tabor als Grenzpunkt für drei Stammesgebiete heraus, vgl. 19,22. Asnot-Tabor und Hukok können im Umkreis des Berges gesucht werden, doch ist die Gleichsetzung von Asnot-Tabor mit *Ḫirbet el-Ǧubēl* durch Aharoni, 173 keineswegs zwingend, da auch andere Ortslagen in der Umgebung des Tabor in Betracht kommen. Eine weitere Beschreibung der Nordgrenze fehlt.

35–38 bieten die ursprüngliche Ortsliste ohne verbindenden Text, die Namen reichen vom Westufer des Sees Gennesaret bis an die Nordgrenze Obergaliläas. Eindeutig sind zu identifizieren: Hammat = *Ḥammām* unmittelbar südlich von Tiberias. Rakkat = *Tell Qunēṭrīye* nördlich von Tiberias, Kinneret = *Tell el-ᶜOrēme*. Diese drei Orte liegen in einer Reihe am Ufer des Sees, für Kinneret haben die Ausgrabungen das Bestehen einer befestigten Stadt im 10. und 8. Jh. mit einer Unterbrechung im 9. Jh. nachgewiesen, vgl. V. Fritz, Kinneret, ADPV 15, 1990, 176–182. Adama kann vielleicht mit Y. Aharoni (JNES 19, 1960, 170–183) auf der *Ḫirbet Madyan* bei *Qarn Ḥaṭṭīn* angesetzt werden, falls die Gleichsetzung des Ortes mit *š-m-š ỉ-t-m* aus der Liste Thutmoses' III. (Simons, I, Nr. 51) richtig ist. Die Ortslage wies sowohl in der Spätbronzezeit als auch in der Eisenzeit II eine befestigte Stadt auf, vgl. Z. Gal, Lower Galilee during the Iron Age, 1992, 44–47 unter dem Ortsnamen *Tēl Qarney Ḥiṭṭin*.

Rama ist die im Gebirge gelegene *Ḫirbet Zētūn er-Rāme* 3 km südöstlich von *er-Rāme*. Eindeutig sind die Gleichsetzungen Hazor = *Tell el-Qedaḥ* im Becken des (ehemaligen) *Ḥūle*-Sees und Kedesch = *Qedes* auf dem Gebirge. Seit der Neugründung durch Salomo (1 R 9,15) hat Hazor ununterbrochen bis um 700 bestanden, seit dem 7. Jh. stand an der Stelle der Stadt bis in hellenistische Zeit ein Palast, vgl. Y. Yadin, Hazor, 1972. Jiron kann in *Yārūn* 10 km südwestlich von Kadesch angesetzt werden. Für Migdal-El hat Noth, 120 die *Ḫirbet el-Meğdel* etwa 6 km nordwestlich von *Qedes* vorgeschlagen. Die Lokalisierung von Bet-Schemesch auf der *Ḫirbet Tell er-Ruwēsi* bei *Elgōš* in Obergaliläa ist erwägenswert, aber nicht zu sichern, vgl. Kallai, 436. Dagegen ist die Gleichsetzung von Bet-Anat mit *Ṣafad el-Baṭīḫ* östlich von *Tibnīn* durch Y. Aharoni (The Settlement of the Israelite Tribes in Upper Galilee, 1957, 70–75) als zu weit nördlich abzulehnen. Die weiteren in 37.38 genannten Orte sind vielleicht ebenfalls in Obergaliläa zu suchen, aber der Lage nach unbekannt.

Die Summenangabe ist nicht stimmig, da der Text insgesamt 21 Namen bietet. Die lokalisierbaren Orte liegen im östlichen Galiläa, wobei nur der südliche Ausläufer Untergaliläas ausgespart ist, der nach 19,17–23 zum Stammesgebiet von Issachar gehört hat. Im Norden reichte das Gebiet bis auf die Höhe von Kadesch. Das obere Jordantal war nicht besiedelt, da es in vorhellenistischer Zeit ein von zahlreichen Wasserläufen durchzogenes Sumpfgebiet gewesen ist; doch reichte das Territorium Naftalis bis an den See Gennesaret heran und schloß vermutlich den östlichen Teil der Ebene *Sahl Baṭṭōf* mit ein. Die Grenze gegenüber Ascher ist nicht näher festzulegen, möglicherweise verlief sie am Westrand des galiläischen Gebirges.

39 Abschlußformel entsprechend 19,16.23.31.

19,40–48 Der Stamm Dan

[40]Auf den Stamm der Daniter mit ihren Sippen fiel das siebte Los. [41]Das Gebiet ihres Erbbesitzes war folgendes: Zora, Eschtaol, Ir-Schemesch, [42]Schaalbim[a], Ajalon, Jitla, [43]‛ ’[a], ‛Timna’[b], Ekron, [44]Elteke, Gibbeton, Baalat, [45]Jehud[a], Bne-Barak, Gat-Rimmon, [46]und die Wasser des Jarkon ‛ ’[a] ‛bis’[b] zum Gebiet gegenüber von Jafo. [47]Das Gebiet der Daniter aber ging ihnen verloren; so zogen die Daniter hinauf, kämpften gegen Lajisch[a], nahmen es ein und schlugen es mit

dem Schwert; sie besetzten es und siedelten darin und nannten Lajisch[a] Dan nach dem Namen ihres Stammvaters Dan. 48 Dies ist der Erbbesitz des Stammes der Daniter mit ihren Sippen, diese Städte mit ihren Gehöften.

[42a] In Jdc 1,35; 1 R 4,9 ist die Namensform שעלבים überliefert, die hier ebenfalls eingesetzt ist. [43a] Elon ist Dittographie zu Ajalon, vgl. J. Strange, StTh 20, 1966, 122. [b] Mit den Versionen ist das ה *locale* zu streichen. [45a] 𝔊 bietet Αζωρ, das von Noth, 121 mit *Azuru* aus dem Taylorzylinder II, 66 verglichen und dem heutigen *Yāzūr* gleichgesetzt wird. Der angenommene gleichzeitige Textverlust in 𝔐 und 𝔊 ist jedoch zu unwahrscheinlich, als daß dieser Name zum ursprünglichen Textbestand zu rechnen wäre. [46a] Mit 𝔊 ist והרקון als Dittographie zu streichen. [b] Statt עם ist עד einzusetzen. [47a] Statt לשם ist in Jdc 18,7.27.29 die Namensform ליש überliefert.

Literatur: B. Mazar, The Cities of the Territory of Dan, IEJ 10, 1960, 65–77; J. Strange, The Inheritance of Dan, StTh 20, 1966, 120–139; H. M. Niemann, Die Daniten. Studien zur Geschichte eines altisraelitischen Stammes, FRLANT 135, 1985.

Der Abschnitt über Dan ist ein Konglomerat. Abgesehen von der Rahmung 40 und 48 hat DtrH eine Ortsliste 41b–45 durch weitere Angaben 46 ergänzt und eine Bemerkung 47 über die Verlegung des Stammesgebietes in den äußersten Norden in den Bereich der Jordanquellen hinzugefügt. Mit der Einbeziehung des ehemaligen Stammesgebietes von Dan in die Landverteilung soll seine Zugehörigkeit zu Israel festgeschrieben werden, auch wenn die Feststellung unumgänglich ist, daß die Daniten dieses Gebiet längst aufgegeben haben.

40 Die stereotype Einleitung zählt für Dan das siebte und letzte Los.

41–45 Die meisten Orte können in der Schefela nördlich des Sorek (*Wādī eṣ-Ṣarār*) und in der angrenzenden Küstenebene lokalisiert werden: Zora = *Ṣarᶜa*, Eschtaol = *Ḫirbet Dēr Šubēb* nordwestlich von *Išwa*, wo der Name bewahrt ist, nach Kallai, 368; Ir-Schemesch ist identisch mit Bet-Schemesch = *Ḫirbet er-Rumēle* bei *ᶜĒn Šems*; Schaalbim = *Selbīṭ* 5 km nordwestlich von *Yālo* nach K. Elliger, ThB 32, 1966, 93–96; Ajalon = *Yālo* am Aufstieg nach Bet-Horon; Timna = *Tell el-Baṭāši* nach Y. Aharoni, PEQ 90, 1958, 28f.; Ekron = *Ḫirbet el-Muqannaᶜ* nach J. Naveh, IEJ 8, 1958, 166–170; Elteke = *Tell eš-Šallāf* nach B. Mazar, IEJ 10, 1960, 72f.; Baalat ist entweder in *Qatra* oder *el-Muġār* zu suchen (Y. Aharoni, PEQ 90, 1958, 30); Jehud = *el-Yehudīye*, vgl. O. Eissfeldt, Kleine Schriften I, 1962, 274–279; Bne-Barak = *Ibn Ibrāq*. Die Ansetzung von Gat-Rimmon auf dem *Tell Ğerīse* durch B. Mazar (IEJ 1, 1950/51, 63, Anm. 1) bleibt bloße Vermutung. Gibbeton war nach 1 R 15,27; 16,15 noch im 9. Jh. philistäisch. Die Stadt ist bereits als *q-b-t* in der Liste Thutmoses. III. vor Geser (*q-ḏ-r*) erwähnt (Simons, I, Nr. 103) und dementsprechend im Grenzgebiet zwischen Juda und Philistäa zu suchen. Die Gleichsetzung mit der Stadt Gabbutunu auf dem Relief Sargons II. in *Ḫorṣabād* wurde von G. Schmitt (Gabbutunu, ZDPV 105, 1989, 56–69) bestritten. Da der von G. von Rad (PJB 29, 1933, 30ff.) vorgeschlagene *Tell Melāt* zu unbedeutend ist, bietet sich der etwa 5 km nördlich von Geser (*Tell Abū Šuše*) gelegene Ruinenhügel *Rās Abū Ḥamīd* als bester Kandidat an (G. Schmitt, in: R. Cohen – G. Schmitt, Drei Studien zur Archäologie und Topographie Altisraels, 1980, 107–109). Unbekannt ist die Lage von Jitla.

Damit umfassen die bestimmbaren Orte ein Gebiet, das sich von Sorek im Süden bis an den Jarkon (*Nahr el-ᶜŌğā*) im Norden erstreckt. Mit den nicht genannten Orten war sicher auch Geser in das Gebiet eingeschlossen. Im Westen war es wahrscheinlich durch das *Wādī el-Kebīr* und den Westrand des efraimitischen Gebirges begrenzt. Das beschriebene Gebiet deckt sich nicht mit dem ursprünglich von den Daniten eingenommenen Siedlungsraum, der nach Jdc 13,2.25 und 18,2 ff. im Umkreis von Zora und Eschtaol gesucht werden muß und kaum über die nördliche Schefela hinaus nach Westen in die Küstenebene gereicht hat.

Nun deckt sich der in der Liste beschriebene Bereich zumindest annähernd mit dem zweiten Verwaltungsdistrikt der administrativen Gliederung des Landes durch Salomo 1 R 4,7–19, vgl. dazu Aharoni, 318–328; Kallai, 40–78; N. Na'aman, Borders and Districts in Biblical Historiography, 1986, 167–201. Von den in 1 R 4,9 genannten fünf Orten zur Festlegung der Provinz erscheinen drei (Schaalbim, Bet-Schemesch und Ajalon) ebenfalls in der Ortsliste. Da in der Gaueinteilung Salomos nur wenige Orte zur Festlegung derjenigen Bezirke, die nicht nach Stammesterritorien benannt sind, mitgeteilt werden, hat Kallai, 361–371, behauptet, daß mit 41–45 eine ausführlichere Liste der Orte des zweiten salomonischen Gaus vorliege. Gegen die Datierung in die salomonische Zeit spricht aber die Nennung von Ekron, da diese Philisterstadt niemals zum Staatsgebiet des unter David und Salomo vereinten Königreiches gehört hat. Vielmehr spricht der Einschluß von Ekron in der Liste für ein späteres Datum der judäischen Königszeit, als die Selbständigkeit der Stadt bereits nicht mehr gegeben war. Nun ist aber für die Zeit vom 10. bis zum 8. Jh. die Einbuße an Macht und Bedeutung der Stadt insofern an ihrer Entwicklung ablesbar, als sich das Stadtareal in dieser Zeit von etwa 20 auf 4 ha verkleinert hat (T. Dothan - S. Gitin, IEJ 37, 1987, 63–68), um erst wieder im 7. Jh. zu der alten Größe anzuwachsen. Da aber Sanherib bei seinem 3. Feldzug im Jahre 701 Ekron noch als einen selbständigen Stadtstaat mit eigenem König vorgefunden hat (TGI, 67 f.), kann die Einverleibung in judäisches Staatsgebiet nur während des 7. Jh. erfolgt sein, als die Stadt neu befestigt wurde. Demnach kann Ekron nach der Epoche der assyrischen Vorherrschaft an Juda gefallen sein. Auf Grund der Nennung von Ekron ist die Liste der „danitischen" Städte am ehesten in die zweite Hälfte des 7. Jh. zu datieren, vgl. bereits J. Strange, StTh 20, 1966, 132–136, der aus anderen Gründen für ein Datum nach 630 eingetreten ist. Die Ortsliste 19,41–45 spiegelt dann eine administrative Maßnahme der späten Königszeit, die nicht näher faßbar ist.

46 Mit der Nennung des Jarkon (*Nahr el-ᶜŌǧā*) und der bekannten Hafenstadt Jafo (*Yaffa*) hat DtrH das Gebiet auf die gesamte Küstenebene bis zu der durch den Fluß markierten natürlichen Grenze ausgedehnt, wobei ausdrücklich festgestellt wird, daß Jafo außerhalb des Gebietes gelegen hat. Auffallenderweise fehlt die sonst übliche Summenangabe am Ende der Ortsliste.

47 Mit der Notiz über die Eroberung des neuen Siedlungsgebietes der Daniten hat DtrH die überkommene Liste an die in der Königszeit bestehenden Verhältnisse angepaßt. Die Sprache entspricht mit עלה, לכד, נכה hi, ירש und ישב der Terminologie der Landnahmeerzählungen in 2–12. Die Vorstellung eines Zuges des Stammes Dan nach Norden findet sich auch sonst in der Überlieferung, wurde also von DtrH bereits vorgefunden. Zwar rechnet noch die Simson-Erzählung Jdc 13–16 mit der Anwesenheit der Daniten um Zora und Eschtaol, im Deboralied Jdc 5,17 ist aber bereits das Wohngebiet im nördlichen Jordantal vorausgesetzt. Auch der Erzählung Jdc 17.18, die auf die Gründung eines Heiligtums in Dan (*Tell el-Qāḍī*) unter dem Aspekt der Unrechtmäßigkeit zielt, liegt die Vorstellung einer Wanderung der Daniten nach Norden zugrunde; sie endet mit einem Bericht über die Eroberung der kanaanitischen Stadt Lajisch und deren Umbenennung in Dan nach dem Eponymen des Stammes, vgl. dazu M. Noth, Der Hintergrund von Richter 17–18, ABLAK I, 1971, 133–156. Die deuteronomistisch formulierte Notiz wurde somit aufgrund der sonstigen Überlieferung verfaßt, die zwar den historischen Gegebenheiten entspricht, aber selber keine Quelle über die Verlegung des Siedlungsgebietes darstellt. Wie und wann die Daniten in den Besitz der bedeutenden Stadt Lajisch gekommen sind, entzieht sich unserer Kenntnis. Die Ausgrabungen haben bisher keine Siedlungsspuren aus vorstaatlicher Zeit (1200–1000) erbracht, während der Königszeit wurde Dan im Zuge der allgemeinen Urbanisation stark befestigt, vgl. A. Biran, Die Wiederentdeckung der alten Stadt Dan, Antike Welt 15/1, 1984, 27–38. Im Blick auf die Überlieferung Jdc 17.18 konnte das Stammesgebiet von Dan in vorstaatlicher Zeit nur als im Raum westlich und nördlich von Zora und Eschtaol gelegen beschrieben werden. Für die völlig anderen Verhältnisse während der Königszeit bietet die Notiz über Eroberung und Umbenennung der Stadt Dan im Anschluß an Jdc 18,27–29 die notwendige Erklärung.

Die von 𝔐 erheblich abweichende Textform in 𝔊 erklärt sich daraus, daß 𝔊 an dieser Stelle den Text von Jdc 1,34.35 übernommen und eingearbeitet hat. Der masoretische Text ist gegenüber Jdc 1,34.35 selbständig und literarisch unabhängig.

48 Die übliche Schlußnotiz schließt eigentlich an 46 an und setzt einen deutlichen Abschluß.

19,49–51 Der Abschluß der Landverleihung

[49]**So vollendeten sie die Verteilung des Landes nach seinen Gebieten als Erbbesitz.** Die Israeliten gaben einen Anteil an Josua, den Sohn des Nun, in ihrer Mitte. [50]Nach dem Spruch Jahwes gaben sie ihm die Stadt, die er erbeten hatte: Timnat-Serach auf dem Gebirge Efraim. Er erbaute die Stadt und wohnte in ihr. [51]*Dies sind die Erbteile, die Eleasar, der Priester, sowie Josua, Sohn des Nun, und die Familienhäupter der israelitischen Stämme durch das Los in Schilo zugeteilt haben vor Jahwe am Eingang des Zeltes der Begegnung. So beendeten sie die Verteilung des Landes.*

Die Abschlußbemerkungen bilden keinen einheitlichen Text. Die ausdrückliche Zuweisung eines Anteils an Josua 49b.50 scheint aufgrund von 24,30 = Jdc 2,9 nachgetragen zu sein (Noth, 123) und kann nur von einem Redaktor stammen. Die Lokalisierung des Geschehens in Schilo am Zelt der Begegnung in 51a weist auf 18,1 zurück und entstammt nachpriesterschriftlicher Redaktion, die mit 51b die Zusammenfassung aus 49a modifiziert wiederholt hat. Ursprünglich bildete lediglich 49a die von DtrH verfaßte Abschlußformel.

49a Die Israeliten sind als Subjekt nicht genannt, werden aber als Handelnde vorausgesetzt. Mit diesem kurzen Satz wird durch DtrH die gesamte Landverteilung der Kapitel 13–19 abgeschlossen. Mit כלה pi oder pu eingeleitete Abschlußformeln finden sich aber auch sonst nach längeren Berichten, vgl. Gen 2,1 P; 49,33 P; Ex 40,33; Dt 32,45;

1 R 7,1; Ez 43,27; Ps 72,20. Der Satz hat so eher den Charakter einer Textunterschrift, der erzählerische Abschluß erfolgt erst mit der Rede Josuas 24, 1–28. גבול wird als Begriff zur Bezeichnung für das Stammesgebiet aufgenommen (vgl. 16,5; 17,9b; 18,5), während das Wort sonst in 13–19 überwiegend in der Bedeutung „Grenze" gebraucht ist.

Die nachpriesterschriftliche Redaktion 51 (RedP)

51 nimmt 18,1 wieder auf. Der priesterschriftliche Redaktor hat also die Landverteilung an die Nordstämme bewußt gerahmt. Die Verlegung des Geschehens an das Zeltheiligtum in Schilo und die Rolle Eleasars waren bereits 14,1 von der Redaktion vorbereitet worden, vgl. zu 14,1.

Die redaktionelle Ergänzung 49b.50

49b.50 Die gesonderte Zuteilung eines Erbbesitzes an Josua widerspricht der sonst von DtrH vertretenen Auffassung, daß im Rahmen der Landverteilung an die Stämme nur den Leviten eine Sonderregelung zuteil wird. Die Ergänzung entstammt einem biographischen Interesse. Die Ortsangabe Timnat-Serach (*Ḫirbet Tibne*) ist aus 24,30 = Jdc 2,9 übernommen; neu ist allerdings die Vorstellung, daß Josua diesen Ort selbst gegründet habe.

20,1–9 Die Asylstädte

1Jahwe sprach zu Josua: 2„Sprich zu den Israeliten: Nehmt euch Asylstädte, von denen ich zu euch durch Mose gesprochen habe, 3damit dorthin ein Totschläger fliehen kann, der eine Person mit einer unbeabsichtigten Tat ʿ ʾa erschlagen hat. Sie sollen euch als Asyl vor dem Bluträcher dienen. 4Er soll in eine dieser Städte fliehen, in den Eingang des Tores treten und vor den Ohren der Ältesten jener Stadt seine Sache vortragen, dann sollen sie ihn zu sich in die Stadt aufnehmen und ihm eine Stätte zuweisen, und er soll mit ihnen wohnen. 5Wenn aber der Bluträcher ihn verfolgt, sollen sie den Totschläger nicht in seine Hand ausliefern, wenn er ohne Vorsatz seinen Mitbürger erschlagen hat und ihn nicht schon seit eh' und je gehaßt hat. 6*Er soll in jener Stadt wohnen bleiben bis zu seinem Hintreten vor die Gemeinschaft zum Gericht, bis zum Tod des Hohenpriesters in dieser Zeit (der Tat). Dann soll der Totschläger zurückkehren und in seine Stadt sowie in sein Haus ʿ ʾa gehen, aus dem er geflohen ist.*" 7Sie ‘wählten’a Kedesch in Galiläa auf dem Gebirge Naftali, Sichem auf dem Gebirge Efraim und Kirjat-Arba – das ist Hebron – auf dem Gebirge Juda. 8Jenseits des Jordans ʿ ʾa bestimmten sie Bezer in der Steppe ᶜ ᵓ[b] aus dem Stamm Ruben, Ramot in Gilead aus dem Stamm Gad und Golan in Baschan aus dem Stamm Manasse. 9 *Das waren die vereinbarten Städte (zum Asyl) für alle Israeliten und für den Schutzbürger, der unter ihnen wohnte, daß dorthin fliehen könne jeder, der in unbeabsichtigter Tat eine Person erschlagen hat, damit er nicht stürbe durch die Hand des Bluträchers, bis daß er vor der Gemeinde gestanden hätte.*

[3a] Die Worte „ohne Vorsatz“ sind eine Glosse, um das Fehlen des Vorsatzes zu unterstreichen; sie fehlen noch in 𝕲. [6a] Das zweite „in die Stadt“ ist überflüssig, fehlt in 𝕮 und ist als Glosse zu streichen. [7a] Analog zu Nu 35,11 ist statt „sie heiligten“ ויקרו einzusetzen. [8a] Das Wort לירדן ist mit Artikel zu lesen. Die weitere Bestimmung „östlich von Jericho“ ist eine Glosse, die vielleicht aus der Formulierung 13,32 übernommen worden ist. [b] Das zusätzliche במישר ist eine Glosse.

Literatur: M. Löhr, Das Asylwesen im Alten Testament, Schriften der Königsberger Gelehrten Gesellschaft 7/3, 1930; N. M. Nicolsky, Das Asylrecht in Israel, ZAW 48, 1930, 146–175; M. David, Die Bestimmungen über die Asylstädte in Jos XX, OTS 9, 1951, 30–48; M. Greenberg, The Biblical Conception of Asylum, JBL 78, 1959, 125–132; L. Delekat, Asylie und Schutzorakel am Zionheiligtum, 1967; A. G. Auld, Cities of Refuge in Israelite Tradition, JSOT 10, 1978, 26–40; A. Rofé, The History of the Cities of Refuge in Biblical Law, in: Studies in the Bible, ed. S. Japhet, Scripta Hierosolymitana 31, 1986, 205–239.

Der Abschnitt ist literarisch und sachlich ein Nachtrag, mit dem eine sakralrechtliche Praxis im Rahmen der Landvergabe durch Josua verankert werden soll. Die Bestimmung der sechs Asylstädte wird so auf eine ausdrückliche Anordnung Jahwes bei der Verteilung des Landes an die einzelnen Stämme zurückgeführt; damit ist diese die Stämme übergreifende Institution des Asyls vom Beginn des Lebens im Kulturland an festgelegt. In diesem Zusammenhang ist Asyl allein als eine Schutzfunktion vor der Blutrache bei unvorsätzlichem Totschlag und damit als ein sakrales Geschehen verstanden, der Tatbestand des politischen Asyls als einer profanrechtlichen Einrichtung liegt außerhalb des hier verhandelten Sachverhaltes, vgl. zum letzteren die altorientalischen und biblischen Belege bei M. Löhr, 2–15.

Asyl ist ein besonders geschützter Bereich, in dem ein Totschläger, der unwillentlich eine Blutschuld auf sich geladen hat, vor der Verfolgung durch den Bluträcher sicher ist. Die Blutrache bedeutet – von wenigen Ausnahmen abgesehen –, daß derjenige, der eine Tat mit Todesfolge begangen hat, von der Familie des Opfers getötet wird. Das Asyl bietet die Möglichkeit, dieser Zwangsfolge in solchen Fällen zu entkommen, bei denen es sich nicht um vorsätzlichen oder willentlichen Mord handelt.

Die Institution des Asyls scheint bereits in vorstaatlicher Zeit vorhanden und an die Heiligtümer gebunden gewesen zu sein. Der Sache nach findet es sich bereits Ex 21,13.14 als Ergänzung zum Rechtssatz des Todesrechts Ex 21,12, wo als Ort des Schutzes der Altar ausdrücklich genannt ist. Das Bestehen dieser Praxis während der Königszeit belegt die Erzählung von der Ermordung Joabs am Altar durch Benaja 1 R 2,28–35. Damit durch den Wegfall der Landheiligtümer die Einrichtung des Asyls nicht verschwand, mußte gegen Ende der Königszeit mit der Durchführung der Kultzentralisation in Jerusalem ein Ersatz für den Schutz durch den Altar geschaffen werden. Als Ersatzeinrichtung wurden in der deuteronomistischen Theologie insgesamt sechs Städte bestimmt, die bisherige Asylfunktion der Heiligtümer zu übernehmen. Diese Neubestimmung der Praxis wurde Dt 19,1–13 ausdrücklich festgelegt, wobei mit der Zuweisung der Entscheidung über den Einzelfall an die Ältesten eine Profanisierung der Asylpraxis vorliegt, indem die Entscheidungsgewalt über den Zufluchtsuchenden von den an den Heiligtümern amtierenden Priestern auf die Vertreter der zivilen Gerichtsbarkeit übertragen worden ist. Wie weit das deuteronomistische Programm der gel-

Jos 20 erscheint so geradezu als Ausführung der in Dt 19,1 ff. gegebenen Anweisung, nur die ostjordanischen Städte sind in dem Zusatz Dt 4,41–43 genannt, weil nach deuteronomistischer Auffassung das Ostjordanland bereits unter Mose eingenommen worden ist. (Die nochmalige Verhandlung des gesamten Komplexes in Nu 35 ist literarisch jünger und setzt Jos 20.21 voraus, so mit Recht Noth, 127 gegen N.M. Nicolsky, 152.) Die Stilisierung des Textes als Jahwerede entspricht dem Stil des deuteronomistischen Redaktors (RedD), auf den der Nachtrag wahrscheinlich zurückgeht. Allerdings zeigen 20,6 und 9 sprachlich priesterschriftlichen Einfluß und sind wahrscheinlich eine Ergänzung des Redaktors RedP. Der Abschnitt hat somit ursprünglich nur die notwendige Einführung 1–5 und die Nennung der Orte 7.8 umfaßt. Der Text 20,1–5.7.8 ist Dt 19,1 ff. gegenüber selbständig formuliert und um die Namen der Städte bereichert. Mit der nachpriesterschriftlichen Redaktion wird die in der deuteronomistischen Theologie erfolgte Säkularisierung des Themas durch Einfügung der עדה als der Kultgemeinde und der Bindung der Frist an die Lebenszeit des Hohenpriesters teilweise wieder eingeschränkt.

Sinn der Asylbestimmung ist die Einschränkung der Blutrache, indem sie für die Fälle unbeabsichtigten Totschlages durchbrochen wird, womit dem Täter die Chance des Lebenserhaltes eingeräumt wird. Da bei unbeabsichtigtem Totschlag nicht der Täter, sondern Gott der eigentlich Schuldige war, konnte der so schuldig gewordene Mensch am Heiligtum Zuflucht finden, indem er sich unter den Schutz Gottes stellte. Am Ende der Königszeit hat die deuteronomistische Gesetzgebung das „Asylrecht dem Heiligtum entzogen und der Stadt unter Übertragung der Rechtsprechung auf die Stadtältesten übergeben, die nun an der Stelle der Priester bei Entscheidung der Frage vortraten, ob der Verbrecher dem Rächer auszuliefern sei“ (N.M. Nicolsky, 159). Diese Tendenz ist in Jos 20 durch Benennung der Städte zu einem konsequenten Abschluß geführt.

Der Grundbestand 1–5.7.8 (Red D)

1.2 Die als Jahwerede stilisierte Einleitung weist ausdrücklich auf die Bestimmung Dt 19,1–7.11–13 zurück. (Dt 19,8–10 ist ein Nachtrag.) Außer in der Wiederaufnahme Nu 35 findet sich der Ausdruck מקלט nur noch 21,13.21.27.32.38 sowie 1 Ch 6,42.52; das Wort wurde vermutlich erst vom Redaktor aus der Wurzel קלט gebildet, wenngleich diese im biblischen Hebräisch nicht belegt ist, aber wohl ursprünglich die Bedeutung „aufnehmen“ gehabt hat, vgl. R. Schmid, ThWAT IV, 1132–1137. Das Nomen bedeutet somit „Aufnahmeort“.

3–5 bringen nähere Ausführungen über die Art und Weise, wie das Asylrecht in den Städten gehandhabt werden soll. Da die Wendungen wörtlich aus Dt 19,4.6 übernommen sind, könnte 5b ein Nachtrag sein. Aber auch sonst ist der Abschnitt nicht ganz einheitlich. In 3 findet sich eine doppelte Näherbestimmung, während 4.5a das Verfahren vor Ort regeln. Zur Kennzeichnung des unabsichtlichen und unwissentlichen Vergehens wird שגגה – abgesehen von Nu 35,11.15 und außer in Qoh 5,5; 10,5 – nur im Zusammenhang mit kultischen Akten gebraucht, vgl. Lv 4,2.22.27; 5,15; 22,14; Nu 15,24–29; der Begriff ist somit aus dem priesterlichen Bereich übernommen. Das Asyl kann nur durch Flucht vor dem Bluträcher (גאלדם) erreicht werden, der das Recht und die Pflicht zum sofortigen und jederzeitigen Vollzug der Vergeltung hatte. Mit גאל wird auch allgemein der Verwandte bezeichnet, dem es oblag, für das Recht des betroffenen Sippenmitgliedes einzutreten. Bei Tötung eines Menschen muß an erster Stelle der Sohn oder ein anderes männliches Familienmitglied die Blutschuld dadurch rächen, daß der Mörder oder ein Glied seiner Sippe getötet wird. Mit der Unterscheidung des unbeabsichtigten Totschlags vom Mord, dem Töten aus Vorsatz oder im Affekt, wird die Blutrache eingeschränkt, sofern dem Totschläger die Flucht gelingt. Die Asylgewährung setzt ein Gerichtsverfahren durch die Rechtsgemeinde im Tor voraus, um den Tatbestand rechtsgültig festzustellen. Die Beurteilung des Geschehens als eines unvorsätzlichen Totschlages bedingte die Verpflichtung, den Täter in der Stadt aufzunehmen und ihm eine Stätte zuzuweisen, sowie das Verbot, ihn an den Bluträcher auszuliefern. Damit erlangte der unschuldig der Blutrache Verfallene den Rechtsschutz der Ortsgemeinde und die wirtschaftliche Voraussetzung für das weitere Leben. Wenngleich Einzelheiten nicht mitgeteilt werden, so ist doch anzunehmen, daß mit der Zuweisung einer Stätte ein Wohnsitz innerhalb der Stadt und ein Grundstück außerhalb ihrer Mauern gemeint sind, da Ernährung und Einkommen in Israel auf der (eigenen) Landwirtschaft beruhten. Der Aufenthalt des so in den Ortsverband Eingegliederten war anscheinend auf Dauer gedacht, da nicht die Blutrache erloschen, sondern nur ihre weitere Verfolgung ausgesetzt war. Auch wenn der Totschläger aufgrund dieser Regelung mit dem Leben davonkam, so war ihm doch die Rückkehr zu seinem eigenen Besitz verschlossen. Das Asyl war lebensrettend, aber währte lebenslang. Das deuteronomistische Konzept der Asylstädte setzt somit eine gewisse wirtschaftliche Stärke und Größe der ausgewählten Orte voraus und ist angesichts der wirtschaftlichen Folgen allenfalls ein programmatischer Entwurf gewesen, mit dem nicht notwendigerweise eine entsprechende Praxis einherging.

7.8 Die Verteilung der sechs Städte auf je drei westlich und östlich des Jordans wirkt ebenso künstlich wie die Verteilung der westjordanischen Städte im äußersten Norden, im Zentrum wie im Süden. Anscheinend hat der Redaktor keine alte Liste verarbeitet, die auf tatsächlich zu einer bestimmten Zeit bestehende Verhältnisse zurückgeht, sondern die Namen nach geographischen Kriterien aus eigener Anschauung ausgesucht. Keineswegs beruht die Auswahl dieser Städte darauf, „daß deren Heiligtümer in vordeuteronomistischer Zeit bekannte und besuchte Asylstätten gewesen waren“ (so Noth, 125). Jedenfalls läßt sich eine Verbindung mit geschichtlichen Verhältnissen nicht verifizieren. Die Näherbestimmung der Städte erfolgt durch Angabe der Landschaften, die Nennung des jeweiligen Stammesgebietes ist wahrscheinlich sekundär.

Kedesch in Galiläa ist mit dem Kedesch von 12,22; 19,37 und 21,32 identisch und hat auf dem *Tell Qedes* im Norden des israelitischen Siedlungsgebietes gelegen. Die Stadt wird noch 2 R 15,29 erwähnt, ist aber von Kadesch Naftali Jdc 4,6.9–11 zu unterscheiden. Einzelheiten werden über die Stadt nicht mitgeteilt, ihr Name war aus der Überlieferung bekannt, wobei ihre Nennung in 12,22 die Vorstellung einer besonderen Bedeutung voraussetzt.

Sichem spielt in der Überlieferung eine bedeutende Rolle, was die Vorrangstellung des Ortes in der Königszeit spiegelt: Der Ort wird in den Vätergeschichten verschiedentlich genannt (Gn 12,6 J; 33,18–20 E; 35,4 E; 37,12–14 J), steht im Mittelpunkt der nachexilischen Dinaerzählung Gen 34 und ist Schauplatz der wichtigen Erzählungen Jos 24 und Jdc 9 (vgl. zur Analyse V. Fritz, Abimelech und Sichem in Jdc. IX, VT 32, 1982, 129–144). Nach dem Tode Salomos findet die Auseinandersetzung um die Nachfolge in Sichem statt (1 R 12,1 ff.), und nach der Reichsteilung wurde Sichem vorübergehend die Hauptstadt Israels (1 R 12,25). Der besondere Rang des Ortes war dem deuteronomistischen Redaktor aus der Überlieferung bekannt, auch wenn Sichem in den Landnahmeerzählungen nicht erwähnt wird, vgl. zu 24,1. Nach 24,32 gilt Sichem als der Begräbnisplatz Josefs. Die Benennung als Asylstadt ist durch die herausragende Stellung in der Tradition und die zentrale Lage im Gebirge an der Stelle des *Tell Balāṭa* in der Ebene zwischen Ebal und Garizim bedingt.

Hebron war nach Jerusalem die wichtigste Stadt auf dem Gebirge Juda, in der David sieben Jahre als König regiert hat (2 S 2,11) und zum König über ganz Israel erhoben wurde (2 S 5,1–4). In Nu 13.14*J wird der ursprüngliche Besitzanspruch der Kalebiter ausdrücklich begründet (vgl. M. Noth, Überlieferungsgeschichte des Pentateuch, ²1960, 143–150), was von den Redaktionen in 14,13f.; 15,13f. aufgenommen wird. Im Rahmen der Eroberung der Städte im Süden des Landes erscheint Hebron in 10,36–39, zu dem älteren Namen Kirjat-Arba vgl. zu 14,15a. Die Lokalisierung auf dem *Ǧebel er-Rumēde* ist archäologisch gesichert.

Bezer kommt außer als Asylstadt in Dt 4,41; Jos 21,36 par 1 Ch 6,63 nicht vor, doch ist der Ort wohl mit בצר aus der Mescha-Inschrift (KAI, Nr. 181,27) und dem בצרה in Jer 48,24 identisch. Die Lage auf der ostjordanischen Hochebene am Rand der Steppe ist noch nicht bestimmt.

Ramot war der wohl wichtigste Ort in Gilead während der Königszeit. Er war Sitz eines Statthalters unter Salomo (1 R 4,13) und während der Aramäerkriege mehrfach umkämpft, vgl. 1 R 22,3–29; 2 R 8,28f.; 9,1–14; sonst ist der Ort nur noch 21,38 par 1 Ch 6,65 erwähnt. Die Identifizierung mit dem *Tell er-Rāmīt* etwa 7 km südlich von *er-Remṯa* durch N. Glueck (IV, 98f.) muß aufgegeben werden, da die Grabungen für die Zeit der Kriege Israels mit den Aramäern nur das Bestehen einer Festung nachgewiesen haben (P. Lapp, RB 70, 1963, 406–411). Damit gewinnt der Vorschlag von G. Dalman (PJB 9, 1913, 64) wieder an Gewicht, Ramot mit dem mächtigen *Tell el-Ḫöṣn* 15 km südwestlich von *er-Remṯa* anzusetzen.

Golan wird nur 21,27 Q par 1 Ch 6,56 und Dt 4,43 erwähnt; die Geschichte des Ortes in der Königszeit ist somit unbekannt. Der Name findet sich als Γαυλανη erst wieder bei Josephus (Ant. IV, 7,4; XIII, 15,3; Bell. Jud. I, 4,4.8), er hat seit hellenistischer Zeit der gesamten Landschaft östlich des Sees Gennesaret den Namen gegeben. Der Ort wird gleichgesetzt mit *Saḥem el-Ǧōlān* auf dem Plateau 25 km nordwestlich von *Derʿā*.

Von den Asylstädten sind die westjordanischen aus der Tradition gut bekannt. Die Gründe für die Auswahl der ostjordanischen sind nicht einsichtig, wenngleich eine den westjordanischen Städten vergleichbare Verteilung im Norden, Zentrum und Süden feststellbar ist. Jedenfalls scheint es sich eher um eine literarische Konstruktion als eine historische Situation zu handeln. Die Städte wurden zur Konkretisierung des programmatischen Entwurfes von Dt 19,1–13 vom Verfasser angefügt, ohne daß sich in ihrer Aufzählung eine geschichtliche Wirklichkeit spiegelt.

Die redaktionellen Zusätze 6.9 (RedP)

6 begrenzt den Aufenthalt des Asylsuchenden auf die Lebenszeit des amtierenden Hohenpriesters. Danach ist die Rückkehr in den Heimatort ausdrücklich vorgesehen, während ursprünglich das Asyl nach 20,4b als lebenslang galt. Die Bezugnahme auf den Hohenpriester setzt die Verhältnisse in nachexilischer Zeit voraus, als dieser nach dem Ende des Königtums zum obersten Repräsentanten der jüdischen Bevölkerung aufgerückt war. Die Bestimmung will das Asyl zeitlich begrenzen. Die vorangehende Bemerkung עד עמדו לפני העדה למשפט ist sachlich überflüssig und könnte ein weiterer Zusatz sein, der auf Grund von 9 eingedrungen ist.

9 bietet eine Zusammenfassung, die im wesentlichen den Sachverhalt aus dem vorangegangenen Text wiederholt. Allerdings findet sich der Begriff ערי המועדה nur an dieser Stelle, er ist anstelle des sonst üblichen ערי מקלט gebraucht. Der Begriff scheint eine priesterschriftliche Bildung von der Wurzel יעד ho „beordern", „festsetzen" zu sein und hat einfach die Bedeutung „Festlegung". Ebenso ist עדה priesterschriftlicher Sprachgebrauch, vgl. zu 9,15b.

Neu in dem Zusammenhang eingeführt wird der גר, der in Dt 19,1 ff. nicht erwähnt ist. Als in die Gemeinschaft aufgenommenes Mitglied ohne verwandtschaftliche Beziehung genießt der גר die gleichen Rechte wie die Angehörigen der Sippe oder Familie, vgl. zu 8,35. Der besondere Status seiner Eingliederung sichert ihm neben anderen Formen des rechtlichen Schutzes auch das Asylrecht.

21,1–42 Die Levitenstädte

1 *Da traten die Familienhäupter der Leviten an Eleasar, den Priester, und Josua, den Sohn Nuns, und an die Familienoberhäupter der Stämme Israels heran* 2 *und redeten zu ihnen in Schilo im Lande Kanaan: „Jahwe hat durch Mose befohlen, uns Städte als Wohnsitz und Weideland für unser Vieh zu geben."* 3 *Es gaben die Israeliten den Leviten von ihrem Erbbesitz nach der Anweisung Jahwes folgende Städte und ihr Umland.*
4 Es fiel das Los für die Sippen der Kehatiten. Es wurde zuteil den Söhnen Aarons, des Priesters, unter den Leviten vom Stamm Juda und vom Stamm der Simeoniten und vom Stamm Benjamin durch das Los dreizehn Städte 5 und den übrigen Kehatiten ʿnach ihren Sippen vomʾ[a] Stamm Efraim und vom Stamm Dan und vom halben Stamm Manasse durch das Los zehn Städte. 6 Den Gersoniten (fielen zu) ʿnach ihren Sippen vom Stammʾ[a] Issachar und vom Stamm Ascher und vom Stamm Naftali und vom halben Stamm Manasse in Baschan durch das Los dreizehn Städte. 7 Den Merariten (fielen zu) nach ihren Sippen vom Stamm Ruben und vom Stamm Gad und vom Stamm Sebulon ʿdurch das Losʾ[a] zwölf Städte. 8 Die Israeliten gaben diese Städte und ihr Umland den Leviten durch das Los, wie Jahwe Mose befohlen hatte. 9 *Sie gaben vom Stamm der Judäer und vom Stamm der Simeoniten* folgende Städte, die mit Namen ʿgenannt werdenʾ[a],
10 sie wurden den Aaroniden aus ʿder Sippeʾ[a] der Kehatiten von den Leviten zuteil, denn

ihnen kam das Los zuerst zu. [11]Sie gaben ihnen Kirjat Arba‘ ’[a] - das ist Hebron – auf dem
Gebirge Juda mit dem Umland ringsum. [12]Das Feld der Stadt und ihre Gehöfte gaben sie
Kaleb, dem Sohn Jefunnes, als seinen Besitz. [13]*Den Söhnen Aarons, des Priesters,*
gaben sie als Asylstadt für den Totschläger
Hebron und ihr Umland,
Libna und ihr Umland,
[14]*Jattir und ihr Umland,*
Eschtemoa und ihr Umland,
[15]*Holon und ihr Umland,*
Debir und ihr Umland,
[16]‘*Aschan*’[a] *und ihr Umland,*
Jutta und ihr Umland,
Bet-Schemesch und ihr Umland.
(Insgesamt) neun Städte aus diesen beiden Stämmen.
[17]*Und vom Stamm Benjamin:*
Gibeon und ihr Umland,
Geba und ihr Umland,
Anatot und ihr Umland,
Almon und ihr Umland.
(Insgesamt) vier Städte.
[19]*Alle Städte der Söhne Aarons, des Priesters, (waren) dreizehn Städte samt ihrem*
Umland.
[20]*Den Sippen der Kehatiten* – den übrigen Leviten von den Kehatiten – waren die
Städte ihres Losanteils *vom Stamme Efraim.* [21]*Sie gaben ihnen als Asylstadt für den*
Totschläger
Sichem und ihr Umland auf dem Gebirge Efraim sowie
Geser und ihr Umland.
[22]*Kibzajim und ihr Umland,*
Bet-Horon und ihr Umland.
(Insgesamt) vier Städte.
[23]*Aus dem Stamm Dan:*
Elteke und ihr Umland,
Gibbeton und ihr Umland,
[24]*Ajalon und ihr Umland,*
Gat-Rimmon und ihr Umland.
(Insgesamt) vier Städte.
[25]*Aus dem halben Stamm Manasse:*
Taanach und ihr Umland,
‘*Jibleam*’[a] *und ihr Umland.*
(Insgesamt) zwei Städte.
[26]*Alle Städte für die Sippen der übrigen Kehatiten waren zehn mit ihrem Umland.*

[27]*Den Gerschoniten aus den Sippen der Leviten (wurde zuteil) vom halben Stamm Manasse als Asylstadt für den Totschläger*
Golan in Basan und ihr Umland sowie
ʿAschtarotʾ[a] und ihr Umland.
(Insgesamt) zwei Städte.
[28]*Vom Stamm Issachar:*
Kischjon und ihr Umland,
Daberat und ihr Umland,
[29]*Jarmut und ihr Umland,*
En-Gannim und ihr Umland.
(Insgesamt) vier Städte.
[30]*Vom Stamm Ascher:*
Mischal und ihr Umland,
Abdon und ihr Umland,
[31]*Helkat und ihr Umland,*
Rehob und ihr Umland.
(Insgesamt) vier Städte.
[32]*Vom Stamm Naftali als Asylstadt für den Totschläger*
Kedesch in Galiläa und ihr Umland sowie
Hamatʿ ʾ[a] und ihr Umland,
Kartan und ihr Umland.
(Insgesamt) drei Städte.
[33]*Alle Städte der Gerschoniter für ihre Sippen (waren) dreizehn Städte und ihr Umland.*
[34]*Für die Sippen der Merariten – den (noch) übrigen Leviten – vom Stamm Sebulon:*
Jokneam und ihr Umland,
Karta und ihr Umland,
[35]*ʿRimonʾ[a] und ihr Umland,*
Nahalal und ihr Umland.
(Insgesamt) vier Städte.
[36]*Jenseits des Jordans bei Jericho vom Stamm Ruben als Asylstadt für den Totschläger*
Bezer in der Steppe und ihr Umland sowie
Jahaz und ihr Umland,
[37]*Kedemot und ihr Umland,*
Mefaat und ihr Umland.
(Insgesamt) vier Städteʾ[a].
[38]*Vom Stamm Gad die Asylstadt für den Totschläger*
Ramot in Gilead und ihr Umland sowie

Mahanajim und ihr Umland,
39 *Heschbon und ihr Umland,*
Jazer und ihr Umland.
(Insgesamt) vier Städte.
40 *Alle Städte der Merariten für ihre übrigen Sippen von den Sippen der Leviten (waren) entsprechend ihrem Los zwölf Städte.*
41 Alle Städte inmitten des Bezirkes der Israeliten (waren) achtundvierzig Städte und ihr Umland. 42 Diese Städte bestanden jeweils aus der Stadt mit ihrem Umland rings um sie her. So war es bei allen diesen Städten.

5a und 6a Analog zu 4 ist למשפחותם ממטה zu lesen. 7a בגורל ist entsprechend 4.5.6 zu ergänzen. 9a Statt des qal ist ni zu lesen. 10a Mit 𝕮, zahlreichen Handschriften, 𝕲 und 𝕾 ist der Singular zu lesen. 11a Die Näherbestimmung אבי הענוק ist eine Glosse zu ארבע. 16a Mit 𝕲 und 1 Ch 6,44 ist עשן zu lesen. 25a Gat-Rimmon ist eine Wiederholung aus 24. Wahrscheinlich hat 1 Ch 6,55 𝕲 mit Ιεβλααμ den richtigen Namen Jibleam bewahrt, der auch in 𝕸 mit יבלעם vorausgesetzt ist. 27a Die richtige Namensform hat sich 1 Ch 6,56 erhalten. 32a Das zusätzlich genannte Dor ist zu streichen und der Name entsprechend 19,35b zu lesen. 35a Mit 1 Ch 6,62 kann in רמון geändert werden. 36.37a Die beiden Verse 36 und 37 fehlen in 𝕷 und anderen Handschriften, sind aber sowohl in 1 Ch 6 als auch in 𝕲 und 𝖁 erhalten und auch sonst in der Textüberlieferung mit geringfügigen Varianten belegt. Die Übersetzung folgt dem in 𝕲 bewahrten Text, der folgendermaßen gelautet haben kann, vgl. D. Barthélemy (ed.), Critique textuelle de l'Ancien Testament I, 1982, 64–67:

ומעבר לירדן ירחו
ממטה ראובן את עיר מקלט הרצח
את בצר במדבר ואת מגרשיה
ואת יהצה ואת מגרשיה
ואת קדמות ואת מגרשיה
ואת מיפאת ואת מגרשיה
ערים ארבע

Literatur: W. F. Albright, The List of the Levitic Cities, in: L. Ginsberg Jubilee Volume I, 1945, 49–73; A. Alt, Festungen und Levitenorte im Lande Juda (1952), Kleine Schriften zur Geschichte des Volkes Israel II, 1953, 306–315; A. G. Auld, The ‚Levitical Cities': Texts and History, ZAW 91, 1979, 194–206; R. G. Boling, Levitical Cities: Archaeology and Texts, in: Studies presented to Samuel Iwry, 1985, 23–32; A. Cody, Levitical Cities and the Israelite Settlement, Homenaje a Juan Prado, 1975, 179–189; J. A. Dearman, The Levitical Cities of Reuben and Moabite Toponomy, BASOR 276, 1989, 55–66; M. Haran, Studies in the Account of the Levitical Cities, JBL 80, 1961, 45–54.156–165; B. Mazar, The Cities of the Priests and the Levites, SVT 7, 1960, 193–205; N. Na'aman, Borders and Districts in Biblical Historiography, 1986.

Zum Levitentum: A. H. J. Gunneweg, Leviten und Priester, FRLANT 89, 1965; D. Kellermann, Art. לוי, ThWAT IV, 1984, 499–521; E. Nielsen, The Levites in Ancient Israel, ASTI 3, 1964, 16–27; G. Schmitt, Der Ursprung des Levitentums, ZAW 94, 1982, 575–599; H. Schulz, Leviten im vorstaatlichen Israel und im Mittleren Osten, 1987; W. Zimmerli, Erstgeborene und Leviten. Ein Beitrag zur exilisch-nachexilischen Theologie (1971), Studien zur alttestamentlichen Theologie und Prophetie. Gesammelte Aufsätze II, ThB 51, 1974, 235–246.

Die Zuweisung von Städten durch Josua an die landlosen Leviten wird einmal nach Stammesgebieten systematisch geordnet, so daß alle Stämme gleichermaßen an dieser

Bereitstellung von Wohnsitzen beteiligt sind. Zum anderen werden schematisch aus jedem Stamm vier Orte für die Asylgewährung ausgesondert. Die Zahl von vier Städten ist nur bei Juda und Simeon, die zusammen genannt werden, mit insgesamt neun Städten durchbrochen, was durch die Reduzierung bei Naftali auf drei Städte ausgeglichen wurde. Diese gleichmäßige Verteilung der Levitenstädte auf die Stammesterritorien ist somit eine sorgfältig durchgeführte Konstruktion, in der die geographische Gliederung des Landes in Stammesgebiete bereits vorausgesetzt wird. Mit dieser systematischen Durchführung des Konzeptes einer möglichst gleichmäßigen Beteiligung aller Stämme erweist sich der Abschnitt als eine literarische Fiktion, die mit Hilfe der Aufzählung von Ortsnamen die besondere Siedlungsweise der Leviten begründen will. Somit ist 21,1–42 erst auf der Grundlage der Erzählung von der Landgabe durch Josua von einem Redaktor geschaffen und wie 20,1–5.7.8 an Jos 13–19 angefügt worden. Das Stück ist also ein Anhang, der die Festlegung der Stammesgebiete um die Regelung der Wohnorte für die Leviten ergänzt. Dieser Nachtrag wurde durch die redaktionell nachgetragenen Verweise in 13,14.33 und 18,7 mit dem vorangegangenen Erzählkomplex literarisch verklammert.

Im jetzigen Zusammenhang erscheint 21,1–42 als Ausführung der in Nu 35,1–8 gegebenen Anweisung. Doch setzt Nu 35 die Verbindung von Jos 20 und 21 voraus und ist literarisch jünger als diese Anhänge zu Jos 13–19. Als Verfasser kommt am ehesten der nachpriesterschriftliche Redaktor in Frage, da erst in der Priesterschrift samt ihren Erweiterungen ein großes Interesse am Levitentum vorhanden ist (Ex 28.29.30; Lv 8–10; Nu 3.4; 16–18), nachdem Aaron als der amtierende Priester in der Überlieferung zum Leviten gemacht worden war, vgl. den redaktionell eingefügten Abschnitt Ex 4,14–16. Der deuteronomische Redaktor scheidet als Verfasser aus, da in Dt 10,8f.; 18,1–8; 26,12f. zwar die Landlosigkeit der Leviten vorausgesetzt ist, ihre Versorgung aber völlig anders geregelt wird. Das Stück ist in 1 Ch 6,39–66 wieder aufgenommen worden (gegen A. G. Auld, 194–201); die jüngere Parallelüberlieferung in der Chronik ermöglicht die textkritische Wiederherstellung einiger Ortsnamen.

Trotz der erkennbaren starken Schematisierung ist der Text insofern nicht einheitlich, als einmal von einfacher Zuweisung und zum anderen von der Zuteilung durch das Los die Rede ist. Diese Unstimmigkeit erweist den Abschnitt über das Losverfahren 4–8 als einen Einschub, der das Ergebnis zusammenfassend vorwegnimmt. Analog zu der Landverteilung durch das Los in Jos 19 hat somit ein Redaktor das gleiche Verfahren für die Levitenstädte nachgetragen. Dementsprechend sind auch die weiteren Einsprengsel über das Losverfahren in 10b.20bα redaktionell. Als sekundär ist auch die Notiz über Hebron 11.12 auszuscheiden, da Hebron in 13 am richtigen Ort noch einmal genannt ist. Auf den gleichen Redaktor geht möglicherweise die Schlußnotiz 42 zurück. Die Unterbrechung des Zusammenhangs hat anscheinend die Wiederholung von 3b in 9b nach sich gezogen, so daß 9a der ursprüngliche Beginn nach der Einleitung 1–3 gewesen sein wird. 10a will die Aaroniden als Teil der Kehatiten verstehen und ist ebenso wie die Ergänzung in 20aβ sekundär. Ursprünglich hat der von RedP geschaffene Text somit folgenden Umfang gehabt: 1–3.9a.13–19.20aαbβ.21–41.

Der Aufbau des Abschnittes ist außerordentlich schematisch: Nach der levitischen Sippe wird der Stamm genannt, zu dem die betreffenden Städte gehören, die jeweils aufgezählt werden. Am Ende erfolgt eine Summenangabe mit der Zahl der Städte für die jeweilige Sippe, in Zwischensummen wird die Zahl für jeden Stamm gesondert ausgewiesen. (Nur für die Söhne Aarons ist dieses Schema in 13 insofern durchbrochen, als die Stämme Juda und Simeon bereits 9a vorweg genannt werden.) Die Verteilung der insgesamt 48 Städte auf die vier Gruppen der Leviten erfolgt aber nicht gleichmäßig. Das ist zum einen durch den Überhang von einer Stadt bei Juda und Simeon und zum andern durch die Aufspaltung von Manasse bedingt, wenngleich die Tendenz einer gleichmäßigen Gruppierung unverkennbar ist. Die numerische Aufteilung ist insofern nicht ganz regelmäßig, als die Aaroniden 13, die Kehatiten 10, die Gersoniten 13 und die Merariten 12 Städte zugewiesen erhalten, wobei die Stämme folgendermaßen aufgeteilt werden:

Söhne Aarons:	Juda und	
	Simeon	9 Städte
	Benjamin	4 Städte
Kehatiten:	Efraim	4 Städte
	Dan	4 Städte
	Halbmanasse	2 Städte
Gersoniten:	Halbmanasse	2 Städte
	Issachar	4 Städte
	Ascher	4 Städte
	Naftali	3 Städte
Merariten:	Sebulon	4 Städte
	Ruben	4 Städte
	Gad	4 Städte

Die angestrebte Gleichheit in der Verteilung läßt somit bereits erkennen, daß hinter der Liste eine programmatische Absicht und nicht eine geschichtliche Wirklichkeit steht.

Mit Ausnahme der Söhne Aarons entspricht die Einteilung der levitischen Sippen der in der Priesterschrift Gen 46,11; Ex 6,16; Nu 3,17 und 26,57 überlieferten Gliederung in Form einer Genealogie der Stammväter. Auch wenn die Priesterschrift bereits auf älteres Material zurückgegriffen haben sollte, so handelt es sich um eine Konstruktion zur Legitimierung der Verhältnisse wie sie frühestens am Ende der Königszeit bestanden haben, ohne daß die Herkunft weiter zu erhellen ist. Unter Hinzufügung der Aaroniden wurde die priesterschriftliche Gliederung ohne Rücksicht auf die in Nu 3,18 ff. vorgenommene weitere Unterteilung der levitischen Sippen aufgenommen.

Die Reihenfolge der Stämme in der Auflistung entspricht nicht einer der Versionen in der Stämmegeographie, sondern wurde nach Gesichtspunkten vorgenommen, die der nachpriesterschriftliche Redaktor für geboten hielt, aber für drei der galiläischen Stämme der Anordnung von 19,17–39 folgt. Insgesamt liegt der Zusammenstellung die geographische Zusammengehörigkeit zugrunde, doch wurde Sebulon aus dem Block der galiläischen Stämme herausgebrochen, um die angestrebte Dreizahl der Stämme für jede der vier Sippen zu erreichen, was allerdings wegen der Unterteilung Manasses nicht völlig gelungen ist. Dabei setzt die Zuordnung von Dan zu Efraim die Festlegung des Stammesgebietes nach 19,40–48 voraus.

Die beiden konstitutiven Ordnungsprinzipien der levitischen Sippen und der Stammesterritorien wurden somit aus vorliegender Tradition übernommen. Deshalb ist auch für die genannten Orte anzunehmen, daß sie aus einer schriftlich fixierten Quelle stammen. Zu fragen bleibt allerdings, ob ein selbständiges Dokument in Form einer

Ortsliste vorgelegen hat, oder ob die einzelnen Namen aus verschiedenen Listen zusammengestellt wurden. Ein Vergleich der Namen mit dem in Jos 13–20 erhaltenen Namensbestand in der Einzelauslegung ergibt, daß sich die weitaus meisten Ortsnamen in den Grenzbeschreibungen und Ortslisten nachweisen lassen. Mit wenigen Ausnahmen sind die aufgeführten Orte in den Jos 13–20 erhaltenen Listen und Beschreibungen enthalten, der Namensbestand von 21,13–41 ist durch die Landverteilung unter Einschluß der Asylstädte vorgegeben. Diese weitgehende Übereinstimmung läßt sich nur mit der Annahme erklären, daß die in Jos 21 aufgeführten Orte aus Jos 13–20 stammen. Die Liste der Levitenstädte stellt somit kein selbständiges Dokument dar, sondern ist eine literarische Kombination aus den Ortslisten des Josuabuches, vgl. auch N. Na'aman, 216–236.

Mit der Bestimmung von Jos 21 als einer literarischen Kompilation entfällt die Möglichkeit, die Aufstellung der Levitenorte als eine historische Quelle einer bestimmten Epoche der Geschichte Israels zuzuweisen, vgl. die Forschungsgeschichte bei Kallai, 447–458. Als literarische Konstruktion gibt Jos 21 keinen Einblick in die geschichtlichen Verhältnisse; vielmehr zeigt sie die Fähigkeit des nachpriesterschriftlichen Redaktors, aus vorhandenen Listen eine neue Einheit zu gestalten. Die Absicht dieses utopischen Entwurfs liegt in der Zuweisung fester Wohnsitze an die Leviten. Zwar sind die Leviten nach Dt 10,7; 12,12; 14,27 ausdrücklich vom Landbesitz ausgenommen, dennoch wird eine feste Regelung getroffen, indem bestimmte Städte als für die Leviten bestimmt ausgesondert werden. Mit diesem Programm, das außerordentlich schematisch durchgeführt wurde, will der Redaktor die besondere Stellung und die Unabhängigkeit der Leviten sichern.

Die Geschichte der Leviten während der Königszeit ist dunkel, ihre Stellung läßt sich aus den Quellen nicht mehr hinlänglich ermitteln. Die zunehmende Bedeutung, die den Leviten im Deuteronomium, in der Priesterschrift, in Ez 40–48 und im chronistischen Geschichtswerk zukommt, geben über ihre Funktion in vorexilischer Zeit keine Auskunft, vgl. dazu D. Kellermann, ThWAT IV, 512–517. Noch im deuteronomistischen Geschichtswerk scheint eine gewisse priesterliche Funktion durch, vgl. Jdc 17f.19f. Vermutlich handelt es sich um einzelne Familien oder Gruppen mit einer engen Bindung an die Landheiligtümer, und es scheint, „daß die Leviten in monarchischer Zeit Träger verschiedener Jahwekultformen waren und ihre religiöse Identität wesentlich aus der Jahwismustradition erhielten" (H. Schulz, 8). Dementsprechend oblag den Leviten die Ausübung des Jahwekultes und die Wahrung des Gottesrechtes. Im Rahmen der sakralen Ordnungen waren sie wohl für Fragen der Blutrache und des Asylrechtes zuständig bei gleichzeitiger Befähigung, andere kultische Handlungen wie die Darbringung von Opfern und die Erteilung rechtlicher Weisung vorzunehmen. Ihre besondere und starke Stellung während der Königszeit zeigt sich daran, daß sie sich auf einen Eponymen zurückführten, der unter die Söhne Jakobs aufgenommen wurde (Gen 29,31–30,24; 35,16–18.23–26; 46,8–25; 49,3–29; Ex 2,2–4; Dt 27,12.13; 33,6–25), ohne daß die Leviten selber einen Stamm bildeten, vgl. C. H. J. De Geus, The Tribes of Israel, 1976, 97–108.

Die Leviten sind lediglich die Gesamtheit der Sippen mit einer besonderen Rolle innerhalb der Stämme Israels. Die Auseinandersetzungen um die Leviten in den Texten aus nachexilischer Zeit zeigen, daß die Stellung der Leviten gegenüber den Ansprüchen des (zadokidischen) Priestertums behauptet wurde und diesem gegenüber neu bestimmt werden mußte. Bedingt durch die Zentralisation des Kultes in Jerusalem haben die Leviten mit dem Wegfall der Landheiligtümer ihre ursprüngliche Funktion weitgehend eingebüßt und sind zu einem *clerus minor* geworden. Der levitische Anspruch auf einen Sonderstatus, der auch die wirtschaftliche Versorgung sichert, hat auch in Jos 21 einen literarischen Niederschlag gefunden. Das Kapitel ist kein „wunderlicher Text" (so G. Schmitt, 596), sondern ein Stück „Midraschliteratur", wie bereits H. Holzinger (Das Buch Josua, KHC VI, 1901, 88) erkannt hat.

Diese literarische Arbeit soll die besondere Stellung der levitischen Sippen im Blick auf ihre Versorgung mit Landbesitz in der Geschichte verankern, indem ihnen im Kontext der Landgabe eigene Städte zugewiesen werden. Damit ist auf der einen Seite das Ideal der Landlosigkeit gewahrt, da die Leviten kein eigenes Gebiet einnehmen, auf der anderen Seite ist aber mit ihren Wohnsitzen ihre Versorgung sichergestellt. Das gesamte System ist somit eine fiktive Konstruktion, dem keinerlei Anspruch oder Bedeutung in der Geschichte zukommt.

1–3 Mit Schilo ist die Ortsangabe aus 18,1 und 19,51 aufgenommen, als handelnde Person war Eleasar bereits 14,13 von RedP eingeführt worden. Eine ausdrückliche Anweisung an Mose findet sich erst Nu 35,1–5, doch handelt es sich bei dem Komplex Nu 34.35 um einen Nachtrag zur Priesterschrift, der Jos 21 bereits voraussetzt. Die Berufung auf einen Befehl Jahwes erscheint hier formal zur Legitimierung des gesamten Vorgangs.

Die Leviten sind eine geschlossene Gruppe außerhalb der israelitischen Stämme, obwohl sie sich auf einen Stammvater Levi zurückführten. Dieser Sonderstellung wird in dem jüngeren System der Stämme dadurch Rechnung getragen, daß der Name Levi unter den Eponymen weggelassen wurde; die notwendige Zwölfzahl wurde wieder erreicht, indem Josef durch Efraim und Manasse ersetzt wurde. Dieses System findet sich in der Priesterschrift Nu 1,5–15.20–43; 2,3–31; 7,12–83; 10,14–28; 13,4–15; 26,5–51, liegt aber auch der Landverteilung Jos 13–19 zugrunde.

Der Name לוי ist am ehesten „als hypokoristischer Personenname mit der Bedeutung ‚Anhänger, Klient, Verehrer des Gottes X' aufzufassen" (D. Kellermann, ThWAT IV, 506). Dementsprechend waren die Leviten eine Gruppe, der die Durchführung des Jahwekultes und die Bewahrung der damit verbundenen Bräuche oblag. Als Priester an Heiligtümern brachten die Leviten Opfer dar und trafen sakralrechtliche Entscheidungen. In dieser Rolle erscheinen die Leviten bereits in den Überlieferungen über die Geschichte der vorstaatlichen Zeit. Mit dem Verlust der Landheiligtümer durch die Kultzentralisation am Ende der Königszeit verloren die Leviten ihre Stellung, ohne ihre Ansprüche aufzugeben. Die nachexilische Literatur zeigt die durch diese Situation bedingte Auseinandersetzung zwischen Priestern und Leviten, denen letztlich nur eine mindere Stellung bei der Kultausübung verblieb. Obwohl sie die priesterliche Funktion verloren hatten, konnten sie als kultische Amtsträger keinen (weltlichen) Stamm bilden und entsprechend Wohnsitze einnehmen, da ihnen keine נחלה zustand, vgl. Dt 10,9. Die Vergabe von Städten steht dabei nicht im Widerspruch zur Landlosigkeit der Leviten, da diese innerhalb aller übrigen Stämme liegen, also kein eigenes Stammesgebiet bilden. Das Programm von 48 Levitenorten soll das Problem der Versorgung lösen, da mit dem Verlust des priesterlichen Amtes auch die damit verbundenen Einkünfte verloren gegangen sind.

Mit 3b ist die folgende Auflistung eingeleitet. Mit der Nennung der מגרשים wird ein

Begriff eingeführt, der nur noch in dem redaktionellen Zusatz 14,4 gebraucht, sonst aber erst in nachexilischer Zeit belegt ist, vgl. Lv 25,34; Nu 35,2–5.7; Ez 45,2; 48,15.17; 1 Ch 5,16; 13,2; 2 Ch 11,14. Er bezeichnet das außerhalb der Stadt gelegene Land, das landwirtschaftlich genutzt werden kann und als Grundbesitz die wirtschaftliche Grundlage für die Bewohner der Stadt darstellt.

9a.13–19 Die Aaroniten werden erst in der nachpriesterschriftlichen Tradition zu den Leviten gerechnet (vgl. Ex 4,14–16), sonst bilden sie eine eigene Priesterschaft, vgl. Ex 6,23. In der Priesterschrift wird Aaron als der Priester schlechthin den levitischen Priestern gegenübergestellt, vgl. Lv 8–10; Nu 3.4.16–18. Wahrscheinlich ist Aaron der Eponym der Priesterschaft von Bet-El gewesen, wie aus der Polemik gegen den Stierkult am dortigen Heiligtum in Ex 32 zu erschließen ist, vgl. A. H. J. Gunneweg, 90–93. Wie die Leviten gehören die Aaroniten zu den Priestern, die ihre Ansprüche in nachexilischer Zeit gegen das herrschende Priestertum bewahren und durchsetzen mußten. Juda und Simeon werden hier zusammengenommen, obwohl aus der Städteliste Simeons 19,1–9 kein einziger Name genannt ist.

Die Aufstellung beginnt mit der Asylstadt Hebron. Die Asylstädte aus 20,7.8 werden zu den Levitenstädten gerechnet, weil die Asylgewährung so lange zu den sakralrechtlichen Aufgaben der Priester gehörte, wie die Landheiligtümer bestanden. In 20, 4 wird die Entscheidung über das Asyl ausdrücklich auf die Ältesten der Stadt übertragen, um den Verhältnissen nach der Auflösung der Landheiligtümer am Ende der Königszeit Rechnung zu tragen. Die übrigen Städte finden sich mit Ausnahme von Bet-Schemesch in den Listen der sog. Provinzeinteilung Judas:

Libna (*Tell Bornāṭ*)	15,42
Jattir (*Ḫirbet ᶜAttīr*)	15,48
Eschtemoa (*es-Semūᶜa*)	15,50
Holon	15,51
Debir (*Ḫirbet er-Rabūḏ*)	15,49
Aschan	15,42
Jutta (*Yaṭṭa*)	15,55

Bet-Schemesch (*Ḫirbet er-Rumēle*) ist in der Grenzbeschreibung 15,10 genannt, kommt aber in den Städtelisten nicht vor, weil die Stadt als Ir-Schemesch in 19,41 zu Dan gerechnet wird. Alle übrigen Orte sind somit als judäisch belegt und vermutlich aus Jos 15 übernommen. Ein Prinzip für die Auswahl ist nicht erkennbar. Auffallend ist aber die Lage der Orte in den Randgebieten im Süden des Gebirges und in der Schefela, während der zentrale Teil des judäischen Gebirges ausgespart bleibt.

Die Einbeziehung von Benjamin ergibt sich aus der geographischen Lage. Gibeon (*el-Ǧib*) und Geba (*Ǧebaᶜ*) sind 18,24.25 in der benjaminitischen Ortsliste genannt. Dort fehlen allerdings Anatot (*Rās el-Ḫarūbe* bei *ᶜAnāta* nördlich von Jerusalem) und Almon (*Ḫirbet ᶜAlmīt* nördlich von *ᶜAnāta*), möglicherweise haben sie in einem weiteren Abschnitt der Orte Benjamins gestanden, der im Verlauf der Textüberlieferung weggefallen ist, vgl. Kallai, 399f. Falls der Redaktor die beiden Namen nicht aus einem ihm vorliegenden Text übernommen hat, so kann er zumindest Anatot aus eigener Anschauung hinzugefügt haben, denn der Ort war als Heimat priesterlicher Tradition aus der Überlieferung bekannt: So wurde der unter Salomo in Ungnade gefallene Priester Ebjatar nach Anatot verbannt (1 R 2,20). Auch wenn die Quellen über das weitere Schicksal der

Nachkommen schweigen, so ist doch für die Königszeit mit der Anwesenheit von Priestern in diesem Ort zu rechnen, wird doch für Jeremia, der aus Anatot stammt (Jer 37,7–15), ausdrücklich die priesterliche Abstammung erwähnt (Jer 1,1). In nachexilischer Zeit finden sich auch Leute aus Anatot unter den Heimkehrern (Neh 7,27; Esr 2,23), der Ort wurde somit noch in persischer Zeit bewohnt. Darum ist nicht auszuschließen, daß der Redaktor Anatot auf Grund eigenständigen Wissens aufgenommen hat. Das benachbarte Almon könnte in gleicher Weise in den Text gekommen sein, doch ist über diesen Ort weiter nichts bekannt, da er nur in diesem Zusammenhang erwähnt wird. Auch wenn diese beiden Orte in der historischen Realität verhaftet sind, so ist damit noch kein konkreter Ausgangspunkt für das gesamte System der Levitenstädte gegeben, das insgesamt keine historische Wirklichkeit, sondern ein utopisches Programm spiegelt.

20–26 Der Sippe Kehat werden Städte aus Ephraim, Dan und dem westlichen Teil Manasses zugeteilt. Mit Sichem (*Tell Balāṭa*) ist auf die Asylstadt 20,7 zurückgegriffen. Geser (*Tell Abū Šūše*) und Bet-Horon (*Bēt ᶜŪr*) stammen aus der Grenzbeschriebung 16,3, da eine Städteliste für Efraim fehlt. Kibzajim ist nicht näher zu verifizieren, da der Name sonst nicht mehr genannt ist. Die Namen Elteke (*Tell eš-Šalaf*), Gibbeton (*Rās Abū Ḥamīd*), Gat-Rimmon (*Tell Ǧerīše*, vgl. zu 19,41–45) und Ajalon (*Yālo*) stammen aus der Städteliste Dans 19,42 und 44. Für Manasse werden mit Taanach (*Tell Taᶜanek*) und Jibleam (*Bīr Belᶜame*) zwei Städte aus der redaktionellen Notiz 17,11 aufgenommen, in der die Zugehörigkeit einiger Orte des Stammesgebietes von Issachar und Ascher zu Manasse festgestellt wird. Abgesehen von dem unerklärlichen Kibzajim hat der Verfasser somit auf unterschiedliche Texte zurückgegriffen, weil für den betreffenden Stamm keine Ortsliste zur Verfügung stand. Allein für Kibzajim läßt sich kein weiterer Beleg finden, da der Name nur hier genannt ist. Nun hat 1 Ch 6,53 die Form יקמעם, die hier aber nicht übernommen werden darf, da dieser Ortsname in der Form יקנעם 21,34 vorkommt. Die Unsicherheit in der Textüberlieferung läßt am ehesten daran denken, daß bereits Kibzajim eine Verschreibung darstellt, ohne daß die ursprüngliche Namensform wiederhergestellt werden könnte. Die Herkunft des Namens ist also nicht zu klären. Möglicherweise war er aber ebenfalls in der Städteliste Dans 19,40–48 enthalten. Alle Orte haben in Randzonen gelegen, doch ist eine Absicht für die Auswahl nicht erkennbar.

27–33 Von den beiden Städten des ostjordanischen Teils von Manasse stammt Golan aus 20,8. Aschtarot ist aus 13,12.31 bekannt und bereits 9,10; 12,4 erwähnt. Die Städte Issachars Kischjon (*Tell Qasyūn*), Daberat (*Ḫirbet Dabūra*) und En-Gannim (*Ḫirbet Bēt-Ġann*) sind aus 19,20.21 entnommen, Jarmut entspricht Ranet 19,21, ohne daß zu entscheiden ist, welche Namensform die nachträgliche Verschreibung darstellt. Für Ascher ist die Übernahme von Mischal, Abdon (*Ḫirbet ᶜAbde*), Helkat (*Tell el-ᶜAmr*, vgl. zu 19,25.26) und Rehob aus 19,25.26.28 eindeutig. Von den Städten Naftalis ist Kedesch 20,7 als Levitenstadt genannt, Hamat findet sich 19,35 in der Städteliste, nur Kartan ist ohne Äquivalent, doch liegt wohl eine Verschreibung aus Rakkat in 19,35 vor. Da Kartan sonst nicht belegt ist, kann jedenfalls mit einer Verschreibung gerechnet werden, die bereits 1 Ch 6,61 in קריתים verbessert worden ist. Für die galiläischen Stämme sind abgesehen von der Asylstadt Kedesch alle Namen aus den Ortslisten übernommen.

34–40 Für die Merariten finden sich die Städte Jokneam (*Tell Qemūn*), Rimon (*Ḫirbet er-Rūma*) und Nahalal aus dem Stamm Sebulon in 19,11.13.15, wenngleich Jokneam nur in einer geographischen Näherbestimmung und nicht in der Ortsliste genannt ist. Karta (קרתה) entspricht dem קטה von 19,15, die ursprüngliche Namensform hat sich in קטרון Jdc 1,30 erhalten. Die nur in 𝔊 erhaltenen Städte Rubens Jahaz (*Ḫirbet Medēniye*, vgl. zu 13,17–20), Kedemot (*es-Sāliye*, vgl. zu 13,17–20) und Mefaat (*Ḫirbet Ġawa*, vgl. zu 13,17–20) stehen 13,15 in der gleichen Reihenfolge. Mit Bezer ist die Asylstadt aus 20,8 genannt. Für Gad wurde die Asylstadt Ramot in Gilead aus 20,8 beansprucht. Die übrigen Städte Mahanajim, Hesbon (*Ḥesbān*) und Jaser finden sich in der Verteilung des Ostjordanlandes 13,26.30; 13,10.17.21.26; 13,25.

41 Außer den pedantisch mitgeteilten Zwischensummen für jeden Stamm wird die Gesamtsumme eigens vermerkt. Die ideale Verteilung von vier Städten pro Stamm weicht nur für Naftali wegen des Überhanges für Juda und Simeon von der Norm ab.

Die redaktionellen Nachträge 4–8.9b.10.11.12.20aβbα.42

4–8 Die vorweggenommene Zusammenfassung stimmt zwar im Blick auf die Zahl der Städte für die einzelnen Sippen mit 9a.13–41 überein, bietet aber bei der Aufstellung der Stämme geringfügige Umstellungen. So erscheint der östliche Teil Manasses hinter Naftali und Sebulon ganz am Ende hinter Ruben und Gad. Der Einschub will die Rolle des Losorakels, das auch bei der Zuweisung der Stammesgebiete angewendet wurde (15,1; 17,1; 18,6.11; 19,1 u.ö.) nachtragen, um die getroffene Entscheidung auf den Willen Jahwes zurückzuführen.

9b Die Wiederholung aus 3b mit dem ausdrücklichen Hinweis auf die nachfolgende Auflistung ist durch den Einschub 4–8 bedingt.

10 macht die Aaroniten zu einer Untergruppe der Kehatiten und begründet ihre Voranstellung. Demgegenüber setzt der Text entsprechend der priesterschriftlichen Auffassung die Unabhängigkeit der Aaroniten von den Leviten voraus, vgl. zu 1–3.

11.12 Die Nennung von Hebron wurde vorgezogen, um den Anspruch Kalebs noch einmal zu betonen, der 14,13.(14); 15,13.14 eigens thematisiert worden war. Die Einfügung will die Vergabe der Asylstadt Hebron an die Aaroniten mit der sonstigen Überlieferung ausgleichen.

20aβbα ist durch den Einschub von 11 bedingt.

42 betont die Zugehörigkeit des jeweiligen Landbesitzes zu den einzelnen Städten.

21,43–45 Der Abschluß der Landnahme

43So hat Jahwe das ganze Land an Israel gegeben, wie er ihren Vätern geschworen hatte. Sie nahmen es ein und siedelten darin 44Und Jahwe verschaffte ihnen Ruhe ringsum, wie er ihren Vätern geschworen hatte. Keiner von ihren Feinden konnte ihnen widerstehen, alle ihre Feinde gab Jahwe in ihre Hand. 45Nicht eine einzige von allen Zusagen, die Jahwe zum Haus Israel gesprochen hatte, war dahingefallen; alles war eingetroffen.

Literatur: G. VON RAD, Es ist noch eine Ruhe vorhanden dem Volke Gottes (1933), Gesammelte Studien zum Alten Testament, ThB 8, ^{3}1965, 101–108; G. BRAULIK, Zur deuteronomistischen Konzeption von Freiheit und Frieden (1983), Studien zur Theologie des Deuteronomiums, 1988, 219–230.

Die Schlußbemerkung konstatiert nicht allein den „erfolgten Vollzug der Landnahme" (Noth, 133), sondern stellt diese auch als ein Werk Jahwes gemäß seinen Zusagen heraus. Der gesamte Abschnitt setzt sich aus deuteronomistischen Wendungen zusammen, zu ויתן יהוה לישראל את כל הארץ vgl. Dt 4,21; 15,4; 19,10; 20,16; 21,23; 24,4; 26,1.25; 1 R 8,36; zu נשבע vgl. Dt 1,8.35; 2,14; 6,10.18.23; 7,8 u.ö.; zu ירש vgl. zu 3,9–11; zu ולא עמד vgl. 10,8; 23,9; Dt 7,24; 11,25; zu לא נפל דבר vgl. 23,14. Das Stück soll den gesamten Vorgang der Einnahme und Vergabe des Landes abschließen, nachdem die Landverteilung bereits 19,49a vollendet worden war. Der formelhafte Sprachgebrauch weist auf einen Redaktor, der das Stück als zusätzliche Rahmung geschaffen hat, um die literarischen Anhänge zur Landvergabe Asylstädte und Levitenstädte Jos 20.21 besser einzugliedern und anzubinden. Die Häufung deuteronomistischer Wendungen läßt sich kaum RedD zuschreiben; der Abschnitt stammt wohl wie bereits die Nachträge 1,10.11 und 12–18 von einem späteren Redaktor, der nach der Zufügung von Jos 21 durch RedP gearbeitet hat.

43 Die Landgabe wird als Werk Jahwes herausgestellt; die Feststellung korrespondiert der Zusage 1,2. Die Landverheißung an die Väter wird damit eingelöst, vgl. zu 1,6. Zur Ansiedlung (ישב) als dem eigentlichen Ziel der Landnahme vgl. Dt 11,36; 12,10; 17,14; 19,1; 26,1.

44 Die Landgabe verschafft Israel Ruhe vor allen seinen Feinden. Der deuteronomistische Topos (vgl. Dt 3,20; 12,10; 25,19) findet sich nur in den Nachträgen 1,13.15; 22,4; 23,1; entsprechend kann dann auch die Zurückweisung einer Gefahr durch שקט ausgedrückt werden, vgl. Jdc 3,30; 8,28; 2 S 7,1,11. Zu נתן יהוה ביד vgl. zu 2,9a und 6,2. Die mit der Landgabe verschaffte Ruhe ist die Erfüllung der Dt 12,10 gegebenen Zusage. Diese Erfüllungsnotiz wird 1 R 8,56 noch einmal wiederholt. Damit wird die gesamte Landnahme als eine vom „Wirken Gottes umgriffene Gnadengabe" (G. Braulik, 222) verstanden und damit die bisherige Geschichte des Volkes als ein auf מנוחה angelegtes Geschehen theologisch interpretiert. Diese Ruhe vor Feinden und Krieg ist eine besondere Heilswirklichkeit, die Israel mit dem Wohnen im Land von Jahwe zukommt. Die Beruhigung nach Inbesitznahme des Landes entspricht der Zusage 1,13. Das Land wird so nicht nur zu einem unaufgebbaren Besitz Israels, sondern auch zu einem konstitutiven Element theologischen Denkens.

45 Die Aussagen werden mit der Wendung von der Unverbrüchlichkeit göttlicher Zusage abgeschlossen, vgl. 1 R 8,56; 2 R 10,10. Die gesamte geschichtliche Wirklichkeit beruht auf der Entsprechung von Verheißung und Erfüllung, die im deuteronomistischen Geschichtswerk eine unauflösbare Einheit bilden und ein wesentliches Element der Geschichtsschreibung darstellen, vgl. G. von Rad, Die deuteronomistische Geschichtstheologie in den Königsbüchern, Gesammelte Studien zum AT, ThB 8, ^{3}1965, 189–204. Allerdings ist diese Aussage für die Landnahmeerzählung erst von einem späteren Redaktor im Blick auf den weiteren Verlauf der Geschichte nachgetragen worden.

22,1–34 Der Altar am Jordan

[1]Damals rief Josua die Rubeniten und Gaditen und den halben Stamm Manasse [2]und
sprach zu ihnen: „Ihr habt alles, was euch Mose, der Knecht Jahwes, befohlen hatte,
beachtet, ihr habt auf meine Stimme gehört in allem, was ich euch befohlen habe. [3]Ihr
habt eure Brüder nicht im Stich gelassen eine lange Zeit hindurch bis auf diesen Tag, und
ihr habt auf die Einhaltung der Gebote Jahwes, eures Gottes, geachtet. [4]Nun hat Jahwe,
euer Gott, euren Brüdern Ruhe verschafft, wie er ihnen zugesagt hat, so wendet euch
denn um und zieht zu euren Zelten in das Land eures Eigentums, das euch Mose, der
Knecht Jahwes, jenseits des Jordans gegeben hat. [5]Nur achtet sehr darauf, das Gebot ʿ ʾ[a]
zu erfüllen, das Mose, der Knecht Jahwes, euch geboten hat, nämlich Jahwe, euren Gott,
zu lieben und auf allen seinen Wegen zu wandeln, seine Gebote zu halten, ihm anzuhän-
gen und ihm mit eurem ganzen Herzen und mit eurer ganzen Seele zu dienen“. [6]Josua
segnete und entließ sie, sie aber zogen zu ihren Zelten.
[7]Dem halben Stamm Manasse hatte Mose in Basan und seiner anderen Hälfte Josua mit
ihren Brüdern auf der anderen Seite des Jordans nach Westen (Eigentum) gegeben.
Auch als Josua sie zu ihren Zelten entließ und sie segnete, [8]da hatte er zu ihnen
gesprochen: „Mit reichem Besitz kehrt zu euren Zelten zurück und mit großem Viehbe-
stand, mit Silber und Gold, Kupfer und Eisen sowie sehr vielen Kleidern. Teilt die Beute
eurer Feinde mit euren Brüdern“. [9]*Die Rubeniten und Gaditen und der halbe Stamm*
Manasse kehrten um und zogen weg von den Israeliten, von Schilo im Lande
Kanaan, um in das Land Gilead zu ziehen, in das Land ihres Eigentums, in dem
sie ansässig geworden waren auf den durch Mose vermittelten Spruch Jahwes hin.
[10]*Da kamen sie an den Umkreis des Jordans im Lande Kanaan, und die Rubeniten*
und Gaditen und der halbe Stamm Manasse bauten dort einen Altar am Jordan,
einen ansehnlichen Altar. [11]Da hörten die Israeliten: „Seht, die Rubeniten und Gaditen und der halbe Stamm Manasse haben einen Altar gebaut, direkt gegenüber dem
Lande Kanaan bei dem Umkreis des Jordans jenseits (des Gebietes) der Israeliten“.
[12]*Als die Israeliten das hörten, versammelte sich die ganze Gemeinde der Israeliten*
in Schilo, um gegen sie zu Felde zu ziehen. [13]*Da sandten die Israeliten zu den*
Rubeniten und Gaditen und dem halben Stamm Manasse in das Land Gilead den
Priester Pinhas, den Sohn Eleasars [14]*mit zehn Führern, je einen Führer* ʿ ʾ[a] *aus*
allen Stämmen Israels, und zwar waren sie ein jeder das Haupt ʿ ʾ[b] *eines der*
Stämme Israels. [15]*Die kamen zu den Rubeniten und Gaditen und dem halben*
Stamm Manasse in das Land Gilead und redeten mit ihnen: [16]*„So hat die ganze*
Gemeinde Jahwes gesprochen: Was bedeutet diese Untreue, die ihr an dem Gott
Israels verübt habt, daß ihr euch heute von Jahwe abgewendet habt, indem ihr
euch einen Altar für eure heutige Auflehnung gegen Jahwe gebaut habt? [17]*Haben*
wir nicht genug an der Schuld von Peor, von der wir uns noch nicht gereinigt
haben bis auf diesen Tag und die eine Plage über die Gemeinde Jahwes gebracht
hat. [18]*Ihr aber wendet euch heute von Jahwe ab. So wird es sein. Heute lehnt ihr*

euch gegen Jahwe auf und morgen wird er ʿüberʾ[a] *die ganze Gemeinde Israel zürnen.* 19*Wenn nun das Land eures Eigentums unrein ist, so zieht herüber in das Land des Eigentums Jahwes, in dem die Wohnung Jahwes sich niedergelassen hat und macht euch unter uns ansässig. Aber gegen Jahwe lehnt euch nicht auf und uns bringt ʿnichtʾ*[a] *in die Auflehnung*[b]*, indem ihr euch einen Altar baut, neben dem Altar Jahwes, unseres Gottes.* 20Kam nicht, als Achan, der Sohn Serachs, am Gebannten Untreue verübte, über die ganze Gemeinde Israels ein Zorn, obwohl er nur ein Einzelner war? Mußte er nicht für seine Schuld umkommen?“ 21*Darauf antworteten die Rubeniten und Gaditen und der halbe Stamm Manasse und redeten mit den Häuptern der Tausendschaften Israels:* 22*„El, Gott, Jahwe, El, Gott, Jahwe, er weiß es, und Israel soll es seinerseits wissen: wenn es in Auflehnung oder in Untreue (geschah), dann soll ʿerʾ*[a] *uns an diesem Tag nicht helfen –* 23*nämlich daß wir uns einen Altar gebaut hätten, um uns von Jahwe abzuwenden und um auf ihm Brandopfer oder Speiseopfer darzubringen oder um auf ihm Gemeinschaftsopfer zu veranstalten. Jahwe selbst soll es untersuchen.* 24*Vielmehr aus Besorgnis haben wir dies getan, aus folgender Überlegung: Künftig könnten eure Söhne zu unseren Söhnen sagen: Was habt ihr mit Jahwe, dem Gott Israels, zu tun?* 25*Als Grenze hat Jahwe zwischen uns und euch ʿ ʾ*[a] *den Jordan festgesetzt. Ihr habt keinen Anteil an Jahwe. So werden eure Söhne unsere Söhne daran hindern, Jahwe zu fürchten.* 26*So dachten wir, uns doch ... zu machen, indem wir den Altar bauten – (allerdings) nicht für Schlachtopfer,* 27*sondern er soll ein Zeuge sein zwischen uns und euch, zwischen unseren Nachkommen nach uns,* daß wir alle den Dienst Jahwes pflegen vor ihm mit unseren Brandopfern und Schlachtopfern und Gemeinschaftsopfern, damit eure Söhne künftig nicht zu unseren Söhnen sagen: Ihr habt keinen Anteil an Jahwe. 28So dachten wir: Falls sie zu uns oder zu unseren Nachkommen künftig (solches) sagen, dann wollen wir sagen: Seht das Abbild des Altars Jahwes, das unsere Väter gemacht haben, nicht für Brandopfer und nicht für Schlachtopfer, sondern Zeuge soll es sein zwischen uns und euch. 29Es sei ferne von uns, daß wir uns gegen Jahwe auflehnen und uns heute von Jahwe abwenden, indem wir einen Altar für Brandopfer, Speiseopfer und Schlachtopfer bauen neben dem Altar Jahwes unseres Gottes vor seiner Wohnung“. 30*Als der Priester Pinhas und die Sprecher der Gemeinde und die Häupter der Tausendschaften Israels, die mit ihm waren, die Worte hörten, die die Rubeniten und Gaditen und Manassiten geredet hatten, da waren sie einverstanden.* 31*Der Priester Pinhas, der Sohn Eleasars, sagte aber zu den Rubeniten, Gaditen und Manassiten: „Jetzt haben wir erkannt, daß Jahwe in unserer Mitte ist, weil*[a] *ihr diese Untreue an Jahwe nicht verübt habt. So habt ihr nun die Israeliten vor Jahwe gerettet“.* 32*Der Priester Pinhas, der Sohn Eleasars, und die Sprecher kehrten zurück von den Rubeniten und Gaditen aus dem Land Gilead in das Land Kanaan zu den Israeliten, und sie brachten ihnen Kunde.* 33*Den Israeliten aber schien die Sache gut geregelt; die Israeliten priesen Gott und sahen davon ab, gegen sie zu Felde zu ziehen, um das Land, in dem die Rubeniten und Gaditen* *wohnten, zu vernichten.* [34]*Die Rubeniten und Gaditen aber nannten den Altar ..., denn (sie sprachen): ein Zeuge ist er zwischen uns, daß Jahwe Gott ist.*

[5a] Die Worte „und die Weisung“ sind sachlich neben המצוה überflüssig und vermutlich eine Glosse. [14a] לבית אב ist eine aus der zweiten Vershälfte eingedrungene Glosse. [b] בית אבותם ist ebenfalls eine unsachgemäße Glosse zum Ausgleich der priesterschriftlichen Terminologie mit den Vorstellungen von der sozialen Struktur des Volkes. [18a] Statt אל ist על zu lesen. [19a] Statt der Präposition אל ist die Negation אל zu lesen. [b] Das Verbum ist als hi aufzufassen. [22a] Mit 𝔊, 𝔖 und 𝔙 ist die dritte Person Sing. zu lesen. [25a] Die Worte „den Rubeniten und Gaditen“ sind eine erklärende Glosse. [31a] אשר ist im Sinne von כי gebraucht.

Literatur: G. W. Coats, Conquest Traditions in the Wilderness Theme, JBL 95, 1976, 177–190; J. Dus, Die Lösung des Rätsels von Jos. 22, ArOr 32, 1964, 529–546; O. Eissfeldt, Monopol-Ansprüche des Heiligtums von Silo (1973), Kleine Schriften VI, 1979, 8–14; J. S. Kloppenborg, Joshua 22: The Priestly Editing of an Ancient Tradition, Biblica 62, 1981, 347–371; N. H. Snaith, The Altar at Gilgal: Joshua XXII 23–29, VT 28, 1978, 330–335.

Das Kapitel bietet keine einheitliche Erzählung. Auf die Entlassung der ostjordanischen Stämme durch Josua (1–6) folgt eine außerordentlich langatmig erzählte Episode von einem Altarbau am Jordan und den nach umständlichen Auseinandersetzungen getroffenen Entscheidungen (7–34). Diese breit angelegte Erzählung hat zwar in 22,9 eine eigene Einleitung, letztlich aber mit dem Thema der Landvergabe nichts zu tun. Vielmehr thematisiert sie die Frage nach der Kultausübung unter dem Aspekt der Einheit der Kultstätte. Thematische Bestimmung und theologische Reflexion erweisen sie als eine literarische Bildung, die hier als Anhang eingefügt wurde.

Der Entlassung der ostjordanischen Stämme korrespondiert ihre Verpflichtung 1,12–18, die damit aufgehoben wird. Nun ist der Abschnitt 1,12–18 ein Nachtrag, der Nu 32* wiederaufnimmt und erst in späterer Redaktionsarbeit der Einleitung 1,1–6 (DtrH) und 1,7–9 (RedD) in die Landnahmeerzählung hinzugefügt wurde. Dem Stil nach liegt mit 22,1–6 ebenfalls ein redaktioneller Einschub vor, der erst nach der deuteronomistischen Redaktion vorgenommen wurde, um die besondere Lage der ostjordanischen Stämme am Ende der Landnahme noch einmal als gottgewollt herauszustellen.

Als eine selbständige literarische Einheit ist 22,7–34 nicht ganz einheitlich. Vor der eigentlichen Einleitung 22,9 fungieren 22,7.8 als eine redaktionell geschaffene Klammer, um den halben Stamm Manasse nachzutragen. Ursprünglich waren nur die Rubeniten und Gaditen Träger der Handlung, wie noch 22,32.33.34 erkennbar ist, die Manassiten sind erst in der Formulierung חצי שבט (ה)מנשה 22,9.10.13.14.21 oder בני מנשה 22,30.31 nachgetragen worden, um das Stück an die vorausgesetzte Stämmegeographie anzupassen. Außerdem ist 22,11 ein sekundäres Zwischenstück, das den Gang der Handlung unnötig unterbricht. Während der Verweis auf den Abfall von Bet-Peor Nu 25,1–9 in 17 im Zusammenhang der Rede noch sinnvoll ist, klappt der Verweis auf die Achanerzählung Jos 7 in 20 eindeutig nach und stellt einen Zusatz dar. Auch der Schluß der Rede ist ab 22,27aβγb sachlich überflüssig und eine Wiederholung, die redaktionell angefügt wurde. Ansonsten handelt es sich um eine geschlossene Erzählung, die auf eine Ortsnamenätiologie hinausläuft, doch ist der Name des Altars in 22,34 ausgefallen. Im Zentrum der Erzählung stehen zwei Redeblöcke, so daß sich folgende Gliederung ergibt:

9.10 Der Altarbau am Jordan
12–19 Die Gesandtschaft der westjordanischen Stämme
21–27aα Die Antwort der ostjordanischen Stämme
30.31 Die Aufnahme des Vorschlags
32.33 Rückkehr der Gesandtschaft und Zustimmung Israels
34 Schlußformel

Das Stück ist völlig von priesterschriftlichem Sprachgebrauch geprägt; darauf weisen vor allem die Wörter נשאים, עדה, אחוזה und משכן יהוה. Für die Abfassung ist somit am ehesten an die nachpriesterschriftliche Redaktion (RedP) zu denken; jedenfalls ist die Erzählung erst in nachexilischer Zeit entstanden, als die deuteronomistisch überarbeitete Fassung des Josuabuches bereits vorlag. Die Aufnahme und Verarbeitung einer älteren Tradition ist in jeder Hinsicht unwahrscheinlich. Einmal setzt die Erzählung die deuteronomistische Theologie der Kultzentralisation voraus, wie sie Dt 12,4–7 formuliert ist, vgl. E. W. Nicholson, The Centralization of the Cult in Deuteronomy, VT 13, 1963, 380–389; E. Würthwein, Die josianische Reform und das Deuteronomium, ZThK, 73, 1976, 395–423. Auch wenn sie mit einem älteren Altar im Jordantal verbunden gewesen sein sollte, die zum Ausdruck gebrachte Einschränkung in der Opferpraxis auf den Tempel von Jerusalem ist nicht vor dem 7. Jh. erfolgt, so daß die Erzählung nicht vor dem Ende der Königszeit entstanden sein kann. Zum anderen liegt der Erzählung der Gedanke der kultischen Unreinheit des Ostjordanlandes zugrunde. Diese Disqualifizierung der ostjordanischen Siedlungsgebiete findet sich aber erst in der nachpriesterschriftlichen Auffassung vom Umfang des Landes Nu 34,12, vgl. Ez 47,18, wo der Jordan die Grenze des Siedlungsgebietes Israels bildet. Dieser Ausschluß der Stammesterritorien östlich des Jordans steht in direktem Widerspruch zu der deuteronomistischen Landtheologie, nach der die Landnahme mit der Überschreitung des Arnon beginnt (Dt 2,36.37; 3,12–17) und der Jordan nur die Grenze zwischen verschiedenen Stammesgebieten bildet.

Die gesamte Konzeption der Erzählung ist somit von Voraussetzungen abhängig, die nicht vor dem Ende der Königszeit entstanden und erst in nachexilischer Zeit voll zur Geltung gekommen sind. Ein alter Kern, mit dem ein besonderer Altar im Jordantal begründet wurde, ist für die Erzählung nicht erkennbar. Nichts deutet auf die Umgestaltung einer älteren Vorlage, die den Namen des Altars einmal anders gedeutet hat. Das eigentliche Ziel des Handlungsablaufs ist denn auch nicht der Altarbau oder die Begründung, warum auf diesem Altar keine Opfer mehr dargebracht werden, sondern die Feststellung, daß auch die ostjordanischen Stämme zu Israel gehören und als solche am regelmäßigen Kult an der einzig legitimen Stätte – dem Tempel von Jerusalem – teilhaben. Gegen offensichtlich in nachexilischer Zeit bestehende Vorwürfe werden die Stämme jenseits des Jordans ausdrücklich in Schutz genommen: weder dienen sie fremden Göttern noch bringen sie unrechtmäßige Opfer dar. Vielmehr bilden sie mit den Bewohnern des Westjordanlandes eine Einheit, weil sie ebenfalls bekennen, daß Jahwe allein Gott ist. Die Intention der Erzählung ist die Begründung der Zulassung aller Bewohner jenseits des als Grenze empfundenen Jordans zum Jahwekult in Jerusalem.

Damit entfällt die Suche nach einer älteren Tradition (gegen J. S. Kloppenborg, 370). Die Tatsache, daß für die Lage des Altars im Jordangraben eine nähere Lokalisierung fehlt, spricht gegen die Annahme einer lokalen Verhaftung und damit auch gegen die

Übernahme oder Umbildung einer ursprünglich ortsgebundenen Erzählung mit ätiologischer Tendenz.

Die Bildung paßt in die Auseinandersetzungen der nachexilischen Zeit, als der Tempel von Jerusalem zum Mittelpunkt des israelitischen Kultes geworden war und die Frage der Zugehörigkeit von Juden außerhalb Judäas zum rechtmäßigen Israel dringend wurde. Das Problem war dadurch gestellt, daß bei den Eroberungen Tiglatpilesers III. auch das Ostjordanland zur assyrischen Provinz geworden war und fortan von einer Mischbevölkerung bewohnt wurde, wobei die Nachbarschaft von Ammonitern und Moabitern die Problematik noch verschärfte. Die Frage nach der Zugehörigkeit der Rubeniten und Gaditen zum Volk Israel wird so mit besonderen Vereinbarungen begründet, die in die Epoche der Landnahme unter Josua zurückprojiziert werden.

Die Auseinandersetzung um den Altar am Jordan 9.10.12–19.21–27aα.30–34 (RedP)

9.10 Die Exposition hat überleitenden Charakter: einerseits wird die Entlassung der ostjordanischen Stämme vorausgesetzt und zum anderen wird eine neue Handlung eingeleitet. Ort des Geschehens ist Schilo entsprechend 18,1.8.9.10; 19,51; 20,2, vgl. zu 18,1. Als Standort des Zeltheiligtums ist Schilo kultischer Mittelpunkt der Stämme nach der Landnahme, in der nachpriesterschriftlichen Redaktion wird somit die deuteronomistische Theologie der Kultzentralisation in vorstaatliche Zeit zurückverlegt. Gilead bezeichnet das gesamte Ostjordanland. אחז ni findet sich als Ausdruck der Seßhaftwerdung nur 22,19; Gn 34,10; 47,27; Nu 32,30. Mit גלילות ist ein bestimmtes Gebiet der Jordansenke bezeichnet, ohne daß es sich um einen echten Landschaftsnamen handelt. Das Wort wird auch 15,7 (cj.); 18,17 für ein Gebiet benutzt und ist eine der zahlreichen von גלל „rollen“, „wälzen“ abgeleiteten Bildungen. Die Gleichsetzung mit Gilgal ist völlig ausgeschlossen angesichts der Jos 3.4 erfolgten Legitimierung dieses Ortes, gegen N.H. Snaith, 333–335. Der genaue Ort bleibt unbestimmt. Da die Erzählung keine alte Ortsnamenätiologie aufgenommen hat, die an einem bestimmten Ort verhaftet ist, kann die Frage nach dem Standort des Altars offen bleiben. Es liegt kein Bezug auf eine konkrete Kultstätte vor. Vorausgesetzt ist lediglich, daß der Altar direkt am westlichen Ufer des Jordans gestanden hat. Erst nachträglich wurde diese Vorstellung in 11 korrigiert und mit der Angabe מול ארץ כנען der Altar auf das östliche Ufer verlegt. Über die Form des Altars verlautet nichts, lediglich seine Größe wird ausdrücklich betont, um zu begründen, warum der Altar den Eindruck erwecken konnte, daß er als Kultstätte für alle Opferarten gebaut worden sei.

12–19 Der Beschluß zum Krieg gegen die ostjordanischen Stämme wird nicht näher begründet. Vielmehr ist vorausgesetzt, daß ein Verstoß gegen die deuteronomische Forderung der Kultzentralisation Dt 12,4–6 entsprechend bekämpft werden muß. Der Ausdruck עלה לצבא ist singulär und wird 22,33 wiederholt. Das Nomen צבא ist nur noch in dem redaktionellen Zusatz 4,13 für das Heer gebraucht, sonst ist die Eroberung des Landes in Jos 2–12 Sache des ganzen Volkes. Erst in der Priesterschrift wird Nu 2; 10,11–36 für jeden Stamm die fiktive Größe des Heeres als die Zahl der waffenfähigen Männer angegeben.

Eine Gesandtschaft unter der Führung des Pinhas stellt den Versuch einer friedlichen Beilegung des aufgebrochenen Konfliktes dar. Pinhas war nach Ex 6,25; Nu 25,7.11; 31,6 u.ö. Sohn des Priesters Eleasar, der sonst nach Auffassung des priesterschriftlichen Redaktors neben Josua amtiert, vgl. 14,1; 19,51; 21,1. Die Namensgleichheit mit dem zu den Eliden von Schilo gehörenden Priester Pinhas (1 S 1,3;4,4 u.ö.) läßt keine weiteren Rückschlüsse zu, da eine Identität der Personen nicht gegeben ist. Mit נשיא werden in der Priesterschrift für die Zeit der Wüstenwanderung die Führer der Stämme bezeichnet, ihre Namen werden in der Liste Nu 1,5–15 eigens aufgeführt, vgl. zu 9,15b. Die אלפי ישראל sind eine späte Bezeichnung für die Stämme, vgl. Nu 1,16; 10,36; 22,14. Zu עדה vgl. zu 9,15b.

Ein Ort wird für die Verhandlungen mit den ostjordanischen Stämmen nicht genannt. Der Vorwurf wird mit den Begriffen מעל und מרד erfaßt, die synonym zur Kennzeichnung des Tatbestandes als Verbalform und Nomen gebraucht werden. מעל kennzeichnet die Untreue gegenüber einem Menschen oder gegenüber Gott, die dadurch entsteht, daß ein eingegangenes Vertrauensverhältnis durchbrochen wird, vgl. Lv 5,15.21; Nu 5,6.11–31; Ez 14,13–30. Innerhalb des sakralrechtlichen Bereiches bedeutet diese Störung gleichzeitig eine Beeinträchtigung der kultischen Reinheit, deren Wiederherstellung unerläßlich ist, vgl. zu 7,1. Als Störung des Gottesverhältnisses kann dieser Vorgang als Abkehr von Jahwe umschrieben werden. Mit מעל wird somit die Beziehung zu Gott als durch menschliches Fehlverhalten gestört qualifiziert. Der Begriff kennzeichnet den unzulässigen Eingriff des Menschen in die von Gott bestimmte Sphäre. Das synonym gebrauchte מרד bezeichnet im profanen Bereich den Versuch, „aus politischer Abhängigkeit auszubrechen mit dem Ziel, politische Selbständigkeit zu erlangen" (L. Schwienhorst, ThWAT V, 2), vgl. Gn 14,4; 2 R 18,7; 18,20 = Jes 36,5; 2 R 24,1; 24,20 = Jer 52,3; Ez 17,15; Neh 2,19; 6,6; 2 Ch 13,6; 36,13. Im religiösen Sprachgebrauch bedeutet dieser Versuch der Befreiung von der alles bestimmenden Macht Gottes „sich auflehnen gegen" oder „abfallen von" Jahwe, vgl. Nu 14,9 J, wo מרד parallel zu לון gebraucht ist. Der Gebrauch des Nomens in 16 ist singulär.

Die Anklage der westjordanischen Stämme lautet also dahingehend, daß mit dem Altarbau der zulässige Freiraum des menschlichen Handelns überschritten und in den Bereich göttlicher Wirksamkeit eingegriffen wurde, so daß diese Sphäre in einer Weise verletzt ist, mit der ein Abfall von Jahwe vorliegt. Die Folgen solchen Tuns werden durch den Verweis auf das Vergehen mit dem Baal-Peor verdeutlicht. Die Erzählung Nu 25,1–9 kann keiner der Quellenschriften zugeordnet werden, sondern ist ein junges Stück unbekannter Herkunft, wobei die Tat des Pinhas (6–9) lose an den vorausgehenden Text (1–5) angehängt wurde, vgl. M. Noth, Das vierte Buch Mose. Numeri, ATD 7, [4]1982, 170–173. Diese Erzählung vom Abfall der Israeliten zum Kult der Moabiter und von dessen Bestrafung ist zwar nicht frei von Unstimmigkeiten, stellt aber in ihrer Tendenz unverkennbar eine Warnung vor der Verehrung fremder Götter dar, indem die Konsequenzen aufgezeigt werden. Der Abfall führt zum Zorn Gottes und bedingt eine Bestrafung des Volkes. Worin der Schlag (נגף) gegen Israel bestanden hat, wird nicht erzählt, der ausdrückliche Hinweis auf die noch bestehende Unreinheit läßt am ehesten an eine Krankheit denken, vgl, H.-J. Hermisson, Sprache und Ritus im altisraelitischen Kult, WMANT 19, 1965, 84–99. Die Verwendung des Begriffes נגף entspricht priesterschriftlicher Terminologie, Ex 12,13; 30,12; Nu 8,19; 17,11f.

Die Qualifizierung des Landes als unrein (טמאה) ist singulär und steht im Widerspruch zum Deuteronomisten, der das Ostjordanland mit Dt 1–3 ausdrücklich in die Landnahme eingeschlossen hat, indem er diese am Arnon beginnen läßt, vgl. dazu N. Lohfink,

Darstellungskunst und Theologie in Dt 1,6–3,29, Studien zum Deuteronomium und zur deuteronomistischen Literatur I, 1990, 15–44. Der Begriff eines unreinen Landes findet sich sonst nur noch Am 7,17, wo er sich eindeutig auf das Exil in Assyrien bezieht. Erst in nachexilischer Zeit wurde der Jordan als Grenze Kanaans festgelegt und das Ostjordanland als nicht zum israelitischen Siedlungsgebiet gehörig angesehen, vgl. die Grenzbeschreibungen Nu 34,1–14 und Ez 47,13–20. Dieser Ausschluß des Ostjordanlandes im Widerspruch zur gesamten Tradition hat einen kultgeschichtlichen Hintergrund, der mit der Geschichte dieses Landesteils seit dem Ende des Nordreiches 722 zusammenhängt. Nach den assyrischen Eroberungen in der zweiten Hälfte des 8. Jh. wurden die ehemaligen israelitischen Siedlungsgebiete von anderen Völkern besetzt, so daß eine rechtmäßige Zugehörigkeit der dortigen Bevölkerung zu Israel als dem Volk des einen Gottes Jahwe nicht mehr gegeben war. Diese Abgrenzung gegen fremde Völlker und fremde Kulte in nachexilischer Zeit führte schließlich auch zu der Abtrennung des Landes östlich des Jordans von dem Land Kanaan, das Israel von Jahwe als Erbbesitz verheißen war.

Die Rede schließt mit der Aufforderung zur Umkehr und zur Anerkennung des einen Altars. Dabei wird mit dem Verweis auf die Stiftshütte (משכן) ausdrücklich auf das am Sinai vermittelte Heiligtum der Priesterschrift Ex 25–31 hingewiesen, das mit seinem Altar die einzig rechtmäßige Kultstätte für Jahwe sein kann, vgl. V. Fritz, Tempel und Zelt, WMANT 47, 1977, 112–166. Mit dieser Projektion hat der Verfasser die Verhältnisse in nachexilischer Zeit im Blick, als der Jerusalemer Tempel seine Position als alleinige Opferstätte gegenüber anderen Ansprüchen im Sinne der deuteronomistischen Theologie behauptete.

21–27aα Die Antwort der ostjordanischen Stämme beginnt mit einem Bekenntnis und weist den erhobenen Vorwurf unter Aufnahme der Stichwörter מעל und מרד ausdrücklich zurück. Die Wiederholung der Formel אל אלהים gibt der Eröffnung einen feierlichen Charakter, sie findet sich sonst nur noch zu Beginn von Ps 50. Die Formel ist disparat zu übersetzen, wie die Masoreten bereits durch Setzung des Paseq zum Ausdruck gebracht haben. Die Häufung der Gottesbezeichnungen wurzelt wahrscheinlich im Kult, wo die Anrufung Gottes mit verschiedenen Begriffen diesem einen besonderen Nachdruck verleiht, vgl. A. Murtonen, A Philological and Literary Treatise on the Old Testament Divine Names 'l, 'lwh, 'lwhym and yhwh, 1952. אל ist das alte kanaanitische Wort für ‚Gott', das synonym zu dem weitaus häufigeren אלהים, aber auch als Eigenname parallel zu יהוה gebraucht werden kann, vgl. Gn 35,1.3; 46,3; Nu 12,13; 23,8 u. ö. Die Jahweverehrung ist in der vorstaatlichen Zeit fest verwurzelt, ihre Ausschließlichkeit ist bereits in der Königszeit zum Programm erhoben und in ihrem Verlauf endgültig durchgesetzt worden, vgl. G. Braulik, Das Deuteronomium und die Geburt des Monotheismus, Studien zur Theologie des Deuteronomiums, 1988, 257–300. Trotz der Unaussprechlichkeit des Namens יהוה in nachexilischer Zeit kann er hier den ostjordanischen Stämmen in den Mund gelegt werden, um sie als solche zu kennzeichnen, die aufgrund ihrer Anerkennung Jahwes als des einzigen Gottes zu Israel gehören.

In der weiteren Rede wird die Bedeutung des Altars uminterpretiert: Nicht den verschiedenen Opfern, sondern als Zeuge (עד) soll er dienen. Grundsätzlich ist der Altar Opferstätte, wobei vermutlich für die einzelnen Opferarten verschiedene Altäre zu unterscheiden sind, vgl. zu 8,30.31. Im Erzählzusammenhang werden für den errichteten Altar allerdings alle Tieropfer abgelehnt. Beim Brandopfer (עולה) wurde das Opfertier nach der Schlachtung für Gott auf dem Altar verbrannt, während beim Schlachtopfer

(זבח) das Tier von den Kultteilnehmern in Mahlgemeinschaft mit gegessen wurde. Die außerdem genannten שלמים waren ursprünglich ein Begleitopfer zur עולה mit eigenem Ritus, wurden aber dann in Verbindung mit dem Schlachtopfer begangen, vgl. zu 8,30.31. Dementsprechend erscheint שלמים 23 in enger (constructus) Verbindung mit זבח, wird aber 27 als eigene Opferart aufgeführt. מנחה paßt 23 für die vegetabilen Opfergaben nicht in den Zusammenhang und könnte eine Glosse sein. Zu den verschiedenen Opferarten vgl. R. Rendtorff, Studien zur Geschichte des Opfers im Alten Testament, WMANT 24, 1967.

Die Umdeutung des Altars als Zeuge soll den Vorwurf der westjordanischen Stämme der Untreue und des Abfalls zurückweisen; statt Stätte der wichtigsten Kulthandlung soll er „Zeuge" dafür sein, daß auch die ostjordanischen Stämme Anteil an Jahwe haben, also rechtmäßige Teilnehmer des Jahwekultes am zentralen Heiligtum sind. Mit עד wird sonst der Zeuge beim Gerichtsverfahren bezeichnet, der als Beobachter oder Beteiligter über eine Tat oder eine Angelegenheit aussagen kann und an den zur Absicherung der Wahrheit in der Aussage bestimmte ethische Forderungen gestellt werden, vgl. Ex 26,16; Lv 5,1; Dt 19,16–19 und H. Simian-Yofre, ThWAT V, 1107–1128. Als Belege für unzweifelhafte Tatbestände können auch Gegenstände zu Zeugen werden, vgl. Ex 22,12. Entsprechend ihrer Funktion bei Gericht sind Zeugen auch bei anderen Rechtsakten unentbehrlich, bei Kaufurkunden oder Vertragsabschlüssen bezeugen sie die Rechtmäßigkeit des jeweiligen Vorgangs. In der Erzählung von dem Vertrag zwischen Jakob und Laban Gn 31,25–42 fungieren Steinhaufen als Zeugen, die damit die für die Gültigkeit der Abmachung notwendige Rolle anstelle von Menschen übernehmen. Die Steinhaufen dokumentieren damit die getroffene Vereinbarung und halten ihre Gültigkeit aufrecht, auch wenn die beteiligten Parteien abwesend sind. Im juridischen Sinne ist darum auch der Altar als Zeuge in Jos 22 zu verstehen: Er soll eine Regelung als rechtlich verbindlich bezeugen. Nun wird allerdings in der Erzählung gar kein Vertrag geschlossen, sondern als bestehend vorausgesetzt. Die Zugehörigkeit der ostjordanischen Stämme und damit ihre Beteiligung am Jahwekult – wie sie bisher in der Geschichte Wirklichkeit gewesen sind – sollen auch in Zukunft gelten.

30.31 In der Entgegnung spricht Pinhas die ostjordanischen Stämme von den erhobenen Vorwürfen frei. Damit ist die Umwidmung des Altars als ein rechtsverbindliches Denkmal ausdrücklich akzeptiert. Die singuläre Formel בתוכנו יהוה entspricht dem Bekenntnis יהוה בקרבנו Ex 17,7 J; 34,9; Jer 14,9; Mi 3,11, mit der sich der Sprecher der göttlichen Gegenwart versichert.

32.33 Nach der Freisprechung durch Pinhas und der Rückkehr der Delegation wird die Angelegenheit den Israeliten unterbreitet. Mit יטב בעיני liegt die übliche Umschreibung für Anerkennung und Zustimmung vor, vgl. Gn 34,18; 41,37; 45,16; Lv 10,10.19; Dt 1,23 u. ö. Mit Gott als Objekt kommt ברך pi außer in Gn 24,48 J; Dt 8,10 und im chronistischen Geschichtswerk (1 Ch 20,26; 31,8; Neh 8,6; 9,5) sowie in der aramäischen Form Dan 2,19f.; 4,31 nur noch in den Liedern mit der Bedeutung „Jahwe preisen" (Jdc 5,2.9; Ps 24,12; 34,2; 63,5; 66,8; 68,27; 96,2; 100,4 u. ö.) vor. Mit der Wendung soll der Jahwe zukommende Dank ausgedrückt werden, der ihm als Urheber allen Geschehens zukommt. Ausdrücklich wird die Beendigung der Kriegsplanung festgestellt, deren Ziel als Verwüstung des Landes nachträglich genannt wird. Mit der Beilegung des Konfliktes wird die Einheit des Volkes in der Anerkennung einer einzigen Kultstätte bewahrt.

34 Die Schlußformel mit der Benennung des Altars ist insofern unvollständig, als der

Name des Altars fehlt. Dieser kann aus dem Text auch nicht mehr erschlossen werden. Die Begründung entspricht 22,27aα, ist aber um das Bekenntnis יהוה האלהים erweitert, mit dem Jahwe im Horizont deuteronomistischer Theologie als der einzige Gott gekennzeichnet wird. In jedem Falle gehört die Namengebung eng mit der vorliegenden Fassung zusammen und ist aus dieser herausgesponnen.

Die redaktionellen Erweiterungen 1–6.7.8.11.20.27aβγb.28.29

1 Die Einleitung setzt die bei der Landvergabe gegebene Situation voraus und nennt weder Ort noch Zeit. Mit אז wird der Neueinsatz markiert und die Gleichzeitigkeit mit dem vorangegangen Geschehen betont.

2.3 stellt den Gehorsam der zweieinhalb Stämme ausdrücklich fest. Zu שמר vgl. zu 1,7–9. עזב ist hier im Blick auf die militärische Aktion im Westjordanland gebraucht und meint das Verlassen des Heeres vor dem Ende der Eroberung des Westjordanlandes, die mit Jos 12 abgeschlossen war.

4 weist auf Nu 32* zurück, wo die Verpflichtung zur Teilnahme am Kampf in V. 20.21 nachgetragen wurde. Diese ist in einer Josuarede 1,12–15 ausdrücklich von einem Redaktor angefügt worden. נוח hi ist *terminus technicus* der Redaktion für den Abschluß der Landnahme, vgl. 1,13.15; 21,44; 23,1. Das priesterschriftliche אחוזה findet sich nur noch in den redaktionellen Stücken 21,12.41; 22,9.19. Wie נחלה bezeichnet אחוזה den rechtmäßigen Besitz, den Jahwe selbst den ostjordanischen Stämmen übereignet hat, vgl. zu 1,5.6.

5 bietet eine Ansammlung deuteronomistischer Wendungen, mit denen das Halten und Festhalten der göttlichen Weisung eingeschärft wird. Zu שמר לעשות vgl. Dt 5,1.29; 6,3.25; 8,1; 11,32; 12,1 u.ö.; zu אהב יהוה vgl. Dt. 6,5; 10,12; 11,1.13.22; 13,4, u.ö.; zu הלך בכל דרכים vgl. Dt. 5,30; 10,12; 11,22; 1 R 8,58; 2 R 21,21; zu שמר מצוה vgl. die Belege bei M. Weinfeld, Deuteronomy and the Deuteronomistic School, 1972, 336; zu בו/ביהוה דבק vgl. Dt. 4,4; 10,20; 11,22; 13,5; 30,20; 2 R 18,6; zu בכל לבב ובכל נפש vgl. 23,14; Dt. 4,29; 6,5; 10,12; 11,13; 13,4; 26,16; 30,2.6.10; 1 R 2,4; 8,48; 2 R 23,3.25.

6 Die Entlassung (שלח pi) mit dem Segen (ברך pi) erhält hier einen offiziellen Charakter, da so die Selbstverpflichtung der ostjordanischen Stämme, die 1,16.17 redaktionell nachgetragen ist, aufgehoben wird. Das Segnen hat wie 14,13 die Form einer feierlichen Verabschiedung, bei der das nur von Gott zu gewährleistende Wohlergehen im Vollzug des Lebens bzw. im Verlauf der Geschichte besonders im Blick ist.

7.8 stellen einen Anhang zu 1–6 dar, der das Siedlungsgebiet des halben Stammes Manasse in Baschan eigens erklärt. Die Zuweisung dieses Gebietes durch Josua war bereits unter Rückgriff auf Nu 32,39–41 in 13,29–31 redaktionell nachgetragen worden. In einer älteren literarischen Stufe haben nur Ruben und Gad als ostjordanische Stämme gegolten, mit dieser Redaktion soll den Gegebenheiten Rechnung getragen werden, vgl. zu 13,29–31. In 22,1b ist der halbe Stamm Manasse allerdings bereits genannt, möglicherweise geht dieser Halbvers auf redaktionelle Arbeit zurück. In jedem Fall ist die ostjordanische Hälfte des Stammes Manasse in die Überlieferung hineingewachsen. Mit שלח pi und ברך pi ist die Terminologie von 1–6 aufgenommen.

Als ein spätes Lehnwort aus dem Akkadischen kommt נכסים (HAL, 660) nur noch

Qoh 5,18; 6,2 und 2 Ch 1,11,12 vor. Mit der Betonung des Reichtums soll die Epoche als eine wohlhabende herausgestellt werden. Der Besitz umfaßt neben dem Vieh auch Metallgegenstände und Kleidung, an denen das Vermögen gemessen werden konnte. Die Edelmetalle Gold und Silber wurden wegen ihres hohen Wertes als Zahlungsmittel benutzt, während Bronze und Eisen zur Herstellung von Geräten und Waffen sowie Schmuck dienten, vgl. M. Weippert, BRL, 219–224. Die Herkunft der Besitztümer aus der Beute (שלל) setzt die Vorstellung voraus, daß bei der Eroberung des Landes und der Einnahme der Städte der Besitz der kanaanitischen Bewohner übernommen wurde, wie es bei Kriegshandlungen im gesamten alten Orient Brauch war, vgl. H. J. Stoebe, Raub und Beute, in: Hebräische Wortforschung. Festschrift W. Baumgartner, SVT 16, 1967, 340–354. Allerdings war die Verfügung über die Beute durch das Gebot der Vernichtungsweihe für die kanaanitischen Städte Dt 20,16–18 stark eingeschränkt, vgl. 8,24ff.

11 nimmt 12a vorweg, so daß 𝔊 dann 12a ausgelassen hat, und korrigiert den Standort des Altars, indem dieser an das Ostufer des Jordans verlegt wird. Damit liegt er außerhalb des Landes Kanaan, als dessen Grenze nach Auffassung des Redaktors der Jordan gilt. Die Auffassung vom Umfang des Landes entspricht nicht deuteronomistischer Theologie, nach der das Ostjordanland ausdrücklich in die Landverteilung eingeschlossen wird, vgl. 13,15–28. Allerdings gilt bereits in der Erzählung 22,7ff. das Land jenseits des Jordans als unrein, vgl. zu 22,19. Mit dem Zusatz wird das Vergehen der ostjordanischen Stämme noch gesteigert, nicht nur war der Bau eines Altars ein Akt der Untreue und des Abfalls, diese illegitime Kultstätte steht zudem noch außerhalb des Landes, in dem allein rechtmäßige Kultausübung möglich ist. Wie weit hier gleichzeitig Altarbauten außerhalb des Landes und damit außerhalb Jerusalems abgelehnt wurden, ist konkret nicht zu verifizieren, aber in der Tendenz eindeutig. Eine Legitimierung der Kultpraxis am Tempel in Yeb auf Elephantine ist der Erzählung jedenfalls nicht zu entnehmen, gegen J. G. Vink, The Date and Origin of the Priestly Code in the Old Testament, OTS 15, 1969, 73–86.

20 Der Verweis auf die Erzählung über das Vergehen und die Bestrafung Achans Jos 7 ist durch das Stichwort מעל bedingt, das 7,1 genannt ist. Dabei wird vor allem betont, wie das Vergehen eines einzelnen die Gesamtheit des Volkes trifft und daß die Strafe unaufhebbar ist.

27aβγb.28.29 betonen erneut unter Aufnahme des Sprachgebrauchs von 22–27aα die eigentliche Bedeutung des Altars als eines Zeugen und weisen seine Benutzung als Opferstätte zurück. Sachlich neu ist lediglich die Einführung des Begriffes **תבנית**; dieser bezeichnet in Ex 25,9; 2 R 16,10; 1 Ch 28,11–19 eine bildliche Darstellung in Form eines Plans oder eines Modells, meint sonst aber jede Art figürlicher Darstellung von Mensch oder Tier, vgl. Dt 4,16–18; Jes 44,13; Ez 8,10; Ps 106,20. Mit dieser Bezeichnung wird von vornherein sichergestellt, daß es sich nicht um einen richtigen Altar handelt, sondern eben nur um ein Abbild.

23,1–16 Abschiedsrede Josuas

[1]Lange Zeit, nachdem Jahwe Israel von allen seinen Feinden ringsum Ruhe
geschaffen hatte – Josua war inzwischen alt und betagt geworden –, [2]da rief Josua
ganz Israel zusammen, seine Ältesten und Häupter, seine Richter und seine

Beamten und sprach zu ihnen: „Ich bin nun alt und betagt geworden. [3]Ihr aber habt alles gesehen, was Jahwe, euer Gott, an allen diesen Völkern vor euch getan hat, denn Jahwe, euer Gott, er selbst hat für euch gekämpft. [4]Seht, ich habe euch diese Völker, die noch übrig sind, zugeteilt zum Erbbesitz entsprechend euren Stämmen vom Jordan an ⌜ ⌝[a] ⌜bis⌝[b] zum großen Meer gen Sonnenuntergang. [5]Jahwe, euer Gott, er selbst wird sie vor euch verstoßen und sie vor euch her vertreiben, und ihr werdet ihr Land in Besitz nehmen, gleichwie Jahwe, euer Gott, zu euch geredet hat. [6]So seid nun sehr stark, zu halten und zu tun alles, was im Buch der Weisung Moses geschrieben steht, nicht von ihm nach rechts oder links abzuweichen, [7]nicht unter diesen Völkern unter euch, die noch übrig sind, aufzugehen. Bei dem Namen ihrer Götter dürft ihr nicht bekennen und dürft ihr nicht ⌜schwören⌝[a], ihnen dürft ihr nicht dienen und dürft sie nicht verehren. [8]Vielmehr sollt ihr Jahwe, eurem Gott, anhängen, wie ihr es bis heute getan habt. [9]Jahwe hat vor euch große und starke Völker vertrieben, und vor euch hat niemand standhalten können bis auf diesen Tag. [10]Einer von euch konnte tausend verfolgen, denn Jahwe, euer Gott, er selbst hat für euch gekämpft, wie er euch versprochen hatte. [11]So beachtet nun dringend um eures Daseins willen Jahwe, euren Gott, zu lieben, [12]denn wenn ihr euch wirklich (von Jahwe) abkehren und dem Rest dieser Völker, dieser übriggebliebenen, anhängen solltet und euch mit ihnen verschwägert und in ihnen aufgeht und sie in euch, [13]für den Fall sollt ihr wissen, daß Jahwe euer Gott aufhören wird, diese Völker vor euch her zu treiben, sondern sie sollen euch zur Falle und zum Stellholz, zur ⌜Peitsche⌝[a] für eure Seiten und zu Stacheln in euren Augen sein, bis daß ihr zugrunde geht von diesem guten Boden, den Jahwe, euer Gott, euch gegeben hat. [14]Seht, ich trete jetzt den Weg alles Irdischen an, so sollt ihr denn mit eurem ganzen Herzen und mit eurem ganzen Dasein euch bewußt sein, daß kein einziges Wort von allen Zusagen, die Jahwe euer Gott, euch gemacht hat, weggefallen ist; alle sind für euch eingetroffen, nicht ein einziges Wort von diesen ist weggefallen. [15]Gleichwie nun jede Zusage, die Jahwe, euer Gott, euch gemacht hat, bei euch eingetroffen ist, so wird Jahwe auch über euch alles Unheil bringen, bis daß er euch vernichtet hat von diesem guten Boden, den Jahwe, euer Gott, euch gegeben hat. [16]Wenn ihr den Bund Jahwes, eures Gottes, übertretet, den er euch anbefohlen hat, und ihr hingeht und zu fremden Göttern übergeht und ihr sie verehrt, dann wird der Zorn Jahwes über euch entbrennen und ihr werdet schnell zugrunde gehen von diesem guten Land, das er euch gegeben hat."

4a Die Worte „und alle Völker, die ich ausgerottet habe" stören den Zusammenhang und sind eine an falscher Stelle in den Text geratene Glosse. **b** Zu lesen ist ועד הים. **7a** Die Form ist als ni zu lesen. **13a** Das singuläre שטט kann in שוטים berichtigt werden.

Die Rede Josuas ist literarisch ein Nachtrag, der nichts mit den Themen Landeinnahme und Landvergabe zu tun hat; die Einleitung 23,1 schafft denn auch einen zeitlichen Abstand zu den vorausgegangenen Ereignissen. Die Ermahnungen zielen auf das Halten der göttlichen Weisung, wie sie im Deuteronomium vorliegt (תורה 23,6), ihre Sprache ist durch deuteronomistische Wendungen bestimmt. Gegenüber dem folgenden Stück von der Verpflichtung in Sichem 24,1–28 ist diese Rede völlig selbständig, wenngleich am Ende das Stichwort ברית anklingt (23,16). Ein Aufbau nach dem sog. Bundesformular ist nicht gegeben (gegen K. Balzer, Das Bundesformular, WMANT 4, ^{2}1964, 71–73). Vielmehr wird lediglich der Abschluß der Landnahme festgestellt, um auf die neue Situation des Wohnens inmitten anderer Völker hinzuweisen, die nach deuteronomistischer Auffassung im Blick auf die Gottesverehrung und im Blick auf das *connubium* eine Gefahr bilden. Die Vorstellung einer weiteren Vertreibung von Völkern (ירש hi) und damit eines weiteren Landgewinns in 23,5 und 13a hat Noth, 134 mit Recht einer sekundären Bearbeitung zugewiesen. Die Rede hat allein das zukünftige Leben des Volkes im Lande unter dem Aspekt der תורה im Blick. Damit wird das in der Gottesrede 1,7–9 eingefügte Stichwort wieder aufgenommen. Da 23,6 nicht aus dem Zusammenhang gelöst werden kann, hat R. Smend (I, 130–133) aufgrund der Übereinstimmung in Sprache und Aussage 1,7–9 und 23,1–16 dem gleichen deuteronomistischen Redaktor zugeschrieben. Demnach ist diese Abschiedsrede erst von RedD an dieser Stelle zusammen mit dem Abschluß der Landverteilung in 21,43–45 eingefügt worden. (Der ursprüngliche Zusammenhang ist dann durch die Einfügung von 22,1–34 auseinandergerissen worden.)

1.2 Die Einleitung stellt den zeitlichen Abstand zur Landnahme fest. נוח hi findet sich nur in redaktionellen Stücken, vgl. 1,13.15; 21,44; 22,4 und Dt 3,20. „Damit ist die göttliche Gabe der ruhigen Sicherheit im Besitz des verheißenen Landes gemeint" (Noth, 133), vgl. Dt 12,18; 25,19. Die bekämpften Bewohner des Landes werden nur 7,8.12.13; 10,19.25 und in den redaktionellen Stücken 21,44; 22,8 mit איב bezeichnet; eigentlich hat Jahwe die Feinde Israels bekämpft und vertrieben, vgl. Dt 6,19; 33,27. Wie 21,44 ist 23,1a das deuteronomistische Programm der Landnahme noch einmal zusammengefaßt.

Der Verweis auf das Alter Josuas entspricht der Formulierung in 13,1.

Von den 23,2a genannten Amtsträgern erscheinen die זקני ישראל als Vertreter des Volkes nur noch 7,6; 24,1.31. Die ראשים finden sich als Familienoberhäupter (14,1; 19,1; 21,1) oder Stammesführer (22,14. 21.40) nur in sekundären Erweiterungen. שפטים werden noch 24,1 und in dem redaktionellen Nachtrag 8,33, die שטרים werden nur in den redaktionellen Zusätzen 1,10; 3,2; 8,33; 24,1 erwähnt. Die Zusammenstellung der Amtsträger erweist sich so als literarische Arbeit der Redaktors.

3.4 Die Repräsentanten des Volkes werden als Augenzeugen bei der Eroberung des Landes angesprochen, die Landnahme ist aber allein Jahwes Tat. Mit יהוה als Subjekt ist עשה nur noch 10,25 in der Landnahmeerzählung verwendet, doch bezeichnet das Verbum auch sonst Jahwes Heilshandeln beim Auszug aus Ägypten (4,23; 9,9) oder beim Zug durch das Ostjordanland (9,10). Die Vorstellung, daß Jahwe für Israel kämpft (לחם ni), ist 10,14.42 und Dt 1,30; 3,22 zu belegen und entspricht somit dem Sprachgebrauch von DtrH. Abgesehen von 12,23 findet sich גוים zur Bezeichnung der bekämpften Bewohner des Landes innerhalb der Landnahmeerzählung allein in diesem Kapitel 23,7.12, doch wird der Begriff sonst im Deuteronomium für die Fremdvölker gebraucht, vgl. Dt 4,27; 7,1; 8,20; 9,4.5; 15,6 u.ö. Mit den übrigen Völkern können nach der geographischen Angabe nur noch die im Westjordanland verbliebenen Kanaaniter gemeint sein, die nicht bekämpft und besiegt und damit auch nicht durch Vernichtungsweihe ausgerottet worden sind. Für נחלה vgl. zu 1,5.6. Mit נפל hi ist der Sprachgebrauch der Redaktion 13,6 aufgenommen.

Mit dem Land sind die noch verbliebenen Bewohner den Stämmen als Erblast zugefallen, im Blick auf die wirklichen Verhältnisse während der Königszeit ist hier die Landnahme nicht mit der Ausrottung der gesamten vorisraelitischen Bevölkerung verbunden.

6 wiederholt Formulierungen aus 1,6–9. Wie an den übrigen (redaktionellen) Stellen (1,8; 8,32; 22,5) bezeichnet תורה die Willensäußerung Jahwes, wie sie im Deuteronomium vorliegt. Stereotyp wird die Beachtung des Gotteswillens erneut betont, vgl. Dt 28,58–61; 30,10.

7–11 Mit der Wiederaufnahme des לבלתי wird zunächst vor diesen fremden Völkern gewarnt, wobei mit בוא das Gemeinte merkwürdig offen bleibt. Die Warnung vor dem Eingehen in fremde Völker zielt auf die mögliche Gleichwerdung und den dadurch bedingten Verlust der eigenen Identität. Präzisiert wird die Warnung dann in dem Verbot der Verehrung fremder Götter. Durch den Machterweis bei der Landnahme hat sich Jahwe als Gott Israels erwiesen. Jahwes Teilnahme am Kampf hat das Volk zu Heldentaten ermächtigt, die jedes menschliche Maß sprengen und von denen in der Landnahmeerzählung gar nicht die Rede ist, weil diese die Eroberung des Landes als eine Aktion des ganzen Volkes darstellen will. Das in der Geschichte begründete Gottesverhältnis verlangt Anhänglichkeit (דבק) und Liebe (אהבה) von seiten Israels. Zur Bezeichnung der Bindung Israels an Jahwe gehört דבק zum Vokabular der deuteronomisch-deuteronomistischen Reihenbildungen, vgl. Dt 10,20; 11,22; 13,5; 30,20 und dazu N. Lohfink, Das Hauptgebot, AnBibl 20, 1963, 73–80. Die bereits im Deuteronomium immer erneut erhobene Forderung, Gott zu lieben (Dt 6,5; 11,1; 13,14), bzw. der Liebe zu Jahwe (Dt 11,13.22; 19,9; 30,6.16.20) setzt die Liebe Gottes zu seinem Volk voraus, die sich in den verschiedenen Heilsgaben manifestiert, vgl. Dt 7,8.13; 23,6; 30,16.20. Die Pflicht der Gegenliebe ergibt sich „nicht im ursprünglichen Sinne der sinnlichen Emotion, sondern in der Gestalt echten Gehorsams und reiner Ergebenheit" (G. Wallis, ThWAT I, 125). אהבה umgreift somit den gesamten Bereich des Lebens im Sinne einer Haltung der Loyalität gegenüber dem Gott, der seine Liebe bereits durch die Wahl Israels zu seinem Volk erwiesen hat, vgl. W. L. Moran, The Ancient Near Eastern Background of the Love of God in Deuteronomy, CBQ 25, 1963, 77–87. Diese Verbindung des Volkes zu Jahwe ist einzigartig und schließt jede Form der Anrufung oder Verehrung anderer Gottheiten aus, wie insbesondere im Deuteronomium immer wieder gefordert wird, Dt 4,19.28; 6,13; 7,4.16; 8,19; 10,12.70; 11,13.16; 12,2.30; 13,5.7.14; 17,3; vgl. dazu J.P. Floss, Jahwe dienen – Göttern dienen, 1975. Jahwes Anspruch auf sein Volk ist mit dem Ausschluß jeglicher Bindung an fremde Götter unaufhebbar verbunden, womit jegliche Kultausübung für andere Götter ausgeschlossen ist. Mit der Forderung absoluter Loyalität gegenüber Jahwe war „die Möglichkeit mehrfacher Loyalität ausgeschlossen, wie sie in anderen Religionen erlaubt war, wo der Gläubige zu mehreren Göttern in Beziehung treten konnte" (M. Weinfeld, ThWAT I, 808).

12.13b drohen die Strafe für den Fall der Abkehr von Jahwe an. Die Abkehr von Jahwe ist hier nicht mehr als Fremdgötterkult, sondern als Verschwägerung mit den fremden Völkern verstanden. Nicht mehr die Götter, sondern die Menschen selbst bilden die Gefahr für Israel, deshalb soll jedes *connubium* ausgeschlossen sein. Mit חתן hitpa ist hier wie Gn 34,9; Dt 7,3; Esr 9,14; 2 Ch 18,1 die allgemeine Veschwägerung bezeichnet, die durch Heirat zwischen dem einen Ehegatten und den Blutsverwandten des anderen Ehegatten entsteht und ein neues Rechtsverhältnis begründet. Die Abkehr von Jahwe besteht somit in der Bindung an rechtlich verpflichtende verwandtschaftliche Beziehungen außerhalb von der durch den Bezug auf Jahwe bestimmten Rechtsnorm Israels. Da das Recht immer an Gottheiten als den Bewahrern von Recht und Gerechtigkeit gebunden ist, bedingt die Übernahme rechtlicher Verpflichtungen durch Heirat gleichzeitig die Anerkennung fremder Götter. Die Ehe mit der kanaanitischen Bevölkerung des Landes wird denn auch Dt 7,1–4 ausdrücklich untersagt. Die Heirat einer fremden Frau (aus den zu Sklavinnen bestimmten Kriegsgefangenen) ist darum nur möglich durch ihre Eingliederung in die hebräische Rechtsgemeinde, Dt 21,10–14. In nachexilischer Zeit werden denn auch in strikter Anwendung dieser Auffassung Mischehen ausdrücklich bekämpft und durch Scheidung aufgelöst, vgl. Esr 9 und 10. Während der Königszeit war allerdings die Ehe mit Ausländerinnen nicht einfach wie im deuteronomischen Gesetz verboten, vielmehr kennt die Überlieferung eine ganze Reihe fremder Frauen – wie etwa die Moabiterin Rut (Rt 1,4), die ägyptische Frau Josefs (Gn 41,45), die kuschitische Frau Moses (Nu 12,1) oder die aramäischen Frauen Davids (2 S 3,3). Doch werden im deuteronomistischen Geschichtswerk die fremdländischen Königinnen außerordentlich negativ beurteilt (1 R 11,1f.; 16,31), und die Simsonerzählung erscheint geradezu als eine Warnung vor der nichtisraelitischen Frau (Jdc 13–16). Jedenfalls hat die deuteronomistische Ablehnung der Mischehe die Überlieferung wie die weitere Einstellung geprägt. Maßgebend war dabei der Gedanke einer Bewahrung des Volkes als einer allein auf Jahwe bezogenen rechtlichen und kultischen Gemeinschaft.

Die Androhung der Folgen des Fehlverhaltens erfolgt in metaphorischer Redeweise. פח bezeichnet das Klappnetz zum Fangen von Vögeln; מוקש ist das dabei verwendete Stellholz, kann aber *pars pro toto* auch „Falle“ bedeuten. Das Bild zielt auf den Verlust von Freiheit und Selbständigkeit und wird häufig zur Kennzeichnung des bevorstehenden Geschicks gebraucht, vgl. zu פח Jes 24,17; Jer 4,48; Hos 5,1; 9,8 u.ö., zu מוקש Ex 23,33; 34,12; Dt 7,14; Jes 8,14 (zusammen mit פח) u.ö. sowie die Abbildungen bei O. Keel, Die Welt der altorientalischen Bildsymbolik und das Alte Testament, 1972, Nr. 110–120. שוט dient zum Antreiben von Tieren (Prv 26,3) und entspricht am ehesten der Peitsche, die bildhaft auch gegen Menschen angewendet werden konnte und dementsprechend Ausdruck für die Fremdbestimmung ist, vgl. 1 R 12,11.14 = 2 Ch 10,11.14; Jes 10,26; Hi 9,23. Das seltene צן* bezeichnet im Plural wahrscheinlich die Stacheln der Dornsträucher, die im Auge Gefährdung und Beeinträchtigung bedeuten, vgl. Hi 5,5; Prv 22,5. Die benutzten Bilder weisen alle auf eine starke Einschränkung des Lebensvollzugs. Am Ende steht der Untergang (אבד qal). Bereits im Deuteronomium wird die Vernichtung des Volkes als Strafe für den Fremdgötterdienst angekündigt (Dt 4,26; 8,19f.; 11,17; 30,18; vgl. 7,20; 28,20), diese wird hier als Verschwinden aus dem zugewiesenen Land präzisiert. Die Strafandrohung hat somit letztlich die Galut im Blick, die Vertreibung von dem Ackerboden ist als Bestrafung nicht zu überbieten, weil Jahwe damit dem Volk nicht allein die Lebensgrundlage, sondern auch die Möglichkeit der Kultausübung und damit auch den Vollzug der Sühne entzieht. Die Ankündigung weist voraus auf die Deportationen im Zusammenhang mit der assyrischen Eroberung Israels und der babylonischen Eroberung Judas. Das Ende des Nordreiches wird dann in 2 R 17,7–23 und das Ende des Südreiches in 2 R 21,1–16 ausführlich mit der Verehrung fremder Götter begründet.

14.15 Zur Verstärkung wird die Wendung לא נפל דבר אחד wiederaufgenommen, vgl. zu 21,45. Dem Wort der Verheißung (דבר טוב) wird die Gerichtsankündigung (דבר רע) gegenübergestellt. Angesichts der vollzogenen Landnahme wird im Rahmen des Tun-Ergehen-Zusammenhangs die Konsequenz für den Ungehorsam gegenüber dem göttlichen Gebot verdeutlicht: Am Ende kann der Verlust des Landes stehen. Die Landgabe ist kein sicherer Besitz, sondern ist an die Erfüllung des Gotteswillens gebunden. Bleibt die Befolgung der göttlichen Weisung aus, so kann das Land verlorengehen. שמד hi „ausrotten" wird sonst im Blick auf fremde Völker gebraucht (vgl. 9,24; Dt 2,12.21.22.23; 2 R 21,9 u.ö.), kann aber auch im Blick auf Israel gesagt werden (vgl. Dt 1,27; Am 9,8; Ps 106,23 u.ö.). Wie Segen und Fluch in Dt 28 wird der Landgabe die Drohung des Landverlustes gegenübergestellt.

16 bietet eine Zusammenfassung unter Aufnahme der Stichwörter aus dem vorangehenden Text. Neu ist die Verwendung von ברית zur Kennzeichnung der zwischen Gott und Israel bestehenden Abmachung. Der Begriff kommt sonst nur in redaktionellen Nachträgen überwiegend im Zusammenhang mit der Lade vor, vgl. 3,3.6.8.11.14.17; 4,7.9.18; 6,6.8; 8,33. (Auch im Deuteronomium erscheint der Begriff im Zusammenhang mit der Lade oder den Dekalogtafeln, Dt 9,9.11.15; 18,8 u.ö.) Im deuteronomisch-deuteronomistischen Sprachgebrauch bezeichnet ברית „Bund" das von Gott mit Israel am Horeb eingegangene Verhältnis; dieses ist entscheidend durch den Entschluß Gottes geprägt, ausschließlich diesem Volk der einzige Gott zu sein, vgl. Dt 5,2f.; 28,69; 29,9–14. Für Israel folgt aus der ברית die Verpflichtung der unbedingten Zugehörigkeit im Sinne der Anerkennung und Verehrung Jahwes als des einzigen Gottes und die Erfüllung des Gotteswillens, vgl. Dt 26,16–18 und dazu L. Perlitt, Bundestheologie im Alten Testament, WMANT 36, 1969, 54–128. Dieser Bund ist ein beide Partner gleichermaßen bindendes Abkommen, das Israel von Jahwe auferlegt worden ist. In diesem Sinne ist ברית die umfassende Bestimmung für die Verbindung zwischen Gott und Volk, die unbedingt gewahrt werden muß. Zur Herkunft und Ausgestaltung des Bundesdenkens M. Weinfeld, ThWAT I, 781–808. Auch wenn dieses von Gott mit Israel eingegangene Verhältnis im Sinne unbeschränkter Gültigkeit unauflöslich ist, so kann es doch durch Fehlverhalten beeinträchtigt oder geschädigt werden. Diese Verletzung durch Nichtbeachtung der mit der ברית verbundenen Forderungen führt zu Gottes Zorn (חרה אף יהוה) und Bestrafung. Gerade die Theologisierung des Gottesverhältnisses hat die Gültigkeit des Tun-Ergehen-Zusammenhanges verschärft: Nicht Willkür bestimmt das Handeln Gottes an seinem Volk, sondern die gnädige Annahme und Zuwendung, die Israel aber außer Kraft setzen kann, wenn es sich von seinem Gott abkehrt und anderen Göttern zuwendet (עבד אלהים אחרים). Der angedrohte Verlust des Landes ist als Strafe für die Durchbrechung der eingegangenen Verpflichtung selbst verschuldet. Das Ausbrechen aus der mit dem Bund geforderten absoluten Loyalität gegenüber Jahwe führt notwendigerweise zu der göttlichen Sanktion des Landverlustes als der höchstmöglichen Strafe. Der Landbesitz ist an die Bundestreue gebunden, mit dem Bundesbruch stellt Israel nicht nur den Besitz des Landes, sondern sein gesamtes Dasein in Frage.

24,1−28 Die Verpflichtung der Stämme auf Jahwe

[1]**Josua aber versammelte alle Stämme Israels nach Sichem**[a] – und er rief die Ältesten Israels und seine Häupter und seine Richter und seine Beamten – **und sie stellten sich vor Gott.** [2]**Da sprach Josua zum ganzen Volk: „So hat Jahwe, der Gott Israels, gesprochen: Jenseits des Stromes wohnten eure Väter seit ehedem** – Terach, der Vater Abrahams und der Vater Nahors – **und dienten anderen Göttern.** [3]**Da nahm ich euren Vater Abraham von jenseits des Stromes und ließ ihn im ganzen Land Kanaan umherziehen und ʿvermehrteʾ**[a] **seine Nachkommenschaft und gab ihm Isaak.** [4]**Isaak aber gab ich Jakob und Esau und an Esau gab ich das Gebirge Seir, um es einzunehmen. Jakob und seine Söhne aber zogen herab nach Ägypten.** [5]**Da sandte ich Mose und Aaron, schlug Ägypten ʿmit den Zeichenʾ**[a], **die ich in seiner Mitte tat, danach führte ich euch heraus.** [6]Und ich **führte eure Väter aus Ägypten, und ihr erreichtet das Meer.** Die Ägypter aber verfolgten eure Väter mit Streitwagen und Pferdegespannen am Schilfmeer. [7]Sie aber schrieen zu Jahwe. Da legte er Dunkelheit[a] zwischen euch und die Ägypter und brachte das Meer über sie, das bedeckte sie. **Eure Augen haben gesehen, was ich in Ägypten tat. (Danach) seid ihr lange in der Steppe wohnen geblieben.** [8]**Ich führte euch in das Land der Amoriter, die jenseits des Jordans wohnten, und sie kämpften mit euch. Da gab ich sie in eure Hand, und ihr nahmt ihr Land ein,** und ich vernichtete sie vor euch. [9]Dann stand Balak der Sohn Zippors, der König von Moab, auf und kämpfte gegen Israel. Er schickte und ließ Bileam den Sohn Beors rufen, um euch zu verfluchen. [10]Aber ich wollte Bileam nicht erhören, vielmehr mußte er euch mit Segen segnen, und ich errettete euch aus seiner Hand. [11]**Dann überschrittet ihr den Jordan und kamt nach Jericho, (dort) kämpften die Männer von Jericho gegen euch** – die Amoriter, die Perisiter, die Kanaaniter, die Hetiter, die Girgasiter, die Hiwiter und die Jebusiter – **und ich gab sie in eure Hand.** [12]Ich sandte den Schrecken vor euch her und er vertrieb sie vor euch her ʿ ʾ[a] – nicht dein Schwert und dein Bogen. [13]**Ich aber gab euch ein Land, um das ʿihrʾ**[a] **euch nicht bemüht habt, Städte, die ihr nicht gebaut habt,** nun aber bewohnt, Weinberge und Ölbäume, die ihr nicht gepflanzt habt, (deren Erträge ihr) nun aber verzehrt. [14]**Jetzt aber fürchtet Jahwe und dient ihm vollständig und treu: Entfernt ʿdieʾ**[a] **Götter, die eure Väter jenseits des Stromes und in Ägypten verehrt haben und dient Jahwe (allein).** [15]**Wenn es euch aber nicht gefällt, Jahwe zu verehren, so wählt euch heute aus, wem ihr dienen wollt, –** ʿdenʾ[a] **Göttern, die eure Väter verehrt haben, als sie jenseits des Stromes (wohnten), oder den Göttern der Amoriter, in deren Land ihr (nun) wohnt, – ich und meine Familie wollen Jahwe (allein) verehren".** [16]**Das Volk antwortete und sprach: „Es sei ferne von uns, Jahwe zu verlassen, um anderen Göttern zu dienen.** [17]**Denn Jahwe ist (allein) unser Gott. Er hat uns ʿ ʾ**[a] **heraufgeführt aus dem Lande Ägypten, aus dem Sklavenhause, und der vor unseren Augen diese großen Wunder getan hat. Er hat uns auf dem gesamten Weg bewahrt, den wir**

gegangen sind, und unter allen Völkern, durch deren Mitte wir gezogen sind. [18]**Jahwe hat alle Völker und die Amoriter, die im Lande wohnten, vor uns vertrieben. So wollen auch wir Jahwe dienen, denn er (allein) ist unser Gott".** [19]Josua aber sprach zu dem Volk: „Ihr könnt Jahwe nicht (ohne weiteres) dienen, denn er ist ein heiliger Gott, ein eifersüchtiger Gott ist er, eure Verfehlungen und eure Übertretungen wird er nicht vergeben. [20]Wenn ihr Jahwe verlassen und fremde Götter verehren werdet, dann wird er (alles) wenden, euch Böses tun und euch ein Ende setzen, nachdem er euch Gutes getan hat". [21]Da sprach das Volk zu Josua: „Nein, sondern Jahwe wollen wir dienen". [22]Josua aber sprach zu dem Volk: „Ihr seid Zeugen gegen euch selbst, daß ihr euch Jahwe erwählt habt, um ihm zu dienen". Sie sprachen: „Zeugen (sind wir)". [23]„Jetzt entfernt also die fremden Götter, die in eurer Mitte sind, und neigt euer Herz zu Jahwe, dem Gott Israels". [24]Das Volk aber sprach zu Josua: „Jahwe, unserem Gott, wollen wir dienen und auf seine Stimme hören". [25]**An diesem Tag verpflichtete Josua das Volk und legte ihm Satzung und Recht fest in Sichem,** [26]und Josua schrieb diese Worte in das Buch der Weisung Gottes, nahm einen großen Stein und stellte ihn dort auf unter dem Baum, der im Tempel Jahwes (steht). [27]Dabei sprach Josua zu dem ganzen Volk: „Seht, dieser Stein soll zum Zeugnis gegen uns werden, weil er alle Worte Jahwes gehört hat, die er mit uns geredet hat, und er soll Zeuge gegen euch werden, daß ihr euren Gott nicht verleugnet". [28]**Dann entließ Josua das Volk, einen jeden in seinen Erbbesitz.**

[1a] Die Lesung ‚nach Schilo' in 𝔊 ist eine nachträgliche Angleichung an den Ort der Handlung von Jos 18–22. [3a] Vgl. Qere. [5a] Statt כאשר ist mit 𝔊 und entsprechend der Formulierung Nu 14,11 באתות אשר zu lesen. [7a] Nach Streichung des מ als Dittographie ist אפל zu lesen. [12a] Die Worte „die beiden Könige der Amoriter" sind eine nicht in den Zusammenhang passende Glosse. [13a] Mit den Versionen ist zur Anpassung in den Zusammenhang die 2. Pers. Pl. zu lesen. [14a] Nach der Grammatik ist der Artikel einzusetzen. Das undeterminierte Nomen könnte aber ein Hinweis darauf sein, daß der אשר-Satz nachträglich eingefügt worden ist. [15a] Vgl. 14a. [17a] Die Worte „und unsere Väter" sind als unsachgemäße Glosse zu streichen.

Literatur: C. H. Giblin, Structural Patterns in Jos 24,1–25, CBQ 26, 1964, 50–69; J. L'Hour, L'alliance de Sichem, RB 69, 1962, 5–36.161–184.350–368; C. A. Keller, Über einige alttestamentliche Heiligtumslegenden I, ZAW 67, 1955, 141–168; W. T. Koopmans, Joshua 24 as Poetic Narrative, JSOTS 93, 1990; V. Maag, Sichembund und Vätergötter (1967), Kultur, Kulturkontakt und Religion. Gesammelte Studien zur allgemeinen und alttestamentlichen Religionsgeschichte, 1980, 300–313; D. J. McCarthy, Treaty and Covenant, AnBibl 21A, [2]1978; H. Mölle, Der sogenannte Landtag zu Sichem, 1980; E. Nielsen, Schechem: A Traditio-Historical Investigation, 1955; L. Perlitt, Bundestheologie im Alten Testament, WMANT 36, 1969; G. von Rad, Das formgeschichtliche Problem des Hexateuch, Gesammelte Studien zum Alten Testament, ThB 8, [3]1965, 9–86; W. Richter, Beobachtungen zur theologischen Systembildung in der alttestamentlichen Literatur anhand des „Kleinen geschichtlichen Credo", in: Wahrheit und Verkündigung, 1967, 175–212; H. N. Rösel, Erwägungen zu Tradition und Geschichte in Jos 24 – ein Versuch, BN 2, 1983, 41–46; G. Schmitt, Der Landtag von Sichem, 1964; J. Van Seters, Joshua 24 and the Problem of Tradition in the Old Testament, in: In the Shelter of Elyon. Essays on Ancient and Palestinian Life and Literature in Honor of G. W. Ahlström, JSOTS 31, 1984, 138–158; S. D. Sperling, Joshua 24 Re-examined, HUCA 58, 1987, 119–136.

Vorgeschichte, Abfassung und Stellung des Abschnittes sind in der Forschung außerordentlich umstritten, vgl. zur Forschungsgeschichte J.P. Floss, Jahwe dienen – Göttern dienen, BBB 45, 1975, 334–340. Noth (15f. und 139) sah in dem Stück, das er als „Landtag zu Sichem“ bezeichnet hat, einerseits einen literarischen Nachtrag zur Landnahmeerzählung, rechnete aber andererseits mit einem hohen Alter dieser Erzählung, mit der ein für die Konstituierung Israels grundlegendes Ereignis überliefert wurde. Die Annahme einer langen Überlieferungsgeschichte führte im Blick auf die Rede Josuas Jos 23 zu der Annahme, daß der Deuteronomist Jos 24 im Kern übernommen und „als Vorbild für das von ihm verfaßte Abschlußkapitel 23“ (Noth, 16) benutzt hat. Diese Bestimmung des traditionsgeschichtlichen Verhältnisses der beiden Schlußreden Josuas führte in eine Aporie, die von Noth nur mit der Behauptung eines sekundären Zuwachses der älteren Überlieferung gelöst werden konnte. Ähnlich haben auch G. von Rad (44–46) und E. Nielsen (86–141) für Jos 24 eine Überlieferung postuliert, die bis in vorstaatliche Zeit zurückreicht und die ein historisches Ereignis aus dieser Zeit spiegelt. Gestützt wurde diese Einordnung durch die Behauptung formaler Parallelen im Aufbau des Kapitels mit den hethitischen Staatsverträgen in Form eines Bundesformulars durch K. Baltzer, Das Bundesformular, WMANT 4, ²1964, 29–37. Allerdings hat sich dagegen schon früh Widerspruch erhoben, indem auf die Unzulänglichkeit des Vergleichs hingewiesen wurde, vgl. F. Nötscher, Bundesformular und Amtsschimmel, BZ NF 9, 1965, 181–214.

Von dieser Sicht einer langen Überlieferungsgeschichte haben erst die erneuten Analysen des Textes durch L. Perlitt (239–284) und D.J. McCarthy (221–242) weggeführt, indem sie Sprache und Form in den Mittelpunkt ihrer Untersuchungen gestellt haben. Unter Berücksichtigung der deuteronomisch-deuteronomistischen Sprache des Abschnittes und der möglichen Anspielungen auf die historische Situation in der späteren Königszeit rechnen sie mit einer Entstehung der Tradition kurz vor dem Ende des Königtums. Wenngleich das literarische Problem der Stellung des Kapitels ungelöst bleibt, so wurde doch deutlich herausgestellt, daß die Argumentation Bezüge zu dem geschichtlichen Standort des Verfassers aufweist und daß deren Klärung entscheidend für das Verständnis ist. Außerdem hat L. Perlitt mit Nachdruck darauf hingewiesen, daß 24,1–28 auf keinen Fall im Horizont eines Vertragsdenkens, wie es mit der Bundestheologie der deuteronomischen Bewegung und Literatur vorliegt, verstanden werden darf, weil es nicht um einen Bundesschluß, sondern allein um eine Verpflichtung geht.

Dagegen hat J. Van Seters erneut betont, daß der literarische Ort und die traditionsgeschichtliche Herkunft einer gemeinsamen Erklärung bedürfen, die beide Aspekte gleichermaßen umfaßt. „Joshua 24 is not an independent piece that comes out of nowhere and exists for a century or two in limbo“ (J. Van Seters, 154). Dementsprechend rechnet er mit der Abfassung durch den Jahwisten, den er allerdings später als DtrH ansetzt. Damit wird das Kapitel als eine Bildung der nachexilischen Zeit verstanden, in der das jahwistische Geschichtswerk als Ergänzung zum deuteronomistischen Geschichtswerk entstanden sei. (In der Zurückweisung dieser These hat S.D. Sperling erneut durch eine Untersuchung des Sprachgebrauchs versucht, die Herkunft des Berichtes aus der späteren Königszeit nachzuweisen.) Ungeachtet seiner eigenständigen und eigenwilligen Auffassung über die Entstehung der großen Geschichtswerke hat J. Van Seters zu Recht herausgestellt, daß mit Jos 24 eine literarische Bildung vorliegt, deren Näherbestimmung nur durch sprachliche oder traditionsgeschichtliche Untersuchung der Einzelelemente zu erreichen ist. Die angemessene Deutung ist somit nur in einer literarischen Analyse zu gewinnen, die Stellung und Form, Sprache und Inhalt des Abschnittes gleichermaßen bedenkt und berücksichtigt.

Die letzte Handlung Josuas ist die Verpflichtung des Volkes auf Jahwe als den einzigen Gott, dem allein Verehrung zukommt. Dieser Akt wird durch einen langen Redegang zwischen Josua und dem Volk vorbereitet (2–24), der an Umfang und Gewicht die erzählerische Rahmung (1.25–28) bei weitem überwiegt. Das Stück ist also eigentlich keine Erzählung, sondern eine literarische Komposition, deren Höhepunkt mit der durch den Dialog vorbereiteten Verpflichtung zum Dienst an Jahwe erreicht ist. L. Perlitt, 269 hat denn auch die Form als eine „fiktive Verpflichtungsszene" bestimmt und damit alle weiteren Versuche der gattungsmäßigen Einordnung als Urkunde oder Vertragsschilderung formal richtig ausgeschlossen.

Die Rahmung weist die literarische Fiktion als eine in sich abgeschlossene Einheit aus, die gegenüber der Rede von Jos 23 selbständig ist. Allerdings überrascht das Stück als Abschluß der Erzählung von der Einnahme und Vergabe des Landes (Jos 2–12 und 13–19), da diese Ereignisse nicht weiter thematisiert oder reflektiert werden. Nur innerhalb der Gottesrede 24,2–13 wird das Summarium der geschichtlichen Ereignisse mit dem Hinweis auf die erfolgte Eroberung des Landes abgeschlossen, was sachlich dem vorausgesetzten Zeitpunkt entspricht. Auch wenn der Inhalt des Komplexes Jos 2–19 lediglich im Rahmen der gesamten bisherigen Geschichte anklingt, so kann 24,1–28 dennoch der Abschluß der Landnahmeerzählung gewesen sein, weil nun, da Israel in seinem Land zur Ruhe gekommen ist, das für die deuteronomisch-deuteronomistische Theologie entscheidende Thema יהוה הוא אלהים aufgenommen und ausgeführt werden kann. Nachdem die kriegerische Leistung der Eroberung des Landes bereits in Jos 12 zusammengefaßt war und da im weiteren Verlauf der Landverleihung Jos 13–19 Jahwe als der Urheber des Landbesitzes erscheint, ist eine Besinnung auf Jahwe zum Abschluß der gesamten Landnahme nicht nur sinnvoll, sondern im Horizont deuteronomistischer Theologie geradezu geboten. Wenn aber diese „fiktive Verpflichtungsszene" einmal das Josuabuch beschlossen hat, dann kann sie nur von DtrH an diese Stelle gesetzt worden sein.

Gegenüber Jos 23 stellt 24,1–28 eine sprachlich und stofflich ältere Stufe dar. Das Kapitel ist somit keineswegs ein Anhang zum Josuabuch, das bisher keinen angemessenen Abschluß nach Beendigung der Landvergabe Jos 13–19 aufweist, denn der Abschnitt 21,43–45 wurde erst durch RedD eingefügt. Vielmehr hat RedD mit der Rede Josuas 23,1–16 nachgetragen, was er in 24,1–28 vermißte, nämlich den eindrücklichen Hinweis auf die Folgen des Abfalls. In der Verpflichtung zu Sichem 24,1–28 sind mögliche Sanktionen noch nicht im Blick. Das Stück geht somit der Rede Jos 23 voraus und hat bereits zum Textbestand des Josuabuches gehört, als diese von RedD eingefügt wurde.

Die Verlegung des Geschehens nach Sichem überrascht insofern, als Sichem in den Landnahmetexten keine besondere Rolle spielt und nur 17,7 zur Näherbestimmung von Michmetat und 20,7 sowie 21,21 in literarischen Anhängen erwähnt ist. Die Ortsangabe könnte somit auf die Übernahme einer Lokaltradition aus Sichem weisen, wenn für 24,1–28 ein älteres Stadium der Überlieferung nachgewiesen werden kann. Bereits die Bestimmung der Gattung wies aber eher auf eine literarische Komposition als auf die Übernahme einer älteren Tradition. Auch die Ortsangabe weist nicht auf eine alte

Lokalüberlieferung. Zwar hat das Stück mit der Nennung von Sichem scheinbar einen lokalen Haftpunkt, eine ältere Erzählung, in der ein in Sichem im Umkreis einer Kultstätte befindlicher Stein mit einer besonderen Handlung Josuas in Verbindung gebracht wurde, ist jedoch nicht erkennbar. Worum es sich auch bei diesem Stein gehandelt haben mag, er ist nur Hilfsmittel zu Erinnerung und damit geradezu ein literarisches Motiv, das auch in 4,1–8 im Zusammenhang mit dem Jordanübergang nachgetragen worden ist. Da außerdem in 24,1–28 die Errichtung und Deutung des Steins 26b.27 nachklappen, können diese Verse nur auf eine Erweiterung des deuteronomistischen Redaktors zurückgehen. Der Verpflichtungsszene liegt also keine ältere mündliche Überlieferung zugrunde, die einmal diesen besonderen Stein erklärt hat. Traditionsgeschichtlich waren die Kultstätten in Sichem längst besetzt, indem sie sowohl auf Abraham als auch auf Jakob zurückgeführt wurden (Gen 12,6f. J; 35,17–20 E). Ein dort bestehender Kultort konnte nur in späterer Zeit noch mit Josua in Beziehung gesetzt werden, nachdem dieser zum Heerführer Israels bei der Landnahme aufgestiegen war. Die Verbindung Josuas mit einer Kultstele in Sichem entstammt somit nicht einer alten Erzählung, sondern ist eine nachträgliche literarische Verknüpfung mit der Absicht, das Geschehen durch die Wahl des Ortes besonders herauszustellen und zu legitimieren.

Geht aber die Nennung von Sichem nicht auf eine alte Tradition zurück, so muß es sich um eine bewußte Wahl seitens DtrH handeln. Der Aufenthaltsort Israels während der Landnahme war seit dem Jordanübergang Gilgal, vgl. 4,19.20; 5,9.10; 9,6; 10,6.7.9.15.43; 14,6; für die Landverteilung (Jos 13–19) war gar kein neuer Ort genannt worden, erst die nachpriesterschriftliche Redaktion hat sie 18,1.8.9.10; 19,51 nach Schilo verlegt. Nun mag in Gilgal zwar ein Heiligtum bestanden haben (vgl. zu 4,19), von besonderer Bedeutung war diese Kultstätte während der Königszeit nicht. Dagegen war Sichem ein altehrwürdiger Ort, der bei der Konstituierung des Nordreiches und als vorübergehende Hauptstadt Israels (1 R 12,1.25) eine besondere Rolle in der Geschichte Israels gespielt hat. Die herausragende Stellung der Stadt zeigen auch die Traditionen Gen 34 und Jdc 9, in denen Sichem Schauplatz von Geschehnissen ist, die für die Darstellung der vorstaatlichen Zeit von entscheidender Wichtigkeit waren. Da Samaria aufgrund des von DtrH verurteilten Fremdgötterkultes (vgl. 2 R 17) als Ort für eine entscheidende Handlung der Frühgeschichte ausschied, blieb im Bereich des Nordreiches für ein Ereignis zum Abschluß der Landnahme von allen Orten nur Sichem übrig, zumal die Stadt zwischen Ebal und Garizim lag, wo nach Dt 27 die Stämme die Fluchworte zu sprechen hatten. Als Ort einer letzten Handlung paßt Sichem somit so außerordentlich gut in das Konzept des deuteronomistischen Verfassers, daß ein anderer Ort praktisch gar nicht in Frage kam.

Da die Aufnahme einer älteren Überlieferung in 24,1–28 ausgeschlossen werden kann und die Einfügung des Stückes durch einen späteren Redaktor wenig wahrscheinlich ist, kommt nur die Abfassung durch DtrH in Frage. Dafür spricht auch der sprachliche Befund. Die Wortwahl zeigt nicht nur eine große Abhängigkeit vom Deuteronomium, sondern auch einen starken Anklang an den Komplex Jdc 2–1 S 12, Belege bei G. Schmitt, 16f. und L. Perlitt, 247–260.

Allerdings zeigt der Text vor allem in der Gottesrede 2–13 Wiederholungen und Stilbrüche, die auf eine Überarbeitung hinweisen, mit der das Summarium der Heilsgeschichte erweitert worden ist. In 1 ist die Nennung der Amtsträger 1bα eine Erweiterung aufgrund von 23,2, um für beide Reden die gleiche Situation im Blick auf die angesprochenen Vertreter des Volkes zu erreichen. Auch die Nennung der Namen in 2 ist wahrscheinlich eine sekundäre Verdeutlichung. In 𝔊 fehlen die Worte ואשלח את משה ואת אהרן zu Beginn von 5, die Sendung von Mose und Aaron gehören eigentlich nicht in den geschichtlichen Abriß und werden eine Ergänzung sein. 6aα wiederholt 5b und ist als Nachtrag anzusehen, zumal der Adressat wechselt. Mit 6b.7aα ist stilistisch die Gottesrede durchbrochen, weil plötzlich von „euren Vätern" die Rede ist; diese Aussagen sind eine Ausschmückung des Meerwunders aufgrund von Ex 14. Eine Ergänzung ist auch die Wendung ואשמידם מפניכם 8bβ, die typisch deuteronomistisch ist, vgl. Dt 2,21.22; 4,3; 6,15 u. ö. Nachgetragen aus Nu 22–24 ist die Episode um Balak und Bileam 9.10, weil sie den Stil durchbricht. Weiterhin ist die Aufzählung der Völker in 11 ein Nachtrag, der wiederum die Einfügung von 12 bedingt hat. In 13b ist die Nennung der Weinberge und Olivenbäume eine sekundäre Erweiterung aufgrund von Dt 6,11; mit 13a kann somit der Abschluß dieser Rekapitulation der Heilsgeschichte vorliegen. Letzte Sicherheit ist über den ursprünglichen Bestand nicht zu gewinnen, aber der Text 24,2aβγb.3.4.5a*b.6aβ.7aβb.8abα.11a*b.13a ergibt stilistisch eine geschlossene Einheit:

בעבר הנהר ישבו אבותיכם מעולם
ויעבדו אלהים אחרים
ואקח את אביכם את אברהם מעבר הנהר
ואולך אותו בכל ארץ כנען
וארב את זרעו
ואתן לו את יצחק
ואתן ליצחק את יעקב ואת עשו
ואתן לעשו את הר שעיר לרשת אותו
ויעקב ובניו ירדו מצרים
ואגף את מצרים ˹באתות˺ אשר עשיתי בקרבו
ואחר הוצאתי אתכם
ותבאו הימה
ותראינה עיניכם את אשר עשיתי במצרים
ותשבו במדבר ימים רבים
ואבאה אתכם אל ארץ האמרי היושב בעבר הירדן
וילחמו אתכם
ואתן אותם בידכם
ותירשו את ארצם
ותעברו את הירדן
ותבאו אל יריחו
וילחמו בכם בעלי יריחו
ואתן אותם בידכם
ואתן לכם ארץ אשר לא ˹יגעתם˺ בה וערים אשר לא בניתם
ותשבו בהם

Im weiteren Verlauf der Rede hat bereits Noth, 136 den Absatz 19–24 für eine „Wiederaufnahme" gehalten. Eigentlich ist das intendierte Ergebnis mit dem Bekenntnis des Volkes 18 erreicht. Mit 19 setzt ein neuer Gedankengang ein, der von dem Aufweis einer Aporie ausgeht, dann aber die Notwendigkeit betont, fremde Götter auszuschalten (סור hi). Wie die Aufnahme deuteronomisch-deuteronomistischer Wendungen wie אל קנוא oder אלהי נכר belegen, geht der Abschnitt 19–24 wahrscheinlich auf

RedD zurück. Die Verpflichtung 25 ist direkt im Anschluß von 18 erfolgt; der Abschluß der Szene liegt dann mit der Entlassung 28 vor. Die Aufzeichnung der Worte durch Josua in einem ספר תורת יהוה 26a ist ebenso ein Nachtrag wie die Errichtung und Deutung des Steins 26b.27.

Die Verpflichtung aller Stämme auf Jahwe durch Josua zu Sichem ist somit eine bewußte Bildung von DtrH zum Abschluß der gesamten Landnahme. Angesichts dieses entscheidenden Einschnittes in der Geschichte des Volkes soll die alleinige Verehrung Jahwes festgelegt werden. Mit dem Wohnen im Land beginnen im Blick auf den Kult Gefahren, weil die übriggebliebenen Bewohner den Jahwismus Israels nicht teilen, sondern andere Götter verehren. Die Thematisierung der Forderung nach alleiniger Verehrung Jahwes erfolgt auf der Grundlage der theologischen Reflexion, wie sie im Deuteronomium ausgesprochen ist. Es geht um das künftige Heil Israels. Das Bekenntnis zu Jahwe als dem einzigen Gott wird so in der Geschichte verankert.

Die Szene ist wie die gesamte Landgabe Jos 13–19 fiktiv und hat keinen historischen Anhaltspunkt. Einen „Landtag" in Sichem mit dem Zusammenschluß aller Stämme zu einem Volk und einen dort erfolgten Bundesschluß hat es in der Geschichte Israels nicht gegeben. Die leidenschaftliche Rede Josuas und die Entscheidung des Volkes für Jahwe gehen auf den deuteronomistischen Historiker zurück, der auch sonst wichtige Einschnitte in der Geschichte Israels durch Reden markiert hat, um die jeweils damit verbundene Wende im Blick auf die Zukunft zu interpretieren, vgl. 1 S 12; 1 R 8; 2 R 17 und dazu H. W. Wolff, Das Kerygma des deuteronomistischen Geschichtswerkes, Gesammelte Studien zum Alten Testament, ThB 22, 1964, 308–324. Im Rahmen seiner theologischen Konzeption hat der Verfasser des deuteronomistischen Geschichtswerkes diese literarische Komposition nicht nur als Rede gestaltet, sondern auch bewußt an diese Stelle gesetzt: die Landgabe verpflichtet Israel zum alleinigen Dienst an Jahwe, da der Besitz des Landes allein auf Gott zurückgeht. Nur das Bekenntnis zu Jahwe eröffnet die Zukunft auf ein gesichertes Leben im Lande. Mit der Selbstverpflichtung wird Israel selbstverantwortlich für sein Handeln und damit verstärkt schuldfähig. Aus freien Stükken hat das Volk sich zu Jahwe als dem einen Gott bekannt, jeder Abfall fällt damit zwangsläufig auf dieses zurück. Damit hat der deuteronomistische Historiker bereits den Grund für den späteren Schuldaufweis gelegt. Im Licht des von Israel freiwillig eingegangenen Verhältnisses zu Jahwe wiegt der nachherige Abfall, der zum Untergang des Königtums führt, um so schwerer. Angesichts der freien Entscheidung für Jahwe ist das in der sich anschließenden Geschichte eintretende Unheil immer selbst verschuldet.

Die Verpflichtungsszene 1.2aαb.3.4.5a*b.6aβ.7aβγb.8abα.11a*b.13a.14–18.25.28

1 Mit der erneuten Einberufung des Volkes (אסף) ist ein zeitlicher Abstand zur Landverteilung vorausgesetzt; שבטי ישראל zur Bezeichnung der Gesamtheit der Stämme ist nur 12,7 RedD gebraucht, findet sich aber im Fortgang des deuteronomistischen Geschichtswerkes, vgl. Jdc 18,1.19; 20,2.10.12; 21,5.8.15 u.ö. Mit יתיצבו לפני האלהים ist die besondere Bedeutung der Situation betont, auch wenn es sich nicht um eine kultische Handlung handelt, vgl. Jdc 20,2; 1 S 10,19; 12,7.16.

Die Wahl des Ortes ist durch Lage und Bedeutung Sichems bestimmt. Einerseits galt

Sichem als eine bedeutende kanaanitische Stadt, wie die Erzählungen Gn 34 und Jdc 9 zeigen, zum anderen lag die Stadt im Zentrum des mittelpalästinischen Berglandes und damit im Zentrum der Nordstämme und es ist wohl kaum zufällig, daß gerade hier (und nicht in Jerusalem) die Verhandlungen über die Nachfolge Salomos geführt wurden (1 R 12). Außerdem war Sichem durch verschiedene Kultstätten, die in Jdc 9 genannt werden, von allen übrigen nordisraelitischen Städten in besonderer Weise abgehoben. Zwar ist deren Verifizierung im einzelnen nicht möglich, doch lassen sie auf eine Vielzahl von Heiligtumstraditionen im Umkreis von Sichem schließen; vgl. J. A. Soggin, Bemerkungen zur alttestamentlichen Topographie Sichems mit besonderem Bezug auf Jdc 9, ZDPV 83, 1967, 183–198; L. Wächter, Zur Lokalisierung des sichemitischen Baumheiligtums, ZDPV 103, 1987, 1–12. Zumindest eine dieser Kultstätten wird Gen 12,6.7 J durch einen Altarbau Abrahams legitimiert, wobei Sichem die erste Station seiner Wanderung im zugesagten Land darstellt. Die Verlegung der Handlung nach Sichem durch DtrH ist somit durch die Rolle der Stadt in der übrigen Überlieferung vorgegeben, wozu auch ihre Nennung als Asylstadt 20,7; 21,21 gehört. Von allen Orten im Bereich der Nordstämme kam nur Sichem für die Lokalisierung eines gesamtisraelitischen Geschehens in Frage. Diese Festlegung ist insofern auffallend, als die übrige Landverteilung Jos 13–19 bei DtrH nicht lokalisiert ist und erst durch RedP nach Schilo als dem Standort der Lade verlegt worden ist (18,1.8.9.10; 19,51).

2aαb.3.4.5a*b.6aβ.7aβγb.8abα.11a*b.13a. Die von Josua wiedergegebene Gottesrede bietet einen Abriß der Geschichte des Volkes als Begründung für den anschließenden Aufruf 24,14. Dieses heilsgeschichtliche Summarium setzt zeitlich vor der Wanderung Abrahams nach Kanaan ein und endet mit der Feststellung der Landgabe. Die Abfolge der Ereignisse entspricht der vorpriesterschriftlichen Geschichtserzählung: Väterzeit, Auszug aus Ägypten, Wüstenaufenthalt, Landnahme.

Die Väterzeit (2aαb.3.4) beginnt mit der Vorgeschichte jenseits des Stromes. Bereits der Jahwist setzt die Herkunft Abrahams aus einem anderen Lande voraus, ohne daß dieses näher bezeichnet wird, Gen 11,28f.; 12,1–3. (Die Ortsangabe Ur Kasdim in Gen 11,28 ist eine aus dem priesterschriftlichen Text eingedrungene Glosse, vgl. H. Gunkel, Genesis, ^{6}1964, 162.) Erst die Priesterschrift hat Gen 11,31 die alte Heimat Abrahams mit Ur Kasdim bezeichnet und damit in die Stadt Ur *(Tell el-Muqağğar)* am Unterlauf des Eufrat verlegt, zur Geschichte der Stadt vgl. C. L. Woolley, Ur in Chaldäa, 1957. Die Lokalisierung verhaftet Abraham im südlichen Mesopotamien. Dagegen bezeichnet עבר הנהר allgemein das Land nordöstlich des Eufrat, vgl. 2 S 10,16; 1 R 5,4; 14,15. Die für diese Frühzeit konstatierte Verehrung fremder Götter wird so außerhalb des Landes Kanaan verlegt. עבד אלהים ist eine deuteronomisch/deuteronomistische Formel für jede Form des Fremdgötterkultes, vgl. 23,16; Dt 7,4; 11,16; 13,7.14; 17,3; 28,36.64; 29,25; Jdc 10,13 u.ö. Die Aussage über den Beginn der Geschichte des Volkes steht in bewußtem Gegensatz zu der Forderung der Jahweverehrung, nach der Jahwe in der Geschichte von der Zeit der Väter an bis zur Landnahme sich als Israels Gott erwiesen hat. Vor dem eigentlichen Beginn dieser Geschichte von Jahwes Machterweisen steht nur deshalb die Verehrung fremder Götter in einem fernen und fremden Land, weil die geschichtlich bedingte Verbundenheit mit Jahwe und der Besitz des eigenen Landes noch nicht gegeben waren.

Die Aussage über Abraham 3 faßt die jahwistische Abrahamüberlieferung Gn 12–17* zusammen, wobei mit לקח (vgl. Gn 24,7) und רבה את זרע hi (vgl. Gn 16,10 sek. zu J;

26,4.24 J) jahwistischer Sprachgebrauch anklingt. Das Umherziehen im Land (הלך hi, vgl. Dt 8,2.15; 28,36; 29,4) im Sinne einer zeichenhaften Inbesitznahme und die Erfüllung der Nachkommenverheißung werden eigens betont.

Die Nennung der beiden Söhne Isaaks 4a entspricht Gn 25,21–28, das Schicksal Esaus als des Stammvaters der Edomiter wird kurz gestreift. Jakob 4b wird als der Erzvater erwähnt, der mit seinen Söhnen nach Ägypten gezogen ist, womit die Josefsgeschichte Gn 37–50* vorausgesetzt ist. Zu ירד vgl. Dt 26,5.

Die Schilderung des Auszuges 5a*b.6aβ.7aβγ entspricht der deuteronomisch/deuteronomistischen Terminologie, ist aber im Vergleich zu Dt 6,21–23; 26,5–9 kurz gehalten. Mit נגף ist jahwistischer Sprachgebrauch aufgenommen, das Verb wird nur innerhalb der Plagenerzählungen Ex 7,27 J; 12,23 J und 12,27 (sek. zu J) gebraucht. Mit הוצאתי אתכם liegt die Herausführungsformel vor, die im Deuteronomium in allen Schichten gehäuft auftritt (vgl. Dt 1,27; 4,20.37; 5,6.15; 6,12.21.23; 7,8.19; 8,14.15 u.ö.). Das Verbum יצא wird zwar in den Bileamsprüchen Nu 22,5 verwendet, kommt aber im Zusammenhang mit der Auszugserzählung des Jahwisten nicht vor. Die festgeprägte Wendung findet sich erst Nu 24,8 = 23,22 und begegnet dann in der gesamten biblischen Literatur, vgl. W. Richter, 178–190; R. Smend, Der Auszug aus Ägypten: Bekenntnis und Geschichte, Zur ältesten Geschichte Israels. Gesammelte Studien II, 1987, 27–44. Die parallele Formulierung mit עלה hi ist vom Jahwisten Ex 3,8.17 gebraucht. Der ursprüngliche Sitz im Leben der Formel könnte darum durchaus in der literarischen Verwendung liegen; die bekenntnisartigen Formulierungen Ex 20,2; 1 R 12,28 weisen nicht notwendigerweise auf eine Entstehung im Kult, vgl. aber H. Gross, Die Herausführungsformel - zum Verhältnis von Formel und Syntax, ZAW 86, 1974, 425–452. In der deuteronomisch-deuteronomistischen Theologie kennzeichnet die Herausführungsformel die grundlegende Heilstat Jahwes (vgl. 1 S 10,18; 12,6.8; 1 R 8,9.51.53) und bildet so die Urzelle für die Bekenntnisformulierungen Dt 6,21–23; 26,5–9, in denen das Auszugsgeschehen und seine unmittelbare Vorgeschichte mit weiteren deuteronomisch-deuteronomistischen Wendungen erweitert und ausgestaltet worden ist, vgl. den Nachweis bei L. Rost, Das kleine geschichtliche Credo und andere Studien zum AT, 1965, 11–25; N. Lohfink, Zum „Kleinen geschichtlichen Credo“ Dtn 26,5–9 (1971), Studien zum Deuteronomium und zur deuteronomistischen Literatur I, 1990, 263–290.

Das Wunder am Meer, das den eigentlichen Abschluß des Auszuges bildet, wird nur allgemein als עשיתי במצרים umschrieben. Damit hat DtrH eine jahwistische Wendung aus Ex 14,31; Nu 14,22 aufgenommen, die sich auch Dt 1,30; 4,34 innerhalb des Rahmens zum Deuteronomium wiederfindet.

Die Wüstenwanderung wird im Sinne deuteronomistischer Vorstellung als ein langer Aufenthalt במדבר zusammengefaßt. Der Ausdruck hat Dt 1,46 seine Parallele, wo allerdings Kadesch (*ᶜĒn el-Qūdērāt*) als Aufenthaltsort des Volkes vor dem Einzug in das Land genannt ist, vgl. Dt 1,19.46; 2,14; 9,23. Das Sinaigeschehen fehlt in diesem Zusammenhang, weil die vorpriesterschriftliche Sinaierzählung Ex 19*J im Rahmen der Wüstenwanderung nur eine Episode unter anderen gewesen ist und erst durch den Einbau von Dekalog (Ex 20,1–17) und Bundesbuch (Ex 20,22–23,33), durch die Nachträge Ex 24 und 32–34 sowie mit der Ausgestaltung durch die Priesterschrift (Ex 24,15b – Nu 10,10) ihre literarische Eigenständigkeit innerhalb der Wüstenüberlieferung erhalten hat.

Bei der Landnahme 8abα.11a*b.13a erhält die Einnahme des Ostjordanlandes 8abα einen eigenen Stellenwert, wie er durch die vordeuteronomistische Tradition nicht vorgegeben war, die nur den Kampf gegen Sihon Nu 21,21–31 kennt, der aber hier nicht erwähnt wird. Die Formulierung ist somit den Notizen 2,10; 9,10; 12,4 gegenüber eigenständig. Als Amoriter gilt sonst die vorisraelitische Bevölkerung des Westjordanlandes (7,7; 10,5f.), die „Jahwe vor Israel dahingegeben hat“ (10,12); doch ist האמרי im deuteronomistischen Geschichtswerk die Allgemeinbezeichnung für die Bewohnerschaft des gesamten Landes vor der Landnahme, vgl. Dt 1,7.19.20.27.44; Jdc 6,10; 1 S 7,14; 1 R 21,26; 2 R 21,11 und dazu J. Van Seters, The Terms „Amorite“ and „Hittite“ in the Old Testament, VT 22, 1972, 64–81. Dementsprechend können Sihon und Og als Amoriterkönige bezeichnet werden, vgl. 2,10; 9,10; Dt 3,8; Jdc 10,8.11. Auch der übrige Wortgebrauch steht im Horizont deuteronomistischer Terminologie: zu לחם vgl. Dt 1,41.42; Jos 10,25.34.36; für נתן ביד vgl. zu 2,9 und 6,2; zu ירש את הארץ vgl. 1,11; 18,3; Dt 4,1.5; 6,18; 7,1; 8,1; 9,15 u.ö. Da kaum mit dem Rückgriff auf nicht erhaltene Traditionen zu rechnen ist, kann 8abα nur als Zusammenfassung der in Nu 21 erhaltenen Erzählungen angesehen werden.

Von der Eroberung des Westjordanlandes wird 11aβ nur die Eroberung Jerichos mit dem stereotypen Ausdruck נתן ביד im Rückgriff auf Jos 6 aufgeführt. In dieser Erzählung ist allerdings ein König als Herrscher der Stadt vorausgesetzt, בעל meint hier somit die Einwohner der Stadt.

Die Landgabe ist Höhepunkt und vorläufiger Abschluß der geschichtlichen Machterweise Jahwes 13a. Die Wendung ‛ארץ אשר לא יגעתם’ ist singulär und vielleicht eine Analogiebildung zu ערים אשר לא בניתם, wozu eine Parallele in Dt 6,10 vorliegt. Am Ende wird so noch einmal betont, daß Israel nichts zu dem Besitz des Landes beigetragen hat, das Wohlergehen gründet allein in einer Wohltat Jahwes. Ohne eigenes Zutun ist Israel zu dem Land und seinen Städten gekommen. Bei dieser theologisch geprägten Aussage wird der Widerspruch dieser Vorstellung, daß Israel in den bei der Landnahme vorgefundenen Städten der Kanaaniter wohnt, gegenüber dem Eroberungsbericht von Jos 2–12 in Kauf genommen, denn wie 11 zeigt, ist der gesamte Abschnitt nicht ohne Kenntnis der Landnahmeerzählung abgefaßt worden.

Das Summarium der Geschichte Jahwes mit seinem Volk dient zur Vorbereitung der in der Josuarede 13–15 erhobenen Forderung, Jahwe allein als Gott anzuerkennen. Die Gottesrede mit dem Rückblick auf den Geschichtsverlauf soll die uneingeschränkte Jahweverehrung im Blick auf die Zukunft begründen. Die bisherige Verbundenheit verpflichtet Israel zum Festhalten an Jahwe. Der Rückblick auf die Vergangenheit ist eine literarische Komposition, die unter Aufnahme von jahwistischem und deuteronomisch-deuteronomistischem Sprachgebrauch in Blick auf den folgenden Aufruf Josuas geschaffen worden ist. Der geschichtliche Abriß folgt dem Entwurf, wie er in der vorpriesterschriftlichen Geschichtserzählung mit dem Werk des Jahwisten vorliegt, und besteht im Wesentlichen in einer Aufreihung der Geschehnisse unter besonderer Hervorhebung des göttlichen Handelns.

Das Summarium ist somit eine kurze Zusammenfassung der jahwistischen Darstellung unter dem Aspekt, daß Jahwe die bisherige Geschichte Israels allein und umfassend bestimmt hat. Gegenüber dem sog. kleinen geschichtlichen Credo Dt 26,5–9, das völlig von der theologischen Interpretation des Auszugsgeschehens auf dem Hintergrund des Aufenthaltes in Ägypten geprägt ist, umfaßt 24,2–13* den gesamten Geschichtsverlauf seit Abraham. Nicht die einmalige Befreiung, sondern die immer neuen Heilstaten

Gottes zur Begründung des Verhältnisses Jahwes zu Israel stehen hier im Mittelpunkt. Der Text bietet somit kein Bekenntnis im Sinne eines großen geschichtlichen Credos, sondern stellt einen geschichtstheologischen Abriß dar. Die Abfassung durch DtrH wird durch die Parallele Jdc 11,16–26 insofern bestätigt, als sie zeigt, daß für einen anderen Kontext ein anderes Summarium geschaffen werden konnte, das dem Zusammenhang gerecht wird.

Die Gottesrede 24,2–13* dient als Einleitung zu dem nun folgenden Aufruf Josuas und bereitet eine bejahende Antwort vor.

14.15 Der Übergang zur Rede Josuas ist durch ועתה eigens markiert. Der Aufruf mahnt zur Gottesfurcht, zur Verehrung Jahwes und zur Abkehr von fremden Göttern. Auch Dt 6,13; 10,12.20; 13,5 ist ירא parallel zu עבד gebraucht, die Zusammenstellung ist somit bereits für das Deuteronomium typisch, dagegen ist der Gebrauch von סור hi im Zusammenhang mit fremden Göttern nur noch 24,23; Gn 35,2 und im deuteronomistischen Geschichtswerk (Jdc 10,16; 1 S 7,3.4) in Reden belegt und somit typisch für DtrH. „Jahwe fürchten" ist gleichbedeutend mit Gehorsam (Dt 13,5) oder dem Hören auf sein Wort (Dt 4,10) und damit mit dem Halten der Weisung sowie der Gebote (Dt 6,2; 8,6; 13,5; 17,19; 28,58; 31,12). Die Gottesfurcht bezieht sich aber auch auf die alleinige Verehrung (Dt 6,13; 10,12.20; 13,5), die mit עבד umschrieben ist. Dabei geht es „nicht um die kultische Verehrung Jahwes, sondern um seine uneingeschränkte Anerkennung als alleinigen Gott" (J.P. Floss, Jahwe dienen – Göttern dienen, 1975, 371). Die von Josua erhobene Forderung zielt damit auf die Verwirklichung des grundlegenden Anspruchs der deuteronomistischen Theologie: יהוה אלהנו יהוה אחד (Dt 6,4, vgl. dazu T. Veijola, Höre Israel! Der Sinn und Hintergrund von Deuteronomium VI 4–9, VT 42, 1992, 528–541). Daß die Gottesverehrung als eine persönliche Entscheidung und nicht als kultisches Handeln verstanden ist, zeigt auch die Näherbestimmung בתמים ובאמת. Beide Begriffe werden nur noch Jdc 9,16.19 parallel gebraucht. תמים ist eine von תמם „vollständig sein" abgeleitete Bildung und bezeichnet die Vollständigkeit im Sinne einer umfassenden Ganzheit. אמת ist eine Nominalbildung von der Wurzel אמן „sich als zuverlässig erweisen" und ebenfalls ein Wert, der zum Wesen des Menschen gehört. Als Kennzeichnung menschlichen Verhaltens umschreibt er die „Zuverlässigkeit" als eine Beständigkeit im Festhalten an getroffenen Entscheidungen.

Die Abkehr von fremden Göttern ist die notwendige Folge aus dem Entschluß, Jahwe als den einzigen Gott anzuerkennen. Die Abkehr von Jahwe (סור) und die damit verbundene Verehrung fremder Götter ist nach der Auffassung von DtrH die grundlegende Verfehlung Israels, vgl. 1 S 12,20; 2 R 18,6. Anstelle des sonst üblichen אלהי הנכר (vgl. 24,20.23; Gn 35,2.4; Dt 31,16; Jdc 10,16; 1 S 7,3) werden hier in Wiederaufnahme von 24,2 die fremden Götter als diejenigen gekennzeichnet, denen die Väter in Mesopotamien und Ägypten gedient haben. In den Quellen wird diese Verehrung fremder Götter nicht erwähnt. Die Vernichtung der Fremdgötter durch Jakob in Gn 35,1–4 ist ein redaktionelles Zwischenstück auf Grundlage der gleichen Vorstellung, daß die Umwelt voller Götter ist und daß diese im verheißenen Land keine Daseinsberechtigung haben. Die Absicht dieser Charakterisierung liegt also nicht in der Enttarnung der Väter als Götzendiener, sondern in der Abwehr der vordem verehrten Götter. Die Landgabe bedingt insofern die alleinige Anerkennung Jahwes, als er das Volk mit der Herausführung aus dem Fremdland auch von den fremden Göttern befreit hat.

In 15 wird die notwendige Entscheidung verdeutlicht. Mit בחר ist ein theologisch vorgeprägter Begriff aufgenommen, mit dem im Deuteronomium (Dt 4,37; 7,6.7; 10,15; 14,2; vgl. 1 R 3,8) die Erwählung Israels durch Jahwe bezeichnet wird. Dieser Akt Gottes bedingt die einzigartige Stellung Israels in der Völkerwelt und geht allem weiteren Heilshandeln, wie es in der Geschichte und besonders in der Auszugsgeschichte sichtbar wird, voraus, begründet also ein besonderes Verhältnis und damit auch einen besonderen Anspruch Jahwes. Auf dem Hintergrund dieser Vorgabe hat Israel zu wählen, das Volk soll über die Zukunft der eigenen Erwählung entscheiden.

Als Alternative zu Jahwe werden einerseits die Götter jenseits des Stromes und andererseits die Götter der Amoriter benannt. Der Hinweis auf die Götter jenseits des Stromes nimmt die Wendung aus 2 wieder auf und zielt auf die Götter der Assyrer und Babylonier. Die Anspielung ist bedingt durch die Ereignisse nach 722 oder nach 598/587, als die aus Israel und Juda Deportierten sich in fremden Ländern fremden Göttern gegenübersahen. Der Ruf zur Entscheidung hat somit eine bestimmte historische Situation vor Augen, nämlich die Gefährdung der Jahweverehrung durch den Aufenthalt fern des verheißenen Landes, wie sie ähnlich einmal zur Zeit der Väter bestanden hat. Die Formulierung אלהים אשר בעבר הנהר ist also vom Standort des Verfassers geprägt (vgl. L. Perlitt, 251).

Die אלהי האמרי sind die Götter Kanaans, die Israel mit den Bewohnern des Landes vorgefunden hat und deren Existenz nicht geleugnet wird. Der Ausdruck findet sich nur noch Jdc 6,10. Die Auseinandersetzung um die Jahweverehrung ist ein Kampf gegen Götter der Umwelt, deren Einbeziehung in die kultische Praxis erst im Verlauf der Königszeit zurückgewiesen und ausgeschlossen wurde. Zur Religionsgeschichte Israels vgl. R. Rendtorff, El, Ba^{c}al und Jahwe, ZAW 78, 1966, 277–292; O. Eissfeldt, El und Jahwe, Kleine Schriften III, 1966, 386–397; V. Maag, Jahwäs Begegnung mit der kanaanäischen Kosmologie, Kultur, Kulturkontakt und Religion, 1980, 203–220.

Von den Göttern der kanaanitischen Religion ist zwar El als der oberste Gott mit Jahwe gleichgesetzt worden (vgl. Nu 23,22 = 24,8; Ps 50,1), von den übrigen Gottheiten ging aber während der gesamten Königszeit eine Bedrohung für den Anspruch auf alleinige Anerkennung Jahwes aus, vgl. M. Rose, Der Ausschließlichkeitsanspruch Jahwes, BWANT 106, 1975. Auch die Wendung „Götter der Amoriter" hat die geschichtliche Situation im Blick. Die Warnung vor fremden Göttern spiegelt somit die Erfahrungen im Verlauf der weiteren Geschichte, wird aber hier programmatisch als Abschluß der Landnahme ausgesprochen, um das Volk vor Unheil zu bewahren. Mit der Entscheidung für Jahwe hat Israel sein weiteres Geschick selbst in der Hand; die Ablehnung Jahwes bedeutet die Verleugnung der eigenen Geschichte, in deren heilvollem Verlauf das Verhältnis Israels zu seinem Gott begründet ist.

Die Rede schließt mit dem Bekenntnis Josuas, das einen entsprechenden Akt des Volkes hervorrufen soll. In seiner Rolle als Führer geht Josua mit der allein richtigen Entscheidung der Willenskundgebung des Volkes voraus.

16–18 Die Antwort der Stämme entspricht dem mit der Rede beabsichtigten Ziel, sie setzt betont mit der abwehrenden Interjektion חלילה „es sei fern" ein, vgl. 22,29; Gn 18,45; 44,7.17; 1 S 12,23. Die Formel עזב את יהוה, die den Vollzug der Treulosigkeit kennzeichnet, ist typisch für DtrH (Jdc 2,12.13; 10,6.13; 1 S 12,10; 1 R 9,9; 2 R 21,22; 22,17), sie findet sich in der Verbindung mit ברית nur in den Rahmenstücken des Deuteronomiums Dt 29,24; 31,16 sowie einmal von Jahwe in der sekundären Schicht Dt

28,20, kann also nicht als deuteronomisch geprägt gelten. עזב meint hier den Ausbruch aus der Loyalitätsverpflichtung gegenüber Jahwe, die im Deuteronomium mit zahlreichen anderen Wendungen gekennzeichnet wird, vgl. M. Weinfeld, Deuteronomy and the Deuteronomic School, 1972, 339–341. Der Ausdruck לעבד אלהים אחרים ist ein feststehender Begriff der deuteronomisch-deuteronomistischen Theologie, vgl. Dt 7,4; 11,16; 13,7.14; 17,3; 28,36 u. ö.

Auf die Beteuerung der Treue gegenüber Jahwe folgt 17.18a der erneute Verweis auf die Heilstaten Jahwes, wobei lediglich Auszug und Landnahme als die grundlegenden, vom gesamten Volk erfahrenen Geschehnisse benannt werden. Die Aussage ist durch deuteronomisch-deuteronomistische Wendungen geprägt: Die Herausführungsformel wird auch sonst von DtrH mit עלה hi gebildet, Jdc 2,1; 6,8.13; 1 S 10,18; 12,6; 2 R 17,7.36 und die redaktionelle Stelle Dt 20,1, vgl. auch zu 24,5. Die Wendung בית עבדים findet sich Dt 5,6; 6,12; 7,8; 8,14; 13,6.11 und ist Ex 13,3.14; 20,2; Jdc 6,8; Mi 6,4 wiederaufgenommen. Diese Verbindung mit עבד „Sklave“ kennzeichnet den Aufenthalt in Ägypten als eine Zeit der Unfreiheit. Mit האתות הגדלות werden die besonderen Machterweise Gottes vor und beim Auszug bezeichnet. Ursprünglich meint אתות die Plagen vor dem Auszug (Ex 4,17.30 J; 10,1.2 J; Nu 14,22 J und Ex 7,3 P), in der Verbindung אתות ומופתים wird der Begriff im deuteronomisch-deuteronomistischen Sprachgebrauch auf das gesamte Rettungshandeln an Israel beim Auszug ausgedehnt, schließt also das Wunder am Meer Ex 14* J mit ein, (Dt 4,34; 6,22; 7,19; 26,8; 29,2; 34,11; vgl. Ps 78,43; 105,27; 135,9; Neh 9,10). אתות sind die wunderbaren Zeichen, an denen die Macht Gottes zu erkennen ist, als Herr über die Natur kann Jahwe die Naturgesetze durchbrechen und für Israel Rettung und Heil bewirken, vgl. G. Quell, Das Phänomen des Wunders im Alten Testament, in: Verbannung und Heimkehr. Festschrift W. Rudolph, 1961, 253–300.

Mit Jahwe als Subjekt wird שמר nur Dt 7,9.12 im Blick auf die von ihm eingegangene Verpflichtung gebraucht, in diesem Zusammenhang wird aber die Bewahrung bei den Gefahren während des Zuges durch die Steppe und das Ostjordanland besonders betont. Das seltene Verb גרש „vertreiben“ ist 24,12 wiederaufgenommen. Am Ende steht die Zusage der Anerkennung Jahwes als des einzigen Gottes. Mit dieser Antwort haben die Stämme der an sie gestellten Forderung entsprochen.

25 Mit der Feststellung der Verpflichtung ist die Handlung abgeschlossen. Wie in 2 R 11,4 ist כרת ברית auf zwischenmenschliches Handeln zu beziehen, der Begriff intendiert somit keine besondere Abmachung oder Regelung im Sinne eines Vertragsschlusses, sondern bedeutet lediglich, daß Josua das Volk auf sein eigenes Bekenntnis verpflichtet hat, so mit Recht E. Kutsch, Verheißung und Gesetz, BZAW 131, 1973, 65. Die Landnahmeerzählung schließt somit nicht mit einem Bundesschluß in Sichem, sondern mit der Festlegung des Volkes auf den einen Gott, der die Stämme aus Ägypten und in das Land Kanaan geführt hat. Einen „Landtag zu Sichem“ hat es ohnehin nicht gegeben, da es sich um die literarische Komposition von DtrH handelt, der nicht allein den Vollzug der Einnahme des von Jahwe verheißenen Landes berichten, sondern auch die sich daraus für das Volk ergebende Verpflichtung herausstellen wollte. Das Bekenntnis des Volkes wird von Josua in eine gültige Bindung an Jahwe überführt. In 24,1–28 steht „nicht die Regelung des täglichen Lebens, aber auch nicht die Art der Gottesverehrung, sondern das Objekt der Gottesverehrung auf dem Spiel“ (L. Perlitt, 268).

Die Festlegung von חק ומשפט gehört in den Zusammenhang dieser Verpflichtung.

Die Kombination beider Begriffe für gesetzliche Vorschriften ist zusammen mit anderen Reihungen typisch deuteronomisch-deuteronomistisch, vgl. Dt 4,1.5.14; 5,1; 11,32; 12,1; 26,16. Der Satz וישם לו חק ומשפט hat eine fast gleichlautende Parallele in Ex 15,25b, wo allerdings Jahwe als Subjekt vorausgesetzt ist. Die Notiz Ex 15,25b ist zusammen mit Ex 15,26 ein Zusatz zu der Erzählung von den Bitterwassern zu Mara Ex 15,22–25a J, der ersten Erzählung des Jahwisten nach dem Wunder am Meer Ex 14* J. Damit wollte der deuteronomistische Redaktor die Gabe des Gesetzes unmittelbar im Anschluß an den Auszug in der Überlieferung verhaften, wobei offen bleiben muß, ob er damit gleichzeitig die Erzählung Ex 15,22–25a nach Kadesch verlegen wollte, wohin DtrH dann den Wüstenaufenthalt Israels lokalisiert hat, vgl. Dt 1,2.19.46; 2,14. Als unerläßliche Regelungen gehören חק ומשפט zu den Heilssetzungen Jahwes, an die Stelle geschichtlicher Machterweisung tritt die תורה, um die Beziehung zu Jahwe für die Zukunft zu sichern.

28 Die Entlassung durch Josua beendet die Erzählung, nachdem die Handlung bereits mit 25 zum Abschluß gekommen war. Die Formulierung entspricht 22,6 (RedD). Die Verwendung von נחלה weist noch einmal darauf hin, daß die Landvergabe zum Erbbesitz, die das Thema von Jos 13–19 war, abgeschlossen ist.

Die Erweiterungen 19–24 und 26.27 (RedD)

Die Erweiterung 19–24 hat dem Redegang 2–18 ein Gespräch mit mehrfachem Wechsel des Sprechers hinzugefügt, womit das Geschehen an Spannung gewinnt. Je dreimal ergreifen Josua (19.20.22a.23) und das Volk (21.22b.24) das Wort. Der gesamte Redegang ist von deuteronomisch-deuteronomistischer Terminologie geprägt.

19.20 bringt Josua eine erneute Mahnung vor. Die Bemerkung לא תוכלו לעבד את יהוה steht in krassem Gegensatz zur Absicht der bisherigen Rede 2–18, das Volk zur Anerkennung Jahwes zu bewegen. Zur Begründung werden die Heiligkeit, der Eifer und die Unversöhnlichkeit Gottes herausgestellt.

Der Ausdruck אלהים קדשים ist singulär, die Heiligkeit Gottes wird in der deuteronomisch-deuteronomistischen Theologie nicht thematisiert. קדש bezeichnet die besondere Sphäre der Heiligkeit, die Gott allein zukommt und ihn von der Welt und den Menschen gleichermaßen trennt. Als eine göttliche Qualität kann Heiligkeit auch auf Dinge übergehen, die in ein besonderes Nahverhältnis zur Gottheit kommen oder ihm vom Menschen geweiht und mit dieser Zuordnung der menschlichen Sphäre entzogen werden. Der Begriff entstammt dem Kult und betont die unendliche Unterschiedenheit zwischen Gott und Mensch.

Die Bezeichnung אל קנוא entspricht אל קנא in Dt 4,24; 5,9 = Ex 20,5; 6,15; Ex 34,14. Die Aussage vom eifersüchtigen Gott steht im Zusammenhang mit dem Ausschließlichkeitsanspruch Jahwes. Die Verletzung der Forderung auf alleinige Verehrung führt zur Eifersucht Gottes und damit zu einer Bestrafung, die letztlich in der Vernichtung besteht, vgl. Dt 29,19; 32,21–25. Die Abkehr zu anderen Göttern wird von Jahwe als Treulosigkeit ohne Einschränkung bis zur letzten Konsequenz verfolgt, vgl. W. Berg, Die Eifersucht Gottes – ein problematischer Zug des alttestamentlichen Gottesbildes?, BZ 23, 1979, 197–211. Als bindende Verpflichtung birgt die Anerkennung Jahwes als des einzigen Gottes die Gefahr des Untergangs, weil die Verehrung fremder Götter den eifersüchtigen Zorn Gottes und die von ihm ausgelösten geschichtlichen Folgen herausfordert.

Die Vorstellung, daß Gott nicht vergibt, ist die letzte Steigerung der vorangegangenen Aussage אל קנוא. Dieser Wesenszug Gottes ist das Ergebnis deuteronomistischer Reflexion und klingt bereits an in dem Nachtrag zum Bundesbuch Ex 23,21, vgl. Ex 34,7. Die Nichtvergebung steht dabei nur insofern im Gegensatz zur Vergebung, als diese von Gott im Falle der Verehrung fremder Götter verweigert wird, so daß der Mensch oder das Volk die Folgen dieser Abkehr ohne Einschränkung zu tragen haben. Wo der Anspruch auf alleinige Anerkennung Jahwes nicht eingehalten wird, kehrt sich Gott zu dem אל קנוא, der keine Gnade mehr kennt, sondern die Vergeltung durchsetzt.

Angesichts dieser Unausweichlichkeit des Geschicks erfährt die Forderung nach der alleinigen Jahweverehrung eine letzte Verschärfung. Die fremden Götter bedeuten den Verlust Jahwes und bringen unabwendbares Unglück. Der Redaktor hat hier den Verlauf der Geschichte Israels mit seinem verhängnisvollen Ende bereits im Blick. Dieses Ende war insofern unausweichlich, weil Gott der Verletzung der eigenen Sphäre und des absoluten Anspruches nicht mit gnädiger Zuwendung begegnen, sondern sie allein mit unaufhebbarer Eifersucht vergelten konnte. In diesem redaktionellen Zusatz wird nicht zum Festhalten an Jahwe aufgerufen oder zum Gehorsam den Satzungen und Setzungen gegenüber gemahnt, sondern die wegen des Fremdgötterkultes unausweichliche Katastrophe vor Augen geführt.

21 bekräftigt das Volk seinen Entschluß mit den Worten von 18b.

22 Die Zeugenschaft in eigener Sache bedingt die Selbstanklage im Falle einer Verfehlung. Zu עד vgl. zu 22,27. Die Notwendigkeit, die Verpflichtung durch Zeugen im Sinne eines Rechtsverhältnisses abzuschließen, entspricht der Denkweise des Redaktors, vgl. 24,26.27. Stilistisch ist 1 S 12,5 nachgebildet.

23 Noch einmal werden die אלהי הנכר dem אלהי ישראל als Alternative gegenübergestellt. Dabei ist vorausgesetzt, daß Israel auch fremde Götter in seiner Mitte duldet; die Forderung der alleinigen Jahweverehrung wird durch die Gegebenheiten noch verschärft. Mit סור hi ist der Wortgebrauch aus 14 aufgenommen, vgl. zu 24,14. Der Begriff אלהי הנכר wird bereits in 20 verwendet und gehört in das Feld deuteronomistischer Literatur, vgl. Dt 31,16; 32,12; Jdc 10,16; 1 S 7,3. Dagegen ist נטה לב אל יהוה singulär, in 1 R 11,2–4 findet sich aber נטה לב im Blick auf andere Götter. In Deuteronomium werden andere Formeln für die Hinwendung zu Jahwe gebraucht, vgl. M. Weinfeld, Deuteronomy and the Deuteronomic School, 1972, 332.337. Die Formel יהוה אלהי ישראל ist bereits 7,13.19.20; 10,40.42 belegt, wird aber überwiegend von den Redaktionen aufgenommen, vgl. 8,30 RedD; 9,18.19; 22,24 RedP; 13,14.33; 14,14.

24 Die erneute Zustimmung nimmt 18b wieder auf, zu dem stereotypen שמע בקול vgl. 5,6; 10,4; 22,2.

26.27 Die Verschriftung der Worte kann sich nur auf die vorangegangenen Redegänge beziehen, denn die תורה liegt nach Auffassung des Redaktors bereits im Ur-Deuteronomium vor, vgl. 1,7; 8,31.34; 22,5; 23,6. An eine weitere תורה ist nicht gedacht, allenfalls an eine Ergänzung. Die Verpflichtung des Volkes erhält damit bindende Qualität und ist den rechtlichen Vorschriften und Ordnungen gleichgestellt. Die Errichtung eines Steins als Kultstele entspricht der Handlung Jakobs zur Begründung des Heiligtums in Bet-El, Gn 28,18 J; 35,14 E. Die Näherbestimmung des Ortes ist in sich widersprüchlich, insofern der Standort unter einem Baum (אלה) im Nachsatz in den Tempel Jahwes (מקדש יהוה) verlegt wird. Nun könnten beide Angaben mit der Annahme ausgeglichen werden, daß der genannte Baum im Bereich des nicht näher bezeichneten Tempels gestanden hat. Diese Harmonisierung scheitert aber daran, daß für den Verlauf der Handlung kein Heiligtum, sondern ein Platz unter freiem Himmel vorausgesetzt ist. Die Näherbestimmung אשר במקדש יהוה ist also als eine spätere Glosse zu beurteilen, der keine weitere Anschauung über kultische Lokalitäten im Bereich von Sichem zugrundeliegt. (Mit dieser literarischen Entscheidung fällt auch jede Möglichkeit, diesen Tempel mit dem Tempel des Baal-Berit von Jdc 9,4.46 oder einem Heiligtum aus der Königszeit gleichzusetzen.)

Das Baumheiligtum (אלה) bei Sichem ist auch in der Notiz vom Vergraben der Götteridole durch Jakob Gen 35,4 genannt, doch ist diese eine redaktionelle Erweiterung und gehört somit nicht zur vorpriesterschriftlichen Jakobüberlieferung. Weiterhin sind im Umkreis von Sichem noch folgende Bäume mit einem qualifizierenden Beinamen genannt, dessen Bedeutung hier ganz auf sich beruhen bleiben kann:

אלון מורה	Gen 12,6 J
אלון מצב	Jdc 9,6
אלון מעוננים	Jdc 9,37.

Ob die verschiedenen Namen auf verschiedene Kultstätten weisen, oder ob es sich um ein einziges Baumheiligtum handelt, das möglicherweise mit der אלה von 24,25 gleichgesetzt werden kann, ist nicht mit letzter Sicherheit zu entscheiden. Nun stehen die beiden Erwähnungen Jdc 9,6 und 37 in zwei verschiedenen Erzählungen Jdc 9,26–41 (Gaal-Episode) und Jdc 9,1–5a.6.23.25.42–45.50–54.56 (Erzählung vom Königtum Abimelechs), die wahrscheinlich überlieferungsgeschichtlich voneinander abhängig sind, vgl. zur Analyse V. Fritz, Abimelech und Sichem in Jdc. IX, VT 32, 1982, 129–144. Außerdem ist die Bezeichnung eines Kultortes mit mehreren Namen insofern möglich, als damit verschiedene Aspekte kultischen Handelns zum Ausdruck gebracht werden können, wenngleich die Bedeutung der verschiedenen Beiwörter dunkel ist. Gegenüber der Annahme einer Mehrzahl von Kultstätten im Bereich von Sichem hat darum die Gleichsetzung der verschieden benannten Bäume mit einem einzigen Heiligtum die größere Wahrscheinlichkeit. Die אלה von Jos 24,26 ist vermutlich das sonst אלון genannte Baumheiligtum bei Sichem, dessen Bedeutung sich in den verschiedenen Erwähnungen noch spiegelt. Bei der Standortbestimmung des Steins hat der deuteronomistische Redaktor vermutlich auf den Ort eines Baumheiligtums zurückgegriffen, der aus der Tradition bekannt war.

Der unter dem Baum errichtete Stein wird durch die Rede Josuas 27 eigens gedeutet; er ist keine Kultstele, sondern dient der Zeugenschaft, vgl. zu 22,27. Das feminine עדה steht vermutlich in Kongruenz mit dem femininen אבן (Noth, 140). Die Funktion als Zeuge wird sachlich aus der Gegenwart des Steins bei dem Geschehen abgeleitet. Als unverrückbarer Zeuge hat der Stein die Aufgabe der ständigen Erinnerung פן תכחשון. Das Verbum כחש pi findet sich nur noch 7,11 und wird sonst nicht von DtrH gebraucht. Der Stein ist damit nur ein Denkmal ohne kultische Bedeutung, um das Volk an die eingegangene Verpflichtung zu erinnern.

Die Zusätze in der Gottesrede 2aβ.5a*.6aαb.7aα.9.10.11a*.12.13b

2aβ Die Namen wurden Gn 11,28.29 entnommen, und zur Verdeutlichung eingefügt.

5a* Die Nennung von Mose und Aharon setzt das Anwachsen ihrer Rolle in Ex 1–12 voraus, vgl. dazu H. Schmid, Die Gestalt des Mose, 1986.

6aαb.7aα Mit der Einführung von אבותיכם als Subjekt wird eine historische Distanz geschaffen, die sich von der Unmittelbarkeit der übrigen Rede abhebt. Dabei ist 6aα eine Dublette zu 5b. In 6b.7aα ist das Meerwunder Ex 14 JP zusammengefaßt, wobei mit der Wortwahl vor allem die priesterschriftliche Fassung aufgenommen wird, zu רדף vgl. Ex 14,4.8.9.23 P; zu רכב/פרש vgl. Ex 14,9.17.18.23.26 P; zu כסה pi vgl. Ex 14,28 P. Gleichzeitig wurde mit ים סוף das jahwistische Itinerar Ex 10,19 J vorausgesetzt und die jahwistische Version Ex 14,1ab.20.21aβ.25b mit אפל zusammengefaßt. Mit der Ergänzung sollte das grundlegende Heilsereignis durch eine ausführlichere Darstellung das angemessene Gewicht erhalten.

9.10 nimmt die Bileamerzählung Nu 22–24 auf, die einen eigenen literarischen Komplex darstellt, der kein ursprünglicher Bestandteil des Jahwisten gewesen ist, vgl. W. Gross, Bileam, 1974. Der Zusatz greift somit auf den Tetrateuch in der vorliegenden Fassung zurück.

11a* Die Liste der Feinde entspricht den Namen der Völker nach deuteronomistischer Vorstellung, vgl. zu 3,10.

12 verstärkt den Anteil göttlichen Handelns bei der Landnahme, damit Israel diese nicht als eigene Leistung ansieht. Die צרעה ist auch nach Ex 23,28 und Dt 7,20 ein Mittel, mit dem Jahwe den Kampf seines Volkes entscheidet, ohne daß die genaue Bedeutung des Wortes zu ermitteln ist (vgl. HAL, 989).

13b konkretisiert die Aussage von 13a unter Aufnahme der Formulierung in Dt 6,11. Weinberge und Olivenhaine waren die typischen Pflanzungen im Gebirgsland, da diese sich allein für den Anbau auf Terrassen eigneten, vgl. G. Dalman, AuS IV, 201–290 und 291–413; C. H. J. de Geus, The Importance of Archaeological Research Into the Palestinian Agricultural Terraces, PEQ 107, 1975, 65–74.

24,29–33 Tod und Begräbnis Josuas

[29]Nach diesen Ereignissen starb Josua, der Sohn Nuns, der Knecht Jahwes, im Alter von 110 Jahren; [30]sie begruben ihn im Gebiet seines Erbbesitzes in Timnat-Serach, das auf dem Gebirge Efraim nördlich des Berges Gaas liegt. [31]Israel aber diente Jahwe während der gesamten Lebenszeit Josuas und während der gesamten Lebenszeit der Ältesten, die Josua noch überlebten und die noch alles Handeln Jahwes kannten, das er an Israel getan hatte. *[32]Die Gebeine Josefs aber, die die Israeliten aus Ägypten mitgeführt hatten, begruben sie in Sichem auf dem Stück des Feldes, ⌜das⌝[a] Jakob von den Söhnen Hamors, des Vaters Sichems, für 100 Kesita gekauft hatte, und er wurde den Josefiten zum Erbbesitz. [33]Auch Eleasar, der Sohn Aarons, starb, und sie begruben ihn in Gibea, (der Stadt) seines Sohnes Pinhas, die ihm auf dem Gebirge Efraim gegeben worden war.*

32a Mit Bezug auf חלקת ist ותחי zu lesen. – Das umfangreiche Sondergut 31a.33a und 33b 𝔊 hat kaum zum ursprünglichen Text gehört, sondern stellt eine literarische Bildung dar, die jünger als 𝔐 ist, gegen A. Rofé, The End of the Book of Joshua According to the Septuagint, Henoch 4, 1982, 17–33.

Literatur: J. Jeremias, Heiligengräber in Jesu Umwelt, 1958; H. Rösel, Die Überleitungen vom Josua- ins Richterbuch, VT 30, 1980, 342–350.

Das Stück ist nicht einheitlich. Auf die Bemerkung vom Tod und Begräbnis Josuas (29–31) folgen noch zwei weitere Notizen über die Gräber von Josef und Pinhas (32 und 33). Diese sind literarische Nachträge, die nicht zum Textbestand von DtrH gehört haben können, sondern erst später hinzugefügt worden sind. Nun hat 24,28–31 eine fast wörtliche Parallele in Jdc 2,6–9, die nach dem Nachweis von H. Rösel, 343f. allerdings jünger ist. Der Abschnitt 29–31 stellt somit den ursprünglichen Abschluß des Josuabuches in der Fassung von DtrH dar. Die Wiederaufnahme dieses Textes zu Beginn des Richterbuches ist durch den Einschub der literarischen Komposition Jdc 1,1–2,5 bedingt. Die Mitteilung über Tod und Begräbnis Josuas korrespondiert seiner Einsetzung 1,1–6. DtrH hat mit diesen biographischen Notizen für die Erzählung von der Einnahme und Vergabe des Landes einen literarischen Rahmen geschaffen.

29 Der ausdrückliche Bezug auf die vorangegangenen Ereignisse in Sichem zeigt, daß die Notiz für diese Stelle formuliert worden ist. Ort und Zeit bleiben unbestimmt. Die Altersangabe von 110 Jahren entspricht dem Lebensalter von Josef (Gn 50,26 E), sie liegt unter der des Mose von 120 Jahren (Dt 34,7), ist aber höher als die normale Lebenserwartung von 70 oder 80 Jahren, vgl. Ps 90,10. Josua ist damit die letzte Gestalt aus vorstaatlicher Zeit, dessen Lebensalter über das menschliche Maß hinausgeht. Mit Josua endet somit die Epoche besonderer Lebenserwartung für solche Männer, die wegen ihrer vorbildlichen Lebensführung und ihrer besonderen Funktion von Gott über das Maß menschlicher Lebenszeit herausgehoben wurden.

30 Das Begräbnis in Timnat-Serach weist auf das Bestehen einer Grabtradition während der Königszeit; ob diese bis in vorstaatliche Zeit zurückreicht, ist nicht eindeutig zu entscheiden. Ein hohes Alter ist aber unwahrscheinlich, da Josua erst mit der Ausgestaltung der gesamtisraelitischen Landnahmetradition zu einer bedeutenden Person der Frühgeschichte der Stämme geworden ist. Timnat-Serach ist mit *Ḫirbet Tibne* östlich von *ᶜAbūd* im südwestlichen Gebirge Efraim zu lokalisieren, wo noch in römisch-byzantinischer Zeit das Josuagrab der jüdischen Tradition zu sehen war, Belege bei J. Jeremias, 46–48. Erst nach der Übernahme dieser Grabstätte durch das Christentum hat die jüdische Tradition das Grab nach *Kufr Ḥāris* verlegt, wo auch der Islam die drei Heiligtümer des *Nebī Lōschaᶜ* (Josua), *Nebī Nūn* und des *Nebī Kefil* (Kaleb) verehrt, während die Samaritaner das Grab während des Mittelalters in *ᶜAwerta* neu angesetzt haben, vgl. J. Jeremias, 40–42. Wenngleich weitere Belege aus vorhellenistischer Zeit fehlen, so setzt die Notiz vom Begräbnis Josuas in 30 bereits seine Grabstätte in Timnat-Serach voraus; demnach war bereits während der Königszeit Josua mit diesem Ort fest verbunden. Die Entstehung der Grabtradition ist nicht mehr zu erhellen, wird aber nicht unabhängig von dem Ausbau seiner Führungsrolle bei der Landnahme erfolgt sein. Darum kann das Grab keineswegs als traditionsgeschichtlicher Haftpunkt der Josuagestalt angesehen werden.

31 stellt die Treue zu Jahwe für die gesamte Zeit der Augenzeugen ausdrücklich fest.

Der Erfolg seiner Führerschaft wird so noch einmal betont: Josua hat das Volk nicht nur in das Land sondern auch zu Jahwe geführt. Im Blick auf die spätere Geschichte wird die besondere Verantwortung der Führergestalten sichtbar: an ihnen liegt es, ob Israel bei der Jahweverehrung bleibt oder von ihr abweicht und damit ins Unheil stürzt. Mit dieser abschließenden Feststellung ist die Notwendigkeit der richtigen Führung des Volkes für die Zukunft thematisiert; an den leitenden Personen hängt das weitere Geschick, da sie für die Einhaltung der göttlichen Satzungen und Setzungen verantwortlich sind. Das positive Urteil über die Epoche der Landnahme steht dabei gleichzeitig in Spannung zu der nachfolgenden Zeit der Richter, in der immer nur zeitweilig die alleinige Jahweverehrung aufrecht erhalten wurde.

Die Nachträge 32.33 (RedP)

32 Das Begräbnis der Gebeine Josefs ist durch die Notiz von ihrer Aufbewahrung in einem Kasten Gn 50,26 E vorbereitet; die Mitführung der Gebeine wird Ex 13,19 E ausdrücklich vermerkt. Mit dem Landkauf Jakobs bei Sichem wird auf Gn 33,19 E Bezug genommen. Die Kaufsumme von 100 Kesita verwendet eine sonst nur noch Hi 42,11 genannte Einheit unbekannter Herkunft und Größe. Literarisch ist Gn 33,18.20 ein Nachtrag, der eine besondere Verbindung Jakobs mit Sichem bereits voraussetzt, vgl. C. Westermann, Genesis, BK I/2, 1981, 644. Der Nachtrag ist das Ergebnis schriftgelehrter Arbeit; er hat seinen Ausgangspunkt in der Tradition vom Josefgrab in der Umgebung von Sichem und will diese Grabstätte in der Geschichte verankern und damit begründen. Die Grabtradition hat sich in dem islamischen Heiligtum *Qabr Yūsuf* etwa 200 m östlich des heutigen Dorfes *Balāṭa* erhalten. Dieses steht vermutlich an der Stelle einer byzantinischen Kirche, die über dem Josefgrab erbaut worden war, doch waren die (angeblichen) Gebeine bereits 415 nach Konstantinopel überführt worden, vgl. J. Jeremias, 31–36; H.M. Schenke, Jakobsbrunnen – Josephsgrab – Sychar, ZDVP 84, 1968, 159–184. Ob hier auch die israelitische Grabtradition zu lokalisieren ist, entzieht sich unserer Kenntnis, zumal die jüdischen Quellen schweigen, weil das Josefgrab in hellenistisch-römischer Zeit in der Hand der Samaritaner war. Aller Wahrscheinlichkeit nach geht die Tradition des Grabes Josefs der Notiz von 32 voraus, die Zeit ihrer Entstehung kann nicht mehr geklärt werden, doch wird sie älter sein als das samaritanische Schisma in persisch-hellenistischer Zeit. Wie die Grabtraditionen für die Erzväter Abraham (Gn 25,9 P) und Isaak (Gn 50,13 P) soll auch das Josefgrab die dauernde Verbundenheit dieses Stammvaters mit dem Land zur Geltung bringen. Da die Überlieferung von der Begräbnisstätte der Patriarchen in der Höhle Machpela erst von der Priesterschrift gebildet worden ist (Gn 23 P), könnte die Anfügung von 32 auf das Interesse des nachpriesterschriftlichen Redaktors zurückgehen. Jedenfalls ist die Lokaltradition, daß Josef bei Sichem begraben wurde, so stark gewesen, daß in römischer Zeit von Seiten der Samaritaner das Grab aller übrigen (elf) Jakobsöhne im Umkreis von Sichem behauptet wurde, vgl. J. Jeremias, 36–38.

33 Die Verbindung Eleasars mit Gibea setzt ebenfalls eine Grabtradition unbekannten Alters an diesem Ort voraus. Die Verbindung גבעת פינחס ist sonst nicht belegt, aber wohl nicht als ein selbständiger Ortsname aufzufassen. Dieses Gibea ist kaum mit dem

Gibea = *Tell el-Fūl* von 19,28 gleichzusetzen, sondern eher in dem Ort gleichen Namens von Jdc 20,43; 1 S 14,2 auf dem Gebirge Efraim zu suchen, der aber der Lage nach unbekannt ist. Die ursprüngliche Grabtradition scheint bereits in römischer Zeit verloren gegangen zu sein, die samaritanische Traditionsbildung hat das Grab Eleasars zusammen mit dem der übrigen aaronitischen Priester Pinhas und Hamar in *ᶜAwerta* etwa 7 km südlich von *Nāblūs* festgelegt, vgl. J. Jeremias, 38–40. Jedenfalls weist die Notiz auf eine besondere Grabtradition des Aaroniden Eleasar verbunden mit dem unbekannten Gibea in Efraim hin. Da Eleasar erst von der nachpriesterschriftlichen Redaktion in 14,1; 19,51; 21,1 eingeführt worden ist, kann dieser Nachtrag ebenfalls auf diese zurückgehen.

Register der Ortsnamen

Eter	*Ḫirbet el-Aṭār*	138113	15,42
Ezem	*Umm el-^{c}Aẓām??*	148051	15,29; 19,3

Gat	*Tell eṣ-Ṣafī*	135123	13,3
Gat-Hefer	*Ḫirbet ez-Zerra^{c}*	180238	19,13
Gat-Rimmon	*Tell el-Ǧerīše*	132166	19,45
Gaza	*Ġazze*	099101	10,41; 13,3; 15,47
Geba	*Ǧeba^{c}*	175140	18,24; 21,17
Geder = Gedor	*Ḫirbet Ǧedūr*	158115	12,13; 15,58
Gedera	*Ḫirbet Gudrāya??*	149122	15,36
Geser	*Tell Abū Šūše*	142140	10,33; 12,12; 16,3; 21,21
Gibbeton	*Rās Abū Ḥamīd?*	140145	19,44; 21,23
Gibea	*Tell el-Fūl*	172136	18,28
Gibea			24,33
Gibeon	*el-Ǧīb*	167139	9,3; 18,25; 21,17
Golan	*Saḥem el-Ǧōlān*	238243	20,8; 21,27
Goschen	*Tell Bēt-Mirsim*	141096	15,51

Hafarajim	*eṭ-Ṭayyibe*	192223	19,19
Halhul	*Ḥalḥūl*	160109	15,58
Hammat	*Ḥammām*	201241	19,35
Hannaton	*Tell el-Bedēwīye*	174243	19,14
Haroschet-Gojim			12,23
Hazar-Schual			19,3
Hazor	*Tell el-Qedaḫ*	203269	11,1; 12,19; 19,36
Hebron	*Ǧebel er-Rumēde*	160103	10,36; 12,10; 15,54; 20,7
Hefer	*Tell el-Muḥaffar??*	170205	12,17; 17,2
Helkat	*Tell el-^{c}Amr??*	159237	19,25; 21,31
Heschbon	*Ḥesbān*	226134	12,2; 13,26; 21,39
Horma	*Tell el-Ḫuwēlife?*	137087	12,14; 15,30; 19,4
Hosa			19,29

Ir-Hammelach			15,62
Ir-Schemesch	= Bet-Schemesch		19,41

Jabneel (Juda)	*Yebnā*	126141	15,11
Jabneel (Naftali)	*Tell Na^{c}ām*	198235	19,33
Jafia	*Yāfā*	176232	19,12
Jafo	*Yaffa*	126162	19,46
Jahaz = Jahza	*Ḫirbet Medēnīye*	236110	13,18; 21,36
Janoach	*Ḫirbet ^{c}Ēn Yānūn*	184173	16,6
Jarmut	*Ḫirbet Yarmūk*	147124	12,11; 15,35
Jaschub	*Yāsūf*	172168	17,7
Jaser	*Tell ^{c}Arēme??*	225146	13,25; 21,39
Jattir	*Ḫirbet ^{c}Attīr*	151084	15,48; 21,14
Jebus			18,28
Jehud	*el-Yehūdīye*	139159	19,45
Jericho	*Tell es-Sulṭān*	192142	2,2; 16,1; 18,21
Jesreel	*Zer^{c}īn*	181218	19,18
Jibleam	*Bīr Bel^{c}ame*	177205	21,25
Jiron	*Yārūn*	189276	19,38
Jirpeel			18,27
Jitla			19,42

Jokneam	*Tell Qēmūn*	160230	12,22; 19,11; 21,34
Jutta	*Yaṭṭa*	158095	15,55; 21,16
Kabul			19,27
Kadesch-Barnea	*Tell el-Qūdērāt*	096006	10,41; 14,6.7; 15,3
Kajin	*Ḫirbet Yaqīn*	165100	15,57
Kana (Galiläa)	*Ḫirbet Qānā*	178247	19,28
Karmel	*el-Kirmil*	162092	15,55
Kedemot	*es-Sāliye??*	237095	13,18; 21,37
Kedesch	*Tell Qedes*	199279	12,22; 19,37; 20,7
Kefira	*Ḫirbet Kefīre*	160137	9,17; 18,26
Keila	*Tell Qīla*	150113	15,44
Kerem (cj.)	^{c}*Ēn Karīm?*	165130	15,59 a
Kerijot-Hezron	*Ḫirbet el-Quryatē*	161083	15,25
Kesullot			19,18
Kibzajim			21,22
Kina	*Ḫirbet Ġazze??*	165068	15,22
Kinneret	*Tell el-*^{c}*Orēme*	200252	19,35
Kirjat-Baal	*Ṣoba*	161132	15,60; 17,2
Kirjat-Jearim	*Dēr el-Azhar*	159135	9,17; 15,9; 18,14; 18,28
Kirjatajim	*Ḫirbet el-Qurēya*	226128	13,19
Kischjon			19,20; 21,28
Kislot Tabor			19,12
Lachisch	*Tell ed-Duwēr*	135108	10,31.32; 12,11; 15,39
Lebo-Hamat	*el-Lebwe?*	277397	13,5
Libna	*Tell Bornāṭ*	138115	10,29; 12,25; 15,42; 21,13
Libnat	*Tell Abū Hawām*	152245	19,26
Lodebar			13,26
Maacha			13,13
Madeba	*Mādeba*	225124	13,16
Madmanna	*Ḫirbet Tātrēṭ*	143084	15,31; 19,5
Madon			11,1; 12,19
Mahanajim			13,26; 21,38
Makkeda	*Ḫirbet el-Qōm*	146104	10,16.17; 12,16; 15,41
Maon	*Tell Ma*^{c}*īn*	163090	15,55
Marescha	*Tell Sandaḥanna*	140111	15,44
Mefaat	*Ḫirbet Ġawa*	238141	13,18; 21,37
Megiddo	*Tell el-Mutesellim*	167221	12,21
Mehalleb (cj.)			19,29
Meron			11,5
Michmetat			16,6
Migdal-El	*Ḫirbet el-Meǧdel?*	198247	19,38
Migdal-Gad	*Ḫirbet el-Meǧdele*	140105	15,37
Mizpe	*Tell en-Naṣbe*	170143	18,26
Molada	*Ḫurēbet et-Waṭen??*	142074	15,26; 19,2
Moza	*Ḫirbet Bēt Mizza??*	165135	18,26
Naarah	*Ḫirbet el-*^{c}*Ōǧa el-Fōqa*	187150	16,7
Nea			19,13
Negiel			19,27

Nezib	*Ḫirbet Bēt Naṣīf*	151 110	15,43
Ofra	*eṭ-Ṭayyibe*	178 151	18,23
Para	*Ḫirbet ᶜĒn-Fāra*	179 137	18,23
Pegor (cj.)	*Ḫirbet Faġūr*	163 119	15,59 a
Rabbat	*Ḫirbet Ḥamīde = Ḫirbet Bīr el-Ḥilu??*	149 137	15,60
Rakkat	*Tell Quneṭrīye*	199 245	19,35
Rama (Benjamin)	*er-Rām*	172 140	18,25
Rama (Ascher)			19,29
Rama (Naftali)	*Ḫirbet Zētūn er-Rāme*	187 259	19,36
Ramat-Negeb	*Ḫirbet el-Ġarra??*	148 071	19,8
Ramot (Gilead)	*Tell el-Ḥöṣn??*	233 210	20,8; 21,38
Rekem			18,27
Rimon	*Ḫirbet er-Rūma*	179 243	19,13; 21,35
Salcha	*Ṣalḫād?*	311 212	12,5
Sanoach	*Ḫirbet Zānūᶜ*	150 125	15,34
Sansanna	*Ḫirbet eš-Šamsānīyāt*	140 083	15,31; 19,5
Sarid	*Tell Šadūd*	172 229	19,10
Schaalbim	*Selbīṭ*	148 141	19,42
Schamir	*el-Bīre*	143 093	15,48
Scharuhen	*Tell el-ᶜAǧǧūl*	093 097	15,32; 19,6
Schikkaron	*Tell el-Fūl??*	132 136	15,11
Schilo	*Ḫirbet Selūn*	177 162	18,1
Schimron	*Ḫirbet Semūniye*	170 234	11,1; 12,20; 19,15
Schiron	*Sīrīn*	197 228	19,19
Schittim	*Tell el-Ḥammām*	213 138	2,1
Schunem	*Sōlem*	181 223	19,18
Sechacha	*Ḫirbet Abū Ṭabaq = Ḫirbet Karm ᶜAṭrād?*	188 127	15,61
Sibma			13,19
Sichem	*Tell Balāṭa*	176 179	17,5; 20,7; 21,21
Sidon	*Ṣēda*	184 329	11,8
Sif	*Tell Zīf*	162 098	15,55
Socho (Schefela)	*Ḫirbet ᶜAbbād*	147 121	15,35
Socho (Juda)	*Ḫirbet eš-Šuwēke*	150 090	15,48
Sukkot	*Tell Dēr ᶜAllā*	208 178	13,27
Taanach	*Tell Taᶜanek*	171 214	12,21; 21,25
Taanat-Schilo	*Ḫirbet Ṭāna el-Fōqā*	185 175	16,6
Tappuach	*Šēh Abū Zarad*	172 168	12,17; 16,8
Tarala			18,27
Tekoa (cj.)	*Ḫirbet Teqūᶜ*	170 115	15,59 a
Timna	*Tell el-Batāšī*	141 132	15,10; 19,43
Timnat-Serach	*Ḫirbet Tibne*	160 157	19,50; 24,30
Tirza	*Tell el-Fārᶜa*	182 188	12,24
Zafon	*Tell es-Saᶜīdīye??*	204 186	13,27
Zaretan	*Tell Umm Ḥammād*	205 172	3,16
Zefat			19,27